やわらかアカデミズム
〈わかる〉シリーズ

よくわかる
コーポレート・ガバナンス

風間信隆
[編著]

ミネルヴァ書房

はじめに　　■よくわかるコーポレート・ガバナンス

　企業がその事業活動を通じて生み出す商品やサービスは，現在の私たちの社会や暮らしにおいて不可欠なものとなっています。また多くの生活者は企業で働くことで所得を得て消費生活を行っていますし，その企業の中での仕事を通じて豊かな人間関係を築いたり，そこでの仕事を通じて能力を高めたりすることで「生き甲斐」や「働き甲斐」を得ています。その意味で企業は社会的存在です。しかし，同時に，「継続的事業体」として持続的な成長・発展（「事業の繁栄」）のためには，激しい競争の中で持続的に利益を生み出していかねば存続できないという意味では経済的存在でもあります。その利益は事業活動をいかに効率的に行ったのか，あるいはいかに効果的に顧客の支持を得たのかの判定基準となります。こうして，企業の社会性と経済性の両立が「企業の繁栄」と「社会の繁栄」を結びつけるのです。

　この事業活動の最高責任者が経営者であり，この経営者の監視・コントロールや戦略，さらには経営者人事のあり方が「コーポレート・ガバナンス（企業統治）」と呼ばれています。最近では，「稼ぐ力」を高める「攻めのガバナンス」ばかりが強調されていますが，企業不祥事が相次ぐ中で「利益偏重主義」の是正や，経営者の監視・チェックという「守りのガバナンス」の重要性も指摘されています。この点で「守り」「攻め」を両立させるガバナンスのあり方こそ求められているように思います。

　本書は，こうしたコーポレート・ガバナンスのあり方に関心をもつ大学の学部や大学院で学ぶ学生の皆さんはもとより，このテーマに関心をもつビジネスの現場で働く皆さんにも役立つ「コーポレート・ガバナンス」のスタンダードな教科書となることを目指して編集しています。

　そこで本書は，コーポレート・ガバナンスの基礎理論から日本のコーポレート・ガバナンスの動向や国際比較等が体系的かつ網羅的に編集されています。特に見開き2ページで1つのテーマが完結されていることから，興味のあるテーマから学習していくことも可能となっています。他の章・節と関係する専門用語については側注で参照先を指示していますし，重要な人名や専門用語も側注で解説を行っています。またこれまで対立する視点として取り上げられることの多かった「株主受託者責任」と「社会受託者責任」との統合という視点が打ち出されています。

　コーポレート・ガバナンスのあり方は決して経営者だけでの問題ではありま

せん。これによって「どのような市場経済体制を我々が目指すのか」といった極めて大きなテーマにも関わっています。コーポレート・ガバナンスは，企業経営に関心をもつ方々ばかりか，今後の社会のあり方に関心をもつ方々にとっても重要なテーマであると考えています。

　最後に，編集にあたってミネルヴァ書房編集部の梶谷修氏に大変お世話になりました。多くの執筆者の多様性を生かしながらも，一つの書籍としてまとめ上げていくには梶谷氏の助言・支援がなければ到底なしえなかったと思います。ここに記して感謝申し上げます。

　　2018年10月

　　　　　　　　　　　　　　　　　　　　　　　　　　　編者　風間信隆

もくじ

■よくわかるコーポレート・ガバナンス

はじめに

prologue コーポレート・
ガバナンスとは何か …… 2

第1部 株式会社とコーポレート・ガバナンス論

Ⅰ 株式会社とは何か

1 企業形態と法律形態 …………… 8
2 株式会社の歴史 ………………… 10
3 株式会社の特徴 ………………… 12
4 株式会社の区分 ………………… 14

コラム1：第四次産業革命のもたらす
ユートピア？ ……………… 16

Ⅱ 巨大株式会社と会社機関構造（日本・米国・ドイツ）

1 株式会社と会社機関 …………… 18
2 日本の巨大株式会社と会社機関(1)
：監査役会設置会社 …………… 20
3 日本の巨大株式会社と会社機関(2)
：委員会設置会社 ……………… 22
4 米国の巨大株式会社と会社機関 … 24
5 ドイツの巨大株式会社と会社機関
………………………………… 26

Ⅲ 株式会社と経営者支配

1 株式所有構造の変容と専門経営者
………………………………… 28
2 経営者支配論の展開 …………… 30
3 経営者支配論とコーポレート・
コントロール論争 ……………… 32
4 経営者支配論からの理論的展開 … 34

Ⅳ 経済の金融化と新制度派経済学

1 経済の金融化の背景 …………… 36
2 新制度派経済学とコーポレート・
ガバナンス ……………………… 38
3 エージェンシー理論に依拠した
コーポレート・ガバナンス …… 40
4 コーポレート・ガバナンスの新制度
派経済学的アプローチの限界 … 42

Ⅴ マルチステークホルダー・アプローチ

1 ステークホルダー論の論点 …… 44
2 マルチステークホルダー・プロセ
ス（MSPs）の理念 …………… 46
3 ステークホルダー分析と経営に
おける「総合」………………… 48

4　現代の経営と見える化 ………… 50

　　コラム2：企業グループとグループ・
　　　　　　ガバナンス …………………… 52

第2部　日本におけるコーポレート・ガバナンスの動向と課題

VI　戦後の経済発展とインサイダー型ガバナンス

　　1　戦後の経済発展と「会社中心主義」…………………………………… 56
　　2　日本的経営 …………………… 58
　　3　日本的企業結合 ……………… 60
　　4　株主・株式市場による規律の不在とインサイダー型ガバナンス …… 62

VII　企業不祥事とコーポレート・ガバナンス

　　1　1970年代までの状況 ………… 64
　　2　1990年代の状況 ……………… 66
　　3　2000年前後の状況 …………… 68
　　4　問われる「企業は誰のものか」… 70

VIII　外部監視とコーポレート・ガバナンス

　　1　外部監視と内部統制 ………… 72
　　2　外部監視の制度的展開 ……… 74
　　3　外部監視の多様化 …………… 76

　　4　利害多元的社会と企業統治 …… 78

IX　経営者報酬とコーポレート・ガバナンス

　　1　世界と日本の経営者報酬額と仕組み …………………………………… 80
　　2　経営者報酬の種類 …………… 82
　　3　経営者報酬と報酬委員会 …… 84
　　4　経営者報酬の情報公開 ……… 86

X　同族企業とコーポレート・ガバナンス

　　1　同族企業の特徴 ……………… 88
　　2　株式上場と同族経営の維持 …… 90
　　3　同族企業の経営者 …………… 92
　　4　同族企業と長寿企業 ………… 94

　　コラム3：イノベーションと
　　　　　　コーポレート・ガバナンス …… 96

第3部　コーポレート・ガバナンスの国際比較

XI　米国のコーポレート・ガバナンスの動向と課題

　　1　米国のコーポレート・ガバナンスの歴史 ……………………………… 100
　　2　米国のコーポレート・ガバナンスと企業不祥事 ……………………… 102

3　米国のコーポレート・ガバナンスの特徴 ……… 104

　　4　米国型コーポレート・ガバナンスの限界と課題 ……… 106

XII　ドイツのコーポレート・ガバナンスの動向と課題

　　1　ドイツ企業のコーポレート・ガバナンスの特徴 ……… 108

　　2　機関志向的コーポレート・ガバナンスの変容 ……… 110

　　3　市場志向的視点のコーポレート・ガバナンス ……… 112

　　4　コーポレート・ガバナンス改革の動向 ……… 114

XIII　英国のコーポレート・ガバナンスの動向

　　1　英国企業とコーポレート・ガバナンス ……… 116

　　2　コーポレートガバナンス・コード ……… 118

　　3　民間部門における取締役会改革 ……… 120

　　4　公的部門におけるトップ・マネジメント改革 ……… 122

XIV　北欧のコーポレート・ガバナンスの特徴とその意義

　　1　北欧のコーポレート・ガバナンスの特徴(1)：支配的株主の存在 … 124

　　2　北欧のコーポレート・ガバナンスの特徴(2)：二層型と従業員代表 ……… 126

　　3　北欧のコーポレート・ガバナンスの動向 ……… 128

　　4　企業支配の手段とその意義 ……… 130

XV　韓国のコーポレート・ガバナンスの動向と課題

　　1　韓国のコーポレート・ガバナンスの歴史的展開 ……… 132

　　2　韓国企業の倫理的環境 ……… 134

　　3　韓国企業の外部監視 ……… 136

　　4　韓国企業の内部監視 ……… 138

XVI　中国のコーポレート・ガバナンスの動向と課題

　　1　中国経済とコーポレート・ガバナンス ……… 140

　　2　中国のコーポレート・ガバナンス構造 ……… 142

　　3　中国型コーポレート・ガバナンスの特徴 ……… 144

　　4　中国のコーポレート・ガバナンスの課題 ……… 146

　　コラム４：ベンチャービジネスとコーポレート・ガバナンス … 148

第4部 資本市場とコーポレート・ガバナンス

XVII コーポレート・ガバナンスと資本コスト

1. 株主・投資家が重視する財務3表（財務諸表） ……… 152
2. 資本コストとは何か ……… 154
3. 資本コストを意識したEVA …… 156
4. 資本コスト削減のための施策 … 158

XVIII コーポレート・ガバナンスと事業投資

1. 事業投資とは何か ……… 160
2. 事業投資の評価方法 ……… 162
3. 事業投資と企業価値 ……… 164
4. 投資評価のための経営指標 …… 166

XIX コーポレート・ガバナンスと資本政策

1. 資本政策と株式発行 ……… 168
2. 新たな種類株の台頭 ……… 170
3. 自社株買いと株主還元 ……… 172
4. コーポレート・ガバナンスと株主総会 ……… 174

XX M&A（合併・買収）とコーポレート・ガバナンス

1. M&Aの概念と類型 ……… 176
2. M&Aの目的 ……… 178
3. 敵対的企業買収と買収防衛策 … 180
4. 米国・欧州・日本のM&Aの動向比較 ……… 182

XXI 機関投資家とコーポレート・ガバナンス

1. 株式所有構造の変化 ……… 184
2. 機関投資家の運用手法 ……… 186
3. コーポレート・ガバナンス原則と機関投資家 ……… 188
4. SRI投資とESG投資 ……… 190

コラム5：ガバナンスのグローバル化 … 192

第5部 「株主受託者責任」と「社会受託者責任」の両立可能性

XXII コーポレート・ガバナンスと企業の社会的責任（CSR）

1. コーポレート・ガバナンスとCSRの概念的関連性 ……… 196
2. CSRの定義と概念構成 ……… 198
3. CSRの歴史 ……… 200

4　コーポレート・ガバナンスとCSR
　　　　の統合可能性………………… 202

XXIII　コーポレート・ガバナンスとESG投資

　　1　企業情報：UN-PRI（国連投資責
　　　　任原則）とESG投資の潮流…… 204
　　2　ESG投資のアプローチ………… 206
　　3　ESG投資におけるガバナンス要因
　　　　……………………………………… 208
　　4　ESG投資のインパクトと長期的な
　　　　企業価値の向上………………… 210

XXIV　コーポレート・ガバナンスと社会的企業

　　1　社会的企業の活況……………… 212
　　2　NPO法人及び財団・社団法人… 214
　　3　社会福祉法人とコーポレート・ガ
　　　　バナンス………………………… 216

　　4　医療法人とコーポレート・ガバナ
　　　　ンス……………………………… 218

XXV　コーポレート・ガバナンスと企業倫理

　　1　経営トップと会社機関………… 220
　　2　コンプライアンスの実際と不正
　　　　……………………………………… 222
　　3　不正の芽を摘む………………… 224
　　4　なぜ人は不正に走るのか……… 226
　　コラム6：CSV：共通価値創造………… 228

epilogue　コーポレート・ガバナン
　　　　　　スと事業の繁栄……… 230

さくいん……………………………… 232

やわらかアカデミズム・〈わかる〉シリーズ

よくわかる
コーポレート・ガバナンス

prologue コーポレート・ガバナンスとは何か

1 「日本再興戦略」とコーポレート・ガバナンス改革

　2012年12月に発足した安倍政権の下で打ち出された「三本の矢」と呼ばれる経済政策の一つとされる成長戦略の核心にコーポレート・ガバナンス改革が位置づけられ，「株価重視経営」「資本効率重視（株主重視：**株主資本利益率〔ROE〕**）経営」とも呼びうるようなコーポレート・ガバナンス改革が進められてきた。ここでは，従来のコーポレート・ガバナンスの議論を経営者の監督・規律づけを中心とする「守りのガバナンス」と位置づけるとともに，リスクに挑戦し，企業価値の向上を図る「攻めのガバナンス」への転換の必要性が強調される。この「攻めのガバナンス」を実現するため，積極的に株式市場による経営者への圧力を高めることが目指されてきた。

　このため，日本版スチュワードシップ・コードとも呼ばれる「責任ある機関投資家の諸原則：投資と対話を通じて企業の持続的成長を促すために」が2014年（2017年改訂）に金融庁によって公表され，すでに200を超える機関投資家が受け入れを表明している。〈コード〉は機関投資家の〈行動指針〉であり，建設的な「目的をもった対話」を通じて積極的に企業価値の向上を促し，機関投資家の顧客・受益者に対する受託者責任を果たすことが要請されている。改訂コードでは投資先企業の経営者への監視・規律づけに当たって機関投資家が協働して「対話」を行う集団的エンゲージメントや投資先の個別議決権行使結果の開示等が新たに設けられ，機関投資家も株主総会での賛否を開示するケースが拡がっている。まさにコードは機関投資家に**株主行動主義**への転換を促している。

　また2015年にはコーポレートガバナンス・コード（企業統治指針）が東証上場企業を対象として適用され，「遵守するか，さもなくば説明せよ（Comply or Explain）」とする原則主義的アプローチの下でこのコードを通じて会社の意思決定の透明性・公正性を担保しつつ，会社の迅速・果断な意思決定を促すことが目指されている。

　2018年6月の改訂版では企業間の株式の相互持合いなど「政策保有株の縮減」，2人以上の十分な人数の独立社外取締役の選任，女性や外国人などの取締役の多様性の確保，CEO（最高経営責任者）の選・解任手続き，資本コストを的確に把握した経営戦略や経営計画などのガバナンス強化のための改訂が行

▶**日本再興戦略**
アベノミクスの3本目の矢である成長戦略は「日本再興戦略」として2013年6月閣議決定されたが，2014年に改訂された「日本再興戦略」で日本の「稼ぐ力＝収益力」を強化するため，コーポレート・ガバナンス改革が「女性の活躍促進と働き方改革」や「新たな成長エンジンと地域の支え手となる産業の育成」とともに取り上げられている。

▶**三本の矢**
安倍内閣が政権に復帰して日本経済の長期に及ぶデフレを脱却することを目指して日本経済の成長を目指す一連の政策がアベノミクスと呼ばれ，「大規模な金融緩和」「拡張的な財政政策」「民間投資を呼び起こす成長戦略」の三つの政策から構成される。その後，少子高齢化問題に取り組むために，①希望を生み出す強い経済，②夢を紡ぐ子育て支援，③安心につながる社会保障の3項目からなる「新三本の矢」が公表されている。

▶**株主資本利益率（ROE：Return on Equity）**
ROEは株主に帰属する自己資本（株主資本）に対して純利益の比率であり，いかに株主に帰属する資本（払込資本金と内部留保の合計）を効率よく利益に結び付けているかの指標とい

われている。同コードは五つの基本原則から構成され，その下にさらに原則38，補充原則42から構成される。1部・2部上場企業（2540社）ではコーポレート・ガバナンス報告書でその「遵守か，説明か（コンプライ オア エクスプレイン）」を報告することが求められている。2017年末の東証の調査では，全原則を完全に遵守している企業が659社（25.9％），遵守率90％以上の企業が1599社（63％），90％未満の企業は282社（11.1％）となっており，すでに東証上場の多くの大企業が複数の独立社外取締役を採用しており，株主の期待する利回りを目指す「資本コスト」を意識した経営改革も進んでいる。

「責任ある機関投資家の諸原則」でも「コーポレート・ガバナンス・コード」でも，株主以外のステークホルダーとの適切な協働の必要性が認識されているものの，コーポレート・ガバナンス規律の出発点・起点が「株主」であり，ここでも株主以外のステークホルダーは「株主価値」実現の「手段」として位置づけられており，株主価値の実現の「**トリクルダウン**」効果の享受者としてしか位置づけられていない。機関投資家に株主行動主義を促し，市場の規律づけで経営者に企業価値の向上を意識させようとするものであるといってよい。

しかし，「株主との対話」といってもその中心は大規模な機関投資家であり，この機関投資家の中には短期的な投資リターンを最大化させることにしか関心をもたず，会社の事業そのものには関心をもたない投資家も存在する。この点で，この対話による株主重視は「ショートターミズム（短期主義）」に陥るリスクも高いことにも留意すべきである。またこうした株主価値重視のコーポレート・ガバナンス改革努力は確かに自社株買いや配当性向の改善等の株主価値重視の浸透という点では一定の成果をもたらしているものの，経営者が「資本コスト」を意識するあまり逆にリスクに挑戦できず，投資を控える結果，中長期の競争力を削いでしまう結果に陥ることにもなりかねない。

❷ わが国におけるコーポレート・ガバナンス問題の背景

すでに日本では，1990年代以降，相次ぐ企業不祥事の中で大きな権力を集中してきた巨大株式会社の経営者を，だれが，どのようにして監視，監督するかが，最初にコーポレート・ガバナンスというテーマで語られてきた。しかし，その後，日本経済の長期にわたる深刻な「デフレ不況」，日本企業の競争力劣化の下で，1980年代に世界的にも礼賛されてきた「日本的経営」が動揺する中で，経営者の戦略不在こそが企業の競争力劣化の根本問題とされ，「**戦略経営**」を強化するための意思決定のあり方，経営者人事の任免のあり方がコーポレート・ガバナンスにおいて問われてきた。

○「日本的経営」と伝統日本型コーポレート・ガバナンス

戦後の日本企業は，「**護送船団方式**」による生産力主導型経済構造の下で内部出身経営者を中心とするコーポレート・ガバナンスによって発展を遂げてき

われる。

▷**株主行動主義**（Shareholder's Activism）
⇨ Ⅱ-1「株式会社と会社機関」，Ⅳ-1「経済の金融化の背景」，ⅩⅤ-3「韓国企業の外部監視」

▷1 コーポレート・ガバナンス・コードの対応状況は，日本取引所グループ（JPX）HPで「コーポレートガバナンス・コードへの対応状況の集計結果」として随時，公開されている。なお，マザーズジャスダックは五つの基本原則についてのみの開示が求められる。

▷**トリクルダウン**（trickle-down）
経済政策的には富裕層や大企業を優遇する政策をとって経済活動を活性化させれば，富が低所得者層に向かって流れ落ち，国民全体の利益になるとする考え方であり，アベノミクスでも株価を上げれば，それが経済活動を活性化させるという考え方が潜んでいるように思われる。

▷**戦略経営**
これまで「強い現場，弱い本社」の言葉が日本企業の競争力を支えてきた。しかし，日本企業を取り巻く環境が大きく変化する中で，1990年代に戦略不在が批判され，「選択と集中」による収益力の高いポジショニングに事業構造を変えることが必要不可欠との認識の中で日本企業の「戦略経営」の必要性が求められている。

▷**護送船団方式**
経営体力・競争力に最も欠ける企業が競争で落ちこぼれることなく存続していけるよう，行政官庁が行政指導や許認可権限等を駆使

た。すなわち，「**日本株式会社**」と呼ばれた官民協調体制，**六大企業集団**という大企業間の水平的協力関係，**系列**に代表される，取引先との長期安定的取引，間接金融体制下での**メインバンク**の存在，企業別労働組合との労使協調体制の構築，内部出身経営者と現場との一体感，「終身雇用・年功賃金・企業別組合」を柱とする「日本的経営」が企業経営の安定性を高め，カイゼン・**積み重ねのイノベーション**を中心とする現場主導の競争力を生み出し，こうした日本的企業システムが企業の中長期的企業価値向上に極めて有効に機能してきた。

○経済のグローバル化とコーポレート・ガバナンスの変容

1990年代以降，グローバル化の進展に伴う**メガ・コンペティッション**と呼ばれる，国境を越えた熾烈な競争，日本企業の急速な多国籍化，金融の自由化，時価主義・連結主義を柱とする国際会計基準（IFRS）の導入，さらには情報通信（ICT）革命の急速な進展によって，戦後，日本企業の競争力を支えた仕組みが機能不全を起こすようになっていった。株式市場の構造的変化・バブル崩壊以降の株価の長期の低迷もコーポレート・ガバナンスをめぐる議論の隆盛を生み出すことになった。これまで株式市場では，銀行などの金融機関，取引先を中心とする株式の相互持合いが行われ，これが企業の安定株主として「もの言わぬ株主」として内部出身者による経営者支配を支えてきた。しかし，1990年代末以降，年金基金や投資ファンドなど，国内外の機関投資家は株式市場でも大きなプレゼンスを高めてきた。特に外国人機関投資家が株式市場で大きな存在となる中で，機関投資家が不満をもつ企業に対して「もの言う株主」として，その「**発言**」行動（議決権行使，株主提案，経営者との対話など）によって影響力を行使するようになっていった。こうした状況でコーポレート・ガバナンスにおいても株主利害をいかに経営者に認識させ，経営に反映させるかが大きな論点となっていった。ここでは株主資本をいかに効率的に運用しているか，配当や自社株買いなどでどれだけ株主還元を達成できたのか，株価を経営者に意識させるための「現物株報酬」や**ストックオプション**などによる経営者報酬のあり方がコーポレート・ガバナンスにおいて問われてきた。

こうしたコーポレート・ガバナンスをめぐる議論は，米国では一足早く1980年代から本格的に議論されるようになっていたが，グローバリゼーションの進展と世界的規模で株式投資を拡大してきた機関投資家（投資ファンドや年金基金等）の台頭とともに，日本，英国，ドイツなど先進各国や，中国などの新興国でも，巨大株式会社の会社機関を通した経営者の指揮（direction：企業の戦略的方向付け）と監督（control：経営者に対するチェック・監視・規律づけ）をめぐるコーポレート・ガバナンスのあり方が大きな議論と関心を集めている。

❸ コーポレート・ガバナンス：巨大株式会社の会社機関の指揮と監督

株式会社では全出資者が自己の出資額を限度とする有限責任制であることか

て業界秩序をコントロールしていくこと。⇨Ⅵ-4「中国のコーポレート・ガバナンスの課題」も参照。

▷**日本株式会社**
「1955年体制」とも呼ばれ，政官財一体の閉鎖的なトライアングル体制を指して呼ばれた。ここでは競争よりコンセンサス（合意）が重視されてきた。

▷**六大企業集団**
⇨Ⅵ-3「日本的企業結合」

▷**系列**
高度経済成長期に形成された大企業と中小企業の取引先との間で長期・安定取引に基づいて形成された垂直的な企業間関係を指し，株式保有，役員派遣，資金の供与，技術指導，設備貸与，原材料の支給，製品販売などが行われていた。「日本的経営」が礼賛されていた1980年代には，これは市場取引でも組織内取引でもない（市場的要素と組織的要素を同時に兼ね備えた）中間組織として高く評価されてきた。

▷**メインバンク**
企業は複数の銀行等と金融取引を行っているが，なかでも借り入れのうち最も高い割合を占めている銀行を主取引銀行と呼ぶ。これらの銀行は同時に株式の相互保有，役員派遣なども強固な関係を構築してきた。⇨Ⅵ-3「日本的企業結合」も参照。

▷**積み重ねのイノベーション**
インクレメンタル（積み重ね）なイノベーションはダイナミック（破壊的）なイノベーションと区別される。改善・改良によるイノベーションであり，とりわけ日

4

ら株主は経営者であることを経済的に強制されない「所有（者）と経営（者）の分離」が生じる。同時に株式の発行と流通によって巨額なリスクマネーを集め，大規模な事業を経営する巨大株式会社も登場することになった。こうした巨大な事業は高度の経営技能を求められることになり，ここに専門経営者が登場することになった。コーポレート・ガバナンスはこの**専門経営者**が経営者の地位についている巨大株式会社において，経営者をだれが，どのような会社機関の仕組みで，監督・チェックし，場合によれば経営者の任免に影響力を行使し，中長期的な観点から企業価値の向上（事業の繁栄）を実現するのかを論点とする。

以上のように理解するならば，"corporate governance" は本来「（株式）会社統治」と訳すべきであるが，日本では「企業統治」と呼ばれることが多い。本書では以上の認識を踏まえてそのまま英語のカタカナ表記で「コーポレート・ガバナンス」と呼ぶこととする。

企業は経済事業を営み，その事業は社会的意義を有し，その規模の拡大とともに社会的影響力は高まる。例えば，鉄道会社の経営が悪化し，倒産せざるを得ない状態に追い込まれたとしても，その経済事業は社会的意義をもっており，社会生活は大きな影響を受けることからその事業は継続されねばならない。巨大株式会社は社会的存在であり，社会的制度となっている。株主はその会社の最大のリスク負担者であるといわれているものの，いつでも会社の株式を売却でき，会社債務への弁済は会社財産をもって行われる。株式は経営参加権，利潤分配請求権，残余財産請求権といった権利を表す出資証券に過ぎない。会社の所有者は株主であるといわれているが，会社財産の所有権自体は法人である会社それ自体に帰属し，株主の責任は「間接有限責任」を負うにすぎない。また株主の利害といっても，機関投資家と個人投資家，大株主と少数株主との間では利害は異なる。こうした多様な株主の最大公約数的利害は企業の持続的発展であり，「事業の繁栄」であると考えられる。

企業は市場経済の中で市場における激しい競争にさらされながら，常に利益を実現しなければ生き残ることはできない。こうした利益の獲得を目指して行われる経済活動が絶えず新製品や新サービスを生み出し，社会の発展にも貢献している。すなわち，会社は利益の追求を目指す経済事業を通じて社会の発展に貢献する。しかし，このことが企業の不祥事を生み出し，社会の発展に負の影響をもたらすとすれば，これを起こさせない仕組みを考えなければならない。なぜなら，事業の繁栄は「健全な社会」の中でしか実現できないからであり，企業の不祥事は，企業の存続を脅かす。こうした観点からの経営者のチェック・監督，経営者人事のあり方もコーポレート・ガバナンスでは問われている。

本企業が得意とするQCサークル・改善提案など現場の能力構築によって支えられている。

▷**メガ・コンペティッション**（大競争時代）
旧ソ連等の社会主義経済国が崩壊する過程で市場経済化の流れは世界的規模で進み，1990年代末以降，新興国が急速に工業化を進めることになった。こうした中で企業間の競争は国境を越えて世界的規模で熾烈化する状態になっていることをいう。

▷**発言**
⇨ Ⅰ-4 「株式会社の区分」

▷**ストックオプション**
会社が従業員や取締役に対して，予め定めた価額（権利行使価額）で会社の株式を将来取得する権利を付与するインセンティブ制度のことをいう。⇨ Ⅶ-4 「問われる『企業は誰のものか』」，Ⅸ-2 「経営者報酬の種類」，Ⅻ-3 「自社株買いと株主還元」も参照。

▷**専門経営者**
⇨ Ⅰ-3 「株式会社の特徴」

第1部 株式会社とコーポレート・ガバナンス論

guidance

　第1部では，現代社会において経済活動を担う企業が採る法律形態としての株式会社を経営学ないし企業形態論として捉えるといかなる存在であるのか（Ⅰ章），日本，米国，ドイツを中心として，巨大株式会社におけるコーポレート・ガバナンスのあり方を理解する上で不可欠な会社機関（トップ・マネジメント）構造について学びます（Ⅱ章）。またコーポレート・ガバナンスを理解する上で必要となる「所有と経営の分離」さらには「所有と支配の分離」によって成立する経営者支配論（Ⅲ章），「会社は株主のもの」とする一元的企業観を基盤とする新制度派経済学に依拠するコーポレート・ガバナンス論（Ⅳ章），そして「企業は社会的制度である」とする多元的企業観を基盤とするマルチステイクホルダー論に依拠するコーポレート・ガバナンス論（Ⅴ章）を学びます。

Ⅰ 株式会社とは何か

 企業形態と法律形態

1 企業形態と資本集中機構としての会社

　企業は，民間の資本によって利益の追求を目的として活動している私的存在でありながら，その活動を従業員や取引先などの多くの人々の協力を得ながら顧客に商品やサービスを提供することで，我々が社会生活を送る上で不可欠な社会的存在であり，今日では社会にとって不可欠な制度となっている。会社法上，会社は「営利を目的する**社団**法人」と規定される。我々が，今日，「豊かな生活」を実現できるのもこうした企業の提供する商品やサービスによって支えられている。一方，企業はそれぞれの市場において顧客の獲得を目指して競合他社との熾烈な競争の中でその事業を行うのであり，市場や環境の変化に適応せずには生き残ることはできない。こうした熾烈な競争こそが「企業家精神」の発揮を促すことになり市場経済の発展を支えてきた。

　企業家精神の具体化には「元手」と呼ばれる資本が必要となる。市場経済の発展とともに，個人企業から会社企業へと発展してきたが，こうした企業形態の発展は，いかにして資本規模の拡大（資本集中）を図るかの人間の創意工夫の営為であった。歴史的に市場経済の発展とともに個人企業から合名会社・合資会社，そして株式会社が生まれ，各国で法律として制度化されてきた。

2 出資者の責任：有限責任と無限責任

　企業が経済活動を始めるための「元手」とも呼ばれる資本には，出資者資本と債権者資本がある。出資者が提供する資本は自己資本と呼ばれる一方，債権者が提供する資本は他人資本と呼ばれる。自己資本は資本金，法定準備金などからなり，他人資本は社債，借入金などからなる。しかし，企業の信用の基盤は「出資」として拠出される自己資本であり，いかにしてこの出資部分を大きくするかが大きな課題となる。この自己資本として拠出される出資は，返済期限も約定利子も借入の時点で決まっている他人資本と異なり，利潤分配への参加（配当）も不確定であり，残余請求権者であるという点で最大のリスク負担者であり，この意味で出資者の拠出する資本はリスク・マネーとも呼ばれる。

　しかし，この出資者の責任には企業債務に出資額を超えて弁済義務を負う無限責任と自己の出資額を限度して企業債務に弁済義務を負う有限責任とがある。

　企業形態の発展は責任の限定化を図ることで資本集中を容易にする工夫で

▶社団
社団とは「特定の共通目的のために複数の社員（社団の構成員：出資者）が結合する団体」のことをいう。しかし個人企業が「法人成り」（次頁側注）したり，大企業が完全子会社の形で運営したりするケースがあり，こうした場合には構成員が一人でも会社が設立できるようにするため出資者が1人でも会社の設立を認めるとする「一人（いちにん）会社」の設立が認められている。

▶法人格
自然人以外で権利義務の主体となる地位を有するものを「法人」と呼び，会社の対外的活動から生じた権利義務は法人である会社に帰属する。

▶有限会社
戦前商法ですでに合名・合資・株式会社は法認されてきたが，中小企業にも有限責任制度の利用を認めるべきという社会政策的配慮の下で，ドイツの有限会社（GmbH）制度に倣って，「有限会社法」という特別

あった。無限責任を引き受ける上では経営権の引き受けも強制されることになった。無限責任を負わされる以上，企業の経営を第三者に委ねることはできないからである。有限責任制度の導入によって初めて経営を第三者に委ねる可能性が生まれたのである。同時に企業家が事業を始める上で出資額を限度とする有限責任制度の導入は起業へのハードルを引き下げ，経済活動を活発にする効果も，またより一層大きな資本集中の可能性を拡げるものとなった。

❸ 会社法と会社の種類

　日本では，戦後，旧商法等により，会社企業としては合名会社，合資会社，有限会社そして株式会社の四つの会社があり，全ての会社企業は**法人格**を有する存在であり，その中心は有限会社と株式会社であった。しかし，2006年に施行された会社法では**有限会社**は廃止され，株式会社に統合されるところとなった。この「会社法」の基本的理念は，これまでのように会社の運営等に関して法律が事前に事細かく決めていた「細則主義（ルール・ベース）」を改め，「定款自治」の原則の下で出資者と経営陣とが自己責任で自由に「**定款**」を定め，会社を運営する「原則主義（プリンシパル・ベース）」に立脚したものであり，新自由主義的な規制緩和を進めるものであった。その結果，資本金規制は撤廃され，また経営の自由度も高まることになった。なかでも新たに設立を法認されることになった**合同会社（日本版LLC）**は法人格を有し，全社員が間接有限責任をとる点で株式会社と同じであるが，出資比率とは異なる利益配当を定款で自由に決めることができ，また取締役会や監査役会などの設置義務がなく法律上の自由度が高い（ここでは社長は「代表社員」と呼ばれる）という特徴を有し，通常の上場会社のような有価証券報告書が開示されず，経営実態が見えにくくなっている。今日では米国の流通大手のウォルマートの子会社である西友（資本金：1億円）や世界最大のコンピュータネットワーク機器開発会社の日本法人であるシスコシステムズ合同会社（同：4.5億円）など，米国多国籍企業の節税対策として使用されているともいわれている。

　2016年度国税庁の「会社標本調査」（『税務統計からみた法人企業の実態』）の調査結果によれば，わが国では約267万社の法人企業のうちで株式会社が252万社と94.3％を占め，合名会社4000社弱，合資会社1.7万社，合同会社約7万社となっており，無限責任出資者が残る**合名会社**や**合資会社**はわが国ではすでに「死んだ法律形態」ともなっている。資本金階級別にみると資本金1000万円以下の中小・零細企業は229万社と全体の86％と圧倒的割合を占める一方，資本金10億円超の株式会社はわずか6000社弱に過ぎない。日本では株式会社形態を採用している大部分の会社は実質的には個人企業であり，株式会社としての経済的実質をもたず，法人設立登記をすることで社会的信用や税制上のメリットなどを享受するケースはしばしば「**法人成り**」と呼ばれている。

立法で有限会社は法認され，戦後量的には株式会社と並ぶ大きな割合を占めていた。有限会社は出資者数50名以下と制限され，または会社機関も簡素化されるなどのメリットを有していた。しかし，わが国特有の「形」を重んじる企業社会では，有限会社という名前だけで取引や人材採用面でも不利であるという不満も強かった。

▷定款
⇨ Ⅱ-1「株式会社と会社機関」

▷合同会社（日本版LLC：Limited Liability Company）
日本版LLCは出資者への利益配分や会社運営上の自由度が高い会社としてベンチャー企業などでの採用が増加しているが，一方で欧米のLLCと異なり，税制上の優遇措置（パススルー課税：法人課税ではなく，構成員の直接所得課税）が認められていない。この点では，日本版LLP（Limited Liability Partnership：有限責任事業組合）の方にメリットがある。

▷合名会社，合資会社
合名会社は社員（＝出資者）が会社の債権者に対し直接連帯して責任を負う「無限責任社員」だけで構成される会社形態である一方，合資会社は，「無限責任社員」と「直接有限責任社員」とで構成される会社形態である。

▷法人成り
株式会社の実質的要件をもたない個人企業が株式会社になるケースをわが国では「法人成り」と呼ぶ。この背景には「節税」対策にあるといわれている。

I 株式会社とは何か

 # 株式会社の歴史

1 大航海時代と株式会社の誕生

わが国で「株式会社」と呼ばれているものは，米国では"Corporation"（"Co., Ltd."）あるいは英国では"company limited by shares"，"PLC（Public Limited Company）"，ドイツでは"Aktiengesellschaft"（"AG"），フランスでは"société anonyme"（"SA"）と呼ばれている。経済成長著しい中国でも「股份公司」と呼ばれ，株式会社制度は現代の巨大企業では世界で一般的な会社形態となっている。

16世紀から17世紀の大航海時代，ヨーロッパでは，共同資本により，貿易や植民地経営のための大規模な企業が設立されるようになった。当時のヨーロッパでは肉食文化には欠かせない香辛料，特に胡椒は極めて高価であり，この生産地であったアジアとの交易は莫大な利益をもたらすものであった。しかし，当時の航海技術や造船技術の水準，また海賊などが跋扈する不安定な治安・政治状況ではこの交易は大きなリスクに晒されていた。多くの船長や船員を雇い，船団を組むためにも多くの資本を必要としていた。こうした冒険的事業に出資を募り，運よくこの交易に成功するならば，莫大な利益が生まれ，利益は出資額に応じて分配され，また失敗すれば出資者は出資額を限度とする有限責任制度が認められていた。こうした取組みで最も成功をおさめ，株式会社の起源とも呼ばれるようになったのは，1602年に設立された連合オランダ東インド会社（VOC）であった。VOCはオランダ議会から特許状を受けた勅許会社であり，東アジアとの交易を独占した会社であった。支店の位置づけとなるオランダ商館は，ジャワや長崎出島などに置かれた。この会社は，①出資者全員の有限責任，②取締役会の設置，③資本の証券化，④永続企業といった特徴を有していた。しかし，このオランダ東インド会社は，17世紀後半には英国が大英帝国として海上覇権を確立する過程で英国東インド会社に植民地帝国の座を奪われ，結局1799年には解散させられることになった。

2 欧米の株式会社の歴史

英国で18世紀後半から19世紀にかけて蒸気機関の発明などによる産業革命が起こる中で工業を中心とする産業資本主義が生まれるところとなった。特に膨大な資本需要を伴う鉄道事業において19世紀半ばには多くの投資家からのリス

▷会社
会社というのがはじめて起こったのは，地中海貿易の中心であった中世イタリアであった。当時イタリアはヨーロッパ商業つまり，地中海貿易の中心地でした。"Company"とは，ラテン語でcompāniōn，「ともに（com）」「パン（panis）」を「食べること（ion）」から生まれたのであり，リスク・マネーを供給する出資者がともに冒険的事業に乗り出した結社という意味である。わが国では福沢諭吉が『西洋事情』（1866-73）という書物の中で使用したことで知られている。

▷デラウェア州会社法
米国では会社法は州ごとに制定されているが，なかでもデラウェア州は米国を拠点とする株式公開企業の半数以上，Fortune500社の6割以上が同州で設立されている。これはデラウェア州の法律，判例，裁判制度が他州に比べて充実かつ洗

ク・マネー（株主から調達される自己資本）を集める株式会社制度が普及していった。この過程で，法整備も進み，1844年には登記法が制定され，株式会社の設立がこれまでの特許主義から準則主義へと転換し，1855年には有限責任法，そして1862年に会社法（company act）が成立し，イギリスにおける近代的株式会社制度が確立するところとなった。

しかし，その後，19世紀後半になると，米国において第二次産業革命とも呼ばれる，電気，通信，自動車などの技術革新と流れ作業を中心とする工程革新による大量生産体制が生まれ，急速な工業化が進展していった。こうした大規模な事業投資のためには，大量のリスク・マネーが必要とされた。

すでに19世紀に入ると株式会社が米国でも誕生し，各州で会社法が制定されてきたが，1875年にはニュージャージー州会社法や**デラウェア州会社法**が制定され，またニューヨークやシカゴで証券取引所が開設され，株式等の売買が行われるようになっていった。こうした社会的インフラの整備とともに，株式会社の数は一気に拡大し，株式会社形態をとる企業によって工業化が急速に進展するところとなった。まさに米国の「大量生産・大量消費」という「豊かな社会」を実現したのは，社会的に大量のリスク・マネーを集める仕組みをもっていた株式会社の存在があった。またこうした株式会社の誕生によって企業の合併と買収（M&A）が促進され，巨大株式会社が誕生するところとなった。

3　日本の株式会社の歴史

日本では1868年の明治維新によって誕生した明治政府が，富国強兵・殖産興業政策によって「**上からの工業化**」を押し進めていった。すでにわが国では1872年に，伊藤博文によって米国の「ナショナル・バンク・システム（national bank system）」に範を求めて導入された「国立銀行条例」により金融業界で最初の株式会社が導入されることになった。この国立銀行は国の認可を受けて民間資本が設立して経営したものであり，株主の有限責任制や取締役会の設置などの特徴を有し，本格的な株式会社の体裁を整えていた。同条例に基づき，1873年に**渋沢栄一**が中心となって設立された第1国立銀行（東京）が生まれ，続いて第2国立銀行（横浜），第4国立銀行（新潟）など設立認可順に番号が付された銀行が同条例に基づいて第153銀行（京都）まで設立された。その後1890年頃から工業化の進展とともに，銀行業だけではなく，鉄道業，海運業，紡績業などの分野を中心として株式会社は普及していった。

こうした急速な工業化の進展を支えるために，1892年に制定された商法は「営利を目的とする社団」として合名会社，合資会社そして株式会社を会社と規定することになった。その後，1899年には新商法が**免許主義から準則主義**，有限責任制，株式譲渡の自由などを明記し，近代株式会社制度が導入された。

練されていることや税制上のメリットがあると言われている。⇒ⅩⅠ-4「米国型コーポレート・ガバナンスの限界と課題」も参照。

▶**上からの工業化**
米国の資本主義は出自や身分が決定的な役割を果たすことが少なく，「アメリカン・ドリーム」を夢見て大きなリスクに挑戦する企業家の事業意欲から自然発生的に生まれたという意味で「下からの工業化」であった一方，日本やドイツ（当時のプロイセン）は殖産興業政策という政府の政策的支援を受けて工業化が推進されたという意味で「上からの工業化」であった。

▶**渋沢栄一**（1840-1931）
渋沢栄一は明治から大正にかけて第一国立銀行や東京証券取引所の設立だけでなく，東京瓦斯，王子製紙，日本鉄道会社，東京海上保険，秩父セメントなど500社以上の多種多様な企業の設立・経営に関わり，「日本資本主義の父」とも呼ばれた。また倫理と利益の両立を掲げる「道徳経済合一説」という理念を打ち出した。⇒ⅩⅫ-3「CSRの歴史」も参照。

▶**免許主義から準則主義**
株式会社の設立は当初，政府や王室からの勅許・特許状が必要とされてきた（これを「免許主義」という）。しかし，19世紀に入って多くの技術革新とこれを基盤とする工業化が進展し，そこで果たす会社の役割が認識される中で，法律が定める要件を満たしていれば誰でも会社を設立することができるとする「準則主義」が会社法において確立された。

第1部　株式会社とコーポレート・ガバナンス論

Ⅰ　株式会社とは何か

株式会社の特徴

1　株式制度の「資本の動化」

　株式会社は会社の中で株式を発行する唯一の会社である。他の合名・合資会社や合同会社において出資者の権利は「持分」と呼ばれ，その所有者は「社員」（持分所有者）と呼ばれる。会社法では合名会社・合資会社・合同会社は「持分会社」とも呼ばれ，株式会社と区別されている。

　株式会社は株式を発行することで出資を募り，この「資本金」を信用の基礎として各種借入を行い，これらの資本を利用して経済事業（商品やサービスの生産・販売）を行うことで利益を上げることを目的とした会社である。株式は均一的に細分化された割合的単位の形をとる株式会社の社員たる地位である。株式を保有する個人・法人・機関は株主（shareholder）と呼ばれる。

　こうして資本金が株式証券化され，その株式が取引所に上場され，株式証券が売買されることで，株式証券は流通性を有し，誰でもその株式を売買する可能性（株式譲渡の自由）が生まれる。現在，日本では株式の売買単位を会社の定款で一定数に定める「単元株」制度が採用されている。これによって，出資者はいつでも必要に応じて株式を売買することで出資金を回収できる一方，投資家から集めた資本金は返済不要の資本として事業活動において運用され，現実に利益を生み出す企業の事業永続体（ゴーイング・コンサーン）化が可能となる。こうして，資本金の証券化により現実資本（機能資本）と擬制資本（コピーとしての資本）とは分離し，株主は株式の売却を通じて直ちに現金化できる事態は「資本の動化」と呼ばれる。持分会社の場合には出資者による出資の回収が直ちに事業活動の継続性を困難にさせるため出資の回収には著しい制約が課されている。この点で，株式会社は，一方における企業の要求（事業継続のための出資金の固定化）と他方での出資者の要求（出資金の常時回収可能性）との対立を克服している。株式会社は法的には「法人」として「永遠の存在」となりうる存在となった。

2　株主の有限責任制

　株主として会社に対して有する法的権利は「株主権」と呼ばれる。それは基本的に株式証券が有する支配証券，利潤証券，物的証券としての性格から生まれる。すなわち「共益権」として会社の経営に参加する権利（経営参加権），

▶株式譲渡の自由
本来的に株式会社は資本の動化のためには株式の自由な譲渡がなされる必要がある。しかし，現実に多くの株式会社は会社の定款に全ての株式の譲渡については会社の承認を必要とする旨を定めており，これらの会社は「株式譲渡制限会社」，もしくは会社法では「非公開会社」と呼ばれている。

▶配当
多くの会社は年2回配当を行っているが，近年，機関投資家を中心とする「株主重視経営」の圧力の下で，会社の当期利益（当期純利益）のうち配当金としてどのくらい支払われているかを百分率で表した「配当性向」を高め，また自社株買いによって株主還元が進められている。しかし，米国のグーグルやマイクロソフトなどのIT企業は創業時から長い間配当をせずに利益の再投資を行ってきたことで知られている。こうした企業の場合には株価の上昇によるキャピタルゲイン

「自益権」として会社から利益の配当を受ける権利（利益配当請求権）そして会社が解散したときに残った財産の分配を受ける権利（残余財産分配請求権）がこれである。そのことから株主は多くの企業では年2回（中間配当と本決算配当）受け取る**配当**収入（インカムゲイン）と株式売却に伴う資産売却所得（キャピタルゲイン）という利益を受け取る可能性が生まれる。しかし，会社の業績悪化によって配当が受け取れず，また株価の下落によっては投資損失が発生するリスクがある。それどころか会社が倒産でもすれば株式証券は無価値になる大きなリスクを有している。この意味で株式投資はハイリスク・ハイリターンの典型的な金融商品である。

一方，株主は間接有限責任として出資額を限度として，会社債務にはそれ以上の責任を負うことはない。すなわち，株式会社はそれ自体が法人格を有し，権利と義務の主体となっており，会社それ自体が自ら契約を結び，財産保有者や債務者となる。この意味では投資家は出資の時点で自己の取りうるリスクを確定でき，会社が倒産してもその出資の範囲内で間接的に会社債務に対して責任を取るのであり，また株式の売却によっていつでも株主という地位を放棄できる存在である。この点で，株主の中には創業者やオーナー株主のように会社と運命をともにする者がいると同時に，**デイトレーダー**やコンピューターのプログラムにより瞬時に株式取引を行う**超高速取引（HFT）**業者と呼ばれる投資家もいることも忘れてはならない。

③ 株式所有の分散化と所有と経営の分離

こうした株主有限責任制によって，合名・合資会社（前者は全員，後者は一部社員）がこれまで無限責任を経済的に強制されることで生じる出資者＝経営者という関係は断ち切られ，出資者は必ずしも経営者である必要はなくなってくる。「所有と経営の分離（資本の提供者と事業の運営責任者との人格的分離）」と呼ばれる事態である。同時に企業の大規模化に伴う経営の複雑化・高度化は市場や技術に関する高度の専門知識，大規模な組織を運営する管理能力，環境変化に対応した柔軟な判断力を保有する**専門経営者**を求めるようになってきた。一方で，いずれの会社も創業時は事業への高い志を有する個人もしくは少数の創業者チームが経営者として起業するケースが圧倒的である。その後，会社の事業拡大のために必要となる成長資金を証券取引所における株式上場で調達する過程で創業者や一族の持ち株シェアは減少し，さらにはこうした創業者が引退したり，死亡したりすると，その持ち株はさらに減少する傾向がみられる。株式所有が分散化し，支配株主が消滅すると，株主ではない経営者が自らの判断で経営を行い，その後継者も自らが選任し，経営の支配者として君臨する事態が巨大株式会社を中心としてみられるようになっていった。こうした現象は「所有と支配の分離」と呼ばれている。

で株主還元されている。

▶**デイトレーダー**
買った株をその日のうちに売る，あるいは売った株をその日のうちに買い戻すことで利益を得る株式売買スタイルをとる投資家のことをいう。1日の間に株式売買を繰り返し，細かい利ザヤを稼ぐことはデイトレードと呼ばれる。

▶**超高速取引（HFT）**
株式の超高速取引とは，High Frequency Tradingのことであり，その頭文字を取ってHFTと呼ばれている。これは自動発注機能を有するコンピューター・プログラムを使って，自動的・瞬時に判断をして超高速，超高頻度で売買を行うものであり，日本市場でもHFTの売買高は全体の売買の6割にも達しているといわれている。

▶**専門経営者**（professional manager）
この専門経営者が会社の支配者になっているという事態を最初に米国の付加価値額上位200社の実証分析によって明らかにしたのがバーリ（Berle, A. A.）とミーンズ（Means, G. C.）の経営者支配論であった。さらに19世紀資本主義では資本家と呼ばれる所有経営者が支配的であったが，20世紀に入ると，所有経営者に代わって専門知識の保有者である専門経営者が巨大株式会社の支配者となることで資本主義の性格が変わったとする主張が提起されてきた。この代表的主張がドラッカー（Drucker, P.）の経営者資本主義論であり，ガルブレイス（Galbraith, J. K.）のテクノストラクチャー論であった。

第1部　株式会社とコーポレート・ガバナンス論

Ⅰ　株式会社とは何か

 株式会社の区分

1 公開会社と非公開会社

　日本の会社法が規定する株式会社は，会社が発行する株式の全てが会社の承認を必要とする「非公開会社」（譲渡制限会社）と発行株式の全てもしくは一部が自由に売買できる「公開会社」とに区分されている。また資本金5億円以上，負債200億円以上の会社を「大会社」，それ以外の会社を「その他会社」に区分している。この意味で，**資料Ⅰ-1**にみられるように，株式会社は四つに分類され，これに応じて会社法が設置を義務づける**会社機関**のあり方は異なる。従って，最も簡素な会社機関（独自的経営制度）は，株主総会と取締役1名（代表取締役社長）から構成される。この点で会社法は法律と実態の乖離を可能な限り少なくすることで，圧倒的に量的比重の高い中小零細規模の株式会社も会社法の枠内に組み込もうとしている。大企業の圧倒的多数は表Ⅰ-1中の①であり，中小零細企業は④となる。しかし，「大会社」ではなくとも株式を上場しようとする場合には②となる。「大会社」であっても子会社であったり，創業者・同族企業だったりする場合には③となる場合もある。しかし，この結果，株式会社が本来有する資本集中機構としての独自的特質は希釈化されるところとなった。

2 上場会社と非上場会社

　株式会社の多くは株式の譲渡制限を定款で定めている非上場会社である。しかし，会社が急成長を遂げ，一定規模以上に達すると銀行からの借り入れ（**デット・ファイナンス**）に依存するだけでは財務的リスクは高まり，機動的に**エクイティ・ファイナンス**を行うことで成長資金を資本として調達する必要性は高まるものと考えられる。そこで株式を上場することで社会的にリスク・マネーと呼ばれる資本を調達するためには，株式の譲渡制限を定款規定から削除し，自由な株式の売買を可能としなければならない。

　株式会社が株式等を上場する場は「証券取引所」と呼ばれ，株式を取引所に新規に上場することは新規株式公開（IPO）と呼ばれている。現在までに東京証券取引所1部上場（2086社）と2部上場（514社）が中心となっており，それ以外に新興企業やベンチャー企業，さらには中堅企業などの企業の資金調達の場となっているJASDAQやマザーズなどがあり，2018年5月現在，約3600社

▷**会社機関**
　⇨第Ⅱ章「巨大株式会社と会社機関構造（日本・米国・ドイツ）」

▷**エクイティ・ファイナンスとデット・ファイナンス**
　エクイティ・ファイナンス（equity finance）は，「新株発行を伴う資金調達」のことであり，企業のエクイティ（株主資本）の増加をもたらす資金調達であり，具体的には，公募（時価発行増資），株主割り当て，第三者割当といった払込を伴う増資や，転換社債型新株予約権付社債（CB）等の新株予約権付社債の発行などを総称する際に使われる。他方，デット・ファイナンス（debt finance）が借入れ等の負債の増加を伴う資金調達を指す。⇨ Ⅶ-3「資本コストを意識したEVA」も参照。

▷**プライム・スタンダードとジェネラル・スタンダード**
　ドイツフランクフルト証券取引所の上場区分については風間信隆「ドイツのコーポレート・ガバナンスとトップ・マネジメント：ドイツ巨大株式会社の指揮と監視」明治大学社会科学研究所『紀要』第55巻・第2号，2017年3月を参照。

▷**創業者利得**
　創業者利益とは，会社の創

14

| 資料 I-1　株式会社の4分類 |

	大会社	その他会社
公開会社	①	②
非公開会社	③	④

が上場している。こうした市場では、それぞれ株式数、純資産額、時価総額などの上場基準が設けられ、投資家保護のため新規上場の際には厳格な審査が行われている。これ以外にも名古屋、福岡、札幌に証券取引所が設置され、それぞれ1部と2部、また新興企業向け市場（例えば、名古屋証券取引所が開設しているセントレックス）がある。また米国ではニューヨーク証券取引所（NYSE）やグーグルやフェイスブックなど IT 系企業が上場しているナスダック（NASDAQ）が知られており、ドイツではフランクフルト証券取引所などがあり、**プライム・スタンダード**と**ジェネラル・スタンダード**とに区分されている。

❸ 株式上場のメリットとデメリット

　株式上場は事業家の「夢」でもあるといわれている。株式上場によってその会社の事業が社会的に評価されることでもあり、返済不要な成長資金を機動的に集めることが可能となるとともに、市場によって評価される株価によって**「創業者利得」**を手にすることができる。

　しかし、同時に株式上場にはデメリットも存在している。とりわけ株式が流動化することで敵対的な M&A のリスクが高まるばかりか、アクティビストともいわれる外国人機関投資家が**「発言」**行動を強める中で、ディスクロージャー（情報公開）・コストが増大したり、株主の多様な要求に直面したりするためにいったん上場した企業が経営者による会社買収（**マネジメント・バイ・アウト：MBO**）によって株式の上場を廃止する「**ゴーイング・プライベート**」にする動きが注目されている。また、例えば、ファスナー大手の吉田工業（YKK）やミツカンなど、創業者の独自の理念を追求する大企業や家族支配を優先する同族企業などの中には巨大企業でありながら、あえて株式公開をしない会社も多数存在する。

❹ 株式の種類：普通株と種類株

　株式には株主の権利を表す最も一般的な株式は普通株と呼ばれる。普通株以外に、多様な投資家の投資ニーズに合わせて株式の種類の多様化が図られてきた。普通株以外の、議決権や利益配当などの権利内容が異なる株式は「種類株」と呼ばれる。種類株には普通株よりも配当や残余財産が優先され、その代わりに議決権が制限される優先株、転換権や譲渡制限付き優先株、株主総会で特定の議案に対して拒否権行使が可能な**黄金株**など多種多様な種類株の発行が認められている。

I-4　株式会社の区分

業者が株式上場に際して自己の持ち株を売り出して得る利益のことである。注目度の高い IPO は、公開時に投機が加わって企業の利益や成長性などから想定される価値よりも高くなる傾向があり、創業者利益は莫大なものとなることがある。

▷ **発言（voice）と退出（exit）**
株主は基本的には「ウォール街の掟」のように株式を自由に売買できるのであり、経営に問題があると思えば株式を売却する行動様式を「退出」行動と呼ぶ。これに対して、経営に問題があると思われたら、積極的に議決権行使や株主提案や対話を通して影響力を行使しようする行動様式は「発言」行動と呼ばれる。

▷ **マネジメント・バイ・アウト（MBO）**
⇨ XIX-1「資本政策と株式発行」、XIX-2「M&A の目的」

▷ **ゴーイング・プライベート（going-private）**
株式上場していた会社が経営陣による株式公開買付け（TOB）によって株式を買い取り、証券取引所が定めた株主数の基準を下回ることで上場廃止することをいう。この場合、経営陣が自己資金では買収資金を用意できないため投資ファンドが融資・投資を行うことが多い。

▷ **黄金株**
上場会社のうち、日本最大の石油・天然ガス開発会社である国際石油開発帝石ホールディングスでは重要事項の決定について黄金株1株を有する政府の承認を要することが定款で定められている。

コラム-1

第四次産業革命のもたらすユートピア？

○Industrie4.0

　昨今，我々はICT技術の進展によって手軽な携帯端末を用いて常時ネットワーク化し，様々なSocial Mediaから多くの情報を手に入れ，Big Dataそして様々な情報サービスを駆使する高度情報化社会に存在している。また自動運転車の開発，テレビゲームのより精度の高い仮想現実化，人々のネットワーク化をしのぐ速さで進展する機器相互のネットワーク化（Internet of Things；IoT化）そして産業機器同士をインターネットで繋ぐIndustrie4.0等の国家プロジェクトによって全社会のネットワーク化（ユビキタス）が着実に進んでいる。

　「第四次産業革命」と日本語で名づけられたIndustrie4.0は，元来インターネットがスマートフォン等の通信機器を通じてBtoC（企業対個人の市場）を対象とした製品（消費者）プロダクトイノベーションであるのに対して，Industrie4.0においては，BtoB（企業対企業）の世界，つまり製造（生産者）プロセスイノベーションにおける展開が特徴である。ドイツにおいては中堅企業（Mittelstand）の優位性の高い「隠れたチャンピオン」（無名の中堅企業：世界中ではドイツ企業が47％）が多く存在している。この製造プロセスを会計的な財務情報のソフト・プラットフォームに乗せ，他のプロセスとの連結・切分けをコストベースで捉えるのである。そして新たに構成された製造プロセスが従来よりも総体として最適化しているかを仮想実験することがIndustrie4.0の競争優位になる。ここで明らかなことは，ドイツ独自の優位性にどのようなプロセスをかけ合わせればさらなる優位性の上昇をもたらすイノベーションが起きるかである。そして，このような企業のプロセスを他の国々（例：日本やアメリカの中小企業）にパッケージとして提案する。ドイツの中堅企業において行われてきた製造プロセスは隠れた競争力であり，そこで，この秘密を顕在化（見える化）させるにはIoT等の新技術が必要・重要となる。我々の日進月歩する技術発展は，このような技術手段・人的能力の向上のために増大・変化してきているのである。

○ネットワーク社会と「疎外」

　このようなIndustrie4.0等の猛烈な技術発展の背後に，これを大きなビジネス・チャンスと考える巨大な関連産業群が存在している。ここにIoT等の高度技術を取り巻くステークホルダーの利害構造があり，これが生身の人間を疎

外する要因にもなりうる。一見このような高度技術による全社会のネットワーク化は「スマート」社会をもたらし，限度のない金銭（経済）的な欲望は満たされたかのように錯覚する。しかしながら，マルクスは「人間の意識がその存在を規定するのではなくて，逆に，人間の社会的存在がその意識を規定する」と述べている。では我々の社会的な状況は上述したようにユビキタス（全ネットワーク化）社会となり，我々個々人が意識することなく全ネットワーク内の一部品（商品）となり「疎外」されしまっているのではないだろうか。ここでは我々が幻想するユートピア（理想郷）とは正反対の社会であるディストピア（死の国），映画「マトリックス」のような社会が想定されている。

○「産業革命」

ドイツで進むIndustrie4.0は「第四次産業革命」というスローガンで日本では紹介されているが，これは，18世紀半ばからのイギリスで始まった産業革命（Industrial Revolution）がモデルとなっている。蒸気機関による工業化を第一次，石油が第二次，電気が第三次そして第四次が情報化，つまりインターネットによるネットワーク化社会の到来が意味されている。しかしながら，このスローガンの最後の「革命」には重要な概念が隠されている。この猛烈に進む産業動向に対する批判的な立場を忘れてはいけないということである。ここではIndustrie4.0等の高度技術の国際競争力の強化とは正反対の，つまりネットワークに組み込まれ疎外された我々の人間性の回復がある。具体的にはプライバシーやセキュリティの問題，機械的アルゴリズム化された回答の正当性といった倫理的な判断を我々自身が行い，解答しなければならいということである。

我々は過去の馬車の時代に自動車が普及し，そして淘汰された馬とは違い，発言し，行動できる。マルクスが「物質的な生産力や生産関係の変化が，歴史を動かす原動力となる」と考えるように過去の歴史がそれを証明している。そのために，生産を通じて結ばれる雇用関係（生産力）を規定する制度・文化（生産関係），つまり本書が多方面から考察する各国におけるコーポレート・ガバナンスを注意深く観察することは我々をこの呪縛から開放（革命）してくれるはずである。

Ⅱ 巨大株式会社と会社機関構造（日本・米国・ドイツ）

株式会社と会社機関

▷合名会社
⇨ Ⅰ-1「企業形態と法律形態」

▷合資会社
⇨ Ⅰ-1「企業形態と法律形態」

▷書面投票制度と電子投票制度
書面投票制度は，取締役会において株主総会に出席しない株主が書面で議決権を行使できることを定めることにより利用できる。電子投票制度は，取締役会において，株主総会に出席しない株主が電磁的方法で議決権を行使できることを定めることにより利用できる。

▷定時株主総会
決算期末後3カ月以内に開催されるものとなっていたため，東証上場企業の75％が3月期決算期となっており，6月末の特定の日に集中開催されることが多かったが，近年では分散化する動きがみられる。

▷種類株
⇨ Ⅰ-4「株式会社の区分」

▷定款
会社の商号(社名)，会社の目的(事業内容)，会社の本店所在地など会社の組織や業務に関する基本的な規則を定めた文書。定款の変更は株主総会では特別決議が必要。なお会社法は，株主と経営陣が自己責任で定款を定め，会社を柔軟に運営することを可能にする規制

1 株式会社と会社機関

　株式会社は本来的には多数の出資者の資本集中を前提にしており，**合名会社**や**合資会社**のように無限責任社員（出資者）の複数化が直ちに経営者の複数化を意味し，これによって経営の意思決定が妨げられることを阻止し，いかに出資者の数が増えても経営の意思決定を機動的に行うことを可能にする経営制度の確立が必要とされる。また全ての株主は間接有限責任をもつことになり，会社債務との直接的関係はもたないし，株主は自己の株式を自由に売買でき，会社との関係は一時的なものに止まる可能性も有している。そこで株主（出資者）の変更があっても安定的に事業の経営を担う専門経営者の登用可能性が生まれている。こうした多数の株主の多様な意思を一元化させ，これを経営に反映させる仕組みとして独自の経営制度（会社機関）が必要となる。

　どの国やどの規模の株式会社においても会社機関として必置の機関とされているのが株主総会である。株主総会は各国で総会権限に違いはあるものの，株主を構成員とする「合議制」の最高意思決定機関として位置づけられ，1株1票制（1単元1議決権）の多数決原則に基づいている。今日では，**書面投票制度**や**電子投票制度**も認められている。当期事業年度の決算報告と承認，役員の選任等について決定を行う，株主総会には年に1度開催される**定時株主総会**と必要に応じて臨時に開催される臨時株主総会とがある。また**種類株**を発行している会社では，特定の株主総会決議事項について種類株主が拒否権を有する場合や種類株主が独自に役員の選解任権を有する場合には種類株主総会が開催される。歴史的に株主総会の権限は縮小されてきたが，役員の選任や解任，**定款**の変更や合併，会社分割等の重要事項については総会決議事項とされる。

　こうした株主総会を会社経営の基礎としながらも，日常的に経営を執行する機関やそれを監督する機関は以下の節で触れるように，各国において様々である。米国・英国のような，取締役会を中心とする一層型組織とドイツのように監督と執行を人的にも組織的にも厳密に分離する，監査役会と執行役会との二層型組織が知られている。しかし，今日では，次第に業務の監督と業務執行を厳密に分離する流れが生まれている。

❷ 株式保有と経営参加

株主はこうした株主総会で影響力をもつ上で，発行済み株式数の50％超の議決権を保有すれば，役員の選任等の普通決議を支配できる。さらに日本では3分の1超（ドイツでは25％超）の株式を保有すれば，重要事項などの拒否権行使ができる。また一定の要件を満たす議決権をもつ株主は，一定の事項を株主総会の議案とするよう請求することができる株主提案権が認められている。また機関投資家は経営者との「対話」を通して自己の要求を経営に反映させようとしている。

こうした直接的な影響力行使の可能性以外に，同時に株主が経営に不満をもち，株式市場で大量に株式を売却することで株価が下落し，1株当たりの純資産額が株価を下回るPBR（株価純資産倍率）が1を下回る事態になれば，敵対的企業買収のリスクは高まる。こうした買収リスクを回避するためにも，これまで日本企業の場合には，**政策保有株**として，銀行や取引先との間で株式の相互持合いを行い，安定株主工作を行ってきた。こうした政策保有株式は投資目的ではないため，企業業績にかかわらず，安定的に保有され，その保有者は「もの言わぬ株主」と呼ばれた。こうした政策保有株式の削減が日本ではガバナンス強化の観点から進んでいる。

❸ 機関投資家の台頭と「株主の復権」

米国では1970年以降，それ以外の先進国では1990年代以降，株式市場で機関投資家がますますそのプレゼンスを高めている。機関投資家とは，投資ファンドや年金基金など，その法人の顧客から拠出された大量の資金を使って株式や債券で運用・管理する法人投資家のことをいう。こうした機関投資家が株式投資の比率を高めてくると，彼らは「**受託者責任**」によって投資先の経営のあり方に対しても「発言」行動を強めてくるようになった。これまで経営者支配の基盤は株式所有の分散化，あるいは株式の相互持合いなどの政策保有株の存在にあった。しかし，機関投資家が株式市場でプレゼンスを高め，「発言」行動（**株主行動主義**）を強める中で経営者への圧力は高まっている。多くの機関投資家は「分散投資」を基本とし，その持ち株比率はたとえ小さくとも，これらの機関投資家がまとまれば極めて大きな存在となるからである。また企業も**エクイティ・ファイナンス**による機動的な資金調達が企業の成長にとって不可欠であるため，こうした機関投資家の要求は無視できなくなっている。機関投資家には多種多様なものがあり，**社会的責任投資（SRI）**や**ESG投資**など中長期の企業価値の向上を目指す投資家も存在するにしても，彼らは常に投資リターンの最大化を常に求めており，彼らの報酬は投資リターンによって決定されることからも，「短期主義」に陥りやすいことも見逃されえない。

緩和が行われた。
▷**政策保有株**
⇒ⅥI-4「株主・株式市場による規律の不在とインサイダー型ガバナンス」
▷**受託者責任**
一般に，他者の信認を受け裁量権を行使する者が負う責任と義務をいう。機関投資家では，管理運営にかかわる者（受託者）がその任務遂行上，当然果たすべきものとされる責任と義務をいう。受託者責任という概念は英米の信託法理から発展したもので，一般的に忠実義務・注意義務・自己執行義務・分別管理義務等があるとされているが，忠実義務と善管注意義務の二つが重要とされる。⇒Ⅱ-2「日本の巨大株式会社と会社機関(1)：監査役会設置会社」，ⅩⅫ-1「コーポレート・ガバナンスとCSRの概念的関連性」，epilogue「コーポレート・ガバナンスと事業の繁栄」も参照。
▷**株主行動主義**
機関投資家が，上場企業の大株主の立場から議決権行使や株主提案などを通じて当該企業の経営政策やガバナンス・ルールに影響を与え株主価値を向上させようとする行動をいう。⇒Ⅳ-1「経済の金融化の背景」，ⅩⅤ-3「韓国企業の外部監視」も参照。
▷**エクイティ・ファイナンス**
⇒Ⅰ-4「株式会社の区分」。
▷**社会的責任投資（SRI），ESG投資**
⇒ⅩⅫ-4「SRI投資とESG投資」

II 巨大株式会社と会社機関構造（日本・米国・ドイツ）

 # 日本の巨大株式会社と会社機関(1)：監査役会設置会社

① 会社法と会社機関

　2006年の会社法では最低資本金制度の廃止や有限会社法の廃止に伴う株式会社制度の利用対象企業の拡大と「定款自治」の原則の下で株式会社における機関設計の自由化が図られ，極めて多様な機関設計が可能となっており，公開会社・大会社以外の株式会社については，より簡素な会社機関の設計ができるようになっている（**資料Ⅱ-1**）。従って，最もシンプルな会社機関は株主総会と経営を担う一人の取締役となるが，株式を上場している会社（**公開会社・大会社**）の会社機関は，監査役会設置会社，指名委員会等設置会社そして監査等委員会設置会社の3パターンからの選択となる。東証の『コーポレート・ガバナンス白書 2017』（以下『東証白書』）によれば，調査対象3507社のうち，2800社（79.8%）が監査役会設置会社で最も多く，次いで会社法改正により2015年新しく導入された監査等委員会設置会社が637社（18.2%）であり，指名委員会等設置会社を選択している会社は70社（2.0%）に止まっている。

　なお，上記には記載されていないが，取締役会の監督の下でその決定方針に基づいて業務執行を担い，会社を対外的に代表して法人である会社の意思と行為を表明する会社機関として，1人もしくは複数の代表取締役ないし（指名委員会等設置会社のケースでは）代表執行役が置かれる。会社法で任意の会社機関として新たに認められることになったのが株主総会で選任される**会計参与**であ

▷**公開会社・大会社**
⇨ Ⅰ-4「株式会社の区分」，ⅩⅢ-1「英国企業とコーポレート・ガバナンス」も参照。

▷**会計参与**
会計参与は2006年の会社法で新たに法認された機関であり，会社の決算等の計算書類の適正性・信頼性を高めるために導入された。会計参与は株主総会で選任され，会社の定款記載事項となる。

▷**社外の「独立役員」**（社外独立取締役）
社外役員とは社外取締役と社外監査役を指し，会社法上「現在も含め就任前10年内に，当該会社，子会社の業務執行取締役，執行役又は支配人その他の使用人に就任したことがないこと」など厳格な要件が定められている。⇨ Ⅸ-4「経営者報酬の情報公開」も参照。

▷**独任制**
監査役会設置会社における監査役は3人以上から構成されるが，多数決原理で決めると不正を見逃す危険があり，それぞれが独立して単独で権限行使できる。これによって，1人の監査役が取締役を株主総会で告発することも，司法に告訴することもできる。

資料Ⅱ-1　会社法における株式会社の機関設計の基本パターン

	非公開で非大会社	非公開で大会社	公開で非大会社	公開で大会社
①取締役	○	×	×	×
②取締役+監査役	○	×	×	×
③取締役+監査役+会計監査人	○	○	×	×
④取締役会+会計参与	○	×	×	×
⑤取締役会+監査役	○	×	○	×
⑥取締役会+監査役会	○	×	○	×
⑦取締役会+監査役+会計監査人	○	○	○	×
⑧取締役会+監査役会+会計監査人	○	○	○	○
⑨取締役会+指名委員会等+会計監査人	○	○	○	○
⑩取締役会+監査等委員会+会計監査人	○	○	○	○

（注）「非公開」は全ての種類の株式に譲渡制限をつけている会社。「会計参与」は全てのパターンに設置可能。ゴチックの⑧，⑨，⑩は公開・大会社の上場会社が選択可能な会社機関となる。

出所：『日本経済新聞』2006年4月26日付記事をベースとして修正を加えた。

り，公認会計士または税理士が会計参与として計算書類の適正性等への信頼を高めるために，取締役や執行役と共同して計算書類の作成を担当することが可能となった。

また東証は，上場会社に対して**社外の「独立役員」**を1名以上確保することを企業行動規範の「遵守すべき事項」として規定しており，なかでも独立社外取締役の選任が監督機能の強化の観点から求められている。『東証白書（2017年版）』によれば，すでに約89％の上場会社が1名以上，また60.4％が2名以上の独立社外取締役を選任している。

❷ 監査役会設置会社

監査役会設置会社とは，3名以上の監査役から構成され，そのうち半数以上は社外監査役である監査役会を設置している会社のことである。監査役の任期は4年以内（取締役は2年以内）とされ，単独で権限行使できる「**独任制**」とされる。監査役は株主総会で選任され，会社の内部統制部門と連携して取締役の職務の執行を監査することがその役割である。監査には業務監査と会計監査（計算書類等の監査）とが含まれる。前者の業務監査は，取締役の職務の執行が法令・定款を遵守して行われているかどうかを監査することで，一般に適法性監査と呼ばれている。ただし，法令には**善管注意義務**も含まれるので，取締役の経営判断にかかわる事項についても，善管注意義務違反がないかどうかを監査することになる。監査役，取締役，会計監査人とも株主総会で選任される。会計監査人とは，公認会計士または監査法人のみが就任することのできる会社機関であり，株主総会で選任される。会社の計算関係書類などを会計監査することを主な職務・権限とする。

取締役会は，3名以上の取締役から構成される決定機関として，会社の業務執行に関する全般的・基本的・最高基本方針の決定機関であり，代表取締役や業務担当取締役の業務執行の監督を行う。取締役は法律上は株主に対する**受託者責任**・**説明責任**を有している。代表取締役の選任・解任，重要な組織上の変更などは取締役会が決定する。取締役は「善管注意義務」及び「**忠実義務**」を負っている。もしこれに違反して会社に損害を与えた時には，株主代表訴訟の対象となる。近年では，この会社機関では規定されていない指名・報酬委員会を任意で取締役会内に設置する会社も多くなっている。

代表取締役は取締役会の決定方針に基づき，業務執行を行う常設機関であり，取締役会によって選任・解任される。1名もしくは複数の代表権をもった代表取締役の他，業務執行取締役が選任される。取締役会をスリム化し，意思決定のスピードを高め，業務執行の効率化を進める目的で，会社法上の定めのない経営会議や**執行役員制度**（この場合，委員会設置会社の「執行役」とは異なり，全ての会社機関で選任可能）を導入している企業も多い。

▷ **善管注意義務**
会社法上，株式会社の取締役は会社から経営の委任を受けていると考えられ，委任を受けた者は「善良な管理者の注意をもって委任事務を処理する義務を負う」ことが定められている。

▷ **受託者責任** (fiduciary duties)
他者の信託を受けて裁量権を行使する者が負う責任と義務とされ，忠実義務と注意義務が基本となる。⇨ Ⅱ-1「株式会社と会社機関」，ⅩⅫ-1「コーポレート・ガバナンスとCSRの概念的関連性」，epilogue「コーポレート・ガバナンスと事業の繁栄」の側注「社会受託者責任」も参照。

▷ **説明責任** (accountability)
アカウンタビリティとは元は会計用語で，Accounting（会計）とResponsibility（責任）の合成語で「会計説明責任」という意味であった。今日ではアカウンタビリティは多様なステークホルダーに対して組織や会社の意思決定や行動が及ぼす影響（結果）をきちんと説明することを指す。⇨ ⅩⅫ-1「コーポレート・ガバナンスとCSRの概念的関連性」も参照。

▷ **忠実義務**
忠実義務とは法令で定められていること，定款に定められていること，株主総会で決議されていることを遵守し，会社のために忠実に職務を遂行する義務のことをいう。

▷ **執行役員制度**
⇨ Ⅱ-3「日本の巨大株式会社と会社機関(2)：委員会設置会社」

Ⅱ 巨大株式会社と会社機関構造（日本・米国・ドイツ）

日本の巨大株式会社と会社機関(2)：委員会設置会社

1 指名委員会等設置会社

　1990年代に入って，米国を中心とする機関投資家が日本企業への株式投資を拡大する中で，日本企業のコーポレート・ガバナンス改革を求めるようになっていた。なかでも外国人株主が大きな株式所有比率を高めていたソニーは，当時の出井伸之社長の下でいち早く米国流のガバナンス改革を導入し，取締役会のスリム化や社外取締役の増員，**執行役員制度**の導入などガバナンス改革を推し進めた。2003年4月施行の商法特例法改正により，委員会等設置会社として導入され，その後2006年施行の会社法において，委員会設置会社というに名称に変更して引き継がれ，2015年以降，指名委員会等設置会社と呼ばれるようになった。ここでは，経営監督機能と業務執行を分離し，経営監督機能は取締役会が担当し，業務執行は執行役が担当している（執行役はいずれの会社機関でも導入可能な執行役員制度とは異なる）。またここでは代表取締役ではなく，代表執行役が会社を代表する。業務執行の決定も執行役が行う。取締役の任期は，選任後1年（再任可）とされ，取締役会は，会社の業務についての意思決定を大幅に執行役に委任する一方，**指名委員会**，**報酬委員会**及び**監査委員会**が主として執行役に対する監督機関としての役割を担い，監査役制度は廃止される。各委員会は，3人以上の取締役で構成され，その過半数は社外取締役でなければならない（各委員会での兼務は可能となる）。しかし，導入当時から，外部の人間によって役員人事権が握られること，日本の企業社会では定着している「代表取締役」という機関が設置できないこと，また委員会制度の導入を90年代半ばに先行導入したソニーが，その後業績を低迷させる中で企業業績の改善と結びつくとは必ずしもいえないという評価が拡がる中で，指名委員会等設置会社の導入企業数は増えていない。

2 監査等委員会設置会社

　その後，ますますコーポレート・ガバナンス改革の議論が高まり，社外独立取締役の選任を義務づけようとする動きが顕在化する中で，監査役会設置会社では監査役会の半数以上の社外監査役が求められている上にさらに社外独立取締役の選任までも必要となる事態が生まれたこと，さらに外国人機関投資家は業務執行の監査を担う監査役が決定権限をもたないことを従来から批判してい

▷執行役員制度
執行役員制度は，戦略経営の推進，経営の意思決定の迅速化，増え過ぎた取締役のスリム化を図るために多くの企業で採用されてきた。執行役員は会社法が規定する「執行役」とは異なり，任意の制度であり，その身分は会社によって様々である。

▷指名委員会
株主総会に提案する取締役の選任案の決定，執行役やCEOの人選についても審議する権限を与えるケースもある。

▷報酬委員会
取締役と執行役の個人ごとの報酬を決定する（具体的には報酬調査会社から集めた報酬データと役員の業績評価を基に決定）。

▷監査委員会
取締役と執行役の業務執行の監督を行う。そして会計監査人を選び，その報酬を決める権限を有する。取締役の同意を得ることなく，社内の調査をすることもできる。監査委員会は他の委員会と異なり，執行役を兼務した取締役はメンバーになることはできない。

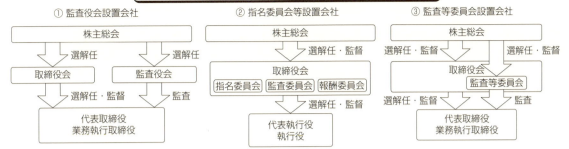

たことをも考慮して，新たに「監査等委員会設置会社」が2015年の会社法改正によって導入されることになった。そしてこれまでの会社機関は監査役会設置会社と指名委員会等設置会社と呼ばれることになった（**資料Ⅱ-2**）。

監査等委員会設置会社は以下のような特徴を有している。すなわち，①監査等委員会設置会社は取締役会及び会計監査人を置かねばならない一方，監査役を置いてはならない。②監査等委員会は**監査等委員**3名以上で組織され，監査等委員は取締役でなければならず，その過半数は社外取締役でなければならない。なお，常勤の監査等委員を置くことは義務づけられていない。③監査等委員である取締役の任期は2年であるのに対して，それ以外の取締役の任期は1年である。④監査等委員である取締役は，「他の取締役」とは区別して株主総会で選任される。⑤監査等委員会は，監査等委員である取締役の選任に関する議案の提出について同意権をもつ。⑥監査等委員会設置会社の業務を執行するのは代表取締役または業務執行取締役であり，執行役は置かれない。⑦取締役会は重要事項に関する業務執行の決定を取締役に委任することができる。法制化以降，監査等委員会設置会社は急増しており，今後，独立社外取締役の複数化が求められるようになるとますます増加することが予想される。

3 会社機関とトップ：マネジメント組織

日本では法律で規定されているわけではないが，業務執行を担うトップ・マネジメント組織として会長，社長，副社長，専務・常務という常設ポストが各社によって様々であるにせよ，業務執行の階層的組織として定着し，社内の昇進ルートとして確立している。こうしたトップ・マネジメントが現場（工場長，営業部長，経理部長など）と一体化し，現場との活発なコミュニケーション・協働によって技術と市場を知悉していることが日本の「現場力＝競争力」を生み出してきたものと考えられる。また意思決定の迅速化を図るために**経営会議，執行役員会議**などの機関が設置されているケースも多い。

▷東証白書
東京証券取引所は毎年1度，東証に上場している全ての企業を対象にしたコーポレート・ガバナンス報告書を公表しており，これは以下のURLでダウンロードできる。http://www.jpx.co.jp/equities/listing/cg/02.html

▷監査等委員
監査等委員会の監査権限は適法性監査だけではなく経営判断についての妥当性監査にも及ぶ。

▷経営会議，執行役員会議
取締役会に付議する前段階の審議機関という位置づけが多く，現在の経営状況や今後の経営方針などについて社長をはじめ，業務執行取締役や関連業務部門のトップを集めて報告・議論・決定を行う会議であり，かつては常務会と呼ばれることが多かった。

第1部　株式会社とコーポレート・ガバナンス論

II　巨大株式会社と会社機関構造（日本・米国・ドイツ）

米国の巨大株式会社と会社機関

1　米国の会社法と公開株式会社

　米国には2010年代半ばには約603万社の会社が存在し，そのうち多くは**有限責任会社（LLC）**と株式会社（corporations）形態を採用している。2017年5月末時点で，米国最大の証券取引所であるニューヨーク証券取引所（NYSE）には2304社，そしてIT・バイオといった新興ベンチャー企業向け市場として知られているナスダック（NASDAQ）には2900社が上場しており，合わせて5000社強の会社が上場している。しかし，創業10年以内の企業で，その企業価値が10億ドル以上と評価される未上場のベンチャー企業（「ユニコーン企業」と呼ばれる）も多く，現在は上場しているフェイスブックやツイッター社もかつてはユニコーン企業であり，現在もウーバー（Uber）やエア・ビー・アンド・ビー（Airbnb）などが知られている。また株主価値重視経営が徹底されていると言われながらも，グーグル（当時）やフェイスブックのように**複数議決権**を発行し，創業経営者に支配を集中させていている会社も存在している。また，ベネフィット（公益）コーポレーション（Benefit Corporation）と呼ばれる，株主だけではなく，広く利害関係者の利害をも考慮する新しい会社形態もペンシルバニア，カリフォルニア等の33州で認可されるようになっている。アウトドア用品の**パタゴニア**はその代表例として知られる。

　米国では株式会社の設立は州ごとに行われ，また会社法も各州で制定されているが，公開企業の半数以上，フォーチュン500社の6割以上が，デラウェア州の規制の緩い一般会社法に準拠して設立されている。

2　株式会社の会社機関

　株式会社の会社機関は基本的に**株主総会**，取締役会（Board of Directors）そして業務執行役員（executive officers）から構成されている（**資料II-3**）。株主総会は他の国同様に，会社の基本的意思決定機関として位置づけられている。株主総会は3名以上の取締役を選任し，取締役会は実際の会社業務を執行する役員を選解任し，その役員報酬の決定を行い，会社業務の監視・監督を行う。こうした取締役会の監視・監督機能の実効性を確保するために，取締役会の過半数を一定の独立性（株主や取引先など当該企業と重要な関係をもたず，社外取締役としての報酬以外を当該企業から受け取らないなど）の要件を満たした社外独立取

▶**米国の有限責任会社（LLC）**
米国のLLCは日本版LLCと異なり，中小企業に適した閉鎖会社で一定の要件を満たせば法人段階で課税を免除される。

▶**複数議決権**
米フェイスブック（Facebook）社では議決権の過半を握る創業者で最高経営責任者（CEO）のマーク・ザッカーバーグの支配力を維持するため，議決権のない株式を発行するとともに，ザッカーバーグには議決権が10倍の普通株を割り当て，創業者支配を固めている。

▶**パタゴニア**（patagonia）
同社はアウトドア用品の米の会社であり，2012年に同法を制定したカリフォルニア州で最初のベネフィット・コーポレーションとして設立された。

▶**米国の株主総会**
株主総会は議決権を有する株主で構成され，最低でも1年に1回は開催される必要があり，その開催時期は，会社の決算月から6カ月以内，あるいは最後の総会開催日より15カ月以内に開催する。

資料Ⅱ-3　米国の大規模株式会社の会社機関

締役とすることこと，さらには取締役会内にメンバー全員が社外取締役で構成される監査委員会の設置を義務づけるとともに，指名委員会と報酬委員会の設置が求められている。取締役は役員とともに会社と株主に対する受託者責任を負い，忠実義務と善管注意義務が課されている。

　会社法上，取締役会によって選任される最低1名の代表権を有する業務執行役員の設置は義務づけられているものの，対内的業務執行に関わる役員の種類や名称等については会社の任意に委ねるケースが多い。多くの場合，取締役会が選任する役員としては，社長（President），1名以上の副社長（Vice President），1名の**文書担当役員**そして1名の**財務担当役員**である州法が多い。しかし，現実には**最高経営責任者**（CEO）をはじめ，最高執行責任者（COO），最高財務役員（CFO），最高技術役員（CTO）などの多様な役職が設けられている。特に株主行動主義を強めている機関投資家は，最高経営責任者（CEO）が取締役会会長を兼任することが監督機能を弱めているとの認識から，その分離を要求している。

③ 米国S&P500社の取締役会調査（2016年）

　スペンサー・シュチュアートによる**米国S&P500社の調査**によれば米国の取締役会は以下のような特徴を有していた。①取締役会の規模：平均で10.8名，②独立取締役の割合：85％，③独立取締役の年齢：63歳，④女性の取締役の割合：21％（うち最低1名の女性取締役を選任している企業：99％），⑤CEOが他社の社外取締役を兼任しているケース：43％，CEOの平均年齢：57歳，その会社での平均在職期間：19.4年，⑥CEOが会長（Chairman）を兼任しているケース：52％，独立会長：27％，筆頭もしくは議長取締役（Lead or Presiding Director）を設置している会社：87％，以上である。

▶**文書担当役員**（secretary）
「秘書役」とも訳されている。この役員は株主総会や取締役会の議事録及びその他記録の作成，保持，認証を行う特別な役員として位置づけられている。

▶**財務担当役員**（treasurer）
「会計役」とも訳されるが，会社の全ての資金と財産を保全・保管し，会社に対してキャッシュ・フローについて責任を有する。

▶**最高経営責任者**（Chief Executive Officer：CEO）
executive officerの中でも階層上最上位にあるポストで，経営全般を掌握し，最終的意思決定を行う権限を有している。

▶**米国S&P500社の調査**
Spencer Stuart, Board Index；A Perspective on U.S. Boards, 2016の調査結果のPDFファイルが以下のURLからダウンロードできる（最終閲覧日：2017年8月19日）。
URL：https://www.spencerstuart.com/~/media/pdf%h20files/research%20and%20insight%20pdfs/spencer-stuart-us-board-index-2016_1mar2017.pdf

Ⅱ 巨大株式会社と会社機関構造（日本・米国・ドイツ）

ドイツの巨大株式会社と会社機関

1 ドイツの企業と株式会社（AG）

　ドイツ連邦統計局（Statistisches Bundesamt）の統計によれば，わが国ではすでに会社法では消滅した有限会社（GmbH）が現在でも，ドイツでは法律形態別企業数では圧倒的に多く，2015年には約53万社（合名・合資会社などの人的会社と株式会社などの資本会社合計に占める割合：53％）に達している。それに対して，ドイツ特有の**株式合資会社**（KGaA）と併せても株式会社（AG）の数は圧倒的に少なく，約8000社に止まっている。なお，2004年以降ドイツでも可能となった「欧州会社法」に基づいて設立された**欧州会社**（SE）に移行している会社は2015年に152社となっている。ドイツ最大の証券取引所であるフランクフルト証券取引所上場企業も，国際基準の透明性を有するプライム・スタンダード365社，国内基準で上場が認められるジェネラル・スタンダード251社と英米諸国に比べ比較的わずかである。ドイツには同族企業が多く，これらが家族・同族支配を優先しているためと考えられる。

2 二層型会社機関とトップ・マネジメント組織

　ドイツの株式会社は**監査役会**と**執行役会**という二層型と呼ばれるトップ・マネジメント組織を有し，業務の監督を行う監査役会と業務の執行を行う執行役会は組織的・人的に厳格に分離され，監査役と執行役の相互兼任は法的に禁止されている（**資料Ⅱ-4**）。業務の監督と執行とを区分する世界的な動向からすれば，ドイツの二層型会社機関はこれを先取りするものであったと評価することもできる。

　株主総会の権限は，監査役員の選任，年度利益処分，決算監査人や定款の変更など重要事項の承認などあり，年に1度開催される。

　監査役会は，業務執行の監督機関として，①執行役会役員の選任・解任，②業務執行の継続的監督，③会計の監査及び年度決算書の確定，④（会社の定款規定による）業務執行措置に対する**同意権**などの権限を有している。また監査役会が執行役の業務執行を監督する手段としては，①情報入手権（執行役の報告義務・執行役への情報請求権），②会社の帳簿・財産の閲覧・調査権，③決算書の監査権（執行役から提出された決算書及び利益処分案等を監査し，その結果を株主総会に報告）が与えられている。この点で，業務執行役員の人事権を有し，ま

▶**株式合資会社**
合資会社が進化した企業形態といわれ，同族会社が同族による支配と経営を維持しつつ，出資持分の一部を公開することで，証券市場で大規模な資本調達を行うことができる。

▶**欧州会社**
欧州会社（ラテン語の"Societas Europaea"を略して「SE」と呼ばれる）は，欧州連合（EU）統合の深化と拡大の中で加盟国内での自由な経済活動を促進するために，2004年に施行された「欧州会社法」によって設立が認められた会社である。⇨Ⅻ-4「コーポレート・ガバナンス改革の動向」

▶**監査役会**（Aufsichtsrat）
最近の監査役会改革の流れでは，①女性の役員を3割に高めることなどの多様性（diversity）の推進，②監査役会に専門性を高めるために各種委員会を設置すること，③特に監査委員会の委員長には独立監査役の就任が求められている。

▶**執行役会**（Vorstand）
日本ではVorstandの訳としては取締役会という語が使用されている。

た重要事項について同意権（拒否権行使）を有している点でわが国の監査役会とは大きく異なり，むしろ取締役会に相当するほどの権限を有している。監査役の任期は4年以内である。監査役会は通常は年4回の開催のケースが多いが，必要に応じて臨時に開催されることもある。しかし，監査役会会長は執行役会会長と頻繁に情報の共有，意見交換を行っている。

　執行役会は，監査役会により2名以上（資本金300万€〔ユーロ〕以上）の執行役から構成され，うち，1名の執行役会会長が指名される。任期は5年以内と長く，再任される場合も多い。執行役は業務の執行を任務とするが，執行役は共同して対外的に会社を代表する権限を有し，自己の責任で会社を指揮する。

3　ドイツの共同決定制度と監査役会

　ドイツでは法律によって**労使共同決定**（Mitbestimmung）制度が認められ，監査役会に労働者・労働組合代表が参加している。共同決定法では，1951年の鉄鋼・石炭産業に属する，従業員1000名以上の企業が対象となる「モンタン共同決定法」，1952年に成立し，2004年に改正された「3分の1参加法」並びに1976年に成立した，従業員2000名以上の大企業を対象とした「拡大共同決定法」がある（資料Ⅱ-5）。モンタン共同決定は労使同数＋1（中立代表）であり，同時に人事・労務問題を直接扱う労務担当執行役は労働側代表の承認を必要としている。3分の1参加法は500名以上2000名未満の従業員を有する企業を対象に3分の1の従業員代表の参加を認めるものであり，拡大共同決定は労使同数方式となっている。ドイツの巨大企業における労働者側の影響力は極めて高い。ただし，欧州会社では労使共同決定制度は法定されておらず，労使の協議・合意に委ねられることになる。

▶**同意権**（Zustimmrecht）
監査役会は会社の定款もしくは監査役会業務規定で重要事項（M&Aや会社財務）について同意権を認められており，その同意がなければ執行役会はその政策を執行できない。

▶**労使共同決定**
事業所レベルと企業レベルの労使共同決定があり，事業所レベルの共同決定は事業所に設置される，従業員の利害代表機関である事業所協議会（Betriebsrat）が残業，配置など法律に規定される事項について共同決定権，協議権，情報入手権を有している。企業レベルの共同決定については，21世紀初頭，「共同決定は歴史の誤り！」とする批判があり，共同決定の存続が危ぶまれたが，その後，新自由主義的思想こそ「強欲資本主義」をもたらしたものとの社会の批判が高まり，共同決定批判は影を潜めている。

資料Ⅱ-4　ドイツのトップ・マネジメント組織

```
        株主総会
    (Hauptversammlung)
            │
        出資者代表
            ↓
経営者に対する    監査役会    ←労働側代表  労働組合代表
監視・監督・助言 (Aufsichtsrat)            従業員代表
            │
        組織的・人的分離
    二            ↓
    層        執行役会
    型       (Vorstand)
    組
    織     エグゼクティブ
戦略の策定と実行
```

資料Ⅱ-5　ドイツの労使共同決定制度

	拡大共同決定法（1976年）	モンタン共同決定（1951年）	3分の1参加法法（2004年）
適用分野	モンタン産業以外の，従業員2000名以上の資本会社	石炭・鉄鋼産業に属する従業員数1000名以上の資本会社	従業員500名以上の資本会社
	労資同数方式＊	労資同数＋1（中立代表）方式	3分の1方式
監査役会の規模（従業員数に応じて）	12名・16名・20名 労働側：6・8・10 資本側：6・8・10	11名・15名・21名 労働側：5・7・10 資本側：5・7・10 中立：1・1・1	3名・6名・9名 労働側：1・2・3 資本側：2・4・6
適用企業数	約700社	30-50社	約3000社
		労務担当執行役については労働側代表監査役の承認	

(注)　1：資本会社＝株式会社・株式合資会社と有限会社
　　　2：＊ただし，監査役会会長は必ず出資者側代表から選出され（副会長は労働側代表から選出），この会長は2票目の投票権を保持する。

Ⅲ 株式会社と経営者支配

 株式所有構造の変容と専門経営者

1 株主の権利と経営者支配

　第Ⅰ章において詳述したように，株式会社は，株式（株式証券）を発行し，これを購入した出資者（株主）から会社を始める元手となる資本を調達することによって経営される。出資者である株主には，最高意思決定機関である株主総会に出席して，総会にかけられた議案に対して賛否を投票する**議決権**を行使する権利が与えられる。株主総会の議決を必要とする事項とは，取締役の任免，取締役の報酬の決定，会社の解散や合併など，会社の存立に関わる事項や株主の利害に影響を及ぼすものである。また，最高経営責任者（社長）は，株主総会によって選出された取締役で構成される取締役会において任免される。

　近代における株式会社の大規模化に伴う株式所有の分散化と経営活動の複雑化によって，株主に代わって株式をほとんど所有しない専門的知識を有する経営者が，実質的な**支配権**を掌握する経営者支配の状態が見られるようになった。本節では，経営者支配論を理解するために重要な株式会社における株主と経営者の関係について，所有（ownership），経営（management），支配（control）の概念とともに概説していく。

2 所有と経営・支配の一致

　株式会社制度が誕生した当時は，創業者による経営ないし同族による経営が主流であった。今日においても，多くの小規模な株式会社においては創業者や同族が会社の主要な出資者であり，彼ら彼女ら特定の個人大株主により株式所有されている。こうした会社では，出資者である株主が自ら経営を担っており，他の少額出資者である株主は，出資から得られる配当を受け取る権利（剰余金配当請求権）を有するのみである。

　このように，株式を所有する者（株主）と会社を経営する者が結合した状態を，「所有と経営の一致」または「所有と支配の一致」という。

3 所有と経営の分離と専門経営者の誕生

　株式会社の出資者である株主は，**有限責任**かつ所有株式の譲渡が自由であるため，会社は出資を得やすく，短期間で大量の資本を集めることが可能である。こうした株式会社の特徴を活用し，次第に様々な事業や業界に多くの資本が投

▷**株主の権利**
⇨ Ⅰ-3「株式会社の特徴」

▷**議決権**
1（単元）株1票の原則で行われる。⇨ Ⅸ-1「M&Aの概念と類型」も参照。

▷**支配権**
経営者支配論において支配（control）の概念は，経営者を任免する力，または会社の広範な意思決定を行う力と定義される。

▷**有限責任**
会社が負債を抱えて倒産した場合，株主に課せられる責任は，出資した範囲（株式を購入した額）に限定されることをいう。⇨ Ⅰ-3「株式会社の特徴」も参照。

入されていった。それに伴い会社の規模が拡大すると，様々な事業に対処するために部門化が進む。また，より多くの従業員を雇用することになる。こうして，経営活動は複雑化していき，従来のような株式を所有するだけの経営者では会社を効率的に運営することが困難を極めた。そのため，会社を円滑に運営するために大株主や同族の者に代わって，株式をほとんど所有しないが会社の運営に長けた，専門的知識をもつ者，すなわち**専門経営者**（professional manager）が経営を担うことになった。

このように，株式を所有する者（株主）と会社を経営する者が別人格の状態を，「**所有と経営の分離**」という。とはいえ，この時点ではまだ少数の個人大株主が支配力，とりわけ経営者に対する任免権（人事権）を掌握しており，経営者は出資者である株主の代理人として地位を与えられているにすぎない。そのため，株式を所有する株主が経営者の任免権を保有しており，「所有と支配の一致」した状態にある。

4 所有と支配の分離

第二次産業革命を契機に急速に産業化・近代化が進み，重化学工業や鉄道事業などにより多くの資本が必要とされることとなった。ますます大量の資本が投入されたことによって会社の規模は巨大化し，少数の個人大株主から，多くの個々人に株式が所有される小株主へと**株式所有の分散**が進行し，株式所有構造が変容していった。

株式会社では，株式保有数に比例して会社の経営に参加する権利（議決権）が認められている。増資や合併による株主数の増加や株主の地理的分散は，株主が議決権を行使する場である株主総会への出席率を低下させうる。一方，経営者は，（経営者が指名したメンバーで構成された委任委員会）株主総会に出席しない株主から委任状を収集することによって，自ら株式を所有することなく議決権を握ることが可能となる。さらに，経営者の任免権を有する取締役は，株主総会において選出されることが法律で定められているため，実質上，経営者によって選任されることになる。そのため，株式所有の分散は，株主の実質的な支配力，とりわけ経営者に対する任免権を喪失させ，株主の力を弱体化させてしまう。こうして，株主に代わって，専門経営者が会社の意思決定を行う権限を掌握し，実質的な支配力を握るようになる。

このように，巨大株式会社では，従来の大量の株式を保有する所有者支配（ownership control）から，株式をほとんど所有しない，専門的知識を有する経営者が取締役メンバーの任免権を掌握し，会社の広範な意思決定を行う経営者支配（management control）が一般化していった。こうした経営者支配の状態が，「**所有と支配の分離**（the separation of ownership and control）」である。

▷**専門経営者**
⇒ I-3 「株式会社の特徴」

▷**所有と経営の分離**
⇒ I-3 「株式会社の特徴」

▷**株式所有の分散**
株主数の増加および株主の地理的な分散を意味する。増資や M&A などにより株式会社の規模が拡大すると，個人大株主による株式保有比率は低下し，さまざまな地域における多数の少額出資者によって所有されるようになった。⇒ I-3 「株式会社の特徴」も参照。

Ⅲ 株式会社と経営者支配

経営者支配論の展開

1 バーリ=ミーンズによる経営者支配の概念

「経営者支配」と「所有と支配の分離」の概念を初めて体系化し，企業支配（corporate control）の議論の契機となったのは，1932年に**バーリ**と**ミーンズ**が発表した『近代株式会社と私有財産（*The Modern Corporation and Property*）』であった。企業支配論は，会社の支配主体，すなわち「会社を支配しているのは誰か」を巡る問題として展開された。経営者支配論とは，「会社を支配しているのは誰か」という問いに対して，会社を支配しているのは経営者であるという概念に基づいている。

バーリ=ミーンズは，1929年時点における米国の資産額ベスト200社を対象に企業支配の状況を調査した。彼らは，筆頭株主の持株比率を基準にして，①完全所有支配（筆頭株主が80％以上を所有），②過半数所有支配（筆頭株主が50％以上80％未満を所有），③法律的手段による支配（持株会社による支配や無議決権株の利用による過半数所有支配），④少数所有支配（筆頭株主が20％以上50％未満の株式を所有），⑤経営者支配（会社支配に足る株式をもつ個人・集団が存在しない）の5つの支配のタイプを設定した。調査の結果，米国の巨大株式会社の44％が経営者支配となっていることを明らかにした（**資料Ⅲ-1**）。このことは，所有者である株主の多くは，経営者が株主の意思に反した経営を行った場合に経営者に対して行使することが可能な支配力を実質的にもたないことを意味する。また，支配力を掌握している経営者は株式をほとんど所有しておらず，所有と支配が分離された状態にあることを意味する。

▷**バーリ**（Berle, A. A.：1895-1971）
ハーバード大学ロースクールを卒業後，陸軍に入隊，その後1919年にニューヨークで法律事務所を開設した。1925年からハーバード大学ビジネススクールで企業金融の非常勤講師を務め，1927年にコロンビア大学ロースクールの教職に就いた。

▷**ミーンズ**（Means, G. C.：1896-1988）
ハーバード大学で化学を専攻後，陸軍パイロットとして第1次世界大戦に従事した。正式に卒業後に修士号を取得し，大企業の富の集中と所有権の分散の研究に従事した。バーリの誘いでコロンビア大学のプロジェクトワーカーに就任し，1933年に博士号（ハーバード大学）を取得した。

資料Ⅲ-1　米国の非金融会社上位200社の支配形態

支配区分	バーリ=ミーンズの調査（1929年） 社数（社）	比率（％）	ラーナーの調査（1963年） 社数（社）	比率（％）
完全所有支配	12	6	0	0
過半数所有支配	10	5	5	2.5
少数所有者支配	49	23	18	9
法的手段による支配	41	21	8	4
経営者支配（無議決権株式，議決特権株式，議決権信託による支配）	88	44	169	84.5
管財人の手中にあるもの	2	1		

出所：三戸浩他『(新版) 企業論』有斐閣，111頁を基に筆者修正。

2 バーリ=ミーンズの経営者支配論の特徴

このように、バーリ=ミーンズは当時の米国において、巨大株式会社の株式が分散されたことによって、多くの会社で支配的な大株主が存在しない、経営者支配の状況が現れていること、「所有と支配の分離」という大きな変化が生じていることを明らかにした。それはまた、資本主義経済の根幹をなす所有権の内容が変革に至っていることを意味するため、**バーナム**によって経営者革命と呼ばれた。バーリ=ミーンズの研究は、取締役は株主によって選任されるという法律上の規定と異なり、巨大株式会社では事実上経営者によって取締役が選任されているという矛盾を明らかにしたことに大きな意義がある。また、彼らの問題提起は、のちのコーポレート・ガバナンス論の理論的基礎へと引き継がれている。

しかしながら、バーリ=ミーンズの議論には、いくつかの問題点が指摘されている。第一に、彼らは、持株比率20％以上の大株主が存在しない場合を経営者支配と位置づけたが、こうした設定に至った明確な根拠が示されていない。第二に、彼らは取締役を選出する力、すなわち経営者の任免権を有することを支配の状態にあると定義づけるが、会社の業務執行を掌握することなどに関しても同様に支配という用語が用いられ、その意味が混在している。こうした問題点は、バーリ=ミーンズの経営者支配論に対して否定的な見解が論じられる契機となった。

3 株式会社革命論

バーリ=ミーンズはまた、所有と支配の分離が極めて進行した株式会社では、株主利益を追求する私的会社（private corporation）から多くの利害関係者に責任をもち、経営者が支配する準公的公社（quasi-public corporation）へと株式会社革命が進みつつあると指摘した。株式会社革命論では、「会社は誰のために存在しているのか」が問われる。

所有と支配が分離した近代株式会社では、私的財産概念は変容し、所有者である株主の私的利益のみ追求することは正当化できない。他方、経営に対する責任と権限は経営者によって行使されており、経営者を単に株主に対する受託者（trustee）と捉えるのは不十分であるが、経営者の個人的利益の追求には何ら正当性をもたない。したがってバーリ=ミーンズは、株式会社の維持や存続のためには、株主利益や経営者の自己利益の追求のためではなく、社会の様々な集団の利害を調整し、公共的政策の立場から所得の一部分を割り当てられる存在として変わらなくてはならないと主張した。

▷バーナム（Burnum, J.：1905-1987）
アメリカの政治哲学者。1930年代にトロツキー主義者として社会主義労働者党に参加するも1940年に離党し、反ソ・反共主義へ転じた。1941年に『経営者革命（*The Managerial revolution*）』を刊行した。

Ⅲ 株式会社と経営者支配

経営者支配論とコーポレート・コントロール論争

1 所有者支配論

バーリ=ミーンズの経営者支配論以降、多くの研究者達により長年にわたって経営者支配を認める肯定側と否定側による会社の支配主体を問う議論が繰り広げられた。所有者支配論とは、「会社を支配しているのは誰か」という問いに対して、会社を支配しているのは株主であるという概念に基づいている。

臨時国民経済委員会 (Temporary National Economic Committee: TNEC) は、1940年に米国における巨大株式会社の株式所有比率を分析した。**TNECによる調査**の結果、所有者支配に分類される株式会社は200社中139社で、全体の69.5％を占めていることが明らかになった。すなわち、バーリ=ミーンズによる株式の所有構造に関する分析と異なる結果が示されたのである。

この調査結果は、多くの研究者によって経営者支配論批判の根拠として用いられた。所有者支配の立場は、スウィージー (Sweezy, P. M.)、ドン・ビリャレッホ (Don Villarejo)、チェバリア (Chevalier, Jean-Marie)、バーチ (Burch, P. H.)、ランドバーグ (Lundberg, F.) などによって主張されている。とはいえ、TNECによる調査報告書では、その他の約30％の会社は「支配的持株集団のないもの」、つまり経営者支配の形態に分類されていた。そのため、経営者支配の存在を十全に否定するものとはいえないという指摘がされている。

2 金融支配論

金融支配論とは、「会社を支配しているのは誰か」という問いに対して、会社を支配しているのは金融機関であるという概念に基づいている。金融支配論の立場は、パーロ (Perlo, V.)、フィッチ=オッペンハイマー (Fitch, R. and Oppenheimer, M.)、コッツ (Kotz, D. M.)、スコット (Scott, J.) などによって支持されている。経営者支配と所有者支配の論争は長期にわたって継続されたが、1950年以降の所有構造の変容によって**金融機関への株式集中**が現れたことが、この論争に大きな波紋を投げかけた。

経済学者のコッツは、経営者の任免権の掌握ではなく、経営政策を決定する権限（企業目標、拡張政策、財務政策、利益分配）を支配の概念と定義した。また、コッツは、従来のような株式所有比率に基づいた分析ではなく、株式所有、融資、取締役派遣に着目することによって、1967年から1969年における資産額べ

▶臨時国民経済委員会（TNEC）による調査
当時の最大規模とされる経済調査。TNEC報告書における株式会社の所有と支配の分析は、持ち株比率が小さくても、利益集団による支配がはっきり抽出可能であれば、支配が所有から分離されているとはみなされなかった。

▶金融機関への株式集中
⇨ Ⅺ-1「米国のコーポレート・ガバナンスの歴史」

スト200社の非金融会社を分析した結果，69社（34.5%）が金融（銀行）支配の形態にあることを明らかにした。しかし，コッツの分析において，バーリ＝ミーンズが経営者支配と捉えた「支配中心を確認し得ないもの」の形態が32%認められたことから，経営者支配論を否定するには疑問が残るものであった。

ミンツ＝シュワルツ（Mintz, B. and Schwartz, M.）は，金融ヘゲモニー論を展開した。彼らは，銀行と会社間は取締役兼任の人的ネットワークや融資のネットワークが形成され，銀行はこうしたネットワークを活用した資金調達を介して産業会社の意思決定にヘゲモニーを行使していると主張した。

③ 経営者支配肯定論

バーリ＝ミーンズによって主張された経営者支配論は，**ゴードン**（Gordon, R. A.），ラーナー（Larner, R. J.），ブランバーグ（Blumberg, P. I.），ハーマン（Herman, E. S.）などによって擁護論が唱えられた。

ゴードンは，1945年に『大会社におけるビジネス・リーダーシップ（*Business Leadership in the Large Corporation*）』を公刊し，バーリ＝ミーンズの経営者支配論を擁護した。著書においてゴードンは，前述のTNECの調査結果を再検討し，巨大株式会社の役員及び経営者が所有する持株比率はわずかであり，ほとんど議決権を有していないことを明らかにした。注目すべきは，経営者の任免権を掌握することを支配とし，専門経営者による支配の形態を主張したバーリ＝ミーンズとは異なり，ゴードンはビジネス・リーダーシップ，具体的には意思決定の権限と行使の観点から経営者支配を肯定したことである。ゴードンは，意思決定の権限を単に保有するだけでなく，実際に行使してこそビジネス・リーダーシップになるという。そして，「誰が会社を支配しているのか」ではなく，「意思決定を誰がどのように行っているのか」，つまり実際の経営活動を行うのは誰かが重要であると主張した。それは，所有経営者，取締役会，ないし外部の利害関係者ではなく，多くの場合，専門経営者によって遂行されるのである。

ブランバーグやハーマンは金融支配を否定し，経営者支配が強化されたことを主張した。1950年代以降，個人株式の分散だけでなく，金融機関への株式集中が進行した。ブランバーグは，金融機関への株式集中を認めつつ，①株式所有が広範に分散していること，②機関投資家は**ウォールストリート・ルール**に基づいて行動しているため，支配力を行使しようとしないこと，そして③経営者は委任状を掌握可能なことを理由に，金融機関による会社支配を否定した。株式会社は，比較的少数の，所有者によって選ばれた訳ではない，自選の人々の集団である経営者集団が支配しており，経営者の権力に対する社会的制御の必要性を説いた。また，ハーマンは戦略的意思決定を行っているのは経営者であり，金融機関はこの意思決定に制約を与えているに過ぎないと指摘した。

▶ ゴードン（Gordon, R. A.：1909-1978）
アメリカ・カリフォルニア州立大学バークレー校の経済学者。

▶ ウォールストリート・ルール
投資先企業が行う経営に対して不満がある場合は，自身が所有するその企業の株式を売却することによって不満は解消されるという考え方をいう。企業に対する評価は，株式を売却するという手段によって株価に反映される。つまり，投資家としての意見を，株式市場を通じて間接的に経営者へ伝えるという意味を持つ。

III 株式会社と経営者支配

経営者支配論からの理論的展開

① 経営者支配論からコーポレート・ガバナンス論へ

　経営者支配論において議論されてきた経営者への権力の集中という問題は，経営者支配の現実が明白になり，機関投資家の活動が活発になるにつれ薄らいでいった。**1980年以降の米国**では，ブランバーグが指摘した経営者支配の確立を示す三つの要因は変化していった。第一に，個人株主への株式分散に代わって，機関投資家への株式集中が顕著になった。第二に，機関投資家が**ウォールストリート・ルール**を放棄し始めた。第三に，**SECの委任状勧誘規則**改正により株主間のコミュニケーションが促進され，株主が株主総会の議題に対して提案しやすくなった。こうして株主，とりわけ機関投資家の台頭がみられるようになった1980年代以降に，経営者支配の状況から株主主権を回復し，株主の利益の最大化を推進しようとする動向が強まったことを背景として，コーポレート・ガバナンス論が展開した。

② コーポレート・ガバナンスはどうあるべきか

　経営者支配論は支配主体，つまり会社を支配しているのは誰かを巡る論争を中心に展開したのに対して，コーポレート・ガバナンス論では経営者は誰の利益のために経営すべきなのか，そして利害関係者のための経営活動を実現するために，どのような経営者への監視や規律づけが有効であるかを問題とする。

　ここでいう利害関係者の概念は，会社の主権者は誰かという企業観によって相違する。会社を株主の私有財産であるとみなす一元的企業観では，株主主権の立場から株主利益の最大化が経営者に求められる。一方，会社を様々な利害関係者の利益共同体であるとみなす多元的企業観では，近代株式会社の準公的性格から要請される企業の社会的責任が重視され，利害関係者間の長期的な利益向上が経営者の役割とされる。

　このような前提に基づいて，コーポレート・ガバナンス論のメインストリームでは，コーポレート・ガバナンスの有効な方法について，構造や関係性に着目している。

③ コーポレート・ガバナンスの有効な方法とは：構造への着目

　コーポレート・ガバナンスの有効な方法について，構造の観点に即したアプ

▷1980年代以降の米国
⇨ IV-1「経済の金融化の背景」

▷1 ⇨ III-3「経営者支配論とコーポレート・コントロール論争」

▷ウォールストリート・ルール
⇨ III-3「経営者支配論とコーポレート・コントロール論争」

▷SECの委任状勧誘規則
1934年に制定された証券取引法規則14A（委任状勧誘規則）により，株主による取締役の任免権や株主提案権は制限されていた。しかしながら，業績不振にもかかわらず支払われる高額の役員報酬に対して批判が高まり，1992年の改正によって委任状勧誘の要件が緩和されるとともに，株主提案の対象が拡大された。

ローチでは，会社機関構造や機関設計のあり方が検討される。具体的には，会社機関構造は経営者を有効に監視，規律づけしうるかが問題とされる。また，会社機関構造は法制度に依拠する。政府や証券取引所が設ける規制や規範は，各国によって異なる。そのため，各国固有のコーポレート・ガバナンスの国際比較から，コーポレート・ガバナンスのあり方が問われる。

❹ コーポレート・ガバナンスの有効な方法とは：関係性への着目

　コーポレート・ガバナンスの有効な方法について，関係性の観点から検討するアプローチには，シェアホルダー・アプローチとステークホルダー・アプローチがある。「会社は誰の利益を最大化させるべきか」における企業観の相違によって，各々のアプローチが用いられる。

　シェアホルダー・アプローチは，出資者である株主の利益を最大化させることが経営者の役割であるという見解を重視する。株主の利益に反した行動をとらないよう経営者をうまく規律づけるための方法として，**エージェンシー理論**に基づいたモニタリング（監視）やインセンティブ（誘因）・システムのあり方をその論点としている。

　モニタリング・システムには，組織型と市場型がある。組織型のモニタリング・システムは，取締役会制度を利用して，取締役会に社外取締役を送ることによって，会社経営を監視，または経営者を規律づける方法をいう。一方，市場型モニタリング・システムは，**TOB**による買収などをいう。株主が株式市場を利用して株式を売ることによって株価を下げ，会社を敵対的買収の脅威にさらすことで，経営者を監視，または規律づけることを意味する。

　インセンティブ・システムは，株主から経営者に報酬を与えることによって経営者を規律づけする方法をいう。役員報酬や**ストックオプション**などの権利を与えることによって，経営者に自己統治を促す。

　ステークホルダー・アプローチは，株主だけでなく，従業員，顧客，取引相手，地域社会，政府などの多様な利害関係者によって経営者の監視，規律づけを行う方法をいう。今日，会社が存続していくためには，より広義の利害関係者の支持を得ていく必要がある。ステークホルダー・アプローチでは，経営者や株主だけでなく，経営行動に影響を及ぼすその他の利害関係者も考慮することによって，多様な利害関係者の関心をいかに取り込むべきか，利害の調和のためにどのような関係性を構築すべきかを問う。

　また，日本企業のコーポレート・ガバナンスでは，1990年代まで，株式の相互持合いやメインバンクシステムといった日本的経営に特徴づけられる企業集団間の関係性によって，経営者を監視，規律づけする仕組みがみられた。

▶エージェンシー理論
⇨ Ⅳ-2「新制度派経済学とコーポレート・ガバナンス」，Ⅳ-3「エージェンシー理論に依拠したコーポレート・ガバナンス」

▶TOB
⇨ Ⅶ-4「問われる『企業は誰のものか』」，ⅩⅩ-3「敵対的企業買収と買収防衛策」

▶ストックオプション
(stock option：自社株購入権)
自身が働く会社の株（自社株）を，一定期間内に事前に決められた価格で購入できる権利のことをいう。市場価格より安値で購入することが可能であり，また，株価が上昇すると株主には儲けが増えるため，会社の業績向上へと働く意欲を引き出す効果がある。また，経営者の機会主義の行動を抑制する効果も見込める。
⇨ prologue「コーポレート・ガバナンスとは何か」，Ⅶ-4「問われる『企業は誰のものか』」，Ⅸ-2「経営者報酬の種類」，ⅩⅡ-3「自社株買いと株主還元」も参照。

Ⅳ 経済の金融化と新制度派経済学

 経済の金融化の背景

1 株式所有構造の変容：個人株主から機関投資家の株式保有へ

　経済の金融化とは，主要先進諸国において実体経済よりも，株式や為替市場，様々な金融商品の取引など金融取引に関わる経済が比重を高めていることを意味している。具体的には，株式，債券，為替，**デリバティブ**といった多様な金融商品取引の活発化とそれに伴う金融機関の収益拡大により，投資家の価値の最大化が優先される状況をいう。本節では，特に経済の金融化が顕著に進展した米国を中心に，その背景について概説していく。

　米国では世界恐慌を契機とした金融市場に対する政府規制（**ニューディール政策**）により，創業者の所有株式が個人投資家へと分散したことが影響し，専門経営者への支配権の集中は1920年代から1950年代まで継続した。

　1950年代後半以降になると，株式の所有構造は個人投資家から年金基金や**ミューチュアル・ファンド**を含む機関投資家の増大へと変化し，その影響力が拡大していった。1950年，GM社は従業員のための新たな年金基金を創設した。新たな年金基金は，従来の生命保険会社が投資先の**確定利付債**ではなく，株式に投資するものであった。また，株式投資の専門家である機関投資家によって運用され，成長性のない企業から資金を引き上げ，高い利回りや評価益を期待できる産業や企業へ資金を投入することが原則とされた。1970年代に入ると，GM社を発端とした年金改革によって，年金基金は全産業の株式の3分の1以上を所有するまでに成長した。

　1960年から1970年代の米国では，経済の低成長，高インフレ，国際競争の激化などを背景とする経済危機を打開するために，様々な規制緩和が行われた。1975年，SEC（米国の証券取引委員会）は株取引の固定手数料制を撤廃した。1978年には，**エリサ法**が改正され，年金基金や生命保険会社のポートフォリオの多くにハイリスク・ハイリターンな証券を含めることが可能となった。こうした金融規制緩和によって株式市場に大量の資金が流入し，それを運用する機関投資家に株式が集中していった。

2 1980年代のM&Aブーム

　1980年代以降，機関投資家の持株比率が一層増大し，株式市場において株式所有構造の変化が顕著になった。一方，企業は株価上昇を戦略的に狙い，事業

▶**デリバティブ**
株式，債券，金利，外国為替などの金融商品（原資産）と連動して，価格が変動する金融商品または取引をいう。例えば，将来行われる売買を特定価格で事前に取引する先物取引，あらかじめ定められた期間内に特定価格で金融商品の売買を行う権利を取引するオプション取引などがある。

▶**ニューディール政策**
1929年10月のニューヨーク証券取引所における株価大暴落に端を発する世界恐慌の経済危機を克服するために，1933年から1939年に米国のフランクリン・ルーズベルト大統領の下で実施された一連の社会経済政策をいう。

▶**ミューチュアル・ファンド**
米国における会社型のオープンエンド型投資信託（投資家が希望すれば常時，自由に換金することが可能な投資信託）をいう。

▶**確定利付債**
一定の利息が定期的に支払われることを約束した債券を，利付債という。確定利付債は，利息の額と支払われる時期が予め決められている債券をいう。例えば，国債，地方債，金融債，事業債などが挙げられる。

経営の複合化を急速に進めていった。1960年代の米国は独占禁止政策が強く，**関連型多角化**が抑制されていた。そのため，巨大企業は戦略的関連性のないM&Aを繰り返し，**コングロマリット**化を展開していった。しかしながら，買収した事業を既存の事業部門にどのように適合させるかは考慮されなかったため，企業業績を悪化させていった。1980年代には，レーガン政権下における規制緩和や反トラスト規制の緩和などにより，企業の余剰資金が増大した。そのため，企業資産と比較して株価が割安と評価される企業は買収の標的とされた。

3 株主重視経営の展開とコーポレート・コントロール市場の成立

　1980年代後半以降，機関投資家はその資産規模が大きくなりすぎたことから，従来の**ウォールストリート・ルール**に従えなくなり，株式を売却（退出）せずに発言（議決権行使，株主提案，経営者との対話）を選択し，経営者に影響力を行使するようになった。これを，**株主行動主義**という。こうした機関投資家の影響を受けて，株式の大量取得により株主の意向に反する意思決定を行う好ましくない経営者の支配権を奪う敵対的企業買収の手法が増加した。1990年代初頭には，機関投資家主導により大企業の経営者が次々と解任され，機関投資家の影響力が顕著に現れた。

　株主の意向を無視した意思決定を行う経営者の企業の株価は，株式市場では低く評価される。そのような企業の株式を市場で買い集め，株主の利益を尊重する経営者に交代させることによって，株主は富を増大させることが可能である。株式市場は，単に株式が売買される場であるだけでなく，企業の支配権が売買される場でもある。株主価値の主要な指標は，株式市場における株価である。そのため，経営者は，配当の増大，自社株買い，自己資本利益率（ROE）上昇のための負債増加（財務レバリッジ）などを積極的に行い，株価を短期的に上昇・維持する必要に迫られるようになったのである。

　このように，企業は規制緩和などを契機とした株式所有構造の変容を経て，株式市場からの影響を強く受け，株主価値最大化を重視する経営が進められるようになった。とりわけ，株式保有率を高めた機関投資家は，企業業績が悪化すると自らの運用成績の悪化に繋がるため，企業に対して利害関係を強くもつようになった。

　経済学者のシュライファー（Shleifer, A.）＝ヴィシュニー（Vishny, R.）は，「コーポレート・ガバナンスとは，企業への資金提供者が投資した資金のリターンを確保するための有効な方法に取り組むことである」という。経済学者たちは，機関投資家の台頭による経済の金融化を背景とし，投資家である株主から委託された資金を株主の利益になるよう規律付ける方法として，経営者を市場メカニズムにより規律づける方法の検討がコーポレート・ガバナンスで問われると主張した。

▶**エリサ法**（Employee Retirement Income Security Act：ERISA）
1974年に従業員退職所得保証法が制定され，年金基金の管理や運用者の受託責任が明記された。エリサ法の制定により，年金基金の管理・運用者は受託者として運用業績について責任を問われることになった。⇨ⅩⅠ-4「米国型コーポレート・ガバナンスの限界と課題」も参照。

▶**関連型多角化**
同じ分野で事業を拡大する水平的多角化，製造の上流ないし販売という下流へと事業を広げる垂直的統合，そして現状の製品に近い製品によって新たな市場へ進出する同心的多角化をいう。

▶**コングロマリット**
自社の業種と関係のない異なる業種の企業を買収，合併して多角化していく巨大企業集団のことをいう。この形態の複合企業は，1960年代に米国で出現した。

▶**ウォールストリート・ルール**
⇨Ⅲ-3「経営者支配論とコーポレート・コントロール論争」

▶**株主行動主義**（shareholder activism）
個人投資家や機関投資家が株主としての権利を主張して行動することをいう。
⇨Ⅱ-1「株式会社と会社機関」も参照。

Ⅳ 経済の金融化と新制度派経済学

2 新制度派経済学とコーポレート・ガバナンス

1 新制度派経済学

　新古典派経済学では，人間は自らの効用を最大限に高める完全に合理的な行動をするという前提のもとで，理想的なモデルや最適解の探究が目指された。これに対してウェブレン（Veblen, T. B.）やコモンズ（Commons, J. R.）に代表される旧制度派経済学者は，経済均衡が価格メカニズムによって調整される点を強調する新古典派経済学を批判し，現実には人間の**機会主義的行動**により完全合理性は達成されず，市場には買い手と売り手を監視したり規制する制度を導入し，経済活動を行うべきだと主張した。制度は経済の論理を外部から制約する与件であり，それ自体は説明されない旧制度派経済学に対し，**新制度派経済学**は制度を合理的に形成されたものと捉え，制度自体の論理を明らかにしようとする点において相違する。また，企業を個人間の契約関係のように契約当事者間の契約関係の結合として認識する契約の束（nexus of contract）とみなす。

2 エージェンシー問題

　コーポレート・ガバナンス論は，株式所有構造の変容を背景として，株主と経営者における二者間の利害調整や，投資家の視点からの経営の効率性評価を主要な論点としてきた。こうした問題は，エージェンシー問題をいかにして解消するかについて関心が向けられている。

　株式会社は，専門経営者を雇い入れ，経営を効率化させることで株主利益を増大させることが可能となる。そのため，株主と経営者との間には，依頼人（principal）と代理人（agent）の関係があるとみなされる。この関係をエージェンシー関係（agency relationship）という。株式会社では，株式の所有者が別人格である専門経営者と契約するため，企業を運営するために代理人のジレンマが発生する可能性がある。換言すると，企業に資金を提供する株主の関心は，保有株式のリスクとリターンである。しかし，株主から経営を委託された経営者は，株主が経営者の行動を有効に監視することができないと，株主の利益を無視して自己利益の追求を優先し，自身の利益や目的のために企業の資産を使用する誘惑に駆られたり，特定の利害関係者に有利な行動をするかもしれない。また，株主と経営者は**リスクに対して異なる見解**を示すかもしれない。こうしたエージェンシー問題を踏まえて，経営者が株主の利益のために行動するこ

▷**機会主義的行動**
企業や個人は自身に有利な交渉や取引を進めるために，不利な情報を隠蔽したり，積極的な情報開示を怠ったり，相手を騙して自身の利益を追求する行動をとることをいう。

▷**新制度派経済学**
組織の経済学とも呼ばれ，取引コスト理論，エージェンシー理論，所有権理論（the theory of property rights）から構成される。

▷**リスクに対する異なる見解**
株主（依頼人）は複数の企業の株式を購入することでリスク分散が可能であるため，ハイリスク・ハイリターンを求める。一方，経営者（代理人）はリスク分散ができない。高リスクの戦略による業績悪化は，経営者自身の報酬の減額や解雇を生じさせる可能性があるため，可能な限り低リスクの戦略を取ろうとする。その結果，株主と経営者の利害の相反が生じる。

を保証する方法がコーポレート・ガバナンスでは課題となる。

エージェンシー問題は，インセンティブと監視という二つの方法によって対処される。インセンティブによる解決策は，経営者と株主との利害を一致させ，株主の富を経営者の富と結びつけることである。これは経営者のインセンティブと株主の欲求を一致させることともいえる。多くの企業において導入されている**ストックオプション制度**などによる報酬がこれに該当する。

3 エージェンシー理論

エージェンシー理論（agency theory）は，権限を委譲して活動を依頼する依頼人が自身の目的のために代理人に意思決定の権限を委譲し，依頼人の利益に関わる業務を遂行させる契約関係に基づいている。エージェンシー理論は，こうした契約関係によって生じうる二つの問題に着目する。第一に，依頼人と代理人の間に生じる利害コンフリクトと代理人の実際の活動を依頼人が確かめることができない情報の非対称性に生じるエージェンシー問題である。この問題は，代理人が適切な活動に従事するか依頼人は確認できないことを意味する。第二に，依頼人と代理人がリスクに対して異なる見解を示す場合に生じる問題である。この問題は，依頼人と代理人は異なるリスクを優先させる可能性があることを示唆している。効率的な経営を行うためには，代理人の利己的な行動を限定し，これらの問題を解決することが必要である。エージェンシー理論では，こうした代理人の機会主義的な行動から生じる資源の非効率な配分や利用をエージェンシー・コストという。このコストには，依頼人による**監視コスト**，代理人による**保証コスト**，そして**残余損失**がある。

エージェンシー理論に依拠したコーポレート・ガバナンスは，投資家である株主から拠出された株主持分の利用をより効率的に履行する経営者へと動機づけるために，経営者と，取締役会やコーポレート・コントロール（会社支配権）を握るための市場という二項の関係性に焦点を当てる。

4 取引コスト理論

取引コスト理論（transaction cost economics）は，エージェンシー理論と密接に関連し，履行ないし監視の仕組みに関わるコストに着目する。例えば，内部統制ないし外部統制監査，情報開示，独立社外取締役，CEOからの取締役会長の分離，リスク分析，そして**監査委員会**，**指名委員会**，**報酬委員会**などにかかるコストが含まれる。取引コスト理論は，エージェンシー理論と同様に経営者が株主の利益ではなく自身の利益のために行動する可能性があることを前提とする。しかし，エージェンシー理論が企業を一連の契約とみなす一方，取引コスト理論は経営者が取引コストを節約できるように行動できるようなコーポレート・ガバナンスの構造や仕組みに焦点を当てている。

▷**ストックオプション制度**
あらかじめ決められた価格（権利行使価格）で定められた期日以降に自社株を購入できる権利が与えられることをいう。権利行使価格は，基本的にストックオプションが付与される時点の株価をもとに決定される。
⇨ⅨⅩ-2「経営者報酬の種類」，ⅩⅨ-3「自社株買いと株主還元」

▷**監視コスト**（the monitoring expenditures by the principal）
依頼人が代理人の行動を監視することによって発生するコストをいう。具体的には，依頼人である株主が代理人である経営者を監視するために監査役会や取締役会を設置するのに必要なコストを意味する。

▷**保証コスト**（the bonding expenditures by the agent）
依頼人の利益を害するような行動を生じさせないことへの保証や，仮に代理人がそのような行動を生じさせた場合の依頼人への補償を確実にするために資源を消費し，代理人へ支払われるコストをいう。

▷**残余損失**（the residual loss）
自己利益を追求する代理人の意思決定と，富を最大化しようとする依頼人の意思決定の間には根本的な相違があり，その違いにより生じる依頼人の富の減少を意味する。

▷**監査委員会，指名委員会，報酬委員会**
⇨Ⅱ-3「日本の巨大株式会社と会社機関(2)：委員会設置会社」

第1部　株式会社とコーポレート・ガバナンス論

Ⅳ　経済の金融化と新制度派経済学

3 エージェンシー理論に依拠したコーポレート・ガバナンス

▷インセンティブ・システム
⇨第Ⅸ章「経営者報酬とコーポレート・ガバナンス」

▷基本報酬
毎月定額で支払われる報酬の1年間の総額をいう。
⇨Ⅸ-1「世界と日本の経営者報酬額と仕組み」

▷年次インセンティブ
業績連動賞与（ボーナス）をいう。

▷中長期インセンティブ
ストックオプション制度による株式報酬やLTIPによる業績連動型報酬をいう。

▷LTIP（long-term incentive plan）
報酬を複数会計年の業績に連動させる業績連動型報酬制度をいう。短期的な業績や株価の上昇を目指す要因となり、数々の不正会計を生じさせたとされるストックオプションに代わる制度とされる。

▷経営者報酬
⇨Ⅸ-1「世界と日本の経営者報酬額と仕組み」、Ⅸ-2「経営者報酬の種類」

1 エージェンシー理論に依拠したコーポレート・ガバナンスの概要

　エージェンシー理論に依拠したコーポレート・ガバナンスは、出資者である株主の利益を最大化させることが経営者の役割であるという見解を重視する。代理人である経営者は合理的かつ利己的、そして自身の富が会社の業績や存続に影響を受けるため、リスク回避的である。その結果、所有者と利害対立が生じる可能性がある。エージェンシー理論に基づくコーポレート・ガバナンスでは、こうしたエージェンシー問題を解決し、株主の利益に反した行動をとらないよう経営者をうまく規律づける方法として、モニタリング（監視）とインセンティブ（誘因）・システムによる外発的動機づけに取り組む（**資料Ⅳ-1**）。

2 インセンティブ・システム

　インセンティブ・システムは、経営者に報酬を与えることによって株主の利害と一致させるべく経営者を規律づけする方法をいう。具体的には、**基本報酬**、**年次インセンティブ**（ボーナス）、**中長期インセンティブ**（LTIPやストックオプション制度）の付与によって、経営者に自己統治を促す。

　日本企業の**経営者報酬**は、基本報酬が占める割合が高く、企業業績に基づくインセンティブの割合が小さい。一方、米国、英国、ドイツ、フランス企業の経営者報酬は、短期的にも中長期的にも業績に報酬を連動させる業績連動報酬が占める割合が大きい。とりわけ、米国企業では中長期インセンティブの占める割合が突出している。

　ストックオプション（自社株購入権）制度は、会社の経営者や従業員があらかじめ決められた価格（権利行使価格）で定められた期日以降に自社株を購入できる権利が与えられることをいう。権利行使価格を越えて株価が上昇すれば、権利を与えられた者は将来的に購入株を売却すればその差額を利益として得ることが可能となる。ストックオプション制度は、例えば自社株を3年後に購入できる権利が与えられることを意味するため、権利を行使するかしないかはその時点の経営者判断に依拠する。したがって、将来的に株価が上昇すれば権利を行使することによって報酬を得ることが可能であるが、株価下落の場合は権利を行使しなければ個人的な損失はない。こうした状況から、経営者が株価を上げるためにリスクの高い投資を行う可能性は高まる。このような特徴から、

ストックオプション制度は株主の目的と経営者の目的を結びつけ、エージェンシー問題を解決すると考えられている。

3 市場型モニタリング・システム

モニタリング・システムには、市場型と組織型がある。**市場型のモニタリング・システム**は、TOB（株式公開買付け）による買収など、株式市場を通じて経営者を監視する方法をいう。企業業績が悪化すると株式を売却する株主が増加するため、株価は下落する。株価下落は企業の信用を低下させるため、増資や借入による資金調達を困難とさせる。

また、経営者が株主の利益に即しない経営を行う場合、株主が当該会社の株式を大量に売却することで株価は下落し、敵対的買収の脅威は高まる。買収された企業では経営陣が罷免される可能性が高いため、市場メカニズムによる価格調整と同様に、株式市場における評価（＝株価）が経営者を規律づけることになる。つまり、株価を上げることが経営者の地位を守ることになる。

このように、株主が株式市場を通じて代理人である経営者の機会主義の行動に対してプレッシャーを与えることにより、エージェンシー問題は解決するとみなされる。

▶市場型のモニタリング・システム
→第Ⅷ章「外部監視とコーポレート・ガバナンス」、
⇨ⅩⅩ-3「敵対的企業買収と買収防衛策」

4 組織型モニタリング・システム

組織型のモニタリング・システムは、取締役会を通じて経営者を監視する方法をいう。とりわけ、**取締役の独立性**を確保するために、社外取締役の導入や（報酬・指名・監査）委員会設置を通じて、所有と経営の分離に内在するエージェンシー問題を解決する。

また、取締役会の規模が大きいと個々の取締役の積極的な関与が見込めず、監視機能不全を引き起こしかねない。そのため、より規模が小さな取締役会が経営者の監視に有効であるとされる。

一方、取締役会は経営者を監視・評価することが求められるが、多くの企業においてCEOが取締役会長（chairman）を兼任している（CEO duality）。取締役会長職を兼任するCEOは取締役会の議題に大きな影響を与えることが可能であるため、エージェンシー理論に基づくと、その役割を分離することが望まれる。

▶組織型のモニタリング・システム
⇨第Ⅷ章「外部監視とコーポレート・ガバナンス」

▶取締役の独立性
当該企業やCEOと重要な関係性をもたないことをいう。
⇨ⅩⅠ-4「米国型コーポレート・ガバナンスの限界と課題」

資料Ⅳ-1　コーポレート・ガバナンスの新制度派経済学的アプローチ

対象	内容
エージェンシー理論	コントロール
人間行動	個人主義、機会主義
動機づけ	外発的
経営者と所有者の関係	目的コンフリクト
取締役の役割	監視と規律づけ
取締役会構成	社外取締役、CEOと取締役会長の兼任無

出所：Sundaramurthy, C. and Lewis, M (2003) Control and Collaboration: Paradoxes of Gavernance. *Academy of Management Review*, 28(3), p.398. を基に筆者作成。

Ⅳ 経済の金融化と新制度派経済学

 コーポレート・ガバナンスの新制度派経済学的アプローチの限界

▶エージェンシー理論
⇨ Ⅳ-2「新制度派経済学とコーポレート・ガバナンス」

 新制度派経済学に基づくコーポレート・ガバナンス論の理論的限界

　コーポレート・ガバナンス論は，**エージェンシー理論**をメインストリームとして，機会主義の経営行動を生じさせるとされるエージェンシー問題をいかにして解消するかに取り組んできた。近年におけるコーポレート・ガバナンス改革の動向は，こうした学術的背景に即して履行され，主に社外取締役の増員や各種委員会の設置，法規制・規範などを通じて，取締役の独立性を確保した経営行動の監視強化を目指している。一方，こうした理論的枠組みには，以下のような限界がある。

　第一に，新制度派経済学では，コーポレート・ガバナンス制度による問題解決が図られるが，制度を設計したり運営したりすることにもコストがかかり，それを考慮した解決が最適解となる。この理論に基づくと，不正が生じた場合にそれを取り締まることや監視することに高いコストがかかる場合は現状を放置した方が望ましいことになる。

　第二に，新制度派経済学の枠組みは，市場メカニズムで実現される企業価値をコーポレート・ガバナンスの判断基準とした上で経済的効率性を最大化する経営者を前提とするため，人間の倫理観や労働条件など社会性の概念について考慮されていない。また，株主と経営者における二者間の関係性を前提とするため，かなり狭義的な概念として扱われている。とりわけ，代理人である経営者の個人特性を対象とし，単一の人間仮説を前提としている。しかしながら，現実的には人間行動をすでに備わっているものとして断定することは困難である。経営者においても，利己的な行動をとる経営者もいれば，利他的な行動をとる経営者もいる。様々な利害関係者との相互行為によって，経営者の行動は変化する可能性もある。つまり，コーポレート・ガバナンスに関わる行為者（経営者，取締役，株主など）が埋め込まれている構造的・文化的な文脈が考慮されていないのである。そのため，エージェンシー理論に基づいたアプローチは，コーポレート・コントロールにおける政治的駆け引きや様々な利害関係者の諸活動を説明するには不十分であると考えられる。

　第三に，分析結果が首尾一貫していない。例えば，ストックオプション制度の付与によって，経営者が企業業績や株価に良いパフォーマンスを示したかどうかという分析結果は混在している。そのため，ストックオプション制度の付

与によってコーポレート・ガバナンスが有効に機能しているという根拠は十分に示されていない。同様に，CEOと取締役会長兼任の有効性に関する議論も分析結果は様々である。

❷ 新制度派経済学に基づくコーポレート・ガバナンス論の実践的限界

新制度派経済学のアプローチに基づくと，経営者は自身の職を維持することが重要であるため，リスクを回避しようとする。一方，株主は株価が上がることを望むため，経営者に対して高リスクの行動を選択させるべくリスクテイクを可能にするインセンティブを与える。こうして，経営者は短期的な株主価値の極大化を目的とするため，長期的な企業価値向上を目指した経営を行うことが困難である。実際，経営者報酬のほとんどは単年度の業績に連動するため，経営者は短期的な業績や株価上昇を追求することになる。その結果，一部の経営者はコントロールが届かないほどにリスクを選択するようになった。また，とりわけ2000年代に相次いだ不正会計事件や世界金融危機を受け，業績不振や株価が大きく下落した企業の経営者が巨額の報酬を受けていることも批判の対象となっている。

❸ 新制度派経済学に基づくコーポレート・ガバナンス論の方向性

近年のコーポレート・ガバナンスをめぐる様々な動向（コーポレート・ガバナンス報告書，経営の透明性，説明責任，監査，社外取締役，会社法や証券法改正，証券取引所規則，コーポレート・ガバナンス・コードなど）は，全てエージェンシー問題への対応とも捉えられる。しかしながら，エージェンシー理論に基づいた経営者に対するインセンティブ設計の失敗が，米国を発端とした世界金融危機や不祥事の一要因であると指摘されている。一方，日本の上場企業において1億円以上の報酬を得た経営者は457人であり（2016年度），経営者報酬は上昇傾向にある。また，日本の上場企業でストックオプション制度を導入している企業は1000社を超えている。今後こうした傾向が続くのであれば，**クローバック**の導入などを検討することが重要となる。

今日，株式会社におけるエージェンシー問題は，非常に複雑化している。例えば，個人投資家は**ミューチュアル・ファンド**ないし投資信託の基金に投資するファイナンシャル・アドバイザー（FA）を通じて，自身の基金に投資するかもしれない。FAは，**ヘッジファンド**に投資することによりポートフォリオを変えようとするかもしれない。従業員は，経営者や株主の意に即した行動を取らないかもしれない。こうした側面は考慮しなくていいのだろうか。すなわち，経営者だけでなく，ステークホルダーも機会主義の行動を取る可能性がある。企業は契約の束であるという企業観に基づくならば，様々なステークホルダーの観点からエージェンシー問題の解決を考慮することが必要である。

▶**クローバック**（claw back）
「爪を立てて（claw）戻す（back）」を意味する。業務の達成度合いや不正の発覚などにより，過去に支払った報酬の一部を返上させる制度をいう。企業で何らかの不祥事が発生し，過去数年分の財務諸表に修正が入った場合，修正前の財務諸表に基づき算出された年次インセンティブ（ボーナス）や権利が確定した中長期インセンティブ報酬（権利行使可能となったストックオプションなど）は，修正後の正しい財務諸表をベースに考えれば払い過ぎとなる。この払い過ぎていた部分を企業が取り戻すことをいう。

▶**ミューチュアル・ファンド**
⇒ⅣI-1「経済の金融化の背景」

▶**ヘッジファンド**
先物取引や信用取引など様々な取引手法を積極的に活用することで市場相場の上昇下落に関わらず利益を追求することを目的としたファンドである。ヘッジファンドは比較的自由な運用が可能であり，リスクヘッジしながらも積極的な運用をすることを目的とする。⇒XXI-2「機関投資家の運用手法」も参照。

第 1 部　株式会社とコーポレート・ガバナンス論

Ⅴ　マルチステークホルダー・アプローチ

 ステークホルダー論の論点

1　ステークホルダーの語源と用法

　「ステークホルダー」の英語表記"stakeholder"は，元々はスラング（俗語）で，「掛け金を預かる人」を意味していた。15世紀に入ると，"stakeholder"という言葉が，「正当な所有権を主張する移住民」を指して用いられるようになったという。一説によれば，当時新大陸と呼ばれた土地に移住した人々は，先住民が先占していた土地を開拓したり征服したりするため，自分たちが半ば一方的に占有権原を設定した土地の周囲に支柱や杭（stakes）を打ち込んで自身の土地所有権を主張したと言い伝えられる。そのため今も，"stakeholder"という言葉は，「（相手に対して）一方的に，しかも強硬手段に訴えてでも自分たちの言い分や主張を押し通そうとする人」を指して用いられる。

　現代の経営学において，ステークホルダーは，「企業の目的達成に影響を与えるか，それによって影響を被るか，いずれかの個人または集団」と定義される。また，グローバル・ガバナンスの領域にまで視野を広げるなら，ステークホルダー は，「組織の決定に**権益**をもつ人々で，個人として相手方の決定に権益をもつのか，団体の代表者として相手方の決定に権益をもつのかは問わない。また，組織の決定に対して直接・間接的な影響を与える人々や，組織の決定によって影響を被る人々を含む。」と説明される。ただ，語の概念が必ずしも明確に規定されているわけではなく，曖昧なニュアンスで使われるのも事実である。というのも，「ステークホルダー」という言葉自体が集合概念で，企業活動全般に関わりをもつ全ての人々を包括しているからである。

2　ガバナンスにおけるステークホルダー

　会社という船の舵を操って船首を正しい方向へと向けるのは，会社組織の頂点に立つ経営者の役割だとされる。また，取締役会の構成員という地位を有する取締役には，社長たる代表取締役とその他の業務執行者を監督・監視する役割を負っている。もし経営者が舵取りを誤ってしまうと，企業の収益性に負の影響が及ぶだけでなく，企業価値を毀損するリスクを高める可能性を否定できないからである。巨艦にも比喩される現代の巨大株式会社企業については，いわゆる教科書的なガバナンスの体制を整えるだけでは十分でなく，社内外のステークホルダーがコラボレーションして，会社という巨艦の舵を操って船首

▷**権益**
英語表記"interest"。「利害関係」とも訳される。"interest"の複数形はしばしば「利益」という意味でも用いられる。ステークホルダー論の文脈に出てくる"interests"は「権益」（権利及びそれに伴う利益）を意味する。「株主の利益」は，正確には「株主権及び株主権に伴う利益」となり，無制限の利益が得られるわけではない。

▷1　Minu Hemmati ed., *Multi-Stakeholder Processes for Governance and Sustainability*, Routledge, 2002, p. 2.

44

を正しい角度へと向ける努力が求められている。このような，多様なステークホルダーの意見や問題関心を取り込みながら，経営意思決定の質の向上やステークホルダー相互の合意形成を図るプロセスを指してマルチステークホルダー・プロセス（Multi-Stakeholder Processes：以下 MSPs と表記）という。

❸ 会社は株主のもの？

「会社は誰のものか」という問いがある。コーポレート・ガバナンス論の領域では，「会社は株主のものだ」とした利害一元的企業観がかなり広範に受け入れられている。**経済学**の論理から先の問いを紐解いたとしても，おそらく同じ答えが出るのではないだろうか。確かに，法律の観点からみても，会社は株主のものであり，会社の目的は株主利益の最大化となる。その一方で，株主権と株主以外のステークホルダーの権利とを並列化して，会社の目的は「多様なステークホルダーとの良好な関係を構築・維持することだ」とした見方もある。こうした見方は多元的企業観とも呼ばれ，経営学のみならず，社会学や組織行動論（organization behavior）の領域でも広く支持されている。

「会社は株主のものだ」とした見方に立てば，企業活動にとって必要不可欠なステークホルダーは株主を措いてほかにいない。株主は，会社の発行した株式を保有するとともに，一定のリスクを負っているからである。ただ，株主とステークホルダーの関係については，株主利害と株主以外のステークホルダーの利害とがしばしば対立して矛盾を起こすため，「株主対ステークホルダー」「株主と対峙するステークホルダー」（Stockholder vs. Stakeholder）などといった構図で説明される。また，誰もが一度は耳にするであろう「株主資本主義」「株主重視の経営」という言葉は時に批判的なニュアンスのもとに使われる。なぜなら，ショートターミズム（short-termism：短期主義）に陥った株主の行動が企業の衰退を招くとも考えられてきているからである。

これまでに挙げた企業観は，社会科学の諸分野をはじめとして，経営学とその隣接領域で比較的頻度が高く提示されるほんの数例に過ぎない。もし「お客様あっての会社」なのだとすれば，「顧客・消費者」「取引先」「地域コミュニティ」「従業員」「出資者」といった序列が重要な意味をもつのかもしれない。また，先の問いに対して会社法上の回答として出される「会社は社員のもの」をもじって，「会社は従業員のもの」だとした見方もある。さらには，堀江貴文氏が運営する YouTube の番組「ホリエモンチャンネル」で「会社は誰のものか？　そんなのどうでもいいよ！」と言い放って世間の耳目を集めたこともある。そのどれもが正解であり，それぞれに根拠がある。では，なぜこのように諸説紛粉とした状況に陥っているのであろうか。理由の一つとして考えられるのは，人それぞれの価値観が一人一人異なるように，研究分野・領域や経験が異なれば，企業観もまた異なるからである。

▶ Multi-（マルチ）
「多様な」「種々の」を意味する英語の接頭辞 "multi-" は，「多くの」を意味するラテン語 "multus" に由来する。語法としては，"multimedia（マルチメディア）" や，"Multi-National Corporation：略称 MNC（多国籍企業）" が知られる。

▶ 経済学
合理的な経済人を前提として理論を組み上げていく学問。数理モデルや統計的手法を用いて現実の世界を記述的に説明するため，いわゆる株主主権型のモデルとの親和性が高い。コーポレート・ガバナンスの領域では，エージェンシー理論（Agency theory）が広く知られる。

Ⅴ　マルチステークホルダー・アプローチ

マルチステークホルダー・プロセス（MSPs）の理念

マルチステークホルダー・プロセス（MSPs）

　国際機関や行政組織をはじめとして，NGO（Non-Government Organization：非政府組織）・NPO（Non-Profit Organization：非営利組織）などといった組織が，多様なステークホルダーの意見や問題関心を取り込みながら，組織における意思決定の質の向上やステークホルダー相互の合意形成を図るプロセスを指してマルチステークホルダー・プロセス（MSPs）と呼ぶ。「公」に「民」を取り込むスキームとして開発された課題解決指向型の MSPs は，STEP 1「課題を抽出する」，STEP 2「課題に関わるステークホルダーをリストアップする」，STEP 3「メンバーを人選する」，STEP 4「ゴール（目標）を定める」，STEP 5「アジェンダ（討議事項）を定める」，STEP 6「計画を立てる」，STEP 7「準備プロセス」，STEP 8「コミュニケーションを図る」，STEP 9「意思決定する」，STEP 10「クロージング（完了）」──という段階を踏む。

▷1　Minu Hemmati ed., *Multi-Stakeholder Processes for Governance and Sustainability*, Routledge, 2002, pp. 121-206.

ステークホルダー・コミュニケーション

　MSPs のスキームとは様相を異にするものの，民間部門に属する企業も，社外の NPO・NGO とパートナーシップを組んで，バリューチェーン上で浮上した課題の解決を図ることがある。「餅は餅屋」といわれるように，それぞれの専門家に任せた方が双方にとって良い結果を得られるからである。また，社外とコラボレーションして課題解決を図った事実を公表して，企業としての経営判断をオーソライズするといった副次的な効果も期待できる。

　会社によっては，多様なステークホルダーとの良好な関係を構築・維持するために，NPO・NGO 等の代表者や有識者・学識経験者を招聘して「ステークホルダー・ミーティング（Stakeholder Meeting）」や「ステークホルダー・ダイアログ（Stakeholder Dialogue）」を年 1 ～ 2 回ほど実施している。前者のミーティングに関しては，特定の課題について参加者相互で意見交換しながら，参加者の意見を取りまとめて実行に移すことが重要視される。また，ダイアログは「対話」「（建設的な）話し合い」とも訳され，当事者間で交わされる会話を通じて，双方の理解度を深化させるコミュニケーション方法だといわれる。

　企業と多様なステークホルダーとの目線合わせや利害調整までも視野に入れて行われるステークホルダー・コミュニケーション（Stakeholder Communication）は，主催者（＝企業）と参加者（＝ステークホルダー）の双方にとって有益な結果を出すことが期待されている。ただ，多様なステークホルダーといっても，実際はNPO・NGO等の代表者や有識・学識経験者の数名に過ぎない。また，組織における意思決定の質の向上やステークホルダー相互の合意形成を図るためだといわれるものの，現実には単発で行われることも多く，社外のエキスパートから出された意見が経営の現場で実行されるとも限らない。その意味で，経営諮問委員会や，企業の競争力強化やリスク・マネジメントの観点から導入される独立社外取締役や社外取締役とも異なる。

３ ステークホルダー対応の実際：ステークホルダー・エンゲージメント

　ステークホルダーは，「企業の目的達成に影響を与えるか，それによって影響を被るか，いずれかの個人または集団」を包括した概念である。ただあまりにも概括的すぎて，ステークホルダーの外延が際限なく拡大する懸念もある。また，一口に「ステークホルダー対応」といっても，「誰に対して，どのように対応すればよいのか」も必ずしも定かでない。

　GRIが公表した「ガイドライン（第４版）」に準拠した報告書類を作成している会社であれば，自社のステークホルダーを抽出・リストアップした上で，「それぞれのステークホルダーに対してどのような責任を負うのか」「ステークホルダーとの対話が求められる課題は何か」「ステークホルダーとのコミュニケーション・チャネルは何か」を明らかにしているはずである。こうした取組みはステークホルダー・エンゲージメントと呼ばれ，会社の公式Webサイトや各種報告書（例：サステナビリティ報告書，等）にも掲載されている。なお，ここに出てくる「エンゲージメント」は，「約束」「契約」というよりも，むしろ「繋がり」「結びつき」「連帯」という意味をもつ。

　日本企業の多くが自社のステークホルダーとしてリストアップするのは，株主・投資家，従業員，顧客・消費者，取引先，地域コミュニティである。企業とステークホルダーとの関係について，例えば，株主・投資家に対しては，社内のIR（Investor Relations：投資家向け広報）部門を軸に，投資判断に必要な企業情報等を株主説明会や投資家向け説明会で提供している。従業員に対しては，人事部やCSR部門を軸に社員の能力開発や労使協調を図るとともに，従業員代表によるステークホルダー・ミーティング等を開催している。顧客・消費者に対しては，営業部門やマーケティング部門を軸に，顧客・消費者の生の声を吸い上げて顧客満足度を高めるための仕組みや制度を構築・運用している。また，お客様相談室に寄せられる意見やクレームにも対応する。取引先に対しては，資材調達先や納入先との良好な関係を構築・維持するために，取引先協力会を組織・運営している。地域コミュニティに対しては，事業所の開放などといった地域貢献活動（Community Relationship）を行っている。

▷ GRI（Global Reporting Initiative）
「サステナビリティ・レポート（Sustainability Report〔社会・環境報告書〕）」「CSR報告書」「CSRレポート」などといった報告書全体の様式や記載内容等を定める非営利組織の名称である。1997年に米国ボストンで設立され，現在の本部はオランダのアムステルダムに置かれている。⇨Ⅶ-3「2000年前後の状況」も参照。

▷「ガイドライン（第４版）」
正式名称は"G4 Sustainability Reporting Guidelines (G4サステナビリティ・レポーティング・ガイドライン)"で，略して"G4 Guidelines (G4ガイドライン)"または"G4 (読み：ジーフォー)"という。同ガイドラインの日本語訳は，以下のURLに掲載されている。https://www.globalreporting.org/Pages/resource-library.aspx? 2018年10月16日閲覧

第1部　株式会社とコーポレート・ガバナンス論

V　マルチステークホルダー・アプローチ

3 ステークホルダー分析と経営における「総合」

① MSPs：多様な意見を複合し一元的に扱う

　MSPsの理念に依って立てば，多様なステークホルダーが社内外の垣根を超えてコラボレーションしてはじめて，会社という船の船首が正しい角度を向いて航行できるようになる。だとすれば，企業組織におけるMSPsは，多様なステークホルダーの意見や問題関心を組織の意思決定に取り込むことによって，経営意思決定それ自体の質の向上やステークホルダー相互の合意形成を図るプロセスだといえる。こうしたガバナンスの体制を構築し適切に運用できれば，企業の長期的な成長や収益性を毀損するリスクを低減する効果も期待できる。現に，「コーポレートガバナンス・コード」普及後の日本企業では，取締役会の諮問委員会（例：指名諮問委員会，報酬諮問委員会等）を設置するとともに，独立社外取締役や社外取締役を導入する動きが本格化している。また，企業の競争力強化やリスク・マネジメントの強化を視野に入れて，NPO・NGOの代表者や有識・学識経験者等から構成された経営諮問委員会といった会議体を経営トップの諮問機関として導入する動きもある。ただ，先に挙げたステークホルダー対応については，経営とのリンクがほとんど張られていないカギ括弧つきの「株主・投資家対応」「従業員対応」「顧客・取引先対応」「地域コミュニティ対応」なのが実情で，経営とのリンクが張られた「ステークホルダー対応」が今，求められている。つまり，現代の経営には，企業の成長と**サステナビリティ**（持続可能性）という全体最適と，「ステークホルダーの満足度を高める」という局所最適を両立させることが求められているといえよう。

② 全方位型：ステークホルダー総合

　経営の本質は「総合」だといわれる。「総合」の対概念は「分析」である。先に挙げたカギ括弧付きの「株主・投資家対応」「従業員対応」「顧客・取引先対応」「地域コミュニティ対応」は分析のレベルで，総合のレベルではない。
　企業活動に関わる各種ステークホルダー（＝株主・投資家，従業員，顧客・取引先，地域コミュニティ等）との良好な関係を構築・維持するのは，部門長の仕事だとされる。言ってみれば，部門の長としての役割と責任は局所最適化である。それに対して，経営者の仕事は全体最適化だといわれる。たとえるなら，部門トップの仕事は指向性アンテナで事足りるかもしれないが，経営トップの仕事

▶サステナビリティ（sustainability）
"sustainable"は，「持続できる」「（開発・農業などが）資源を維持できる方法の」という意味で，"sustainability"には「持続可能性」という訳が広く充てられてきている。用例の一つが"sustainable development（持続可能な開発）"で，国連が提唱するSDGs（Sustainable Development Goals：持続可能な開発目標）にも使われている。環境面でのサステナビリティ（持続可能性）は，人類の存続と発展のために環境保護に取り組むという意味合いで用いられている。

には全方位型アンテナが必要となる。

ただそうはいっても，経営の局面で全体最適と局所最適のバランスを図るのは，「言うは易く行うは難し」である。なぜなら，「彼方立てれば此方が立たぬ」といわれるように，一方のステークホルダーにプラスの効果を与えれば，他方のステークホルダーにマイナスの効果が及ぶかもしれないからである。ならばいっそのこと，ステークホルダーの双方にプラスの効果を与えるという選択肢もある。万事が巧く運べば，企業とステークホルダーの双方がメリットを得られる「Win-Win」（＝ステークホルダーが得して，会社も得する）の状況にもっていくこともできる。しかし，先に挙げた故事成句に続く一文「彼方立てれば此方が立たぬ，双方立てれば身が持たぬ」があるように，「Win-Lose」（＝ステークホルダーが得して，会社は損する）の状況に陥る可能性も否定できない。そうなってしまっては全てが元の木阿弥である。また，たとえ全てのステークホルダーにプラスの効果を与えることができたとしても，ステークホルダーの成員数が増えれば増えるほど，ステークホルダーの一人一人の手にできる分け前が減るであろうことは目に見えている。

３　損して得取れ？

現実はさておき，「会社は株主のものだ」とした見方や，「会社は全てのステークホルダーに対して責任を負う」とした見方がある。前者は一元的企業観に立つ見方だとされ，「ショートターミズム」や「株主利益至上主義」に陥る可能性が示唆される。その一方で，後者は多元的企業観に立つ見方で，「株主権の侵害」だとも，あるいはまた「結局，誰に対してどのような責任を負うのかが判然としてない」とも批判される。

近年の複雑化したコーポレート・ガバナンス論を読み解く際には，ハーバード・ビジネス・スクール（Harvard Business School：HBS）の**マイケル・C・ジェンセン**の確立した理論が多くのヒントを与えてくれる。「長期的な視野に立つ企業価値の最大化（enlightened value maximization）」を軸に据える彼は，企業の経営者がステークホルダーという名の「数多くの主人（many masters）」に仕えるという見方に否定的な態度をとりながらも，ステークホルダー（＝財務上の請求権者，従業員，顧客・取引先，地域コミュニティ，政府関係者）重視の経営が巡り巡って「企業価値の最大化」につながることを巧みに論証してみせたことで知られる。ファイナンスと実務に通じた彼の打ち立てた「賢明なステークホルダー理論（enlightened stakeholder theory）」は，それまで経営学の現場や実務家の間でまことしやかに囁かれていた「株主対ステークホルダー」「株主と対峙するステークホルダー」といった見方を塗り替える要素を含んでいたため，市場経済に重きを置くファイナンス系の研究者や実務に携わる経営者の間でも広く受け入れられている。

▷**マイケル・C・ジェンセン**（Michael C. Jensen）エージェンシー理論をはじめとして，ファイナンス分野やコーポレート・ガバナンスの領域でその名は広く知られている。ジェンセンのファイナンス理論については，入山章栄「世界標準の経営理論［第8回］エージェンシー理論――人が合理的だからこそ組織の問題は起きる」（『DIAMOND ハーバード・ビジネス・レビュー』2015年4月号所収）にわかりやすく説明されている。

▷1 Michael C. Jensen, "Value Maximization, Stakeholder Theory and the Corporate Objective Function", *Journal of Applied Corporate Finance*, Vol. 14, No. 3, 2001, pp. 8-21.

Ⅴ　マルチステークホルダー・アプローチ

現代の経営と見える化

1　課題の見える化：マテリアリティ・アセスメント

　現代の経営に求められているのは，企業を取り巻くステークホルダーの要求や期待を複合し一元的に取り扱いながら，「企業価値の向上」「株主価値の最大化」を図ることなのだといえる。しかし，実際のところ，ステークホルダーの問題関心は多岐にわたり，その全てを経営において実現することは困難である。そのため，ステークホルダーの関心事の中でも，企業として重点的に取り組むべき課題を見える化（可視化）して評価・査定する手法やツールが考案されている。なかでも，GRI-G4ガイドラインに記載され，日本企業の統合報告書でも広く採用される「マテリアリティ・アセスメント」は，国境や業界の垣根を超えたテンプレートとして知られる。これは，STEP 1「重点課題の洗い出しとリストアップ」，STEP 2「重点課題のウェイト付け――『当面の課題が企業に与えるインパクト：低位・中位・高位』をX軸（横軸）に据え，『ステークホルダーの関心度：低位・中位・高位』をY軸（縦軸）に据えた9象限（3×3）のマトリクス（＝マテリアリティ・マトリクス）に企業固有課題をそれぞれプロットして，当面の課題を重要度・緊急度の順に見える化する段階」，STEP 3「重点課題の内容とウェイト付けが妥当か否かの検証（バリデーション）」，STEP 4「再検討（レビュー）」――というプロセスを踏む。STEP 2に関して，「当面の課題が企業に与えるインパクト：高位」と「ステークホルダーの関心度：高位」との交点にプロットされた課題については，コーポレート（本社組織）が主導して当該課題の解決に繋がる具体的な打ち手を時間軸に展開したアクションプラン（行動計画）を策定し実際の行動に移していくことになる。

2　集合知と内部ガバナンス：MSPs型の経営諮問委員会と価値の見える化

　価値の多元化・多様化した時代の要請に応えるためには，「**集合知**（collective intelligence）」に軸足を置くガバナンスの体制を構築する必要がある。なぜなら，多種多様な人々の知識や経験を実際の経営に取り込んで，企業活動に伴うリスクの軽減と収益機会の拡大・開拓を図るためである。現に，日本企業においても，**社外のエキスパート**（例：学識経験者，有識者など）や外部専門家グループから構成された経営諮問委員会（アドバイザリー・ボード）を取締役会の下に設置して内部ガバナンスの強化を図るケースが増えている。

▷1　Global Reporting Initiative. "G4 Sustainability Reporting Guidelines: Implementation Manual." (https://www.globalreporting.org/resourcelibrary/GRIG4-Part2-Implementation-Manual.pdf　2018年7月28日閲覧）

▷集合知
「集団的知性」「集合的な知恵」ともいう。いわゆるワンマン経営者の自己中心的な性格傾向を是正する上で，経営判断についての意見を社外の人間に求めることは有効だとされる。スタンフォード大学ビジネススクール教授ジェフリー・フェファーの2016年の著書 *Leadership BS*（『悪いヤツほど出世する』村井章子訳，日本経済新聞出版社，2016年，255頁）参照。

▷社外のエキスパート
専門的な知識や学術的な知見に基づく具体的かつ実践的な指導やアドバイスを行う専門家を指して「エキスパート」と呼ぶ。経営トップまたは取締役会に対する独立性と客観性を確保するため，経営諮問委員会の構成メンバーには主として社外のエキスパートが就任する。

また，ステークホルダー課題や企業における重点課題の進捗・達成状況を視覚的に把握できるようにするため，数値データに基づく「価値の見える化」に取り組むケースも増えている。かねてより国内外においてベンチマーキングされているジョンソン・エンド・ジョンソンは，「企業理念の活性化（Living Our Credo Values）」「価値基準の見える化（Values into Value）」の一環として，「企業理念（企業の価値基準）に適合した状態」「自社のステークホルダー（＝顧客・消費者，取引先，従業員，地域コミュニティ，株主・投資家）にとって良い状態」を見える化した経営ダッシュボード（management dashboard）を独自に開発して全社的に導入・運用している。また，「KAITEKI実現」「企業価値を高めるKAITEKI経営」を前面に出して注目を集めた三菱ケミカルホールディングスについては，定性的な目標達成に資する**SMART**なKPI（Key Performance Indicator：重要業績評価指標）をコーポレート主導で設定し，各傘下企業での進捗・達成状況を定期的に測定し社内外に公表している。

③ 多目的満足化と組織人に求められるインテグリティ

マルチステークホルダー・アプローチの観点からみて，現代の経営には，複数の目標間のバランス（均衡）をとることが必要条件となっている。言い換えるなら，企業を取り巻く多種多様なステークホルダーの要求や期待を同時に満たす「多目的満足化」を基軸に据えた経営が求められているともいえる。だからこそ，企業として重点的に取り組むべき課題を可視化して評価・査定するための「マテリアリティ・アセスメント」をはじめとして，MSPs型の経営諮問委員会や，価値の見える化に重点を置く経営ダッシュボードに企業関係者や**広報（PA）**部門の注目が集まっているのである。

具体的な業務プロセスをモニタリングする指標類を現場レベルにブレイクダウンして適切に管理できれば，全社ベースの収益性を高めながら「企業価値の向上」「株主価値の最大化」を図ることができるはずである。しかし，言うは易く行うは難しで，MSPs型の経営と企業価値との紐づけは必ずしも容易ではない。また，経営にかかわる指標を現場・オペレーションレベルに落とし込む過程で，様々な問題や弊害が生じるという。やり方次第では，「数値データによる管理は現場社員の心に響かない」とも，あるいは「やりすぎKPI」とも指摘される。現に，KPIの項目を増やし過ぎると，社員のモチベーションが低下し，職場全体のパフォーマンスも低下することがある。また，数値データに重きを置く管理手法を現場展開すると，見せかけだけで実質の伴わない不正・不当な数字操作や，社内や職場のルールを犠牲にしてでもKPIの目標値を達成しようとするグレー問題社員が出てこないとも限らない。こうした事態を避けるためには，企業人に求められる資質としての「**インテグリティ**」は当然のこととして，現場で働く社員の多くが腹落ちするKPIを練り上げる必要がある。

▷ **SMART**
S（Specific：具体的であること），M（Measurable：数値を用いて測定できること），A（Achievable：実現可能であること），R（Relevant：KGI〔Key Goal Indicators：重要目標達成指標〕と紐づけて説明できること），T（Time-bound：具体的な期限が設定されていること）の頭文字をとってSMART（スマート）と呼ぶ。

▷ **広報**（PA：Public Affairs）
日本人には馴染みのない言葉かもしれないが，いわゆる外資系企業や欧米に本社を置く企業に設置されている部門の名称。「広報」を意味する"PR（Public Relation：広報・宣伝活動，対社会関係）"とは異なり，社外とのコミュニケーション全般を包括的に取り扱う部門として機能している。PRとPAは両方とも「広報」と訳されるため，「広報（PA）」と表記されることが多い。

▷ **インテグリティ**（integrity）
企業人やリーダーとしての資質を指して用いられる言葉で，「誠実さ」「言行一致」「一貫性（軸がブレない）」「裏表がない」などといった意味をもつ。こうした資質は，生得的で人間が生まれながらにして持っているとする見方と，後天的に身につけることができるとする見方がある。（Michael C. Jensen. "Integrity：Without It Nothing Works," *Rotman Management Magazine*, Fall-2009, 2010, pp. 16-20.）

コラム-2

企業グループとグループ・ガバナンス

◯企業グループとグループ経営

　多くの大企業は，その傘下に国内外で多数の子会社・関連会社（「関係会社」と呼ばれる）をグループとして組み込み，持続的成長を図っており，連結決算ベースの比較が企業の実力（競争力）を現わす上で重要となっている。例えば，トヨタ自動車は商用車部門の日野自動車，軽自動車部門のダイハツ，部品のデンソーや豊田自動織機などを関係会社として傘下に収め，グループ全体で，2017年には世界28カ国・地域，51の製造拠点で1047万台を生産している（うち海外生産は620万台と国内生産を上回る）。グループ全体で36.4万人の従業員を擁し，2018年3月期決算では売上高29.4兆円，当期純利益で2.5兆円を上げている。

　1990年代以降，企業グループは，連結主義・時価主義・減損処理会計等の国際会計基準（IFRS）や米国会計基準（US-GAPP）の導入，M&Aを含む海外直接投資の拡大による多数の海外子会社の設立，さらには市場環境（技術革新や市場ニーズの多様化と変化）の激変，新興国の抬頭等によって，企業内の事業再編あるいはグループ再編がますます重要になっていった。またグローバル化の進展に伴う海外直接投資の拡大は海外子会社の急激な増加を伴っていた。

　現在では，連結決算をベースとして，企業の境界は個別会社ではなく，連結対象の会社群である企業グループに拡張しており，海外事業を含め企業グループの収益力・競争力が問われるようになっている。この点では，子会社・関連会社の競争力・収益力が親会社の決算に反映される時代となっている。

　企業グループにおいて，特に過半数の議決権（50％超）が親会社によって所有されている場合，あるいは40％以上でも子会社の取締役会等の会社機関のメンバーの過半数が親会社の現在または過去の役員である場合などは「子会社」とみなされ，親会社の連結決算の対象となる。また議決権の20％超を所有しているときなどは「関連会社」とみなされ，持分法の規定により純資産・純利益のうち，持ち株比率部分だけ連結決算に反映される。

◯カンパニー制とグループ経営

　こうした動向を踏まえて，カンパニー制や持株会社を採用して，グループ一体の経営を目指す企業も目立っている。カンパニー制とは事業領域・事業部門ごとに「疑似会社制」（会社内の会社）として自立化させ，独立会社により近づけた組織であり，事業部制と比べると独立性が高く事業成果が明確で，責任も重い。カンパニーごとに疑似資本金が配賦され一定の基準で損益計算書や貸借

対照表が作成され，完全に独立した事業体として管理する体制であり，これによって社外の子会社も社内のカンパニーも一元的に管理する体制が構築されるケースも多い。トヨタ自動車や旭硝子をはじめ多くの会社でカンパニー制が導入されている。

◯**持株会社とグループ経営**

　持株会社（ホールディング・カンパニー）とは，1997年の独禁法改正により認められた会社形態であり，それまでは株式を保有し，支配するためだけの純粋持株会社の設立は認められていなかった。しかし，この改正により，持株会社の設立は原則解禁されることになり，例えば，日本電信電話株式会社は，持株会社となり，その傘下にNTT東日本や西日本，さらにはNTTコミュニケーションズなどの事業会社がぶら下がっており，日本電信電話株式会社の従業員数は2700人であるのに，NTTグループとしての連結ベースでは27.5万人となっている。持株会社は，会社自体は事業を行わず，グループ全体の戦略決定や資源配分を行うとともに，国内外の事業子会社等からの配当収入やブランド使用料や経営指導料などにより収益を計上する会社である。これまでの本社機能を「戦略本社」化する構想の具体化でもある。

◯**企業グループとグループ・ガバナンス**

　以上のような企業グループ内で，グループ全体の企業価値の持続的向上を目指すグループ・ガバナンスの強化が極めて重要な課題となっている。例えば，パナソニックは企業価値創造の具体化という意味での「経営の基軸」を担う34事業部の上に「アプアライアンス社」「エコソリューションズ社」をはじめ四つのカンパニー制を採用し，グループ全体の経営戦略機能を担う「コーポレート戦略本社」を設置し，この組織がグループ全体の戦略策定と推進を図っている。同社は取締役12名（うち独立社外取締役4名）からなる取締役会を設置し，この取締役会が業務執行の決定と監督を担っている。また国内外のグループ横断的な執行責任者制度を採用し，カンパニーの経営責任者や海外統括責任者，職能責任者として42名の執行役員を配置している。また同社は監査役会設置会社として，5名の監査役会（うち3名は独立社外監査役）を設置するとともに，グループ監査体制を強化するため，常任監査役直属の10名の「監査役員」を4カンパニー等に配置するとともに，常任監査役が議長を務める「グループ監査役全体会議」を設置し，グループ全体のガバナンス強化を図っている。

第2部 日本におけるコーポレート・ガバナンスの動向と課題

guidance

　第2部では，日本のコーポレート・ガバナンスについて理解を深めます。最初に戦後の日本の高度経済成長期において生まれた「日本的経営」の下で展開された日本的コーポレート・ガバナンスについて学びます（Ⅵ章）。わが国でコーポレート・ガバナンスの議論の契機となったのは，様々な企業の不祥事でした。こうした企業不祥事を未然に防止する上でもコーポレート・ガバナンス改革が問われたのです。こうした企業の不祥事とコーポレート・ガバナンス改革の関連についても学びます（Ⅶ章）。こうした「日本的経営」が抱えていた「内向きの閉鎖的体質」を克服する上で，外部からの監視・チェック体制の強化，すなわち外部監視のあり方がどのように進展してきたかを学びます（Ⅷ章）。また今日ではコーポレート・ガバナンスの議論において経営者報酬のあり方が問われています。経営者に株主利害を強く意識するような報酬制度のあり方が議論される一方，あまりに高い経営者報酬が「貧困」や「社会的格差」の拡大とともに大きな関心と議論を集めています。どのように公正かつ妥当な経営者報酬を設定するのかについて理解を深めます（Ⅸ章）。さらに今日，日本では長寿企業が多く，その多くが同族企業です。この同族企業のコーポレート・ガバナンスについて理解を深めます（Ⅹ章）。

Ⅵ 戦後の経済発展とインサイダー型ガバナンス

 戦後の経済発展と「会社中心主義」

1 戦後復興と高度経済成長

　第二次世界大戦終結後，混乱の様相を呈していた日本経済は，1950年の朝鮮戦争の**特需**を契機に復興へと進む。戦時中の窮乏生活から解放された人々による消費は高まり，戦後10年を経ずして，日本経済は戦前水準を上回る段階にまで回復していく。そして，1956年の『経済白書』には，「もはや『戦後』ではない」と記され，戦後復興の完了が宣言された。

　1954年12月から1957年6月までの31ヵ月にわたる「神武景気」では，世界経済の好転を背景とした輸出の拡大，物価の安定，米の豊作，金融緩和といった好条件によって**数量景気**が生じた。その後，1957年7月から1958年6月にかけて，「鍋底景気」と呼ばれる**デフレーション**に陥るが，この不況が長く続くことはなかった。1958年7月から1961年12月までの42ヵ月にわたる「岩戸景気」の時期には，活発な技術革新により，「投資が投資を呼ぶ」といわれる設備投資の増加が主導する好景気が生ずると同時に，いわゆる「三種の神器（冷蔵庫・洗濯機・白黒テレビ）」を中心とする耐久消費財が急速に普及していった。

　その後，1964年の東京オリンピック開催に伴い総需要が増加したことで好景気を迎えるも，オリンピック終了とともに需要が低迷し，大手証券会社の経営が軒並み悪化する事態となった。この証券不況は金融政策だけでは改善されず，建設国債の発行が閣議決定され，それに伴い建設需要が増加し，景気は回復し始めた。

　「3C（自動車・カラーテレビ・クーラー）」の流行を始めとし国民需要は大きく伸び，ベトナム戦争の特需もあって，日本は国民総生産世界第2位の経済大国となった。また，鉄鋼・電気製品の輸出が増加したことで大幅な貿易黒字となり，国際収支の天井が解消された。この「いざなぎ景気」は，1965年11月から1970年7月までの57ヵ月間継続し，戦後最長の大型景気となった。

　こうして戦後日本の飛躍的な経済成長は，1973年石油危機に伴う激しい物価高騰の打撃を受けるまで，約20年にわたって続いた。この高度経済成長の中で日本型企業統治の基礎が築かれていく。

2 労使紛争と生産性運動

　労使関係に目を向ければ，終戦直後の日本では，困窮を極めた労働者たちに

▶**特需**
特別需要の略。戦争等の一過性の外的要因によって需要が増大すること。朝鮮戦争の際には，在日米軍が軍事物資や役務を日本で調達し，特需が発生したことが，日本の戦後復興の起爆剤となった。

▶**数量景気**
物価の上昇がなくても取引・販売量の増加で好景気になること。

▶**デフレーション**（deflation）
物価が持続的に下落すること。対義語はインフレーション（inflation）であり，物価が持続的に上昇することを意味する。

よる賃上げの要求，経済民主化の要求，大量解雇への反対を掲げた激しい労働争議が展開されていた。1950年の朝鮮戦争特需によって経済は復興の軌道に乗るも，失業等の問題から労使紛争は収まらず，大規模なストライキが頻発していた。この事態は，戦後復興を遂げた日本が，新たな経済成長の段階に入らんとする際の妨げであった。

そして1955年，アメリカの支援表明を受け，当時の経済団体によって日本生産性本部が設置され，「生産性運動に関する3原則」が発表された。それは，生産性向上の過程における①雇用の維持・拡大，②労使の協力・協議，③経営者，労働者，消費者への公正な成果分配を掲げるものであった。とりわけ，生産性向上を図ることで生ずる過剰労働力について，配置転換等によって可能な限り雇用を維持することが目指された。それゆえ，日本では，欧米諸国の技術・生産水準に追いつくための近代化は，利潤より市場シェアの拡大を優先する成長志向的な企業行動によって，雇用確保と両立可能な形で図られてきた。

生産性運動の浸透に連れ，**春闘**方式が定着するとともに，安定した労使関係のルールが形成され，その後の日本的労使関係が形づくられていくことになる。

3 日本的労使関係の形成

戦後日本の労使関係は，労使が一体化した協調関係であるところに特徴がある。本来，企業と労働者とは利害を異とするものであり，生産性向上と雇用確保という異なる目的の下にそれぞれが運動展開するところに労使対立が生ずる。ところが日本では，労使の利害を一体化することで対立の克服が図られ，むしろそれが成長の機会に転換されてきた。すなわち，事業拡大・市場創出を通じた企業発展により，雇用が拡大し，労働者の生活水準の向上が図られていくという，労使協調の成長メカニズムが構築されてきたのである。

1960年代，資本の自由化の進行に伴い危機感を強めた日本企業内部では，労使一体となり生産性向上を目指す動きが活発化し始めた。この時期，多くの企業で **QCサークル** が導入されているが，それは国際競争力を強化する必要性が労使双方に強く認識されたことによるものだった。そして，石油危機を境に労働争議は減少していき，協調的な労使関係が一般的な見方として定着していく。

高度経済成長は，労使の相互依存関係を前提とした，企業ごとの技術革新と雇用拡大であったといえる。社内技能訓練による技術水準の高度化は企業の収益力を強化し，労使で分け合う経済的成果の原資を増大させたのであり，労使協調の重要性は労使双方に認識されていた。

「会社とともに良くなろう」という考えは人々に広く受容されていたものであり，特に当時の労働者層には「会社人間」や「企業戦士」と呼ばれるような「会社中心主義」的な生き方が目立っていた。

▷春闘
春期闘争の略。日本において労働組合が毎年春に行う，賃上げや労働時間短縮等の労働条件改善を要求する労働運動のこと。

▷QCサークル（quality control circle）
製品の品質改善や作業能率改善を自主的・継続的に図るため，職場内に形成される小集団のこと。

Ⅵ 戦後の経済発展とインサイダー型ガバナンス

日本的経営

1 終身雇用

　高度経済成長期に形成された一体的な労使関係は，終身雇用，年功序列，企業別労働組合のいわゆる日本的経営の「三種の神器」と呼ばれる特徴を生み出し，日本企業の競争力の源泉として海外から注目されてきた。それは，会社をそこで働く人々（経営者も含まれる）の共同体とする考えを色濃く反映した経営慣行であった。

　終身雇用とは，学校を卒業してすぐに正社員として入社した従業員が，定年退職まで同一企業に雇用され続けるという，日本の大企業に特有の雇用慣行である。これは法令に基づく正式な雇用制度ではなく，企業と従業員の間での暗黙の了解を前提とする慣行である。

　不況時に**レイオフ**によって雇用調整を行ったり，労働者が自身の技能向上に従ってより良い待遇条件の企業への転職を繰り返したりする欧米企業の慣行とは対極的である。

　終身雇用の慣行のもとでは，一度採用された労働者は，不況下にあっても，余程のことがない限り解雇されることはない。この長期安定的な雇用保障のもと，日本企業では**OJT**や**ジョブ・ローテーション**を通じたゼネラリスト志向の人材育成が行われてきたのであり，労働者の企業特殊的技能が養成されてきた。

2 年功序列

　年功序列とは，勤続年数や年齢に応じ，自動的に昇格・昇給する人事制度または慣行である。能力評価ではないことから，勤続年数や年齢が同じであれば，役職や賃金に差がつかないところに特徴がある。

　欧米企業の人事評価では，与えられた職務についてどれくらいの成果を上げたかという成果主義が中心となる。それに対し，日本企業の場合には，役職が勤続年数に応じて決まるため，課長，部長，重役，社長と，職位が高くなるほど，年齢も高くなる傾向にある。

　給与算定についても，欧米企業では，職務内容に応じて賃金が決まるという職務給が一般的である。経営者レベルでは，年俸契約のように，実績や能力に応じて評価されることが多い。それに対し，日本企業の場合には，年功序列の

▶**レイオフ**（layoff）
不況等によって企業の業績が悪化したとき，人件費を抑えるため，企業が労働者を一時的に解雇すること。

▶**OJT**(On The Job Training)
職場において，日常の業務を通じて行う教育訓練のこと。OJTでは，職場の上司・先輩が部下・後輩に対し，実務の中で必要な知識や技術等を随時指導する。反対に，通常の業務を一時的に離れて行う教育訓練はOff-JT(Off The Job Training)と呼ばれる。

▶**ジョブ・ローテーション**
従業員の能力開発を行うため，定期的に職場の異動や業務内容の変更を行い，同一企業内で多くの部署や業務を経験させること。これによって，多面的・包括的な視点を備えた経営幹部候補の育成や，従業員の適材適所への配置等が可能となる。

昇格に応じ，賃金も自動的に上昇していくことになる。

　年功序列の賃金体系のもとでは，若年者層は年長者層よりも賃金が抑えられる傾向にある。それゆえ，終身雇用の慣行が，若年者層の将来の賃金上昇を保証するものとなる。

　この終身雇用と年功序列の相互補強関係が，長期的に同一企業で働き続けるインセンティブとなる。それによって，従業員の帰属意識が高まり，企業の持続的成長への従業員の強いコミットメントが生ずる。

❸ 企業別労働組合

　企業別労働組合とは，企業を単位として，職種の区別なく正社員によって結成された労働組合のことである。欧米では，個別企業の枠を超えた職業別労働組合や産業別労働組合が影響力をもつのに対し，日本では経営側との交渉主体は企業別労働組合となる。**職員と工員**といった職種の区別はなく，生涯ともに同じ職場で働く仲間として，企業ごとに労働組合が形成されることが多い。

　従業員は，正社員として雇用された時点で，必ず労働組合に加入しなければならない。この従業員が自動的に組合員になるしくみをユニオン・ショップ制という。

　「御用組合」と批判されることもあるように，多くの場合，企業別労働組合は経営側と協調的な関係にある。例えば，経営方針を末端の従業員にまで浸透させる役割を実質的に果たしているのは労働組合である。また，組合幹部が経営側との交渉を通じて経験を積み，管理職へと転じていくことも多い。このような協調的・一体的な労使関係は，すでにみたとおり，従業員と企業とが運命共同体であるという日本的な企業観を前提としている。

❹ ボトム・アップ型の意思決定

　日本的経営のいま一つの重要な特徴に，ボトム・アップ型の意思決定が挙げられる。意思決定の流れが，経営者から指揮・命令系統を通じ下位層へと向かう場合がトップ・ダウン型，部課長など下位層の管理者から提案の形で上方に向かう場合がボトム・アップ型である。

　日本企業では，下位層からの問題提起や解決策提案が，修正されながら順に上位へと送られていくことが多い。最終的な意思決定はもちろん経営者が行うのであるが，それは下位層の提案の承認に基づくものとなる。

　このような集団の合意形成を重視したボトム・アップ型の意思決定慣行の背景には，個人のリーダーシップよりも，経営者を含める全ての従業員で力を合わせて成果を出そうとする，日本特有の集団主義的な考えがある。

▷職員と工員

日本では，戦前から戦中まで，従業員の「身分」が職員（ホワイトカラー）と工員（ブルーカラー）とに明確に区別されていた。戦後になると，企業内民主化を要求する労使交渉の中で，職員と工員は同じ労働組合に所属するようになり，同じ会社員としての結束感を強めていった。

Ⅵ 戦後の経済発展とインサイダー型ガバナンス

日本的企業結合

1 企業系列

　日本企業は，企業系列・企業集団という欧米に類をみない企業結合の様式をもっている。企業系列とは，有力な産業企業を頂点として形成された諸企業の結合関係である（資料Ⅵ-1）。自動車メーカーと部品メーカーの関係が典型的である。日本では，自動車メーカーのような大企業は，部品を系列の下請け企業に発注することが多く，**部品内製化率**が低い。自社製品の販売や郵送等もまた，系列企業に委ねられることが多い。すなわち，欧米では一般的に企業に内部化されている機能が，日本では企業系列を通じて外部化されているのである。

　頂点となる大企業と従属する中小企業の間には「親会社－子会社」の関係が成立している。親会社は子会社に対し，株式保有，役員派遣，資金供与，技術指導，設備貸与等，人材・資金・設備面での長期継続的な支援を行う。子会社は親会社が提案する納品数量，納品価格，納期，品質水準等に応じる。この相互依存的な取引関係の背後には，目標としての共栄共存，信頼関係，報恩の念といった内面的特質が潜んでいることがしばしば指摘される。下請け企業は，第一次から第数次へと階層的になっており，それぞれの次元でこのような親子関係が成立している。この日本独自の企業間関係は，海外でもそのまま"keiretsu"と呼ばれることが多い。親会社と子会社の強固な関係は，外国企業等の新規参入を困難にさせることから，しばしば海外では批判の対象とされている。

2 六大企業集団

　さらに日本には，金融機関と商社を中核とする産業横断的な企業集団が存在する。その典型は，三井，三菱，住友，芙蓉，三和，一勧の六大企業集団である。三井，三菱，住友の各グループは，戦前に解体された財閥が，戦後に持株会社が禁止されてから再結合したものであり（旧財閥系企業集団），芙蓉，三和，一勧の各グループは，非財閥系の企業が，自社の**メインバンク**である都市銀行を中核として結合したものである（銀行系企業集団）（資料Ⅵ-2）。いずれも，金融機関による系列融資と，主要各社の間で行われる株式持合いを基礎とする企業結合である。

　各グループはそれぞれ，主要産業の有力企業を内部化し，「ワンセット主義」

▶部品内製化率
自社製品に使用される部品のうち，外部に委託せず自社内で製造した部品が占める割合のこと。

▶1　日本では1945年の敗戦後，GHQ（連合国軍最高司令官総司令部）の経済民主化政策の一環として，強制的に財閥解体が実施された。所有者不在となった旧財閥系企業は，資本の自由化に伴う外資による乗っ取りを防ぐ名目で株式持合いを進めていった。

▶メインバンク
企業が，取引銀行の中で最も多額の融資を受けており，人的・資本的に密接な関係にある銀行のこと。企業集団では，中核メンバーである都市銀行がメインバンクとなり，同一集団内の企業に系列融資を行う。なお，このような主要取引銀行を1行に定める日本独自の慣行をメインバンク制という。⇒prologue「コーポレート・ガバナンスとは何か」も参照。

として戦略展開する。

企業系列が，大企業を頂点に関連企業を従属させた「縦の結合」であるのに対し，企業集団は異業種の有力大企業同士が相互に支援し合う「横の結合」であるといえる。

資料VI-1　企業系列

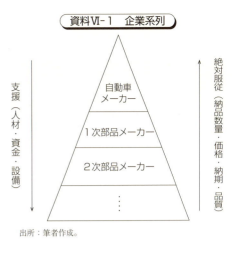

出所：筆者作成。

資料VI-2　旧六大企業集団の主要社長会メンバー

	三井	三菱	住友	芙蓉	三和	一勧
銀行・保険	さくら銀行 （三井住友銀行） 中央三井信託銀行 三井海上火災 （三井住友海上火災） 三井生命	東京三菱銀行 （三菱東京UFJ銀行） 三菱信託銀行 （三菱UFJ信託銀行） 東京海上火災 （東京海上日動） 明治生命 （明治安田生命）	住友銀行 （三井住友銀行） 住友信託銀行 住友海上火災 （三井住友海上火災） 住友生命	富士銀行 （みずほ銀行） 安田信託銀行 安田火災海上 （損保ジャパン） 安田生命 （明治安田生命）	三和銀行 （三菱東京UFJ銀行） 東洋信託銀行 （三菱UFJ信託銀行） 日本生命	第一勧業銀行 （みずほ銀行） 日産火災海上 （損保ジャパン） 朝日生命
商社	三井物産	三菱商事	住友商事	丸紅	ニチメン（双日） 日商岩井（双日）	伊藤忠商事 日商岩井（双日） 兼松
機械	東芝 三井造船 石川島播磨工業 トヨタ自動車	三菱電機 三菱自動車 三菱重工業 ニコン	NEC 住友重機工業	クボタ 日産自動車 キャノン	日立製作所 シャープ 京セラ 日立造船 ダイハツ工業	日立製作所 富士電機 富士通 川崎重工業 石川島播磨工業
鉄鋼 非鉄金属 鉱業	三井金属 三井鉱山	三菱製鋼 三菱マテリアル	住友金属工業 住友金属鉱山 住友電気工業 住友石炭鉱業	日本鋼管（JFE）	神戸製鉄所 日新製鉄 日立金属 日立電線	神戸製鋼所 日本軽金属 古河電気工業
化学・石油 繊維 窯業・土石	三井化学 東レ 太平洋セメント	三菱化学 三菱瓦斯化学 三菱レイヨン 日石三菱 （新日本石油） 旭硝子	住友化学工業 日本板硝子 住友大阪セメント	昭和電工 日清紡 太平洋セメント	積水化学工業 宇部興産 藤沢薬品工業 帝人 ユニチカ コスモ石油	旭化成工業 協和発酵工業 三協 資生堂 らいおん 昭和シャル石油 太平洋セメント
食品 紙パ・建設	日本製粉 三井建設 （三井住友建設） 王子製紙 日本製紙 （日本ユニパック）	キリンビール 三菱製紙 三菱建設 （ピーエス三菱）	住友建設 （三井住友建設） 住友林業	日清製粉 サッポロビール 大成建設 日本製紙 （日本ユニパック）	伊藤ハム サントリー 大林組 積水ハウス	清水建設 王子製紙
百貨店 不動産 運輸・倉庫他	三越 三井不動産 商船三井	三菱地所 日本郵船 三菱倉庫	住友不動産 住友倉庫	東京建物 東京鉄道 京浜急行電鉄	高島屋 阪急電鉄 日本通運 商船三井 オリックス 大坂ガス	西武百貨店 日本通運 川崎汽船 オリエントコーポレイション
社長会	二木会	金曜会	白水会	芙蓉会	三水回	三金会

出所：三戸浩・池内秀己・勝部伸大『ひとりで学べる経営学』文真堂，127頁。

第2部　日本におけるコーポレート・ガバナンスの動向と課題

Ⅵ　戦後の経済発展とインサイダー型ガバナンス

 株主・株式市場による規律の不在とインサイダー型ガバナンス

 株式持合いの慣行

　日本的経営の「三種の神器」にみられるとおり，多くの日本企業では，基幹従業員の雇用を守ることこそが最重要目的であると考えられてきた。株主利益の最大化を株式会社の唯一の目的であるとする英米の考え方とは異なる。多くの日本企業の経営者にとって，株主は企業をめぐる利害関係者のうちの一つに過ぎないのであり，むしろ従業員の利益の方が優先的に守られる傾向にあった。

　このような従業員重視の経営様式を支えてきたのは，企業集団を中心とする株式持合いの慣行であった。1960年代の資本の自由化に伴い，外国資本による乗っ取りの危険に晒された日本企業では，安定株主工作として，同一の企業集団に属していたり取引関係にあったりする金融機関や事業会社と互いに株式の多くを保有し合うという株式持合いが進められてきた。

　株式持合いにあっては，株式が第三者に売却されることはなく，長期保有が前提とされる。もし保有の継続が困難になり株式を売却せざるを得ない場合には，事前に相手企業の承諾を得なければならないと考えるのが通常である。

　また，持合い株主は取締役の任免権のような株主権を行使する意思をもたず，「サイレント・パートナー」として相手企業の経営者に協力的な行動をとる。むやみに牽制し合えば相互の信頼関係を損なうことにもなりかねない。重大な業績不振や企業不祥事等の特別な事情がない限り，議決権を行使する場合には，相手企業の経営者を支持するのが通常である。

　このように長期的取引関係を前提とした友好的な持合い株主が安定株主となることで，日本の大企業は相互に敵対的買収から保護し合い，経営権の安定を保証し合っていた。株主及び株式市場からの規律の不在の下，経営者は高株価・高配当の実現に駆り立てられることなく，労使協調の経営を展開してきた。

2　内部者中心の取締役会

　取締役会もまた，日本企業の経営者を株主利益の観点から規律づけるような機能を果たしてこなかった。株主が取締役会を通じて経営者を選任するという会社法上のしくみとは裏腹に，実際には経営者が取締役と次期経営者の人事権を掌握するという**経営者支配**の状況が生じている。経営者が自分を不信任にするような人物を取締役に選任するはずがないことを考慮すれば，取締役会が厳

▶経営者支配
大株主ではない専門経営者が，取締役や次期経営者の選任権をもつ状態のこと。バーリとミーンズは1932年の著書 The Modern Corporation and Private Property（『現代株式会社と私有財産』森杲訳，北海道大学出版会，2014年）において，大規模公開株式会社の支配形態が，株式の分散によって，所有者支配から経営者支配に移行していることを実証した。ただし，日本の場合には，持合い株主である法人の所有に基づき経営者支配が成立してきた。　⇨ Ⅲ-2「経営者支配論の展開」

しく経営者を監督することは困難である。ただし，これについては日本に限ったことではない。

　取締役会の日本的特徴は，内部者中心のメンバー構成である。多くの日本企業では年功序列で昇進が決まるため，取締役会のメンバーがすべて生え抜きの内部昇進者であることが少なくない。そのような人物から構成される取締役会が，経営者を株主視点から厳しい目で監督し，必要に応じて解任権を発動するといったことは現実的には困難である。社外出身の取締役であっても，**メインバンク**から転籍してきた人物であることが多く，その関係性は緊密である。社外取締役にしても，メインバンクや株式持合いの相手企業の役員や，官公庁から天下りしてきた人物が担当することが多く，実質的な経営上の意思決定に口を出すことはほとんどなかった。

❸ 多面的・長期的なインサイダー型ガバナンス

　以上のとおり，日本では，株式市場の無機能化と株主総会・取締役会の形骸化の下，経営者が株主視点から厳しくチェックされることはなかった。とはいえ，経営者が完全なる独断で次期経営者を選任できるというわけではない。そこには，主要な利害関係者の意向を無視することのできない独自のしくみがある。

　ほとんどの日本の大企業では，経営者に選任されるのは内部昇進者である。社内で長い昇進の階段を登り詰めた者が，経営者候補に選ばれる。日本企業では，社内でエリートとノンエリートとが分岐するまで，年功序列に従いおよそ15年から20年にかけ，平等にゆっくりと昇進していく。他国に比べ「遅い昇進」として知られている。その後，基幹管理職のコースに入り，熾烈な競争を経て昇進していくことになる。その競争の過程で，能力や功績のみならず人間性に関しても，上司，同僚，部下，メインバンク，取引先など，密接な関係にある多様な人々から長期的に評価される。これをくぐり抜けた人物だけが，経営者への道を歩むことになるのである。

　日本の企業統治は，このように経営者が多様な利害関係者によって多面的・長期的にチェックを受けるという「インサイダー型ガバナンス」のしくみになっている。

❹ メインバンクによる状況依存型ガバナンス

　また，日本企業の経営者に対してはメインバンクが，安定株主であると同時に大口の債権者として，一定の牽制力を与えてきた。メインバンクは，企業経営に関する情報を継続的に収集している。企業の財務状況が良好である通常時には経営に介入することはないが，企業が財務危機に陥った場合には経営権を掌握し，再建のための措置を講ずる。その関与の度合いが企業の財務状況に応じて変化することから「状態依存型ガバナンス」と呼ばれる。

▶**メインバンク**
⇨prologue「コーポレート・ガバナンスとは何か」，Ⅵ-3「日本的企業結合」

▶1　Aoki, M. / Patrick, H. (eds., 1994, *The Japanese Main Bank System : Its Relevance for Developing and Transforming Economies*, Oxford University Press, New York. (白鳥正喜監訳『日本のメインバンク・システム』東洋経済新報社，1996年)

VII 企業不祥事とコーポレート・ガバナンス

1 1970年代までの状況

1 高度経済成長と公害問題

　企業の反社会的行動が各種メディアやNGO等によって明らかにされ，それが「企業不祥事」として人々に認識されることで，企業の社会的信頼が著しく損なわれるといった出来事が相次いでいる。

　日本における企業批判の高まりは，第二次世界大戦後の**高度経済成長**期に深刻化した公害事件と，それを受け被害者・地域住民によって展開された公害反対運動に端を発する。激しい企業間の拡大競争の中，重化学工業による産業公害が拡大し，1956年から1973年にかけ，熊本水俣病，新潟水俣病，イタイイタイ病，四日市喘息の「四大公害病」に代表される公害事件が多発した。

　これらの事件はいずれもチッソ，昭和電工，三井金属工業，四日市の石油コンビナート企業等，大企業の経済活動によって引き起こされたものであったことから，地域住民や一般市民による大企業に対する抗議と批判が高まった。

2 「物価狂乱」と商社批判

　公害反対運動が展開され，反企業ムードが高まる中，1970年代に入ると，**ニクソン・ショック**と**石油危機**後のいわゆる「物価狂乱」の犯人として，総合商社が激しい批判の的となった。

　1971年のニクソン・ショックでは，国際収支の大幅黒字や金融緩和等が重なったことで，いわゆる過剰流動性が生じ，大量の余剰資金を抱えた商社等の大企業による土地や株式の購入が加速した。1972年に発足した田中角栄内閣による「日本列島改造論」の影響で，土地の買い占めが生じていたこととも相俟って，全国的に地価が暴騰した。さらに1973年には，第四次中東戦争の勃発に伴い，中近東産油国で原油価格の大幅な引き上げと原油生産の削減が宣言され，いわゆる石油危機が発生した。これによって，エネルギーの大部分を中近東に依存していた日本経済は大打撃を受けることとなった。

　政府によって電力・ガソリン等の節約が呼びかけられる中，一部の総合商社が物資の買い占め・売り惜しみ・便乗値上げを行ったことで，国民の間ではパニックが生じた。メディアや口コミによる情報が錯綜する中，トイレット・ペーパー等の物資の買いだめ騒動が発生し，消費者物価指数が20％を上回る「物価狂乱」の様相が呈された。

▷高度経済成長
⇨ⅥI−1「戦後の経済発展と『会社中心主義』」

▷ニクソン・ショック
1971年にアメリカのニクソン大統領（当時）が電撃的に発表した金とドルの固定比率での交換停止等の新経済政策を指す。これによってブレトン・ウッズ体制が終了し，金と交換できなくなったアメリカ・ドルへの信用は暴落し，世界経済や国際通貨体制が混乱した。

▷石油危機
オイル・ショックとも称される。1973年の第四次中東戦争の勃発に伴う原油価格高騰・原油生産削減を第一次石油危機という。その後，1979年のイランにおける石油生産中断とOPEC（石油輸出国機構）による原油価格引き上げによって，第二次石油危機が発生している。

そうした中，消費者団体やメディアによって，地価，石油製品，一般消費財の価格暴騰の原因が，商社による買い占め・売り惜しみにあるのではないかと指摘されたことにより，物価暴騰の「犯人」として総合商社が激しい批判の的となった。

1974年には三菱商事，三井物産，伊藤忠商事，丸紅，日商岩井，ニチメンの6大商社の経営陣が国会に呼び出され，謝罪をさせられている。丸紅に至っては，モチ米を買い占めたことで食糧管理法違反の摘発を受けている。

このような状況を受け，商社の業界団体である日本貿易会は「総合商社行動基準」を発表し，企業活動が社会に与える影響の重大性の認識と反省を示した。

3 問われる「企業の社会的責任」

この時期，高まる大企業批判を背景に，「企業の社会的責任」が注目を集めた。1973年3月，**経済同友会**は「社会と企業の相互信頼の確立を求めて」という提言の中で，「企業の社会的責任」について言及し，企業が法律や規制を遵守することに止まらず，積極的・主体的に公害防止やインフレ阻止等に着手すべきであることを宣言している。**経団連**もまた，1973年5月，「福祉社会を支える経済とわれわれの責任」という総会決議において，「企業の社会的責任」について提言を行っている。その他にも，日本経済新聞社，日本生産性本部，当時の通商産業省等多くの機関が，「企業の社会的責任」の考えに基づき，多様な利害関係者の視点を考慮した企業評価基準を提案している。

1974年8月に日本経済新聞社が出版した『企業の社会責任ハンドブック』によれば，「企業の社会的責任」という言葉には三つの側面が含まれる。第一は「社会に迷惑を掛けない」側面，第二は「企業の本来の機能を全うする」側面，第三は「社会的な諸問題の解決に参加・協力するなど，広く社会環境の改善・向上に積極的に貢献する」側面である。第一の点は，企業が社会規範を守り，各種利害関係者に与える負の影響を最小限に止めようと努力する責任を意味する。法令遵守はもちろんのこと，経済活動の過程における社会・環境への倫理的配慮が求められる。第二の点は，技術的革新と財・サービスの提供を通じて付加価値を創出・分配し，企業が社会の需要を満たすと同時に経済主体として自立するという，本業に関する責任を意味する。第三の点は，企業が社会に生きる一市民として，貧困，失業，地球温暖化等の社会問題の解決に貢献すべく意識的に働きかける責任を意味する。

このように「企業の社会的責任」の考えの基礎は，日本では1970年代の大企業批判を通じて生成されたのであり，それは法的責任，倫理的責任，経済的責任，社会貢献責任を含める包括的な概念として理解されるものであった。

▷経済同友会
公益社団法人経済同友会。1946年に設立された経営者団体であり，経営者が個人として参加する会員制組織である。経済・社会の諸問題に関する政策提言等の活動を行っている。

▷経団連
旧・経済団体連合会。2002年に経済団体連合会と日本経営者団体連盟が統合したことで日本経済団体連合会となった日本最大規模の経済団体である。日本の経済政策について，財界として意見・要望を表明したり，提言活動を行っている。東証一部上場の有力大企業が多く加盟しているため，その提言の影響力は強い。

▷利害関係者
⇨第Ⅴ章「マルチステークホルダー・アプローチ」

Ⅶ 企業不祥事とコーポレート・ガバナンス

 # 1990年代の状況

1 バブル崩壊後の企業不祥事

　1970年代に大企業批判への対応として登場した「企業の社会的責任」概念であったが，1980年代に入るとほとんど議論されることがなくなった。減量経営によって石油危機を脱した頃から「**ジャパン・アズ・ナンバーワン**」といわれ始め，日本的経営への賛美論が世界的に広まった。1984年からは**バブル経済**が始まり，好景気の中で「企業の社会的責任」への人々の意識は薄れていった。

　ところが，1990年代に入り，バブル経済が崩壊すると状況が一変する。株価が下落する中，野村証券を皮切りに，大和証券，日興証券，山一証券といった大手証券会社が総会屋等の大口顧客に損失補填・利益供与を行っていたことが次々に発覚し，「証券スキャンダル」として大きな社会問題となった。これに関連して，第一勧業銀行の総会屋への利益供与も発覚し，各社で経営陣を中心に32人もの逮捕者が出た。また，暴力団による東急電鉄株式の買占めに，野村証券と日興証券が資金援助の形で関与していたことも発覚している。

　同時期，ゼネコン汚職事件や東京佐川急便事件等，国や自治体による贈収賄汚職，代金水増し請求，カルテル行為も頻発している。

　また，大和銀行ニューヨーク支店の巨額損失事件，住友商事のロンドン金属取引所における巨額損失事件等，不正取引の発覚による巨額損失の発生が株主代表訴訟を招くといった事例も登場した。

　さらに，バブル崩壊後の金融危機の中，北海道拓殖銀行，山一証券，三洋証券，日本長期信用銀行，日本債券信用銀行といった大手金融機関・証券会社が連鎖的に経営破綻・廃業し，後処理のために公的資金が投入された。山一証券，日本長期信用銀行，日本債券信用銀行に関しては，その後，粉飾決算が明らかになっている。

2 「企業倫理」の登場

　大企業をめぐる不祥事・事件が次々と発生する中，大企業に対する社会的批判は再び高まりをみせた。この時期，企業の「社会に迷惑をかけない」責任の側面は，「**企業倫理**」という用語で表現されるようになる。不祥事を起こした企業の会見等では，「企業倫理の確立に努めたい」という表現がしばしば用いられた。

▶ジャパン・アズ・ナンバーワン
社会学者エズラ・ヴォーゲルの1979年の著書 Japan as Number One：Lessons for America（『ジャパン アズ ナンバーワン』広中和歌子他訳，阪急コミュニケーションズ，1979年）から広まった。同書は，日本の高度経済成長の要因を分析し，日本的経営を高く評価している。日本における1980年代の安定成長期からバブル景気までを象徴的に表す言葉としてしばしば用いられる。

▶バブル経済
1986年12月から1991年2月までの51カ月間に日本で発生した過剰な株式・不動産等資産の高騰と経済拡大を指す。その反動は大きく，バブル経済が崩壊すると，資産価値暴落や金融縮小等の多くの経済問題が噴出した。

▶企業倫理
社会が企業行動に期待・要請する倫理的行為と，それを確保するための企業内制度の体系。現行法令遵守は，社会が求める企業倫理の最低水準に過ぎない。触法行為ではなくとも，企業行動をめぐっては広範な倫理的課題があり，企業は自らの責任としてそれに対応しなければならない。⇒

同時に，これらの企業不祥事が法令違反の性格をもつものであったことから，現行法令遵守を意味する「コンプライアンス」という言葉が多用されるようになった。多くの企業で，「コンプライアンス室」や「コンプライアンス委員会」等の部署が設置され，法令遵守のための体制が敷かれており，それゆえ，「企業倫理」と「コンプライアンス」とは，しばしば用法として混同されるようになった。

一方，「企業の社会的責任」という用語は，1990年代になると，**メセナ**や**フィランソロピー**といった企業の社会貢献活動を象徴するものとして使用される傾向が見られるようになった。

3 企業統治改革の進展

バブル崩壊後の企業不祥事や企業崩壊の続発を受け，日本の企業統治を見直すべきとする機運が高まった。企業統治に期待される機能の一つに，企業不祥事を防止するための経営者の監視・牽制が挙げられる。ところが1990年代までの日本企業では，強固な**株式持合い**の下，企業権力は経営者に集中していたのであり，経営者の暴走に掣肘を加えられる利害関係者は存在しなかった。

所有者である株主の権利は実質的に制限されており，経営者はほとんど株主利益を意識することなく企業経営を展開してきた。日本の企業統治の特徴の一つとされてきた**メインバンク・ガバナンス**にしても，機能するのは財務状況が悪化した場合に限定されていたのであり，通常時に経営者を解任するような強制力をもつものではなかった。

バブルが崩壊すると，多発する企業不祥事や日本経済の停滞の原因として，このような日本の企業統治の閉鎖性と経営監督機能の欠如を問題視する議論が広範にみられるようになった。とりわけ，日本の企業統治の不透明性と脆弱性に対する海外機関投資家からの批判は強く，株主視点から経営者を厳しくチェックするアメリカ型企業統治の導入が急務であるとする主張が展開された。

そして，1990年代以降，**株主主権**が色濃く反映された企業統治改革が推し進められていく。一連の改革の嚆矢となったのは，1993年の改正商法における株主代表訴訟の8200円への一律化であった。1990年代後半になると，株主利益の観点から厳しく企業経営を規律づけるため，社外取締役の導入とその「独立性」の向上をめぐる議論が活発化し始める。その中で，2003年の改正商法では，アメリカの会社機関を模した「委員会等設置会社（現・指名委員会等設置会社）」が任意選択で導入された。2015年の改正会社法では，それに加え，「監査等委員会設置会社」も任意選択で導入されている。さらに，2014年には日本版スチュワードシップ・コードの運用が，2015年にはコーポレートガバナンス・コードの運用開始されており，株主主権型の企業統治改革が進展している。

Ⅶ 企業不祥事とコーポレート・ガバナンス

2000年前後の状況

 市民生活を脅かす企業不祥事の発生

　1990年代に頻発した証券会社の損失補填，総会屋への利益供与，粉飾決算，贈収賄，水増し請求，カルテル行為といった企業不祥事は，確かに法令違反行為であることから，社会的に強く非難されるものであった。ところが，2000年頃になると，単なる法令違反に止まらず，直接に市民生活を脅かすような性格の企業不祥事が起こり始める。

　最初に注目を集めたのは，1999年9月に起きたJCO東海村臨界事故であった。JCO作業員が違法なやり方で沈殿槽に高濃度のウラン溶液を投入したことで臨界状態が生じ，従業員や多くの地域住民が被爆し，作業員2名が死亡した。

　2000年6月には，近畿地方を中心に，雪印乳業の乳製品による大規模な集団食中毒事件が発生している。原因は，大樹工場の停電事故によって病原性黄色ブドウ球菌の毒素に汚染された脱脂粉乳が，大阪工場で再利用されていたことにあった。雪印乳業の製品回収や消費者への通知等の対応は遅く，被害者はどんどん拡大していき，最終的な認定者数は1万4780人となった。

　同年7月には，三菱自動車工業がリコールを隠蔽し，運輸省（現・国土交通省）に届け出ず無償修理・交換を行っていたことが内部告発によって発覚した。その後，分社化した三菱ふそうトラック・バスでも，2004年3月に再びリコールの隠蔽が発覚している。このときの調査で，同社が過去30年間にわたってリコールに繋がる重大な不具合を当局に届け出ず，隠蔽してきたことが明らかになった。一連のリコール隠しの中，2002年には2件の死亡事故が発生しているが，いずれも不具合を認識した時点でしかるべき対応をしていれば防げたはずの事故であった。

　その他にも，この時期には，東京電力によるトラブル隠蔽や，雪印食品，日本食品，日本ハム等の牛肉偽装事件といった様々な企業不祥事が発生している。

 CSRの登場

　2000年代に入ると，こうした一連の企業不祥事が，再び「企業の社会的責任」の文脈で論じられるようになる。その理由は以下の2点にある。第一に，前述のとおり，人々の生活を脅かすような性格の企業不祥事が相次いで発生す

▶**社会的排除**（social exclusion）
仕事を得られないことによって貧困状態に置かれ，基本的な人権が保護されず，社会から孤立している状態を指す。若年層の長期失業や不安定雇用の問題の他，失業の原因となる貧困層と平均的な社会構成員との能力格差，人種・言語・宗教等をめぐる様々な問題を総称する鍵概念として，この用語は欧州全体に広がっている。

るようになったという点である。この企業不祥事の深刻化・悪質化の状況を受け，企業倫理や法令遵守が「企業の社会的責任」として強く意識されるようになったことが考えられる。第二に，欧米におけるCSR (Corporate Social Responsibility) への関心の高まりが，日本にも大きな影響を与えるようになったという点である。日本では2003年が「CSR元年」であるといわれている。

世界的なCSRの議論の高まりの背景には，欧州統合に伴う**社会的排除**問題や地球環境問題の深刻化に対する欧州連合の取組みが窺える。2000年3月のリスボンで開催された特別欧州理事会では，雇用拡大及び社会的結合と持続可能な経済発展が主要テーマとされた。2001年7月には，CSRの議論を喚起することを目的に，「欧州におけるCSRの枠組みの促進」と題されるグリーンペーパーが公表されている。その後，EU域内の産業界，労働組合，市民団体，機関投資家等，各方面から意見を集め，2002年7月に「CSR：持続可能な発展への企業の貢献」と題される報告書が公表された。

国際機構としては，1999年のダボス会議において当時の国連事務総長であるコフィー・アナンが，CSRの国際的な枠組みとしてグローバル・コンパクトを提唱している。そこには，人権，労働権，環境，腐敗防止に関して，企業が良き社会の一員として守るべき10の原則が示されている。2000年には，グローバル化の進展に対応し，**OECD（経済協力開発機構）**が「多国籍企業行動指針」を大幅に改定し，多国籍企業に期待されるCSRの規定を強化している。2000年には，**GRI**が持続可能な発展に関する国際基準である「GRIガイドライン」を発表している。2001年には，**ISO（国際標準化機構）**によって，CSRの国際規格の可能性が検討され始めた。

こうした動きを背景に，各国でCSRへの取組みが広がる中，日本ではCSRに対応するものとして「企業の社会的責任」が再び注目されるようになった。

③ 多国籍企業の反社会的行動

世界的にCSRが要請されるようになったいま一つの要因には，相次ぐ多国籍企業の反社会的行動が挙げられる。多国籍企業がグローバルに事業展開を行う過程で起こした児童労働の利用，環境破壊，人権侵害といった問題行動が，1990年代に入ると，主としてNGO（非政府組織）の指摘によって顕在化するところとなり，大きな社会的批判を招いた。

批判の対象となるのは，企業自身が直接起こした行動だけではない。生産を委託した先の新興国企業の工場で行われていた労働搾取や児童労働の問題が大規模な不買運動に発展した事例や，現地政府との癒着により間接的に人権弾圧に加担したことが大規模な批判を招いたといった事例も多い。

2000年代に復活した「企業の社会的責任」は，こうした多国籍企業に固有の倫理的課題への対応もまた求められる概念となっている。

▷ **OECD** (Organization for Economic Cooperation and Development：経済協力開発機構)
欧州を中心に，日本とアメリカを含め35ヶ国の先進諸国が加盟する国際機構。加盟国間での情報交換を通じ，経済成長，貿易自由化，途上国支援に貢献することを目的としている。1999年に策定し，随時改訂されている「コーポレート・ガバナンス原則」は国際的に参照されるものとなっている。

▷ **GRI** (Global Reporting Initiative)
サステナビリティ報告書の作成を支援するNGO。持続可能な発展のためには，経済・社会・環境のトリプル・ボトムラインを意識した情報開示が必要不可欠であるとする考えに基づき，サステナビリティ報告に関する国際的な手引きである「GRIガイドライン」を策定・公表している。⇒ Ⅴ-2「マルチステークホルダー・プロセス(MSPs)の理念」も参照。

▷ **ISO** (International Organization for Standardization：国際標準化機構)
国際規格を策定するためのNGO。CSRとの関連では，2010年に組織の社会的責任に関する国際規定「ISO 26000」が発行されている。それは，あらゆる組織が自主的に活用するための手引きとして位置づけられるものであり，従来のISO規格とは異なり認証規格にはなっていない。⇒ XXII-4「コーポレート・ガバナンスとCSRの統合可能性」

Ⅶ　企業不祥事とコーポレート・ガバナンス

 問われる「企業は誰のものか」

① エンロン等の破綻と米国型企業統治の揺らぎ

1990年代より国際競争力の強化と企業不祥事の防止を狙いとして，株主利益の観点から厳しく経営者を規律づけるための企業統治改革が進められてきた。ところが，2000年代に入ると，こうした米国型企業統治の脆さが浮き彫りとなる事件が発生する。2001年12月，全米で有数の巨大企業であった**エンロン**が，経営陣の指示による巨額の粉飾決算によって経営破綻したのである。

エンロンは，1985年にインターノースとヒューストン・ナチュラルガスという二つのエネルギー関連企業の合併により設立された企業である。エネルギー産業の規制緩和の中で急速に成長を遂げ，2000年度には売上高1008億ドルとなり，米国の有力経済誌 *FORTUNE* において売上高全米第7位の優良企業に格づけられた。株価は1997年に20ドル前後となってから上昇し続け，2000年8月には90ドルにも達した。

だが，実際には，エンロンの経営者が不正会計によって損失を隠し，莫大な利益を生み出しているように見せかけていたのであった。格づけや株価を過度に意識し，**SPE（特別目的事業体）**を多数設立することで，増加する負債・不良債権を会計帳簿から排除していた。この不正な簿外取引には，会計事務所のアーサー・アンダーセンも関与していたことが後に明らかになっている。数々の不正会計の発覚によって株価は大暴落し，12月2日にエンロンは，連邦倒産法第11章適用を申請し倒産した。ケネス・レイCEOを始めとする経営陣は，粉飾決算が明るみに出る前に**ストックオプション**を行使し，巨額の利益を得ている。エンロンの経営者は，株主利益を隠れ蓑にし，実際には会社を私物化し，自己利益追求のために不正を行っていたのであった。

2002年7月には，売上高全米第5位の巨大通信会社ワールドコムもまた，同様の粉飾決算によって倒産している。エンロンもワールドコムも，ともに株主主権にのっとった米国型企業統治の模範とされていた企業であった。

さらに，2008年9月のリーマン・ショックでは，リーマン・ブラザーズという株主利益に傾斜した企業の経営破綻に端を発し，連鎖的に世界的な金融危機が発生している。米国大企業の企業統治が問われる事態となった。

▷エンロン
⇨ⅩⅠ-2「米国のコーポレート・ガバナンスと企業不祥事」

▷SPE（Special Purpose Entity：特別目的事業体）
資産の流動化や証券化を利用する目的で設立された，事業活動の実態がない会社のこと。ペーパーカンパニー。国内のみならず，税制上の優遇措置のある海外（タックスヘイブン）に設置される場合も多い。

▷ストックオプション
企業が役員や従業員に対し，将来の一定期間にあらかじめ決められた価格で自社株を購入する権利を与える制度。株価が購入価格を上回っていれば，購入して市場で売れば売買益を得ることができる。逆に，株価が購入価格を下回っていれば，権利を行使して自社株を購入する必要はない。⇨ prologue「コーポレート・ガバナンスとは何か」，Ⅲ-4「経営者支配論からの理論的展開」，Ⅸ-2「経営者報酬の種類」，ⅩⅨ-3「自社株買いと株主還元」も参照。

❷ ライブドア事件と「企業は誰のものか」

　日本で「企業は誰のものか」ということが問われるようになったきっかけは，2005年に起きたライブドアとフジテレビによるニッポン放送の買収をめぐる事件であった。この騒動は2005年2月8日，インターネット関連企業ライブドアが，時間外取引によってニッポン放送株の35%を取得したことを発表したところから始まった。それは，フジテレビがニッポン放送株の **TOB（株式公開買付け）** を行っている最中の出来事であった。ニッポン放送は，フジテレビの実質的な子会社でありながら，同時にフジテレビ株の22.5%を所有する筆頭株主であるため，ニッポン放送を買収すれば，フジテレビもまた支配できることになる。フジテレビとニッポン放送は，ライブドアの敵対的買収に対する様々な対抗策を打ち出した。最終的には，ライブドアが保有するニッポン放送株のすべてを，当初のTOB価格より高い価格でフジテレビが買い取る形で和解し，ライブドアは440億円という巨額の利益を手にした。

　それまでの日本では，株式持合いの慣行の下，**企業支配権市場** は成立せず，敵対的買収が発生することはほとんどなかった。この一連の騒動をきっかけに，「企業は誰のものか」，すなわち「株式会社は株主の私的所有物なのか否か」といった疑問が呈されるようになり，株主主権の妥当性をめぐる議論が盛んに行われるようになった。

❸ CSRとコーポレート・ガバナンス

　バブル崩壊以降，米国型企業統治を導入すれば企業不祥事が防止され，企業競争力が向上すると考えられてきた。ところが，エンロン，ワールドコム，リーマン・ブラザーズといった米国型企業統治の模範となる大企業が次々と経営破綻し，大きな社会的影響をもたらしている。

　国内でみれば，例えば2015年5月に東芝の不正会計が発覚している。東芝は，1998年に早くも執行役員制を導入し，1999年に社内カンパニー制を導入し，2000年に委員会等設置会社に移行し，2001年に社外取締役を3名設置しているのであり，日本の企業統治改革の最先端を行く企業であった。そうした企業が，経営者が関与する不正会計問題を起こしていることから，米国型企業統治の強化と企業不祥事の防止との関連性を疑問視する見方も徐々に表れている。

　だが，安倍晋三内閣の「経済最優先」の政策の下，目下，グローバル資本市場への対応と国際競争力の強化が政治的課題とされており，株主主権型の企業統治改革の方向に揺るぎは見られない。他方で，多様な利害関係者への倫理的配慮については，経営者が自主的・自発的に取り組むべき経営倫理上のCSR課題とみなされる傾向がある。現状では，株主利害一元的な企業統治改革と，経営者に要求されるCSRとの間に隔絶がみられる。

▶ TOB (Take-Over Bid：株式公開買付け)
買付け期間・買取り価格・株数を公告し，株式市場を介さずに不特定多数の株主から株式を買付ける制度。企業買収や子会社化等，対象企業の経営権取得や，市場に流通する自社株式の購入の目的で実施される場合が多い。⇒ XX-3「敵対的企業買収と買収防衛策」も参照。

▶ 企業支配権市場
企業支配を目的に株式の売買が行われるという株式市場の一側面。かつての日本企業では，企業買収といえば経営者同士の合意の下で成立する友好的買収であったが，近年，大量株式取得・議決権行使・敵対的買収といったアクティビストの活動が高まる中，経営者が企業支配権市場を意識せざるを得ない状況が生じてきている。

▶ 1　⇒ 第Ⅷ章「外部監視とコーポレート・ガバナンス」

Ⅷ 外部監視とコーポレート・ガバナンス

外部監視と内部統制

❶ 経営者への監視・監督はなぜ必要か

　会社を支配しているのは出資者だろうか（所有者支配）。それとも経営者が支配しているのであろうか（経営者支配）。この問題は，長い間議論されてきた課題である。そもそも今日の巨大企業は株式会社形態を採ることが多く，しかも公開株式会社形態を採る企業ではその多くが所有者と経営者とが分離している，いわゆる「**所有と経営の分離**」状態にあることが多い。この場合，株主は「**無機能資本家**」として，自らが資金を投じている会社の経営に深くコミットすることなく，多くの場合，自らが所有する株式から生じる経済的利益である配当や株式売買で得られる売買益の獲得を主たる目的とするケースが多い。

　こうした場合，株主にとっては自らが投じた資金，すなわちこれは本源的には資本として会社が事業を行う際の元手になるわけだが，これが効率的に使われているかどうか，あるいは経営者が恣意的な運用をしていないかどうかという点は，極めて大きな関心ごとになる。なぜならば，株式は通常，預金や債券などに比べ，得られる利益（配当）は高いものの，リスクも高い。経営者の企業指揮がうまくいかず，会社が倒産してしまえば，株主は大きな損害を被ってしまう。**プリンシパル＝エージェント理論**などで説明されるように，経営者は必ずしも株主と利害が同じとは限らないので，株主は自らの経済的利害の側面からも，経営者を自らに代わって利益を確保する「代理人」として位置づけ，同時にその行動を監視・監督するのである。

　一方，株主の立場とは異なる視点から，他の利害関係者も経営者の監視・監督に大きな関心を寄せている。例として，わが国最大規模の企業であるトヨタ自動車を取り上げてみよう。同社の2017年のアニュアルレポートによれば，トヨタ自動車は全世界中に連結従業員として36万4,000人超（日本58％，北米13％，欧州5％，アジア17％，その他7％）を抱え，売上高は27兆6,000億円弱，営業利益も2兆円に届かんとする巨大企業である。雇用，製品，関連企業，自然環境保護あるいは納税といったさまざまな側面において，同社が及ぼし得る社会的影響力は極めて大きなものになることからも，責任ある事業展開を図っていくことを社会から望まれている。こうした意味において，豊田章男社長は巨大企業の専門経営者（報道によれば，豊田章男社長の2016年現在の持ち株比率は0.1％，豊田家全体でも1％程度とのことである。トヨタ創業者の豊田喜一郎氏を祖父にもつ創業

▷**所有と経営の分離**
⇨ Ⅰ-3「株式会社の特徴」，Ⅲ-1「株式所有構造の変容と専門経営者」

▷**無機能資本家**
⇨ Ⅹ-3「同族企業の経営者」

▷**プリンシパル＝エージェント理論**
ジェンセンとメックリングは実証的エージェンシー理論を提起し，株主をプリンシパル，経営者をエージェントとみなした上でエージェントのインセンティブをどのように設計するのかといった問題を扱った。その後この理論は，応用ミクロ経済学や企業統治論，組織論等様々な領域で展開された。

▷**ハードロー**
法的拘束力を伴い，罰則規

家一族ではあるが，会社のオーナーとはいえないだろう）として組織を率いる強大な権限をもっているからこそ，その発言や意思決定に対して様々な利害関係者からの強い関心を集めるのである。

2 外部監視とは

「株式会社を監視・監督する外部からの目」というと，一般的には株主による監視，すなわち株式市場を通じた監視・監督が挙げられる。この詳しい解説は本書第XXI章にて行われることから，この章では「株式会社監視・監督する外部からの目」という視点を株式市場を通じた監視・監督のみのものと考えるのではなく，もう少し広い意味から捉えることにしよう。

例えば法制度もまた，企業を外部から監督する手段の一つである。90年代後半以降，急速に影響力を増大させた資本主義の波に乗り，グローバルに事業展開するようになった巨大企業の会社機関の機能強化を図るためにも，市場の整備あるいは投資家の保護といった観点からの企業統治関連の法規制が世界各国でほぼ同時期に展開された。これらはいわゆる**ハードロー**としての性格をもっていた。同時にまた，OECDのCG原則や証券取引所の規制などに代表される**ソフトロー**も，企業統治のあり方を規定する重要な役割を担い，各国の企業統治制度の改革に大きな影響を及ぼした（後段にて詳述）。

その他にも，外部監視主体に該当するものの中には，企業の事業展開上必要とされ（あるいは不可避のものもあるが），様々な「条件」ないしは「制約」と位置づけられるものもある。加えて従業員やNPO/NGOといった利害関係者もまた，株式会社を監視・監督する「外部からの目」として機能するのである。

3 内部統制とは

外部監視機能に対し，他方では「株式会社を監視・監督する内部からの目」としての「**内部統制**」がある。これは1992年にトレッドウェイ委員会（米国）によって公表された，いわゆる「COSO報告書」によって注目を集め，今では「組織内での業務を適正に行うように設計された制度と，その運用やプロセスとを担保するシステム」として把握されている。わが国では2006年のいわゆる「**日本版SOX法**」の施行によって，企業には内部統制報告書の提出が義務づけられた。内部統制報告書は「内部統制」機能の有効性を経営者自らが評価し，その結果を報告する開示書類であり，企業統治にとって極めて重要な役割をもっている。これは，「四つの目的：①業務の有効性・効率性②財務報告の信頼性③事業活動に関わる法令等の遵守④資産の保全」と「六つの基本要素：①統制環境②リスクの評価と対応③統制活動④情報と伝達⑤モニタリング⑥ITへの対応」とから構成される。

VIII-1 外部監視と内部統制

定があることから最終的に裁判所で履行が義務付けられうる規則と位置づけられる。⇒ VIII-3「外部監視の多様化」，XI-3「米国のコーポレート・ガバナンスの特徴」も参照。

▷**ソフトロー**
法的な拘束力がない社会的規範であり，「規範性の強度」に違いが生じ得ることから，慣習に由来するソフトローと人為的なソフトローとは区別される。

▷**内部統制**
具体的には，①業務の有効性及び効率性，②財務報告の信頼性，③事業活動に関わる法令等の遵守，④資産の保全，の四つの目的が達成されているとの合理的な保証を得るために，業務に組み込まれ組織内の全ての者によって遂行されるプロセスをいう。これは，a.統制環境，b.リスクの評価と対応，c.統制活動，d.情報と伝達，e.モニタリング，f.IT（情報技術）への対応，の六つの基本的要素から構成される。

▷**日本版SOX法**
米国連邦法であるサーベンス・オクスリー法（SOX法）に倣って整備された日本の法規制で，証券取引法の抜本改正である「金融商品取引法」の一部を指す。具体的には，上場企業及びその連結子会社に会計監査制度の充実と企業の内部統制強化を図るために新たに義務づけられた内部統制報告書の提出に関する部分がこれに該当する。⇒ VIII-3「外部監視の多様化」，XI-2「米国のコーポレート・ガバナンスと企業不祥事」

VIII 外部監視とコーポレート・ガバナンス

2 外部監視の制度的展開

① 外部監視を行う主体は誰か

　外部監視機能を担う主体として，例えば自然環境問題や労働市場の問題を企業とともに解決を図ろうとする市民団体やNPO/NGOなども考えてみよう。

　世界に目をむけると，非常に名高い環境NGOとして「グリーンピース」が挙げられる。その活動は時に過激なものとなり，批判の対象となる場合もあることから，必ずしもその活動は手放しで褒められるものではないが，一定の影響力をもっていることは否定できないだろう。また，発展途上国に置かれているアパレル工場での過酷な労働や人権侵害に対する告発や，コーヒーやカカオに代表される農作物の公正な取引を巡る**フェアトレード**活動の展開などにも，NPO/NGOが大きく関わっている。わが国でも様々な市民団体などが，企業のみならず様々な組織の不公正な活動に対する告発を展開している。

　すなわち，こうした団体は利害関係者として企業の経営実践に企業の外部から目を向け，企業の行き過ぎた行動に対して監視を行っているといえる。

② 政府と規制緩和

　企業統治に関わる法制は，2000年以降その性格を変えているところがある。商法上の法制のあり方は，「経営者の不法あるいは不当な行動を監視ならびに牽制するためにはどのような組織形態が望ましいのか」という点と，「業務執行を監督する機関には，どのような権限を与えることが望ましいのか」という点との二つの立場から，従来までは経済活動の際の取引の安全性あるいは取引主体の保護を第一義に考え，債権者や株主を害するおそれがあればこれを一律に規制してきたが，近年ではたとえ債権者や株主を害するおそれがあったとしても，それが経済活動に有用なものであれば事前に規制するのではなく，規制緩和やあらたな制度を設けることで対応するという考え方に変わってきた。

　つまり，「保護」という姿勢からの政府の役割を小さくして，企業が積極的かつ迅速な経営判断を具現化できることを目指しつつも，他方では企業不祥事が起きた際の当該企業に対する市場からの評価も織り込みながら，法令違反には厳しい罰則を設けるというものである。

　こうした姿勢は，**企業情報開示制度**法制にもみられ，例えば金融商品取引法に基づく開示制度は，自己責任のもとで投資判断を行えるように，企業に事業

▶**フェアトレード**
開発途上国の原料や製品を適正な価格で継続的に購入することにより，立場の弱い開発途上国の生産者や労働者の生活改善と自立を目指す「貿易のしくみ」のこと。経済的基準，社会的基準，環境的基準の3本柱から成る国際フェアトレード基準にしたがった生産，輸出入，加工，製造の各段階を経ると，完成品には「フェアトレード認証製品」として国際フェアトレード認証ラベルが添付される。

▶**企業情報開示制度**
企業の利害関係者は，企業の財務内容に強い関心をもっており，企業は資金調達の際に利害関係者に対して企業の財務内容を開示する必要がある。金融商品取引法は，企業への投資家に向けた情報開示を，会社法は，投資家のみならず債権者も念頭に置いて，会社財産及び損益の状況に関する会計情報を提供することを目的としている。

内容や財務状況を公正かつ適時に開示するよう求めている。

3 外部監視と法制度

　わが国においては，取締役会は代表取締役に対する強力な監督機能をもちえないと批判されてきた。これは代表取締役が取締役の資格を前提にしているため，監督の機能が「自己監督」に向けられてしまう危険性があること，あるいは取締役を実際に選んでいるのは代表取締役であることから，取締役会に付与されている監督機能そのものがもつ本来の力を発揮できずにいることなどが主たる原因である。また，現実には重要な経営戦略や実質的な討議は取締役中の上位者のみから構成される経営会議や常務会で行われる場合が多い。これは取締役就任が会社での出世のゴールとして位置づけられている面が強いことから，彼（彼女）らが従業員的性格をもったまま取締役に就くことが多いこともあって，取締役会はその法律上付与されている機能とは裏腹に，経営会議や常務会での議論の結果を事後承認するだけの機関になってしまうのである。

　こうした状態にある取締役会のあり方は，様々な方面から批判されてきた。またグローバル化の一層の進展とともに企業の資金調達方法が多様化したこともあって，企業は市場からの要請に応える形で企業統治改革を進めてきた。加えて前述のとおり，政府も企業統治関連の諸法制の見直しを図ってきた。

　2002年の商法改正では，「委員会等設置会社」が認められた。これは，2006年施行の会社法で，定款に委員会を置く旨の定めを設けることでその規模を問わず委員会を設置できる会社にできるように制度が改められ，同時にこれを「委員会設置会社」に名称変更した。「委員会設置会社」とは，その機関設計思想を米国型の株式会社に倣い，指名委員会，監査委員会及び報酬委員会を置く株式会社を指す。機関設計上の特徴は，企業統治の合理化と適正化とを目指して監督機能と業務執行機能とを明確に分離することにある。具体的には業務執行を監督する機能をもつ取締役会内に社外取締役が過半数を占める委員会を設置し，業務執行は執行役に委ねる。業務執行者に対しても，上記三委員会の設置を通じて，伝統的な日本型企業統治システムを有する監査役（会）設置会社よりも踏み込んだガバナンスを可能とすることが意図されている。

　さらに2015年施行の改正会社法では，監査役会の代わりに監査等委員会を取締役会の中に設置した会社機関構造をもつ，監査等委員会設置会社が法認された（会社法331条6項）。これは取締役の職務執行の組織的監査を担うもので，監査等委員会は過半数の社外取締役を含む取締役3名以上で構成される。その一方で，監査等委員会設置会社では，監査役（監査役会）を設置することはできず（327条4項），会計監査人の設置が義務となる（327条5項）。また，この法改正では，監査等委員会設置会社制度と従来の委員会設置会社との区分を明確にするために，従来のものは「**指名委員会等設置会社**」に改められた。

▶**指名委員会等設置会社**
この形態の上場企業は2017年6月末時点で71社に留まり，2016年との比較でもほぼ横ばいである。他方で「監査等委員会設置会社」を導入する企業は2017年6月末時点で800社程度と，1年で3割弱増加した。経営の監督機能を強化する狙いとともに，監査等委員会設置会社に移行して社外監査役を社外取締役に横滑りさせると，結果的に社外取締役を確保できるためと推測される　⇨Ⅱ-3「日本の巨大株式会社と会社機関(2)：委員会設置会社」

VIII 外部監視とコーポレート・ガバナンス

3 外部監視の多様化

① 証券取引所の上場規則

　内部統制を規定した米国の**SOX法**では，監査委員会の独立性について一定の条件を満たさないと上場を認めないという規制を証券取引所が行うべきとし，この規則をSEC（証券取引委員会：Securities and Exchange Commission）が制定することを求めている。つまりSECは，取締役の独立性に係る要件を，証券取引所の**株式上場規則**に委ねているといえる。すなわち米国では，取締役の独自性については法律で直接的に定めるという手法（ハードロー）をとっているわけではないのである。

　わが国でも東京証券取引所（以下東証）が，一般株主保護の観点から，企業行動規範の「遵守すべき事項」として，独立した役員（一般株主と利益相反が生じるおそれのない社外取締役または社外監査役）を1名以上確保することを規定している。そのために東証は上場会社に対して，独立役員の確保に係る企業行動規範の遵守状況の確認のためにも，「独立役員届出書」の提出を求めている。

　こうした一連の規則は，「正当な立法権限に基づき創設された規範ではなく，原則として法的拘束力を有しないが，当事者の行動及び実践に非常に大きな影響を与える規範」と定義される，いわゆるソフトローであり，ハードローと比較すると一見効力が小さいようにもみえるが，現実的には上場企業の企業統治への取り組みの度合いを，市場へのアクセスという視点から規定することができるという点で高い効果を期待することができる。株式市場そのものの魅力を高めることに対して，東証が大きな利害関係とインセンティブとの両側面から関わりをもっているということが，こうした動向を支えているといえる。

② 監査法人による企業監視

　監査役の業務には，業務監査と会計監査との両側面がある。監査役は取締役に事業報告を求め，会社の業務及び財産の状況の調査を行う権限を有し，取締役の業務執行を監査する。また，監査役は会計監査人の監査の方法と結果の相当性を判断する責務を負っていることから，会計監査人への報告請求権及び会計監査人の監査役等に対する報告義務もその任務として規定されている。

　他方，監査人監査は，主として会社の財務報告書類の会計監査を行うことを主な職務・権限としている。「良き企業統治」を実現するためにも，会計監査

▶**SOX法**（サーベンス・オクスリー法：Public Company Accounting Reform and Investor Protection Act of 2002）
1933年の連邦証券法，1934年の連邦証券取引法の制定以来，株式市場を利用する様々な経済主体にとって最も大きな変更を要求するところとなったこの法律は，別名で企業改革法とも呼ばれる。主たる目的は投資家保護のために，財務報告プロセスの厳格化と規制の法制化にあり，監査の独立性強化，企業統治改革，情報開示の強化，説明責任など各論レベルでも様々な規定がある。⇒ⅩⅠ-2「米国のコーポレート・ガバナンスと企業不祥事」

▶**株式上場規制**
どんな株式会社でも自由に株式を市場に上場できるというものでは，取引に際し混乱を引き起こしかねないので，証券市場はその会社が果たして上場するに値するかを判断する必要がある。様々な税務関係書類を揃え，適切な利益が見込めるか，あるいは組織としてきちんとしているかなど，上場するための規制の要件を満たした会社でないと，株式市場への上場は許可されないのである。

の枠内，あるいは経営者が作成した内部統制報告書の監査を通じて，経営者による不正な財務手続きへの関与を防止し，内部統制の有効性の評価を行うことを通じて，企業を外部から監視する役割を果たしている。

3 コーポレートガバナンス・コード

これまで東証は，1999年に企業統治の充実を上場会社に対して要請したことを皮切りに，2004年には上場会社の企業統治の実効性を高めることを狙いとするコーポレート・ガバナンス原則を策定した。その後も，2006年のコーポレート・ガバナンス報告書の制度化，2009年の独立役員制度の導入などの各種取組みを進めてきた東証は，2004年策定のコーポレート・ガバナンス原則を2009年12月に改定し，さらに上場会社は同原則を尊重して企業統治の充実に取り組むよう努力する義務があることを「企業行動規範」において規則として明示した。後年，この原則の趣旨・精神の尊重規定は2015年6月1日公開の「**コーポレートガバナンス・コード**」に包含される形で置き換えられた。現在の2018年6月公開の改定版コードでは，CEOの解選任への言及に加え，会社の財政状態，経営戦略，リスク，ガバナンスや社会・環境問題に関する事項（いわゆるESG要素）についての非財務情報も積極的に発信するように要請されている。

こうした一連の動向は，わが国の企業統治にとって大きな意味をもつ。とりわけ投資家側と会社側双方の立場から企業の持続的な成長が促されるよう，コードとして記された規程について積極的にその普及・定着を図る必要があるとの指摘は重要である。

「コードが定める個々の規範はどの程度の正当性をもつのか」という点においては各国ごとに差異はあるものの，現在この「コード」という手法は100以上の国や地域で採用されている。また，その策定を担う主体も様々なケースがあり，日本と同様，証券取引所がコードを策定する例も少なくない。取引所，政府委員会を含む国あるいは機関投資家など様々な発行主体によるものがあり，最も典型的なモデルは国と取引所とが協力し，場合によっては投資家も関与して策定したコードを国が承認するタイプである。

さて，一般的にソフトローたるコードの特徴は，「コンプライ・オア・エクスプレイン（遵守するか，さもなくば説明せよ）」にあり，これは東証の「コーポレートガバナンス・コード」も同様である。「エクスプレイン」とは，東証のコードに当てはめると，各原則（基本原則・原則・補充原則）の中に上場各社の個別事情に照らして実施することが適切でないと考えられる原則があれば，それを「実施しない理由」を「コーポレート・ガバナンス報告書」において説明すべしというものである。この説明義務は，市場第一部・市場第二部・マザーズ・JASDAQの上場会社全社に課されるが，マザーズ・JASDAQの上場会社については，緩和されたものが適用される。

▷**監査法人**
公認会計士法1条の3第3項に依れば，監査法人とは「他人の求めに応じ報酬を得て，財務書類の監査又は証明を組織的に行うことを目的として，公認会計士法34条の2の2第1項によって，公認会計士が共同して設立した法人をいう」。

▷**コーポレートガバナンス・コード**
実効的なコーポレート・ガバナンスの実現に資する原則を取りまとめたもので，基本原則5原則，原則30原則，補充原則38原則の全73原則から構成されている。これは東証の有価証券上場規程に取り込まれ，違反に対しては取引所による制裁と結びついていることから，その中で挙げられている項目の実施率が90％以上になるものも多い

Ⅷ 外部監視とコーポレート・ガバナンス

 # 利害多元的社会と企業統治

 ①「会社公器説」と企業統治

　企業には，企業経営に対する効率を重視し，利潤の獲得を図ろうとする私的側面がある。すなわち，利潤獲得を目的として経営活動を展開する営利追求組織としての側面である。一方，企業には，利潤獲得と同時にサービスを含む商品の生産や雇用を通じて人々の欲求・生活を充足させるという社会的な役割を担い，社会に対して多様・多大に影響を与える社会的存在としての公的な側面もある。この両面から考えると，企業は「誰のために経営されるのか？」といった問題が浮かび上がってくる。

　「企業観」ないしは「企業概念」という言葉がある。これは企業の姿を捉えるときの見方の一つで，例えば英米では，「企業の資本は株式という形態をとって分割され，この分割された株式の保有を通じて，株主は企業の一部を所有しているといえるので，企業とは株主の所有物である。すなわち企業は株主のものであり，概してその利益は株主に還元されるべきものである」と考える，所有概念を重視して企業を捉える一元的企業観が主流であるといわれている。

　一方，日本ならびにドイツに代表される欧州大陸諸国の企業観は，企業公器説に基づく企業概念で把握されることが多い。それは従業員を中心的利害関係者に据えつつも他の利害関係者との間で強固な関係を保ち，相互の長期的利益を考慮する日本型の「多元的企業概念」及びドイツ型の「二元的企業概念」である。この「多元的企業概念」及び「二元的企業概念」は，企業の目的を特定の利害関係者の目的実現にではなく，「企業それ自体」の存続ならびに長期的な繁栄に求め，あるいは企業がもつ社会的存在の側面を重視することにより，企業は株主の利益のためのみならず，広く利害関係者のために存在すると捉える傾向が強い。

　こうした企業に対する考え方の相違は，企業統治を捉える際に用いられる見方の一つである広狭両概念とも関わりながらも，具体的にはそれぞれの考え方を下敷きにして各国固有の特徴をもつ会社機関構造にあらわれるのである。

② 環境/社会問題と企業監視

　現代の企業には，市場で活動する単なる経済的存在として存立するために必要な環境適応機能のみが求められるわけではない。社会問題への適応，例えば自

▶日本コーポレート・ガバナンスネットワーク
この団体は「全国社外取締役ネットワーク」「日本

然環境問題解決に向けた積極的な姿勢や，マイノリティの問題や人権の尊重，あるいは生命の尊厳に関わる事項等へとその対象は拡大している。企業（セクター）がもつパワーがかつてないほどに大きくなったこともあり，事業活動の課題が社会的諸課題と連動するようになっているのである。こうした中，企業には従来よりも積極的かつ創造的に環境適応機能を果たすことが期待されるようになった。もちろん企業単独でこうした問題に立ち向かうのではなく，例えば市民団体やNPO/NGOと共同して自然環境保護や社会問題の解決に動き出している企業も数多くみられる。こうした意味において，現代では企業の環境適応機能は，企業の社会的役割として位置づけられるようになっているといえる。

③ 市民による企業監視

特定非営利活動法人である**日本コーポレート・ガバナンスネットワーク**なども，株主以外の外部監視主体として考えることができるだろう。この団体は企業統治の啓蒙，取締役に対するガバナンス教育，独立取締役員導入支援活動などを通じて，企業統治の具体的活動への支援を行っている。とりわけ企業における独立取締役の導入に関してのセミナー開催や企業への候補者の橋渡し，あるいは省庁が提示するパブリックコメントへのリプライなどを通じて，政官財界で取り組んでいる望ましい企業統治モデルの設計に向けた，わが国の不断の取り組みに対して意見を述べている。

また，伊藤忠商事，IHI，旭化成，旭硝子などの名門大企業の元経営トップがメンバーを務める「**独立取締役の会**」の活動も注目を集めている。この団体が公表した独自のガバナンス改革案は，東証コーポレートガバナンス・コードをトレースしつつ，ガバナンス体制改革の主眼として，海外投資の監視の強化とともに，社長の解任権限について重く取り扱っている。その骨子は「①取締役会はいざという時には社長を解任できるよう，社外取締役を過半数とするか，指名委員会に社長解任権を与えることが望ましい」「②指名，報酬など任意の委員会でも，委員長・過半数を社外取締役とし，その答申が取締役会で尊重できる仕組みを作ることが望ましい」，というものである。

また，この改革案では，従来，日本企業では社長の退任及び後任人事は事実上社長の専権事項であったこともあり，「社長が全て」であった日本企業のウチ向き志向のガバナンス体制を強く批判している。同時に日本企業に特徴的な**顧問や相談役**といった，社長，会長経験者が会社に残るしくみも基本的には廃止するよう提言している。

わが国の企業統治問題への取組みは，今まで法律の専門家や学者によるものが多かった。しかし，「元」という肩書が付くとはいえ，こうした企業経営者が企業統治に対する提言を本格的に主張し始めたことは，市民による企業監視の一例として評価できるものであろう。

コーポレート・ガバナンス・フォーラム」「日本コーポレート・ガバナンス研究所」の3団体が結合して2012年に発足した。

▶**独立取締役の会**
戦後の高度成長期の成功モデルに縛られた統治システムが現在の日本企業の再生・再成長の障害になっているのではないか等，現行の日本型の企業統治モデルの改革に関する提言を発信している（『日本経済新聞』2017年10月16日朝刊）。

▶**顧問・相談役**
多くの日本企業では，退任したトップ経験者などを顧問あるいは相談役という形で処遇し，経営に関するアドバイスを求める慣習がある。この役職は会社法で規定されたものでもなく，企業統治上，明確な権限や責任が生じるものでもないことから，「老害」と長く批判を浴びてきた。経済産業省が2017年3月に策定した『コーポレート・ガバナンス・システムに関する実務指針（CGSガイドライン）』においても，相談役・顧問の役割ならびにその人選について一律に良い・悪いというものではないことを前提としつつも，「社長・CEO経験者を相談役・顧問として会社に置く場合には，自主的に，社長・CEO経験者で相談役・顧問に就任している者の人数，役割，処遇等について外部に情報発信することは意義がある。産業界がこうした取組を積極的に行うことが期待される」と提言している。

IX 経営者報酬とコーポレート・ガバナンス

世界と日本の経営者報酬額と仕組み

▷専門経営者
⇨ Ⅰ-3「株式会社の特徴」

▷経営者報酬
経営者報酬は，基本的に企業の利益から支払われる短期型固定報酬と，株価の上昇や企業価値向上によって経営者が獲得することができる中長期型報酬からなる。⇨ Ⅸ-2「経営者報酬の種類」も参照。

▷基本報酬
短期型報酬では，企業の利益から支払われ，株主総会による利益処分（利益分配）案決議によって確定するため，企業の業績と，利益の処分内容にギャップが生じることがない。

▷業績連動型報酬
中長期型報酬は，主にストック・オプションを付与することによるため，現在株主の値上がり益の中から捻出することになる。そのため，一部からは，株主利益を損なっているのではないかとの批判もある。ただし，短期型報酬でも，結局は利益処分によって，株主が配当を受けられる可能性のある利益を役員報酬として支出するという手続きの違いによるのみである。

1 専門経営者と経営者報酬

　はやくから所有と所有の分離が進行している先進経済諸国では，所有者ではなくともより高度な専門的知識や的確な判断力を有する者にトップ・マネジメント機能を委ねる**専門経営者**化が進んできた。専門経営者は所有経営者とは異なり，その地位の正当性は「所有」ではなく，「結果責任」としての企業価値ないし企業業績の向上にある。こうした専門経営者が台頭するのに伴い，こうした経営者が一つの「職業」として社会において確立されるようになった。

　従業員の最大のインセンティブ（労働動機）は賃金と呼ばれる金銭的対価であるのと同じく，経営者の最大のインセンティブもまた報酬と呼ばれる金銭的対価である。従業員は，与えられた職務を達成することでよいのだが，経営者は組織全体の全てのことに責任をもち，事業を黒字化し常に持続的成長を実現させなければならず，経営者の責任は極めて重い。このような責任の正当な対価として，相対的に高い**経営者報酬**が支払われることが正当化される。

　経営者報酬には，大きく分けて，短期型報酬と中長期型報酬に分けられる。まず，短期型報酬は，主に固定の**基本報酬**のことをいう。一方，中長期型報酬は，主に**業績連動型報酬**のことをいう。

2 日本の経営者報酬と特徴

　日本の企業では2018年3月期に1億円以上の報酬を得た役員の人数は538人と初めて500人を超え，過去最多となった。経営のグローバル化を反映して優秀な外国人経営者の登用が求められていることや役員報酬の業績連動型報酬制度が普及していることを背景に役員報酬が高額化している。2018年3月期にソフトバンクグループ（SBG）の米国携帯子会社スプリントのCEOやSBGの投資助言をする副社長には10億円を超える報酬が支払われる一方，ソフトバンクグループCEOである孫正義の役員報酬は1.3億円であった。またトヨタ自動車でも同年外国人副社長には10億円を超える役員報酬が支払われる一方，同豊田章男社長の役員報酬は3.8億円であった。役員報酬トップ10のうち5人は外国人経営者であった（『朝日新聞』2018年7月3日）。

　これまで，日本企業では，短期固定型の経営者報酬が主流であった。それが，近年では一部の上場企業で，短期型報酬に加えて，中長期型報酬が加えられる

ようになってきている。このように高額な経営者報酬を支払う企業は、IT、自動車、製薬などの企業が多い。厳しい経営環境に常にさらされており、より優秀な経営者を世界中から招かなければならない事情が強く働いている。逆に、金融、電気、建築などのインフラ系企業は、日本的経営の風土がやや強く残っており、内部から昇進した役員が多く、社内の賃金バランスや年功序列型賃金を維持のため、役員報酬ランキングの上位で見かけることが少ない。

3 世界の経営者報酬と特徴

米国のS&P500種株価指数を構成する企業におけるCEOの平均報酬額は、2016年の調査で1000万ドルにのぼる。日本の経営者報酬の上位者と同じ額を、多くの経営者が得ていることになる。企業内の経営者の中で、全員が1000万ドル以上の報酬を得ているというケースも珍しくはない。このような高額の経営者報酬は、中長期型報酬によって支払われる。しかし、短期型報酬も1000万ドルを超える経営者も存在し、現金報酬額が少ないわけではない。

米国やヨーロッパ諸国を中心に、経営者報酬の中長期型報酬の高い比率が長らく続いている。経営者市場と呼ばれる経営者の引き抜きやスカウトが多くみられ、優れた経営者は業種を問わず、各企業によって争奪戦が繰り広げられる。優れた経営者を獲得したい企業は、より好条件の報酬条件を提示する必要があるといわれる。その中で、優秀な経営者を獲得する上での最大の動機づけは、魅力的な報酬であることは間違いないであろう。

4 経営者報酬の変動か非変動による選択

短期型報酬と**中長期型報酬**ともに、経営者報酬の形としては、まことに理にかなった方法である。そこで、短期型報酬と中長期型報酬の割合、及び経営者報酬と企業競争力の強化の連動性に焦点が集まってくるのである。

経済産業省「コーポレート・ガバナンス・システムの在り方に関する研究会報告書」によると、経営者報酬は、報酬額が変動するか否かに大きく分けることができる。変動する経営者報酬のメリットは、企業価値の向上と経営者報酬の額が連動するため、野心的な経営者などが挑戦的な経営を行い、企業に活力をもたらす可能性が大きい。ただ、変動する割合が大きいと、経営者が自分の利益のことだけを考え、企業経営を報酬獲得だけのツールとしか考えなくなる恐れがあるというデメリットがある。

また、固定された経営者報酬のメリットは、**金銭交付型報酬**のように、あらかじめ報酬額が決まっているため、経営者自身の生活資金等の心配をする必要がなく、企業経営に打ち込む環境を作ることができる。ただ、固定割合のみであると、安定経営を極度に求め、挑戦的な企業経営をしない可能性があるなどのデメリットがある。

▶中長期型報酬
中長期型報酬の支払われ方は、主に株式や新株予約権、そして金銭による。株式の場合、経営者自らも株主になるのだから、株主権利や価値を最大限にしようと努力し、経営者と株主の一体感が増すことで、企業経営にメリットをもたらす。また、退任後も株主としての地位を保持することも可能で、長期的な企業運営にプラスをもたらす。ただ、経営者自身の努力により企業業績を伸ばしていても、経済不況や主要企業の倒産などにより、思わぬところで、業績を悪化させることがあり、負の側面もあることに留意すべきである。

▶金銭交付型報酬
金銭交付型報酬とは、流動性の高い金銭が定期的に受け取ることができるから、経営者が安定して態度で企業経営に打ち込むことができる。ただ、現金支給後は、将来に対するインセンティブがないため、中長期的な経営を行えるのかという疑問が残る。金銭交付型報酬を基本にして、各種中長期型報酬の交付方法を組みあわせ、経営者に対してインセンティブを最大化させていくことが、経営者報酬政策の基本である。

IX 経営者報酬とコーポレート・ガバナンス

2 経営者報酬の種類

1 経営者報酬の連動期間によるメリットとデメリット

　経営者報酬における連動期間の差異による特徴は，まず，連動期間が中長期の場合，理想的な企業像と重ね合わせて，かつ企業価値を向上させようとするインセンティブが働く可能性が高い。ただ，企業経営は一日一日の積み重ねであるから日々の職務執行には反映しにくい。

　また，短期の場合は，日々の明日，明後日の株価によって，**ストックオプション**を行使するかどうかの判断をすることもあり，職務執行に直接的に機能する。反面，短期的な企業経営（ショートターミズム）に陥るリスクが高く，この点は企業不祥事の発生や経営者のモラルハザードの発生などを生む恐れが大きくなるので注意が必要である。この連動期間の短期割合が増える場合には，コーポレート・ガバナンス問題をはらんでくる。

　多くの先進経済国は，経営者支配の状態にあることが多く，経営者の選任や解任，そして利益処分に企業の利害関係者の声が反映されず，経営者自身やグループ企業の意向で，それらが決定される状況にある。このような状態は，経営者の報酬の決定にも多大な影響をもたらしている。つまり，経営者自身で自らの報酬を決定できることを意味する。

　このように経営者自身で経営者報酬を決定できてしまうと，低い業績であるにもかかわらず高額の報酬を得るという**お手盛り**が可能となる。そこで，経営者自身が自らの報酬を自分で決定できないように，日本をはじめ多くの国において，取締役会内に社外独立取締役が過半を占める報酬委員会を設置し，内部の目だけではなく外部の目でも経営者の働きぶりを評価し，この評価と連動して妥当な報酬水準を決める仕組みづくりと経営者報酬を株主総会での決議事項とする動きが進んでいる。ただ，年々高額化していく経営者報酬は，経営者報酬と企業不祥事の関係に社会の関心と議論を集めることになった。

2 経営者報酬の方針の決定と公表

　経営者報酬の方針の決定及び経営者報酬額の公表は，コーポレート・ガバナンスを機能させる上で最も重要な情報開示・透明性の事項である。つまり，経営者に対してガバナンスを働かせるための，取締役会内の経営者の指名，経営者への監査，経営者の報酬という三つの重要事項の一角を担うものである。

▷**ストックオプション**
新株予約権は，経営者の好きなときに，あらかじめ決められた価額で株式を購入することができるのだから，株価を高めようとするインセンティブが激しく働くことになる。ただし，株主としての地位はもっておらず，経営者と株主の一体感に欠けるところがデメリットとなろう。なお，ストック・オプションとは，新株予約権の一種である。近年では，日本の上場企業でも一定期間の譲渡制限が付された現物株式を経営者報酬として付与する譲渡制限付き株式（RS型）報酬が広がっている。⇨ prologue 「コーポレート・ガバナンスとは何か」，VII-4「問われる企業は誰のものか」，XIX-3「自社株買いと株主還元」も参照。

▷**お手盛り**
経営者報酬と企業業績の連動性も問題になっている。現在，ほとんどの企業では経営者報酬の上限に定めがない。企業業績が低い，あるいは赤字であるにもかかわらず，高額の経営者報酬が支払われているケースが目立ってきた。これには機関投資家を中心に，批判を高めており，機関投資家の中は，報酬委員会に対して，

このような重要事項は，取締役内部でチェックする体制を整えたとしても限界がある。なぜならば，現代株式会社は，経営者支配の状態にあるケースが多く，経営者が大きな影響力をもった中での制度運営と，それによる成果は企業の利害関係者に対する利益のものである可能性が低い。そこで，これらの重要情報を，企業の利害関係者に原則として公開することにより，透明性が高まり，経営者の牽制にもなるとともに，利害関係者が情報を得ることで，意見や改善点の提案を行うことが可能となる。

　そういった，企業の利害関係者への情報提供である情報開示・透明性が，まずは，経営者報酬の方針の決定と公表という場面において，最重要のテーマとして取り扱うテーマとなる。

❸ 企業法の遵守と利害関係者からの信頼

　経営者報酬についての会社法上での要請は，企業経営の自由をできるだけ損なうことのない最低限の定めとなっている。企業経営は市場経済体制の下では自由な経済活動を保障されているからである。そこで，それを前提として，各種団体からのコーポレート・ガバナンス原則及びコーポレート・ガバナンス・コードによって経営者報酬の妥当性評価や仕組みに関する規定を定め，その透明性を高め，利害関係者に対する説明責任を果たすことで経営者報酬の正当性・妥当性を得ようとしているものとみなすことができる。

　企業経営は，**コンプライアンス経営**が求められる。私たち市民社会の生活を豊かにするために，市民個人ではできない経済行為を，企業経営に託して，税収のアップ，雇用の拡大，新製品の研究開発，市場への消費者欲求に合致した商品の投入という役割を担う。そこにおいては，市民一人一人の権利が憲法を通じて伝承され，憲法に基づいて企業法が策定されている。いわば，企業は個人が自由に経済活動を行うのと同様，「法人」である会社も自然人と同様に経済活動の自由を手にしている。しかし，市場経済体制において，株式会社はその成長とともに規模を拡大し，社会の健全な発展に貢献している。しかし，企業が社会の信頼を裏切り，社会にマイナスの影響を及ぼす企業不祥事の発生が後を絶たない。これをいかに防止するのか，不幸にして発生した場合には適切な対応を取ることが必要である。

　経営者報酬は，中長期と短期型報酬を，適切に組み合わせて，厳格なルールに基づいて運用すれば，企業の成長に役立つ，極めて強力なツールとなるのだが，この報酬水準や報酬ルールを決めるのが，経営者であるから，お手盛りや**自己監査**のそしりをまぬがれないことになる。それらを防止するのも，前述したように独立社外取締役や・監査役による透明性の高い経営者報酬のチェック・監視が欠かせないのであり，こうした方向でのコーポレート・ガバナンス改革が先進経済諸国では共通の動向になっている。

経営者報酬の上限を定めるように株主総会で提案をするなどの動きが出てきている。

▶コンプライアンス経営
コンプライアンス経営とは，法令遵守という意味に置き換えることができる。ただ，法律だけを守っていればそれでいいというわけではなく，会社が独自に定める規則や社会の慣習なども守ることが求められる。法令には必ずグレーゾーンと呼ばれる解釈の余地が残されていることが多いが，そこでの対応をどのように法令の趣旨にそって企業行動を制御していくかが大きな課題となる。⇒ XXII-2「CSRの定義と概念構成」も参照。

▶自己監査
「自己監査は監査にあらず」。自らを律して，自らを監視し，自らの行動を決めることは，極めて困難で，ほぼ不可能なことである。それを念頭に，企業経営システムを構築していくべきである。そこで，コーポレート・ガバナンスの大きな役割を担うのが，「人から見られている」あるいは「他人から見られているかもしれない」，というプレッシャーをかけることである。

IX 経営者報酬とコーポレート・ガバナンス

3 経営者報酬と報酬委員会

1 世界標準コーポレート・ガバナンスと報酬委員会

世界のコーポレート・ガバナンスの改革の動向に大きな影響を与えてきた**OECD コーポレート・ガバナンス原則**（2015年版）では，経営者報酬について，「D. 取締役会は，以下を含む，一定の重要な機能を果たすべきである」とし，細目で，「3. 幹部経営陣を選出し，報酬を決め，監視し，必要に応じて交替させ，さらに承継計画の監視をすること」，「4. 幹部経営陣と取締役会に対する報酬を，会社及び株主の長期的利益に合わせること」と明記した。そして，取締役会主導によって，情報開示を徹底し，透明性の確保に全力を注ぐべきであるとする。

また，東証『コーポレート・ガバナンス・コード（2018年改訂版）』では，経営者報酬について，「中長期的な会社の業績や潜在的リスクを反映させ，健全な企業家精神の発揮に資するようなインセンティブ付けを行うべきである」（原則4-2）として上場会社の取締役会等の責務として規定している。

このように，OECD 原則やそれに強く影響を受けた日本国内の原則は，独立社外取締役を主要構成員とする報酬委員会の設置によって，客観性・透明性のある手続きに従った，役員報酬制度の設計と報酬水準の決定を要請している。

2 コーポレート・ガバナンス・コードによる報酬委員会への要請

東証コーポレート・ガバナンス・コード（2018年版）では「【原則4-5. 取締役・監査役等の受託者責任】受託者責任を認識し，ステークホルダーとの適切な協働を確保しつつ，会社や株主共同の利益のために行動すべきである」としつつ，「【原則3-1. 情報開示の充実】上場会社は，法令に基づく開示を適切に行うことに加え，会社の意思決定の透明性・公正性を確保し，実効的なコーポレートガバナンスを実現するとの観点から，……以下の事項について開示し，主体的な情報発信を行うべきである」とし，「(ⅲ)取締役会が経営陣幹部・取締役の報酬を決定するに当たっての方針と手続」と明記し，役員報酬に関する**情報開示**の充実と**透明性**の強化が要請されている。

経済産業省が公表した『コーポレート・ガバナンス・システムに関する実務指針（CGS ガイドライン）』（2017年公表）では，「経営陣の報酬体系を設計する際に，業績連動報酬や自社株報酬の導入について，検討すべきである」として，

▶ **OECD コーポレート・ガバナンス原則**
OECD コーポレート・ガバナンス原則は，多くの国のコーポレート・ガバナンス政策に影響をあたえた世界標準コーポレート・ガバナンス原則である。1999年に最初に策定され，その後2004年，2015年と，世界情勢や世界経済にあわせて改訂を重ね，各国の模範となるコーポレート・ガバナンス像を示し続けている。
⇨ XV-3「韓国企業の外部監視」，XVI-3「中国型コーポレート・ガバナンスの特徴」も参照。

▶ **東証コーポレート・ガバナンス・コード**
⇨ prologue「コーポレート・ガバナンスとは何か」，VIII-3「外部監視の多様化」

▶ **情報開示・透明性**
報酬に関する情報開示・透明性は，会社側は，会社法の規定を超えて積極的に開示する姿勢を常にもち実施するべきである。そして，

「業績連動報酬や自社株報酬の導入を検討するに際しては、「(1)自社が掲げる経営戦略等の基本方針に沿った内容になっているか。(2)財務指標・非財務指標を適切な目標として選択しているか。(3)自社の状況からして業績連動型報酬や自社株報酬を導入することが適切な時期か。(4)報酬全体に占める割合が適切か」の4点についての要素を踏まえて検討することが有益であるとする。そして、報酬政策（業績連動報酬・自社株報酬を導入するか否かを含む）を検討するに際しては、まず経営戦略が存在する必要」があり、「経営戦略を踏まえて具体的な目標となる経営指標（KPI）を設定し、それを実現するためにどのような報酬体系がよいのか、という順番で検討していくことが重要である」と経営戦略の実行と業績評価に連動して検討することを求めている。そして、それらの検討課題について、情報公開を積極的に進め、株主等の理解を得る努力が重要であると述べている。

　このようなコーポレート・ガバナンス・コードを遵守しつつ、企業独自の経営者報酬制度と報酬規定を策定していくことが求められている。

3　経営者報酬とコーポレート・ガバナンスの諸問題

　経営者報酬の規定を充実したものにしても、実際には、経営者モラルの問題が立ちはだかることになる。これは幾度も引き起こされてきた大型企業不祥事をみると明確に認識することができる。経営者報酬をめぐるコーポレート・ガバナンスの諸問題は大きく分けて二つ存在する。一つ目は経営者報酬と企業競争力の向上の問題である。二つ目は経営者報酬と企業不祥事の問題である。

　まず、一つ目の経営者報酬と企業競争力の問題は、経営者報酬システムが、最終的に、企業競争力の向上、つまりすべての利害関係者の利益にならなければならないことを意味する。高額の経営者報酬を得ることは、経営者以外の利害関係者が得ることのできた利益から拠出されているのであるから、経営者報酬以上の価値を生まなければいけない。またそうなるために、ここでの主な焦点は、経営者報酬システムの構築となる。経営者報酬システムをそれぞれの企業の規模や業種、文化や風土に合わせて、報酬委員会等が策定し、それらを運用していくことが肝要となる。

　また、二つ目の経営者報酬と企業不祥事の問題は、経営者報酬が高額になることにより、短期的な株価や業績を上げることに全ての精力が注がれ、経営者のモラルの低下をもたらし、しばしば企業不祥事を生み出すことである。この点で中・長期的観点からの企業価値向上及び独立した社外の客観的視点からの役員報酬制度の構築と役員報酬に関わる**情報開示・透明性**の確保は必要不可欠なのである。

開示ができないような事項については、説得力のある説明を株主総会や年次報告書、定例記者会などですべきである。それでもなお、情報開示が不可能な場合は、株主、社外取締役である報酬委員や監査役、およびその他の経営者からの要請で、報酬委員会において、常にコーポレート・ガバナンス構築の視点から制度の改善をし、指導的立場をも持つことが重要である。

▷ KPI（Key Performance Indicator）
「重要業績評価指標」と訳出されることも多い。これには定量的な財務的業績評価指標だけではなく、ビジョンと戦略を実現するために重要な非財務的業績評価指標（顧客の視点、業務プロセスの視点、成長と学習の視点における業績評価指標）も含まれる。

IX　経営者報酬とコーポレート・ガバナンス

経営者報酬の情報公開

 経営者報酬とコーポレート・ガバナンスの諸問題

　経営者報酬は当期利益処分の配分問題と関わり，この利益の極大化に関わっている。利益は株主配当や内部留保とともに，役員報酬として配分されるからである。この点で利益が多くなればなるほど，株主への配当は増え，株価は上昇し，その結果，株主に対する受託者責任も果たすことになる。この点で，株主一元的な企業観に立脚するといかに株主のために継続的に利益を増やすのかが重要となる。しかし，これは経営者の個人的利益にも結びついている。経営者報酬制度として，業績連動型報酬制度，なかでも株式付与型報酬制度が普及すると利益や株価が経営者個人の利益にも直結するところとなる。むしろ，日本では「株主重視経営」を強調する視点からすれば，経営者の個人的利益と株主の利益を結びつける経営者報酬のあり方として評価されている。しかし，こうした経営は「短期主義経営」に陥る危険が潜んでおり，しばしば企業不祥事の背景の一つとして指摘されていることでもある。あまりに短期の業績を追求する結果，法令違反や人権侵害などの企業不祥事が後を絶たないことも明らかになっている。また株価や配当等の株主重視のあまりに従業員や取引先等への分配が疎かにされる結果，社会的格差や不平等を生み出し，その結果，社会の分断と対立が進み，ひいては政治不信やポピュリズム，反グローバル化や保護主義の台頭といった形で企業に大きなマイナスの影響をもたらす結果となる。

　しかし，企業は「社会的存在」であり，事業を通じて社会の繁栄に貢献する「継続的事業体」として存在する。こうした多元的企業観に立脚するならば，ステークホルダーの利益と会社や株主の利益とのバランスを図ることが重要となる。こうした社会的意義のある事業を経済事業にすることが経営者の役割であり，この点からの経営者報酬のあり方を考察することが必要不可欠となる。

　こうして企業の持続可能な成長の観点から妥当な経営者報酬水準が求められる。ドイツの場合には，公正かつ妥当な報酬水準の決定にあって業界の経営者報酬の「横断的比較」と同時に，一般従業員の給与等との「垂直的比較」も求められている。この経営者報酬は，決して利益水準だけではなく，顧客，従業員，取引先，債権者，地域社会等のステークホルダーの要求にどれほど応えているのかの定性的な評価も同時に必要となる。この点で持続可能な成長（SDGs）や社会的責任（CSR）という視点からの経営者の業績評価が必要となる。

▷**経営者報酬制度**
現在でも，多くの企業では，情報公開室や対外広報室などを積極的に設置して，本来ならば大きな企業不祥事になった可能性のあるものを，未然に防いだなどということもある。これは，実際には報道されることはないから，日の目を見ない企業努力なのであるが，それを支えるコーポレート・ガバナンス・システムをあらかじめ構築していくことが，「信頼」という2文字に繋がっていくことを忘れてはならない。

▷**ストックオプション**
⇨ prologue「コーポレー

❷ 経営者報酬をめぐるコーポレート・ガバナンス問題

　経営者報酬を巡るコーポレート・ガバナンスの諸問題は，経営者報酬制度の設計における中長期的視点の重視，社外の独立役員による決定と情報開示と透明性の確保であるように思われる。こうした視点は，すでに東証のコーポレート・ガバナンス・コードにも組み込まれている。さらに2010年以降1億円以上の報酬を得ている役員名と報酬額を個別に有価証券報告書に記載し，開示するよう義務づけられるところとなった。

　経営者報酬制度をそれぞれの企業の規模や業種，文化や風土に合わせて，報酬委員会等によって策定し，それらを運用していくことが肝要となる。

　経営者報酬と企業不祥事の問題もすでに指摘したように，経営者報酬が短期の企業業績に連動する結果，あまりに短期的な企業業績を追求することに経営者のエネルギーが注がれ，経営者のモラルの低下を招くことを，多くの企業不祥事が教えてくれている。この点で，情報開示・透明性の向上が求められている。利害関係者が求める経営者報酬に関わる文書等を開示するのである。そして開示請求があった場合は，正当な理由を説明するべきである。

❸ 経営者報酬の不正を防ぐための方策

　経営者が周囲の監視や監督なしに経営を行う状態が続くと，いずれ大きな企業不祥事を起こすことが多い。例えば，**ストックオプション**の権利行使日付を，実際よりも前の日付にして，より経営者の有利な日付で高額報酬を得るなどの不正も実際には起きている。この代表例が，エンロン事件のように，不正会計，不正経理が発覚することを知りつつ，まだ世間がそれを知らない高い株価の時に，ストップオプションを行使した事例である。決められた報酬額以上の報酬を得ようとするあまり，企業不祥事に直結する行為に手を染めるのである。それを行う者がCEOであった場合，それを事前に察知し，検討し，勧告や注意を行える**社外独立取締役**が求められている。

　このような構造を理解した上で，報酬委員会のメンバーには，**機関投資家**などの出資者と相談しつつ，経営者や企業との関係をもたない独立社外取締役として国家資格保有者，高いモラルを有する専門家の登用が必要とされる。公認会計士，税理士，弁護士などは，すでに独立した収入があり，その上で，会社の社外取締役になるのであるから，しがらみなく，経営の判断を下すことが可能である。しかも，彼らは，法律によって当該企業の相談やそれに付随して知り得た事項に関して，秘密保持の義務をもつので，高度に独立性の高い専門家である。また，高いモラルの専門家は，大学の教授をはじめとする研究者である。この二つの種類の職業からなる報酬委員会等が妥当な経営者報酬決定においてかぎとなると思われる。

Ⅸ-4　経営者報酬の情報公開

ト・ガバナンスとは何か」，Ⅶ-4「問われる『企業は誰のものか』」，Ⅸ-2「経営者報酬の種類」，ⅩⅨ-3「自社株買いと株主還元」

▷**社外独立取締役**
社外取締役は，多くの場合，CEOに請われて参加している。そしてCEOと社外取締役は，顔見知り，友だち，親族であることが依然として多いといわれる。このような状況は，違法な経営者構成ではないものの，モラルの低下を引きおこすのは明らかである。⇨Ⅱ-2「日本の巨大株式会社と会社機関(1)：監査役会設置会社」も参照。

▷**機関投資家**
⇨第2章「機関投資家とコーポレートガバナンス」を参照。ⅩⅦ-3「資本コストを意識したEVA」も参照。

（参考文献）
日本取締役協会『経営者報酬ガイドライン（第四版）―経営者報酬のガバナンスのいっそうの進展を―』2016年。
経済産業省『コーポレート・ガバナンス・システムに関する実務指針（CGSガイドライン）』2017年。
日本政府『日本再興戦略2016―第四次産業革命に向けて―』。OECD『G20/OECDコーポレート・ガバナンス原則2015』経済協力開発機構，2015年。
『週刊東洋経済』2017年7月15日号，19頁。

X 同族企業とコーポレート・ガバナンス

1 同族企業の特徴

 同族企業の定義と利点・欠点

　日本では企業数の9割以上が同族企業であり，主に地域経済の中核的役割を担っている。一般に，次の三つの条件のうちのいずれかを満たしている場合，同族企業と定義される。第一に，同族または同族財団の持ち分（持株比率）が最大であり，株式会社の場合には取締役の任免権を有すること，第二に，上場株式会社で，同族の持株比率が3分の1以上であること，第三に，同族は株式を所有していないか，あるいは所有していてもその比率は低いが，同族の人物が経営の中枢にいることである。第二の条件で3分の1以上としている理由は，株主総会での**特別決議**が出席議決権の3分の2以上の賛成で成立することから，3分の1以上の議決権所有が拒否権保持を意味するためである。

　日本では，同族企業といえば，同族以外の従業員に昇進の機会が与えられないことや企業不祥事のイメージが先行するためか，あまりよい印象をもたれない傾向にある。しかし，近年では「もの言う株主」の台頭を問題視することから，同族企業を再評価する論調も高まっている。

　同族企業の利点には，次のことが挙げられる。第一に，長期的視点に立った経営を行えるという点である。外部の株主の意向で経営陣が交代させられたり，株式市場からの短期的利益要求の圧力に晒されることがなければ，経営者は目先の利益に捉われず，研究開発や人材開発等，長期の時間軸で投資を行うことができる。このことは，人的資源を重視した経営を展開できるという強みにも繋がる。第二に，迅速に意思決定を行えるという点である。経営の中枢メンバーが同族で構成されていれば，重要な意思決定であっても合意形成が得られやすい。特に株式が同族に集中している場合，外部の株主の意向を汲む必要がないため，経営陣だけで素早く意思決定を行うことができる。第三に，後継者を育てやすいという点である。次期経営者も同族の人物であれば，若い内から経験を積ませることや，家庭内教育を通じてノウハウや経営理念を伝授することが可能になる。第四に，株主以外の利害関係者に目を向けやすいという点である。同族が株式の大半を所有していれば，その都度株主に説明せずとも，経営理念に基づき独自の社会貢献活動を展開することができる。

　だが逆に，同族企業の特徴が欠点になる場合もある。第一に，経営者の暴走に歯止めが効きづらいという点である。意思決定権が同族に一極集中している

▶特別決議
自己株式の取得，新株発行，資本金縮小，定款変更等，会社の根幹に関わる重要な意思決定に関する決議。会社法309条2項。なお，通常の株主総会は普通決議（議決権の過半数を有する株主の出席と，出席議決権の過半数の賛成）で行われる。

ため，経営陣の方針が誤っている場合，それが修正されにくいという弱点がある。第二に，同族以外の人物が経営者に昇格することが稀であることから来る弊害である。優秀な人材を経営者に据える機会を逃したり，従業員のモチベーションが低下することが考えられる。第三に，属人性の強さから生ずる取引関係の不安定性である。同族企業の場合，「会社の信用」が「経営者個人の信用」と同一視されがちであるため，経営者が創業者から交代されることで，取引関係が不安定になるという問題がある。第四に，同族と企業の一体化が公私混同を招き，ときに重大な反社会的行動に繋がることがあるという点である。例えば大王製紙では，同族の会長がカジノで被った巨額の借金を返済するため，子会社から私的に巨額借り入れを行い，特別背任罪で実刑判決を受けている。

2　上場・非上場の選択

　一般に，いかなる会社であっても創業当初は同族企業である。株式会社の場合，大規模化すれば，やがて上場するか否かの選択の局面を迎えることになる。

　上場することには様々な利点がある。第一に，証券市場を通じ，不特定多数の株主から広範囲に出資を仰ぐことで，大量の資本を集中させることができるという点である。第二に，上場する際，財務状況や将来性等に関する厳しい審査基準をクリアすることから，上場すれば社会的な評価が高まるという点である。そうなれば，金融機関からの融資，取引先の開拓，優秀な人材集め等に有利に働く。第三に，創業者一族が新規公開時に持株を売却することで，「創業者利益」と呼ばれる莫大な利益を手にすることができるという点である。

　ただし，これらの利点を得るためには，有価証券報告書等の企業情報の開示，株主総会の開催，社外取締役複数名の設置等の義務を果たし，年間上場料，監査報酬，株主総会の運営費用等の各種支払いを行うことが必要になる。また，上場すれば，**投機的取引**や**敵対的買収**の対象になる。経営者は，株主の多様な要求に目を向けなければならなくなるし，株主総会での対応や敵対的買収の防衛策等にも多くの時間と労力を費やさなければならなくなる。

　これらの対応が困難な場合や，同族支配を維持したい場合には，非上場を選択することが多い。非上場であれば，外部の株主や株式市場からの圧力は遮断され，同族経営の自立性が守られることになる。経営者は，目先の利益に拘束されず，地域，従業員，環境等，各種利害関係者との調和を図りながら，長期の視点で経営を行っていくことができる。あえて上場を回避し，非上場の状態を維持してきた同族大企業には，例えば，竹中工務店，ミツカン，YKK，ロッテ，パロマ，出光興産（2006年上場），サントリー（2013年子会社上場）等が挙げられる。

▷上場
⇨ Ⅰ-4「株式会社の区分」

▷新規公開（IPO：Initial Public Offering）
未上場会社の株式を株式市場において売買可能にすること。新規公開により上場した場合，買い手が殺到し，株価が大きく跳ね上がることがある。このとき同族が持株を売却し，莫大な利益を得ることがある。

▷投機的取引
株価の変動によって生ずる差額（キャピタルゲイン）を得ることを目的に，短期的に株式を売買すること。

▷敵対的買収
対象企業の取締役会の同意を得ずに買収を仕掛けること。買収者は，対象企業の経営権を奪取するため，議決権の過半数取得を目指すことが一般的である。

X 同族企業とコーポレート・ガバナンス

 ## 株式上場と同族経営の維持

1 「所有と支配の分離」と同族経営

日本の大企業の大半は，上場株式会社となっている。その中には同族企業も数多く存在している。

本来，上場は一極集中していた所有が同族の手から離れ，それゆえに同族が企業支配力を失うことを意味する。上場することで株式の分散化が進めば，同族といえどもその企業を支配するのに十分な持株比率を維持し得なくなる。有力な大株主の不在のもと，株主は支配から退くことになり，企業の実質的な支配者は経営者となる（「**所有と支配の分離**」と「**経営者支配**」）。こうして上場株式会社では，同族による所有者支配が失われることになる。

ところが，その経営者の座に，社会的に高く評価されている同族の人物が就任することで，依然として同族が実質的な支配力を発揮している上場株式会社が日本には数多く存在している。例えば，トヨタ自動車では，同族である豊田家が有する株式は，合計してもわずか1％程度であるといわれている。それにもかかわらず，歴代経営者の多くは豊田家から輩出され，経営の中枢を担っている。

従来，このような上場株式会社における同族経営の自立性を支えてきたのは，**株式持合い**の慣行であった。長期保有を前提とする持合い株主に株式を所有してもらうことで，経営の自立性は守られてきた。だが日本では，1990年代以降，アメリカを模倣した株主重視の企業統治改革が進展する中，株式持合いの解消が急速に進んでいる。金融機関や事業会社が手放した株式の受け皿となっているのは，主としてアメリカの機関投資家である。それらの株主は，目先の金融上のリターンの拡大を目的に短期的売買を繰り返してきたのであるが，近年では積極的に議決権行使を行う「**もの言う**」**株主**として企業経営に介入する動きが表れている。

上場株式会社が同族経営を維持していくためには，持合い株主に代わる新たな安定株主の確保が課題となる。ここでは近年増加傾向にある安定株主工作として，持株制度の導入，財団への株式割当て，議決権種類株式の発行について順にみていく。

▷所有と支配の分離
⇨ Ⅲ-1「株式所有構造の変容と専門経営者」，Ⅰ-3「株式会社の特徴」も参照。

▷経営者支配
⇨ Ⅲ-1「株式所有構造の変容と専門経営者」

▷株式持合い
⇨ Ⅵ-4「株主・株式市場による規律の不在とインサイダー型ガバナンス」

▷「もの言う」株主
経営者との対話や株主提案権の行使等を行い，企業経営に積極的に関与する株主のこと。とりわけCalPERS（カルフォルニア州職員退職年金基金）を始めとするアメリカの機関投資家のように，大量の保有株式を元に，投資先企業の経営改革に積極的に乗り出す投資家は近年，「アクティビスト」と呼ばれる。⇨ Ⅱ-1「株式会社と会社機関」も参照。

2 持株制度の導入

　持株制度とは，企業が従業員，役員，取引先等に対し，自社株式を長期継続的に買付け保有させる制度である。従業員持株制度は，ほとんどの上場企業で導入されている。従業員は任意で，毎月一定額を支払うことで企業が設置した「従業員持株会」の会員となり，株式を共同購入できる。従業員持株会の他にも，非上場企業の従業員が関連する上場企業の株式を保有する「拡大従業員持株会」，役員が自社株式を保有する「役員持株会」，取引先企業が株式を保有する「取引先持株会」等がある。この持株制度が新たな安定株主工作として注目されており，持株会が上位の大株主に入る上場企業が増加傾向にある。

　最近では，信託や特別目的会社が市場から買い付けた自社株式を従業員持株会に売却する方法（日本版ESOP）を導入する企業も増えている。その場合，株式名簿上は信託銀行等の名義となり，従業員持株会や自社株式には含まれない。

▷ ESOP（Employee Stock Ownership plan：従業員による株式所有計画）
英米では，自社株を企業の拠出で買い付け，退職金や年金として従業員に分配する制度のこと。日本では制度化されていないため，「日本版ESOP」といわれるものには明確な定義がない。

3 財団への株式割当て

　上場企業が関係の深い財団に自社株式を割当てる事例が相次いでいる。財団への株式割当ては，創業家が保有株式を寄付したり，企業自身が自社株式を譲渡したりする形で行われる。財団は割当てられた株式の配当を活動原資とし，学生向け奨学金支援や美術館運営等の活動を行っている。それには，財団を通じた企業の社会貢献活動という側面だけではなく，安定株主工作の側面がある。

　財団が大株主となる上場企業は，2016年末時点で176社にのぼる（『日本経済新聞』2017年3月26日付朝刊）。2017年にはDMG森精機，小林製薬，キューピー等の企業が，株主総会の特別決議で財団への株式割当てを提案し，可決されている。

　また，出光興産では昭和シェル石油との合併をめぐって同族と経営陣との対立が表面化しているが，同族側が財団や美術館を合わせて3分の1超の株式を掌握したことが注目されている。

4 議決権種類株式の発行

　近時，議決権について普通株式と異なる制約をもつ種類株式を上場する企業が現れている。CYBERDYNEは2014年のIPO時，普通株式の10倍の議決権を有する「B型種類株式」を上場し，同族がそれを保有した。日本初の議決権種類株式の上場である。また，トヨタ自動車は2015年，5年間は原則的に売却できないという譲渡制限付きの「AA型種類株式」を上場しており，中長期的視点の個人投資家の取り込みを狙っている。

第2部　日本におけるコーポレート・ガバナンスの動向と課題

X　同族企業とコーポレート・ガバナンス

同族企業の経営者

1　所有経営者と専門経営者

　同族企業の経営者には，所有経営者と専門経営者の両方があり得る。創業間もない小規模な株式会社では通常，多額出資者である同族の大株主が自ら経営を担当し，他の多くの小額出資者である小株主は経営には関与せず，配当を受け取るだけの存在となる。前者を機能資本家，後者を無機能資本家と呼ぶ。機能資本家は，株式会社であっても実質的に所有と経営が一致していることから，所有経営者と呼ばれる。

　創業者の引退後，2代目経営者が息子等の同族であることは珍しくない。だが，代を重ね，企業規模が拡大していけば，後継者に相応しい人物を同族内で見つけることが困難になってくる。大規模化に伴い企業経営が複雑化していけば，専門的な知識・経験・能力を有する経営者が必要になる。偶然にもそうした人物が同族内にいる場合でなければ，大株主に代わって，非所有の専門経営者が経営を担当するようになる。専門経営者は所有機能をもたず，会社に雇われ俸給を受け取ることで経営機能を担っていることから，被傭経営者や俸給経営者とも呼ばれる。この所有者と経営者との人格的分離を「**所有と経営の分離**」という。

▷所有と経営の分離
⇨ Ⅲ-1 「株式所有構造の変容と専門経営者」

　ただし，その場合であっても，支配は依然として大株主である同族の手中にあることから，所有と支配は一致している。専門経営者が同族の意に沿わない経営を行った場合，同族はその経営者を解任し，新たな専門経営者を選任することになる。この段階では，「所有者＝支配者」から経営機能のみが分離し，非所有の専門経営者の手に渡っていることになる。

2　同族の影響力

　さらに大規模化し，株式の分散が進めば，すでにみたとおり「所有と支配の分離」と「経営者支配」の状況が生ずる。この段階になれば，もはや同族に株主としての支配力はなく，専門経営者が実質的な企業支配力をもつようになる。専門経営者は株主から**委任状**を収集し，取締役と経営者の人事を自ら掌握する。以上の経緯は，**資料X-1**を参照されたい。

▷委任状
株主総会において，株主が代理人によって議決権を行使する際，会社に提出する証書。株式が分散して個人投資家が株式を所有するようになれば，経営者は株主から委任状を集め，自分の思い通りに決議を行うことができる。

　創業家のカリスマ性が強く，その功績が社会的に高く評価されているような企業では，その経営者の座に同族の人物が就くことになる。そうなれば同族は，

92

資料X-1　株式会社の大規模化と所有・支配・経営

所有者支配	所有者支配	経営者支配
所有者 ＝ 経営者（所有経営者）	所有者 →支配→ 専門経営者	所有者 ✕ 専門経営者 ←支配
所有と経営の一致	所有と経営の分離	所有と支配の分離

出所：筆者作成。

資料X-2　トヨタ自動車の歴代社長

トヨタ自動車工業	
豊田利三郎	1937年8月～1940年12月
豊田喜一郎	1941年1月～1950年6月
石田退三	1950年7月～1961年8月
中川不器男	1961年8月～1967年10月
豊田英二	1967年10月～1982年7月

トヨタ自動車販売	
神谷正太郎	1950年4月～1975年12月
加藤誠之	1975年12月～1979年6月
山本定蔵	1979年6月～1981年6月
豊田章一郎	1981年6月～1982年6月

トヨタ自動車	
豊田章一郎	1982年7月～1992年9月
豊田達郎	1992年9月～1993年8月
奥田碩	1995年8月～1999年6月
張富士夫	1999年6月～2005年6月
渡辺捷昭	2005年6月～2009年6月
豊田章男	2009年6月～現在に至る

出所：トヨタ自動車ホームページを参考に筆者作成。

所有に依らずとも，企業経営に対し依然として強い影響力をもつ。

資料X-2は，トヨタ自動車の歴代社長を示したものである。トヨタ自動車では，1972年度以降，豊田家の者が大株主上位10位に入ったことはない。それにもかかわらず，同社は経営における同族の影響力が強いことで有名な企業であり，歴代経営者の多くは豊田家の人物か，あるいは豊田家と関係の深い人物となっている。

工販分離時代をみれば，当時の主力取引先であった三井銀行からの派遣の中川不器男を除き，社長に就任しているのは豊田家と関係の深い人物である。トヨタ自動車では，奥田碩，張富士夫，渡辺捷昭が非同族であるが，その期間は豊田章一郎が会長および名誉会長の職にあり，依然同族としての影響力を行使していた。

▶工販分離
1950年に倒産の危機を迎えたトヨタが銀行から融資を受ける際，従業員2割強の解雇や製造部門と販売部門の切り離し等を条件づけられ，やむなくトヨタ自動車工業とトヨタ自動車販売の2社に分離することになった。両社は1982年に合併し，トヨタ自動車となる。

X 同族企業とコーポレート・ガバナンス

 # 同族企業と長寿企業

1 日本の長寿企業の概要

　日本には，創業200年以上の企業が3937社存在している。これは世界の創業200年以上の企業数の約半数である。世界的にみれば，日本は圧倒的に長寿企業が多く存在する国である。第2位以下は，ドイツ1850社，イギリス467社，フランス376社と続く（『日経ヴェリタス』2012年7月15日付）。

　2016年末の**東京商工リサーチ**の調査では，創業100年以上の長寿企業が，日本に3万3069社存在していることが明らかになっている。これらの長寿企業は，ほとんど例外なく同族企業である。

　最古の企業は578年創業の社寺建築の金剛組（大阪府），次いで587年創業の華道「池坊」の池坊華道会（京都府），705年創業の旅館の西山温泉慶雲館（山梨県）と続き，創業1000年以上の企業が7社存在している。業種別にみれば，清酒製造業が850社と最多であり，次いで貸事務所業694社，旅館・ホテル693社，酒小売業693社と続く。都道府県別にみれば，東京都が3811社と最多であり，次いで大阪府2022社，愛知県1783社と続く。その他，京都府，新潟県，兵庫県等にも長寿企業は多い。

　創業100年以上の企業のうち，従業員数が10人未満の企業が半数以上を占めることから，長寿企業の多くが中小企業であることがわかる。これらの企業では，こだわりをもつ顧客や地域との人的コミュニケーションを大切にするといった中小企業ならではの独自の強みを生かし，適正規模の下，長期の時間軸で信用を高めていくという堅実な経営が行われている。

　だが中小企業だけではなく，大企業にも長寿企業は存在する。国内証券取引所に上場している創業100年以上の企業は564社存在しており，それは全上場企業3647社の15.4％になる。その中には，松井建設（1586年創業），住友金属鉱山（1590年創業），綿半ホールディングス（1598年創業），養命酒製造（1602年創業）のように，創業400年以上になる企業も存在している。

　上場企業にも長寿企業が多く存在する理由の一つに，日本では海外に比べて**企業支配権市場**が成熟していないということが挙げられる。海外を見れば，たとえば，アウディ，セアト，シュコダ，ブガッティ，ベントレー，スカニア，ポルシェといった伝統ある企業が，フォルクスワーゲンに買収され傘下に入っている。これらは，フォルクスワーゲン・グループのブランドとしては存続し

▶**東京商工リサーチ**
帝国データバンクに次ぐ国内第2位の信用調査会社。国内外の企業情報に基づく各種データベース等を公開している。

▶**企業支配権市場**
⇨ Ⅶ-4 「問われる「企業は誰のものか」」

ているものの，独立した会社ではなくなっている。

　上場している長寿企業の多くには，持合い株主，同族，持株会，財団といった安定株主が確保されており，外部の株主や株式市場からの過度な干渉が抑えられているという特徴がみられる。それによって，経営者は短期の業績や株価の変動に振り回されることなく，市場原理より経営理念を重視した経営を展開し，長期的な繁栄を目指すことが可能となっている。

❷ 長寿企業の特徴

　長寿企業には，共通するいくつかの特徴がみられる。

　第一に，経営理念が明確に定められているという点である。長寿企業では，社会における自社の役割や存在意義が明確に認識されており，それを基軸にしたぶれない経営が世代を超えて展開されている。例えば，2018年に創業100年を迎えるパナソニック（旧・松下電器）では，1929年に創業者の松下幸之助が示した「産業人たるの本分に徹し，社会生活の改善と向上を図り，世界文化の進展に寄与せんことを期す」という理念が，現在も「私たちの使命は，生産・販売活動を通じて社会生活の改善と向上を図り，世界文化の進展に寄与すること」という表現で受け継がれているのであり，「企業は**社会の公器**である」とする姿勢が一貫して維持されている。

　第二に，本業重視の経営が展開されているという点である。多くの長寿企業には，長い歴史の中で培った中核事業がある。適正利益を確保しながら，家業を継続し**暖簾**を守っていくことこそが最優先課題であると考えられている。それゆえ，本業以外の事業への進出には慎重である。バブル期でさえ，多角化に乗り出した企業は少なく，経営資源を本業に集中させる傾向がみられる。

　第三に，「守るべきところ」（伝統の固守）と「変えるべきところ」（革新）とのバランス感覚に長けているという点である。伝統を守ることは不変を意味するわけではない。長寿企業には，次世代に伝えるべき伝統を守り，本業を基軸としながらも，従来の製品や方式に固執するのではなく，経営環境や市場の変化に応じて新製品を投入したり業態を変化させていくという柔軟性がみられる。暖簾に胡坐をかくのではなく，絶えず時代に合わせ革新を行い，顧客のニーズに合った商品を提供してきたからこそ，長寿企業たりえてきたといえる。

　第四に，社会との長期的関係の構築を重視しているという点である。長寿企業の中には，地域の雇用問題への貢献，福利厚生の整備，環境問題への取組み，地域の祭事への参加，災害時の支援活動等，独自の社会的取組みに熱心に着手している企業が数多く存在している。目先の利益以上に，顧客，従業員，出資者，取引先，地域社会等，様々な利害関係者との共存共栄の関係を重視しているのであり，そのことが結果的に企業の中核的な強みと結びついている。

▷社会の公器
「企業は社会の公器である」とは，パナソニックの創業者・松下幸之助の言葉として有名である。企業は単独で存在するものではなく，経済活動を通じ，自らの社会的使命を果たすことで存続・発展していく。それゆえ，企業には社会に対し貢献する責任があるという，企業と社会の共栄共存の考えを示した言葉である。

▷暖簾
長い歴史の中で築き上げてきた実績や顧客からの愛顧などに裏打ちされた企業の信用，格式，ブランドといった無形の財産のこと。

コラム-3

イノベーションとコーポレート・ガバナンス

◯イノベーションのジレンマ

「大企業は新興市場への参入が遅れる傾向にあり，その結果，既存の財・サービスより劣位ではあるがイノベーティブな財・サービスを開発，提供する新興企業に大きく後れを取ってしまう」という考え方がある。C. クリステンセンが提唱したこの考え方によれば，大企業は現在の顧客に向けた既存の財・サービスを充実させることで目の前の収益を計算できるが，他方で，新たな事業や技術の開発を行うと既に展開している自社事業との衝突を起こしかねないことから，新技術を使った財・サービスの「新たな需要」に目が届きにくくなる。その結果，新興市場への参入が遅れてしまうので，イノベーティブな新事業は新興企業が担うことが多いという。

一方で，新興企業は社会に対応する能力が十分に成熟しないまま，組織としての拡大をひたすらに追い求めてしまうことがある。事業の拡大，財・サービスへの資源の集中投入にのみに注力してしまった結果，企業統治や企業倫理あるいは CSR の側面から批判を浴びるケースもある。

◯ウーバー・テクノロジーズ社の光と影

ライドシェア（相乗り）事業の最大手企業である，ウーバー・テクノロジーズ社（以下ウーバーと表記）のケースをみてみよう。

ウーバーは2009年に2人の起業家が創業した，シェアエコノミーの旗手との評価を得ている米国の新興企業である。同社の事業は世界中に広がり，会社としての評価額は2017年7月時点で680億ドルにまで膨らんだ。

しかし，ロイター他の報道によれば，同社は非常に好戦的な手法でビジネスを進め，各地で法律を守らないこともあったという。

ウーバーにはこれまで，コアヴァリューと呼ばれる14の指針があった。例えば "Winning：Champion's Mindset（勝利：チャンピオンの思考）" や "Always Be Hustlin（常に〔際どい事をしたとしても〕結果を出そうと頑張る者であれ）" などである。英紙ガーディアンによれば，同社は特に「実力主義」を標榜し，優秀な人間はたとえ誰かを踏み台にしても，努力に応じてトップに立てるという考え方を重視していた。

しかし，こうした社風を築き，創業者 CEO として会社を率いてきたカラニック最高経営責任者（当時）は，自身の社員に対するセクシャルハラスメン

トを暴露され，またこれを隠蔽するウーバーの企業体質も問題となった。2017年6月には主要な投資家らから彼の辞任を求める共同書簡が発行され，カラニック氏はCEOを辞任した。9月には安全対策に問題があるとしてロンドンではウーバーの営業免許を更新しない措置が取られ，日本経済新聞によれば，11月にはカラニックCEO時代に顧客とドライバーの約5700万人分の情報がハッカーによって奪われ，しかもこの個人情報流出の事実を同社は1年以上にわたって会社ぐるみで隠蔽して利用者や当局に報告していなかったばかりか，情報を盗んだハッカーに情報漏洩を口外しないことやデータを削除することと引き換えに10万ドルを支払っていたことが報じられた。

また，他社からは自動運転に関する基幹技術を盗まれたとしてサンフランシスコ連邦地裁に提訴され，法廷に提出された文書によって疑惑が次々に示された。この中で，「ウーバーには知財盗用を目的とする専門のセクションがあった」とする文書も明らかにされた（本件は和解で決着）。

○ 問われるIT企業の企業統治と倫理

ウーバーに起きた事件は，まだ全てが明らかにされたわけではない。他社の情報を集めることや自社の機密性を高めることそれ自体は，経営戦略上必要だろう。しかし，他社の知的財産を盗み，それを自社のサービスに利用することは不正競争を防止する法律に違反するのみならず，情報の取扱い方如何によってはネット社会そのものの存立を危うくする。

ウーバーのみならず，GAFA（Google, Apple, Facebook, Amazon）に代表される巨大IT企業は新技術を持った新興企業を傘下に収め，個人の情報を大量に吸い上げる。特にこうした企業は，事業を通じてつながる対象となる利害関係者の質と量とが膨大なものになるだろう。今後，望もうと望まなかろうと生活とネットとの関わりはますます強くなり，我々はありとあらゆる場面で個人情報とプライバシーとの問題に直面する。

イノベーションを起こす力を秘めている新興企業はIT企業に限らずたくさんある。しかし，何のための，そして誰のためのイノベーションなのか，という根源的課題を忘れた事業展開は，結果的に市場から自らを退出させることにつながるのである。

第3部 コーポレート・ガバナンスの国際比較

guidance

　第2部で日本のコーポレート・ガバナンスについて学びましたが，第3部では国際比較という視点から米国（XI章），ドイツ（XII章），英国（XIII章），北欧（XIV章），韓国（XV章）そして中国（XVI章）のコーポレート・ガバナンスについて学びます。一般に米国や英国のアングロサクソン諸国においては「市場志向型コーポレート・ガバナンス」，ドイツ・北欧等の欧州大陸諸国においては「機関志向型コーポレート・ガバナンス」と呼ばれることもありますが，それぞれの国でコーポレート・ガバナンスは異なっています。また今日では韓国の財閥中心の産業システムの下でのコーポレート・ガバナンスのあり方がサムソンや現代自動車の急速な成長とともに注目されています。さらに今日では世界第2位の経済大国に躍進した中国のコーポレート・ガバナンスも注目されています。こうした各国のコーポレート・ガバナンスがいかなる特徴をもち，いかなる課題を抱えているのかを学びます。

第3部　コーポレート・ガバナンスの国際比較

XI　米国のコーポレート・ガバナンスの動向と課題

米国のコーポレート・ガバナンスの歴史

1　米国におけるコーポレート・ガバナンスの概念の生成

　米国において1860年代までに株式会社制度が普及したのは，繊維産業と鉄道部門だけであった。これらの産業では多くの資本が投入され，規模の拡大が顕著に現れていた。それに伴って会社の経営は複雑化し，専門経営者が誕生した。南北戦争（1861～1865年）以後の第二次産業革命とともに，急速に産業化・近代化が進み，大量の資本が必要とされることとなった。こうした背景の下，少数の個人大株主から多くの個々人に株式が所有される小株主へと株式所有の分散化が生じ，所有と支配の分離が顕著となった。

　1929年10月，ニューヨーク州ウォール街の株式市場の大暴落を契機に世界規模の経済不況が発生した。この世界恐慌の原因の一つとして指摘されたのが，企業の情報開示の不備や証券会社による株価操作の横行であった。そのため，1934年7月，投資家保護を目的とし，インサイダーなど証券取引の違法行為を監視する連邦政府機関として，米国証券取引委員会（US Securities and Exchange Commission：SEC）が設置された。世界恐慌以降，創業者の所有株式が個人株主へと分散したことが影響し，経営者への支配権の集中は1950年代まで継続した。

2　1950年から1970年代の株主反革命：機関投資家，年金基金の出現

　1950年代後半以降，株式の所有構造は個人投資家から年金基金や**ミューチュアル・ファンド**を含む機関投資家へと変容し，それに伴って機関投資家の株式市場における影響力が拡大した。［例えば，バーリは1959年に『財産なき支配』の中で，金融機関への株式集中が進み，金融機関，とりわけ機関投資家による支配が台頭したこと，それによって所有と支配が再び統合するであろうと主張した。また，ドラッカーは，『見えざる革命（The Pension Fund Revolution）』の中で，アメリカの年金基金が全産業の株主の3分の1を所有していることを明らかにした。］こうした動向は，株主反革命と呼ばれている。こうした背景から，株主を中心的な利害関係者とする株主重視経営の立場が確立した。

　1970年6月には，**ペンセントラル社**が経営破綻した。同社では社外取締役が採用されていたにも関わらず，経営者に対する監視機能が働かなかったとされ

▷**ミューチュアル・ファンド**
⇨ Ⅳ-1「経済の金融化の背景」

▷**ペンセントラル社**
（Penn Central Transportation Company）
1968年にペンシルバニア鉄道とニューヨークセントラル鉄道が合併し，誕生した米国の鉄道事業会社である。米国北東部は人口密度が高く，短距離輸送が収入源であった。しかし，当時の鉄道事業は厳しい規制を受けており，旅客や貨物の運賃を柔軟に変えることができなかった。また，州間高速道路網の建設が認可され，短距離輸送における競合他社であるトラックやバス事業に有利な状況であった。そのため，同社は合併からわずか2年後の1970年6月21日に経営破綻した。当時の米国史上最大の企業倒産であった。

▷**ウォーターゲート事件**
1972年，ニクソン大統領の再選委員会が違法政治献金を企業に要求し，この要求にアメリカン航空，ミネソタ・マイニング・マニュファクチュアリング（3M），ガルフ石油などが応じ，その資金が当時ウォーターゲート・ビルにあった野党民主党本部に侵入し，盗聴

る。一方，1972年にSECは米国上場企業に対し，取締役会内に独立性の高い社外取締役で構成された監査委員会を設置することを要求した。また，同年に**ウォーターゲート事件**が発生した。1976年には，ロッキード社による日本への賄賂事件なども発覚している。こうした状況から，1977年，内部統制に関する法的規定（The Foreign Corrupt Practices Act：FCPA，海外腐敗行為防止法）が初めて制定された。

3　1980年代のM&Aブーム

1980年代後半の米国では，株式の大量取得により好ましくない経営者の支配権を奪う敵対的企業買収の手法が増加した。これに対して経営者は，**ポイズン・ピル**や**ゴールデン・パラシュート**などの多様な買収防衛策を採用した。買収コストを高めることによって買収を断念させる様々な買収防衛策は，経営者を守るエントレンチメントとしての特徴を有したため，経営者に対する取締役会の監視機能が十分に働かなくなった。

4　1990年代の経営者解任の増加

1993年には，年金基金，ミューチュアル・ファンド，保険の三つの機関投資家が，株式市場の約47％を占め，機関投資家の株式保有が個人投資家を超える状況にまで株式の所有構造が変容した（**資料XI-1参照**）。

こうした中で，機関投資家のプレッシャーによって買収防衛策を撤廃する企業が出始めた。また，多くの州で反企業買収法（anti-takeover statute）が制定され，敵対的買収は急速に衰退していった。GM，IBM，アップルコンピューター，アメリカン・エキスプレス，プロクター・アンド・ギャンブル（P&G）などでは，**カルパース**など機関投資家の主導による経営者解任劇が断行された。このことは，経営者支配が衰退し機関投資家の支配力が高まったことや，機関投資家ないし社外取締役が経営者の任免に果たす影響が増してきたことを表わしている。

器を仕掛けた政治スパイの資金として使われた事件である。

▷**ポイズン・ピル**（poison pills）
予め既存株主に発行した新株予約権を一定の自社株が獲得されてしまった際に発行し，敵対的買収者の株式所有比率を下げることで支配権を弱める買収防衛策をいう。⇨ XX-3「敵対的企業買収と買収防衛策」，XXIII-2「ESG投資のアプローチ」

▷**ゴールデン・パラシュート**（golden parachutes）
予め取締役の退職金報酬を高額に設定する買収防衛策をいう。
⇨ XX-3「敵対的企業買収と買収防衛策」

▷**カルパース**（The Californian State Employees Pension Fund：CalPERS）
米国カリフォルニア州の公務員退職年金基金で，公的年金の中では米国最大である。

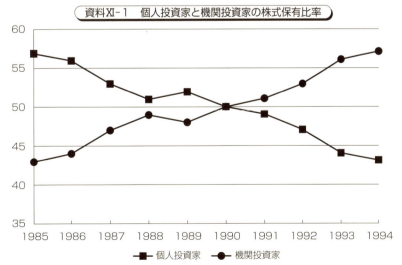

資料XI-1　個人投資家と機関投資家の株式保有比率

（注）アメリカ最大1,000社。
出所：Useem, M. (1996) *Investor Capitalism : How Money Managers are Changing the Face of Corporate America*, Basic Books : Arizona, p. 26.

第3部 コーポレート・ガバナンスの国際比較

XI 米国のコーポレート・ガバナンスの動向と課題

 2 米国のコーポレート・ガバナンスと企業不祥事

▶エンロン社（Enron Creditors Recovery Corporation）
エンロン社は，1985年7月にインターノース社（InterNorth）がヒューストン・ナチュラルガス社（Houston Natural Gas）を合併し，ガス・パイプライン会社として設立された。設立以降の同社は，米国テキサス州ヒューストンに拠点を置き，エネルギー事業とIT事業（電力と天然ガスの卸売業）を主な事業としていた。社員数約2万1000名，売上高1110億ドル（2000年度）の大企業であった。フォーブス誌上では米国で最も革新的な企業に1996年から2001年までの6年間連続で選出されてきたが，巨額の不正会計により2001年12月2日に破綻した。当時の会長兼CEOは，ケネス・レイ（Kenneth Ray：1942-2006）。この不正会計事件には，アーサーアンダーセン，メリルリンチ証券，Pモルガン・チェース投資銀行，シティグループなど複数の企業が関与していた。

▶特別目的会社
特別目的事業体（Special Purpose Entity：SPE）は，不動産や債権などの資産を担保に有価証券を発行し，資金調達するために設立される会社をいう。SPEは，

① 2000年代の不正会計事件

2001年，**エンロン社**による不正会計処理が発覚し，同年12月2日に経営破綻した。エンロン社は，エネルギー業界の規制緩和に乗じて，天然ガス，パイプライン，電力，電気通信などの新事業へ参入した。当時の投資家らはこれを高く評価したため，同社は格付けと株価を意識し，積極的な先行投資や海外市場への参入を展開した。しかし，エネルギー価格の不安定さや海外投資の回収率の低さから，同社は多額の負債を抱えることとなった。そのため，エンロン社では映画『スターウォーズ』の登場人物を社名とした実体のない**特別目的事業体**を複数設立し，その資産などを売却して架空の利益を計上するという不正会計処理などが行われていたことが，従業員による内部告発によって発覚した。

エンロン社は，**アーサーアンダーセン監査法人**に会計監査を依頼していたが，同監査法人はエンロン社から経営コンサルティングも依頼されていたため，監査機能が十分に果たされなかった。また，エンロン社の取締役会の86％は社外取締役であったが，同社から便宜を受けて独立性を失っていたため，経営執行の監視・監督が十分に機能しなかった。さらに，格付け会社はエンロン社の破断寸前まで，同社の社債や株式を投資適格と評価していた。

2002年7月には，ワールドコム社（Worldcom）が粉飾決算による不正会計処理により経営破綻した。2008年にリーマンブラザーズが倒産するまで，アメリカ最大の負債総額での経営破綻であった。同社はエンロン社と同様に，アーサーアンダーセンに会計監査を依頼していた。2001年5月，ワールドコム社は119億ドルの債券を発行した。これに際して，格付け会社のS&Pはワールドコム社の債券を投資適格のBBB＋と格付けし，ムーディーズはA3と格付けした。その1年後，格付け機関によるワールドコム社の高評価が同社の大規模な資金調達を可能にしたにもかかわらず，ワールドコム社の総負債額300億ドルが大きすぎるという理由から，一斉にワールドコム社の債券を格下げした。その翌月，ワールドコム社は直近5四半期において不正に営業費用を設備投資として計上していたことを開示した。さらに数カ月後には，同社において数十億ドルの不正会計が発覚した。

2 SOX法の制定

エンロン社やワールドコム社など相次ぐ会計不祥事の防止策として，2002年7月，ブッシュ政権時に民主党上院議員ポール・サーベンスと共和党会員議員マイケル・オクスリー主導の下で企業改革法，通称サーベンス・オクスリー法（Sarbanes-Oxley Act of 2002：SOX法）が制定された。SOX法は，全11章，69条で構成されている。SOX法の主な目的は，①取締役と代表執行役員の不正防止のための規制・開示情報の正確性の確保，②外部監査の独立性の強化，③内部統制評価報告義務と監査，④内部関係者との取引制限，⑤証券会社と企業との関係の明確化である。

3 今日の米国におけるコーポレート・ガバナンスの動向

2002年8月，ニューヨーク証券取引所（NYSE）は，コーポレート・アカウンタビリティと上場基準委員会（CALS）により提案されたコーポレート・ガバナンス改革に関わるNYSE上場規則の改定案を承認した。新たなNYSE上場規則では，既上場・新規上場企業を問わず取締役会の過半数を社外取締役とすること，監査，指名，報酬委員会のメンバーは全て社外取締役とする（従来は監査委員会のみであった）こと，**ストックオプション**など株式絡みの報酬制度を導入する際は株主総会の承認が必要なことなどが含まれた。

また，2000年代後半のサブプライム問題，2007年の世界的金融危機を契機に，2010年に金融改革法（ドッド＝フランク法）が制定された。ドッド＝フランク法の主軸は金融規制改革であるが，経営者報酬の株主総会議案化など，コーポレート・ガバナンスに関する規則も含まれている。

2017年1月，米国の主要機関投資家及び運用会社16社は，投資コミュニティのスチュワードシップ（受託責任）及びコーポレート・ガバナンスの推進のために投資家スチュワードシップ・グループ（ISG）を設立し，米国の機関投資家向けにスチュワードシップ・コード及びコーポレートガバナンス・コードを制定した（2018年1月1日施行）。米国では，政府主導によるスチュワードシップ・コードやコーポレートガバナンス・コードは制定されていない。ISGは，米国上場企業に対して，2018年の株主総会までに同原則に対応していくことを求めている。

今日，従来の社外取締役を主とした取締役会ないし市場に加えて，メディアやNPOなど直接的な所有権を持たない利害関係者による監視や牽制がコーポレート・ガバナンスにおいて注目されている。例えば，2000年代に相次いだ企業不祥事以降，CEOに対する監視や経営者報酬に関するメディアの注目が高まった。また，企業の不正行為は，社内外のソーシャルメディアを通じて，従業員によってリークされつつある。

事業目的ではなく，資産を保有する器として機能することを目的としている。会社は保有する資産をSPEに譲渡することにより，その資産を会社本体から分離することが可能である。また，SPEは譲渡された資産を証券化して資金調達をすることができる。こうしてSPEを利用することにより，会社は財務指標の改善，資金調達の効率化やコスト削減を図る。

▶アーサーアンダーセン監査法人
米国イリノイ州シカゴに拠点を置く世界5大会計事務所の1つであった。2002年6月，エンロン関連文章破棄による証拠隠滅により，ヒューストン連邦地裁で有罪判決を受けた。同年8月，米国における監査法人の免許を放棄し，同社は解散した。

▶ストックオプション
⇨ prologue「コーポレート・ガバナンスとは何か」，Ⅶ-4「問われる『企業は誰のものか』」，Ⅸ-2「経営者報酬の種類」，XIX-3「自社株買いと株主還元」

XI 米国のコーポレート・ガバナンスの動向と課題

米国のコーポレート・ガバナンスの特徴

1 会社機関構造

▷エージェンシー関係
⇨ Ⅳ-2「新制度派経済学とコーポレート・ガバナンス」

▷米国の取締役会
⇨ Ⅱ-4「米国の巨大株式会社と会社機関」

▷業務執行責任者（Officers）
CEO, COO, CFO以外に最高技術責任者（CTO），最高情報責任者（CIO）や最高倫理責任者（CEO）を置く企業も多い。それ以外に多数の執行役員が任命され，これらは副社長（Vice President）となる。

米国のコーポレート・ガバナンスは，**エージェンシー関係**に基づき会社の出資者である株主の利益を最大化するべくリスクテイクを奨励する経営が行われているか，経営者を監視・監督または助言することを目的とする。米国の株式会社は，一般的に所有と経営は分離しており，株主総会，取締役会，最高経営責任者（CEO）などの機関が設けられている。また，株式会社の経営は，株主総会が選任する取締役により執行される旨が州法である会社法において規定されている。今日における**米国の取締役会**では，以下のような特徴がみられる。

第一に，取締役会は経営の執行と監視・監督の役割を担っているが，多岐にわたる業務執行とそれを監視することは困難なため，監視機能と業務執行機能は分離されている。そのため，取締役（directors）と**業務執行責任者**の区別は明確である。一方，CEOのみでは取締役会における取締役達への説明に十分に対応することが困難なため，最高業務執行責任者（COO）と最高財務責任者（CFO）は取締役を兼務することが多い。

第二に，米国の取締役会は意思決定の迅速さが要求されるため，平均11〜12人の少数の取締役によって構成されている。

第三に，取締役会における社外取締役の構成比率が高い。その理由として，SOX法の制定により取締役会の過半数の社外取締役構成が義務づけられたことや，ニューヨーク証券取引所（NYSE）の上場規則が改正され，取締役会の独立性が厳格化されたことが挙げられる。

第四に，議長取締役（presiding director）や筆頭取締役（lead director）の導入である。これらは会社法では規定されていない私的な地位を意味しており，会長兼CEOへの権力集中を軽減させることを目的としている。議長取締役は，エグゼクティブセッション（executive session）と呼ばれる非業務執行役員ないし社外取締役に限定された会合において議長を務める。筆頭取締役は，議長取締役の役割に加えて，会長兼CEOと社外取締役の対話を促進する役割を担う。

第五の特徴は，取締役会内に設置される各委員会に関する規定が具体的なこと，そして社外取締役の活動が活発なことである。例えば，NYSE上場規則では，取締役会内に設置される委員会の構造やその役割が詳細に規定されている。最も一般的な委員会は，監査委員会（audit committee），指名・企業統治委

104

員会（nominating and corporate governance committee），報酬委員会（compensation committee）である。監査委員会の役割は，会社の財務諸表を監査する外部監査人を選任し，監査人が業務を遂行しているか確認することである。指名・企業統治委員会は，空席となっている取締役の候補者の推薦や取締役を評価することを主な任務とする。報酬委員会は，給与，ストックオプションを含むインセンティブ，退職金，年金など，役員報酬の設計を担当する。なお，監査委員会，指名・企業統治委員会，および報酬委員会の構成員は，**SOX法**の規定により，すべて社外取締役でなければならない。

❷ 市場型コーポレート・ガバナンス

米国では，法規制や株式市場を通じて経営者や取締役会の適切な意思決定を監視・監督する**市場型コーポレート・ガバナンス**が主要な方法とされる。1980年代以降，米国における株式市場は，保険会社，ミューチュアル・ファンド，カルパース（CalPERS：カリフォルニア州公務員退職年金基金）などの年金基金，財団基金，大学基金など機関投資家によるプレッシャーが顕著に見られるようになり，コーポレート・コントロール市場として捉えられている。

❸ 取締役会構成のダイバーシティ

米国企業の取締役は，最高意思決定機関である株主総会において選任されるが，取締役会の過半数以上は**社外取締役**によって構成されるのが一般的である。また，機関投資家の主導により，取締役会構成におけるダイバーシティが進展している。例えば，2017年8月にカルパースは，**ラッセル3000指数**に採用されている504社に対して，取締役会のダイバーシティに関する情報開示を求める書簡を送付した。カルパースは以前より，性別，年齢，性的志向，文化・民族，歴史的に過小評価されているグループなどのダイバーシティ推進を掲げている。今日において，米国大企業の56％は3人以上の女性取締役を採用している。また，2015年から2016年の1年間で，米国企業の25％において女性取締役が新たに選任されている。

❹ ハードローとしての法制度・法規制

米国では2000年代前半の企業不祥事や2000年代後半の経済危機を契機として，企業が取るべき行動について法規制により詳細に定めて適用を義務づけるという規則主義の制度改革が行われている（例えば，SOX法）。

米国の法制度の特徴として，直接的な罰則は科せられない努力義務を前提とした**ソフトロー**ではなく，直接的な罰則による監視強化を目指した**ハードロー**に基づくことが挙げられる。

▷SOX法
⇨Ⅷ-3「外部監視の多様化」，Ⅺ-2「米国のコーポレート・ガバナンスと企業不祥事」

▷市場型コーポレート・ガバナンス
⇨第Ⅷ章「外部監視とコーポレート・ガバナンス」

▷米国の社外取締役
米国では，社内か社外であるかだけでなく，第三者（independent）であるかが問われる。そのため，株主総会資料（proxy statement）や有価証券報告書（annual report）には，取締役の経歴や特性が詳細に情報開示されている。

▷ラッセル3000指数
ラッセル米国株インデックスの一つで，アメリカ株式市場の代表的な株価指数をいう。

▷ソフトロー
企業や個人に対して拘束力が緩やかな法律や規則，または社会的規範をいう。ハードローと異なり事実上の強制力を有するに留まり，強制的な執行が行われるものではない。⇨Ⅷ-1「外部監視と内部統制」，Ⅷ-3「外部監視の多様化」

▷ハードロー
企業や個人に対して法的拘束力を有する法律や規則をいう。⇨Ⅷ-1「外部監視と内部統制」，Ⅷ-3「外部監視の多様化」

XI 米国のコーポレート・ガバナンスの動向と課題

 米国型コーポレート・ガバナンスの限界と課題

▷エリサ法
1974年制定。年金基金及び受託機関の受託者責任を明記。企業年金加入者の受給権保護を目的とした連邦法。⇨ IV-1「経済の金融化の背景」も参照。

▷エイボンレター
1988年、米国労働省は、エイボン社からの企業年金の質問に対する回答書で、株主利益の観点から議決権を行使することは受託者責任の範囲内にあるとして、これまで禁じていた議決権行使を公的に認めた。

▷株主行動主義
⇨ II-1「株式会社と会社機関」、IV-1「経済の金融化の背景」、XV-3「韓国企業の外部監視」

▷四半期決算
米国の株式市場に上場する企業は、米国会計基準（US-GAAP）に準拠した業績報告書を作成・提出する必要があり、年次の業績報告書とは別に、四半期ごとの業績報告書の作成・提出も求められる。

▷役員報酬
ヤフーのCEOマリッサ・メイヤーは4208万3508ドル（約44億6100万円）、ウォルト・ディズニーのCEOボブ・アイガーは4370万1750ドル（約46億3200万円）、オラクルのCEOラリー・エリソンは6726万1251ドル（約71億円）、マイクロソフトの最高経営責任者サティ

1 株主行動主義と短期的利益志向経営

　米国では従来、株主は投資先の経営に関して不満があれば、所有する株式を売却することによって不満を解消するウォールストリート・ルールの考え方が浸透していた。これは、株式市場を通じて間接的に投資家としての意見を投資先の企業に主張することを意味する。しかしながら、1980年代以降の米国では機関投資家の資産規模が拡大した。また、**エリサ法**による分散投資の義務づけによって株式の長期保有かつ分散投資が求められ、**エイボンレター**により議決権行使が公的に認められると、株式を売却し退出（exit）せず、発言（voice）を選択し、経営者に対する影響力を行使するようになった。1990年代前半には、カルパースなどの後押しを受けて、GMやIBMなどのCEOが解任された。このように、投資家が株主としての利益を守るために積極的に行動する**株主行動主義**は、短期的利益志向経営へと誘引することとなった。1年を4期に分け3カ月ごとに業績を開示する**四半期決算**制度は、コーポレート・ガバナンスを遵守するために経営者に対して説明責任を課す当然の帰結であるとされる。

　一方、短期的利益志向が業績にもたらす影響について活発な議論が展開している。マッキンゼー・グローバル・インスティチュート（MGI）による米国上場企業615社の2001年から2015年までの財務データを用いた分析の結果、長期志向の企業は短期志向の企業より、売上、利益、EVA、時価総額の全ての面において上回ったことが明らかになった。例えば、AT&T、アマゾン、ユニリーバなどは、長期志向の経営を主軸としている。近い将来、米国企業の経営者達は株式市場からの強いプレッシャーに抵抗し、長期的な価値創造に取り組み始めるかもしれない。

2 役員報酬

　世界的に企業の役員報酬額は上昇傾向にあるといわれているが、とりわけ米国企業の経営者は巨額の**役員報酬**を得ている。米国のコーポレート・ガバナンスの特徴とされる短期的利益志向経営は、経営者の役員報酬と結びついている。経営者は、基本給の他に過年度における業績に応じて報酬を受ける。また、株価を上昇させるべく経営を行うよう、ストックオプション制度が付与される。そのため、こうしたインセンティブ報酬を求めて経営者が短期的な収益拡大を

XI-4 米国型コーポレート・ガバナンスの限界と課題

追求すると，これがリスクテイク要因となりうる。今日，株主利益に反する経営者の過大なリスクテイクに対してコーポレート・ガバナンスを機能させるために，経営者の報酬管理の仕組みが課題とされている。SEC規則やドッド＝フランク法では，米国上場企業では役員報酬の決定について株主総会での株主投票の実施（Say on pay）を義務づけている。投票結果に拘束力はないが，結果として役員報酬に対する業績連動性がより高まったとされる。

③ 州ごとに異なる法制度

米国の法制度は連邦法と各州法から構成されており，会社法は州法により規定される。そのため，会社法は州ごとに異なる。会社は自身に有利な法制度を整備している州を設立準拠法として選択するため，会社の設立拠点が一部の州に集中する傾向がある。設立拠点となった州は，事業免許税を得ることが可能である。従来はニュージャージー州を設立地として選択する会社が多くみられたが，近年多くの米国の会社（アメリカ上場会社の半数以上）が**デラウェア州**で設立されている。また，デラウェア州に次いで，フロリダ州，カリフォルニア州，ニューヨーク州，テキサス州が設立州として選ばれている。

④ 独立性とコラボレーション

今日における米国のコーポレート・ガバナンスは，直接的な罰則による監視強化を求めた**SOX法**により不正会計が相対的に低下し，投資家の信頼が回復したとされる。そのため，取締役，とりわけ社外取締役が経営に対する助言に従事することがコーポレート・ガバナンスの問題として求められ始めている。

社外取締役の積極的採用を義務づけるアメリカのコーポレート・ガバナンスは，部外者が有する独立性は客観的な評価を可能にするという前提に基づき，CEOに対する取締役の社会的独立性は企業の戦略策定における取締役会の有効性を高め，CEOに対する取締役の独立性の欠如は意思決定における取締役の受動性を助長させるとされてきた。また，CEOと親密な個人的関係を持つ社外取締役は，監視に従事することが出来ないと捉えられている。しかしながら，取締役は監視の行使だけでなく，助言にも従事する。社会的な結びつきは，必要に応じて助言を得やすい上に，支援の依頼にも積極的に応じられる。ある学術研究では，社外取締役がCEOに対して社会的独立性を有する場合，監視効果は高まるが，戦略上の問題に対する助言の頻度が減少することが分析されている。一方，CEOに対する取締役会の監視レベルは，社会的類似性を持たない独立性の高い社外取締役に助言を求める程度に比例し，こうした外部からの助言を求める行動が，結果として取締役会による監視レベルと企業業績を高めているという指摘もされている。

ア・ナデラは8430万8755ドル（約89億円），グーグルCEOのサンダー・ピチャイは1億9900万ドル（約210億円）の役員報酬を得ている（2016年度）。⇨第IX章「経営者報酬とコーポレート・ガバナンス」

▷ **Say on pay**
経営者に支払われる報酬（pay）に対して，株主が意見をいう（say）制度をいう。役員報酬に関する議案が株主総会に提出され，株主投票が行なわれる。米国では役員報酬に関して個別の情報開示や報酬委員会の判断を受けていたが，株主が役員報酬の決定に関与する仕組みはなかった。なお，Say on payを最初に実施したのは英国である。⇨ XIII-2「ESG投資のアプローチ」も参照。

▷ **デラウェア州（会社法）**
米国では実際に事業を営む州と法人を設立する州は同一である必要がない。デラウェア州では，法人課税がない。また，デラウェア州の会社法は，経営者に広い裁量権が与えられていること，判例が多く訴訟問題に発展した際に判断基準が明確で迅速に解決できる法制度が整備されている。そのため，米国を拠点とする株式会社の半数以上がデラウェア州の会社法に準拠して設立されている。⇨ I-2「株式会社の歴史」

▷ **SOX法**
⇨ VIII-3「外部監視の多様化」，「XI-2「米国のコーポレート・ガバナンスと企業不祥事」

XII ドイツのコーポレート・ガバナンスの動向と課題

1 ドイツ企業のコーポレート・ガバナンスの特徴

▷**監査役会**
監査役会の主たる任務は，大きく分けて以下の項目である。
　①取締役会構成員の選任及び解任。②取締役（会）の業務執行に対する監査。③会社の指揮に関する取締役会との協議及びそれに対する助言の付与。④当該企業にとって重要であるとみなされる決定，及び年度決算書の確定への参加。

▷**ユニバーサル・バンク・システム**
⇨ XII-2「機関志向的コーポレート・ガバナンスの変容」

▷**二元的企業観**
企業を，株主の利益を中心にしつつも労使の利害調整を重視する制度と捉える考え方。

▷**機関志向的企業統治**
監査役会の構成からも推察されるとおり，銀行，事業会社あるいは労働組合といった様々な機関が，企業統治の主体として位置づけられることから導出されたモデル。労使の利害調整が，大きな企業目的の一つになる。

▷**市場志向的企業統治**
この企業統治メカニズムでは，企業業績が低下した場合，株主は市場を通じて当該企業の株式を売却する行動に出る。株価の低下は株式発行による資金調達額を低下させ，同時に株式を担

1 ドイツの企業統治の特徴

　1990年代後半以降，世界の資本主義化の進展に伴う企業活動のグローバル化と，そこから生じる様々な環境変化を受け，企業とりわけ株式会社そのものへの関心が世界中で高まった。こうした動きと連動するように，様々な国や地域で企業統治問題に注目が集まり，同時にこの見直しの議論が展開された。ドイツでも経済活動のグローバル化の進展を背景とする資金調達，その他の要因から企業に対する資本市場からの圧力が高まったこともあって，会社は誰のものか，あるいは誰のためのものなのか，といった命題が政官財界で大きく取り扱われ，この時期から急速に企業統治改革への対応が求められたこともあって，特に「労使共同決定制度」や**監査役会**の役割をめぐる議論が進められた。

　ドイツ企業の企業統治モデルの特徴をいくつか挙げるとすると，まずトップ・マネジメント構造が二層式であり，企業統治のスタイルが「機関志向的」であるという点が挙げられる。これを可能にしている大きな要因は，先に触れた「労使共同決定制度」である。

　また，産業界に対する銀行の影響力を強大なものにした「寄託議決権」も重要なポイントである。銀行が**ユニバーサル・バンク・システム**を採用していることを一因とするこの制度は，銀行が産業会社に対して保有する力（Macht der Banken〔銀行の権力〕）の源泉となった。銀行から産業企業へと流れる資本と人とを通じて確立される「金融支配」の視座は，ドイツの企業統治をめぐる議論の中でも特に重要な論点となり，監査役会の構成やその機能といった個別具体的な課題とともに，様々な次元で議論されてきた。

　この1990年代から現在までのドイツの企業統治改革の一連の過程を振り返り，ドイツでの企業統治制度の改革における具体的動向とはどのようなものであったのかと問われれば，一つには市場や企業領域関連の法改正や企業統治規範の策定が挙げられよう。ハードローとソフトローとの両面から進められた企業統治改革の中で，会社機関，特に監査役会のあり方や共同決定の再評価が議論された結果，法改正とともに「企業統治規範（Kodex）」も策定された。

　さて，本章では企業統治のドイツモデルを考察する上での重要なテーマを以下において個別に確認しつつ，その動向と課題とを概観することを目的としていることから，まずは企業観（企業概念）という考え方を確認しておこう。

ドイツでは，企業とは利潤追求という側面のみならず，労働者の権利や立場を含みおいた，労使間の利害調整の場であるとの考え方に基づいた「二元的企業観」という見方で説明される。これは監査役会が金融機関，事業会社あるいは労働組合といった機関を出身母体とする役員から構成されることからもみてとれる。労使それぞれの立場の機関が企業統治の主体として機能しているといえ，したがってドイツ企業の企業統治は「**機関志向的企業統治**」の特徴をもつ。

一方，「**市場志向的企業統治**」とは，一元的企業概念をもって把握される英米型企業の企業統治のやり方に則り，これをどのように行うのかという問いに対する回答としても理解できる。英米型企業は，一般的に「依頼人」としての株主の利益を極大化させるために，経営者を株主の「代理人」として位置づける。従って，株主利益をいかに確保し，また極大化できるかという視点からの企業統治が行われるため，経営者の監視あるいは動機づけを行う企業統治の主体は，市場（株主）ということになるのである。

❷ 労使共同決定制度とは

「二元的企業観」で把握されるドイツ企業の最大の特徴は，会社機関への労働者の参加である。これは労働者と資本側（持分所有者）とが，共同して企業の意思決定を司るしくみである「労使共同決定制度」にその姿をみることができる。具体的には監査役会の構成として，労働側代表と資本側代表との両サイドから同数の役員が選出される。

「労使共同決定制度」には，企業レベルのものと事業所レベルのものとがある。「労使共同制度」の枠組みの法定は様々な法律を横断的に関わるが，特に重要なものは**モンタン共同決定法**，**共同決定法**，**事業所組織法**ならびに**3分の1参加法**である。

ドイツ企業のように，会社のトップ・マネジメント機関へ労働者代表が構成員として入るような企業統治モデルは英米型にも日本型にもみられない。この意味から，ドイツでは，他のモデルと比較すると労働者利益を重視した意思決定が可能になると理解されている。

❸ 企業間の結合関係

もう一つのドイツ企業の特徴として，企業間の強固な結びつきが挙げられる。詳細は次節にて再度確認するが，大銀行ないしは金融機関が中心となって，当該産業会社の株式保有（場合によっては融資も）を通じて資本的な結合を図っている。また監査役会への役員派遣も行うことで，人的な結合関係が展開される。こうした企業間結合は産業界全体を舞台に展開され，「ドイツ株式会社（Deutschlend AG）」と呼ばれてきた。

保とした借入額をも低下させる。従って企業の資金調達手段の選択肢が狭められることから，そうした状況に陥らないように経営者は自らの行動を自己規制するという枠組みである。また，株価の低下は敵対的買収を容易にさせることから，こうした点も経営者の行動に自己抑制を与える要因となる。

▶モンタン共同決定法
従業員1000人以上の鉱山及び製鉄・製鋼業の資本会社に適用される。監査役会の構成は中立の監査役1名と労使同数の監査役から構成される。また取締役会内に置かれる労務担当取締役については，労働側監査役の同意を必要とする。

▶共同決定法
拡大共同決定法とも呼ばれ，従業員2000人以上の企業に適用される。監査役会における労働側代表と資本側代表とを同数とするが，資本側から選出される監査役会長は2票の投票権をもつことから，実質的に労使同権ではない。

▶事業所組織法
制定時には従業員500人以上の企業の監査役会に労働者代表の参加を規定するものであった。また，同法が対象とする労働者代表とは当該企業従業員代表で，労働組合代表のような企業外部の人は対象にならない。

▶3分の1参加法
共同決定の最も限定的な形態であり，労働者代表の監査役会への参加は3分の1である。事業所組織法を改正して2004年5月に施行された。

第3部　コーポレート・ガバナンスの国際比較

XII　ドイツのコーポレート・ガバナンスの動向と課題

 機関志向的コーポレート・ガバナンスの変容

監査役会と労働組合

　労使共同決定制度により，監査役会は労働者側代表監査役と資本側代表監査役とから構成される。その構成比は適用される法律によって異なるが，ここでは1976年の共同決定法適用企業を念頭に考えてみよう。

　労使の構成比は基本的には1対1になり，労働者側代表の構成員は，①一般従業員，②管理従業員，③労働組合の各部門からの代表者によって構成される。

　監査役会会長と副会長とは全構成員の中から投票，選出され，その承認には監査役会全構成員の3分の2の同意が必要となる。また，監査役会において何らかの案件を決定しなければならない際に賛否同数になった場合，監査役会会長は当該案件の決定のために2票目を投じる特権が与えられている。従って中立の監査役を1名抱えているモンタン共同決定法適用企業はこれに該当しないが，1976年共同決定法では監査役会の構成員数を労使対数に規定しているからといって，必ずしも労使対等というわけではない。労働者側の代表の選出は全て労働者の投票により，労働組合の代表は企業に代表権のある労働組合の推薦に拘束される。

　また，小規模の会社においては労働者側から選ばれる監査役の数が監査役会構成員総数の3分の1になるが，これらの企業内においては労働者側の代表機関として事業所委員会（Betriebsrat）が設けられ，社会的事項――人事以外の事柄で資本側と労働者側との関係に関する事柄，例えば労働災害，職業病予防の規制等――については資本側との共同決定権を広く与えられている。ドイツの事業所委員会は企業内の事業所（Betrieb）ごとに設けられる労働者側代表のみから成る機関であり，資本側代表はもとより，管理職員さえも含まない。この機関は労働者の利益を代表するとともに，時短や解雇等の重要事項に関して資本側と共同して決定する任務をもつ。

　近年では組織率が低下したが，依然としてドイツでは労働組合（ドイツの労働組合は日本のような企業別ではなく産業別である）の影響力が強く残っている。監査役会にも，労働組合から監査役が送り込まれる。労働組合から選出された監査役は，労働側の立場から労使の利害調整という企業目的の一つを果たすために業務執行の監督を行うことを求められているといえる。ドイツ企業が「**二元的企業観**」で説明されることが多いことの所以である。

▶二元的企業観
⇨ XII-1 「ドイツ企業のコーポレート・ガバナンスの特徴」

▶KonTraG
「企業領域における統制及び透明性に関する法律（Gesetz zur Kontrolle und Transparenz im Unter-

2 監査役会と大銀行

監査役会を構成するもう一方の側は資本側代表となる。「資本側代表」の意味するところは，端的にいえば大企業の監査役会の多くは他企業のトップ・マネジメント層に籍を置く人物から構成されているということであり，事実，大企業，とりわけ大銀行からの事業会社への監査役派遣が数多く確認されてきた。

また，資本側代表監査役は，いくつもの企業で監査役を兼任するケースも多数みられる。その兼任数には上限規制が課されるほどで，詳細は後述するが，1998年に施行された **KonTraG** による株式法第100条2項の改正によって，監査役の兼任はその兼任会社数の上限の計算に際し，監査役会議長を2社分として計算することになった。これは多数の会社の監査役員を兼任して1社毎に充分な監査が実施できないことのないように，また監査役会議長の監視・監督機能が低下することのないようにとの意図があると解される。

監査役会構成員のうち，大銀行出身者は監査役会会長に就任することが多い。例えば，高級車の代名詞たるメルセデス・ベンツで有名なダイムラー社の監査役会会長を，かつてはドイツ銀行頭取が務めていたこともあった。監査役会のこうした構成は，長い間大銀行の人的関与による当該企業への多大な影響力行使を容易にさせ，「**金融支配**」の一方の基盤となっていた。

3 資本的結合と人的結合

上述の監査役派遣による人的結合関係の構築に加え，「金融支配」を生み出しているもう一方の基盤が**ユニバーサル・バンク・システム**である。これにより，銀行による産業会社に対する直接的な株式の大量保有，さらにメインバンク（主取引銀行）として融資を通じた大量の資金供給に加え，「**寄託議決権**」制度による自己勘定分をはるかに超える議決権保有が可能となる。つまり，銀行を通して株式を購入した非金融企業，個人等は，そのまま銀行に株式の議決権を寄託することが多い。そのため銀行は，大債権者として，かつ議決権を行使する大株主として，企業に対し大きな影響力を及ぼしうる。これが銀行を中心としたドイツ企業の資本的結合と人的結合とを生み出してきたのである。

しかし，1980年代以降顕在化したドイツ企業の不祥事では，債権者でありかつ株主である銀行は本当に異なる立場の利害を調整しうるのかという基本的な疑問を生じさせた。後年，「銀行の権力」に対する警戒感からも，こうした銀行主導の企業統治の側面は見直されることになった。すなわち，大銀行と事業会社との間には，相互に資本ならびに人的な結合関係が存在する上，監査役の兼任問題も関連しすることから，監査役会による厳密なモニタリングは不可能という指摘，つまりは機関志向型企業統治の限界が数多く指摘されたのである。

nehmensbereich)」監査役会機能の見直しという視点からドイツの企業統治改革に極めて大きな影響を及ぼした法律で，国内株式市場のグローバル化に伴う投資家重視の姿勢と，企業の資金調達活動を含む企業経営に対する監督・監視機能を重視する姿勢を法律上確定したものと解される。

▷**金融支配**

「金融支配」とは，トップ・マネジメント層，とりわけ監査役会への銀行による人的，資本的関与を大きな特徴とした，金融機関による強大な影響力の行使が産業企業を中心に広範に展開されている点を指す。

▷**ユニバーサル・バンク・システム**

ユニバーサル・バンクとは，銀行や証券，信託といった各業務をすべて手がけることができる総合金融機関を指す。狭義には，ドイツ型の一つの金融機関で全ての金融業務を扱う方式を指すが，広義には同じ資本系列の個別の会社であるものの，各金融機関を別々に担当する金融機関の形態もユニバーサル・バンクと呼んでいる。これには英国型のユニバーサル・バンクが相当する。

▷**寄託議決権**

多くの一般株主は無記名株を銀行に寄託しており，その議決権の代理行使を通常，銀行に委任する。従って，銀行は株主総会当で委任された議決権を行使することで，銀行は自らの金銭的負担を負うことなく大株主と同じ権能をもつことになる。

XII　ドイツのコーポレート・ガバナンスの動向と課題

 市場志向的視点のコーポレート・ガバナンス

1　コーポレート・ガバナンス改革のための法改正

　ドイツでも1990年代以降急速に「株主価値重視」の企業経営が求められるようになった。この時期，企業の政策上，市場経済的な秩序（marktwirtschaftlichen Ordnung）に沿ったガイドラインこそが重要であるとの認識に対して，ドイツ社会でも一定のコンセンサスが得られるようになったこともあり，この概念が従前に比較してより重要視され始めたことも確かであるが，特に英国の携帯電話企業ボーダフォン（Vodafone）によるドイツの通信大手マンネスマン（Mannesmann AG）の買収事件を契機として，市場志向的な企業統治に対する受容と批判の議論が捲き起こり，様々な形での企業統治改革が指向された。

　1990年代後半から2000年代にかけて，ドイツでは企業統治改革関連の主軸となる法律が制定されている。まず確認しておく法律は，1998年4月に制定された **KapAEG** である。これにより，国際資本市場で資本調達を行うドイツ企業に対し，国内向け決算書類の作成義務が撤廃された。この措置はドイツ企業の資本調達の容易化と国際競争力の向上を後押しするものであったが，同時に企業統治上の透明性，公正性の確保をドイツ企業に促す効果も大きかった。

　KonTraGによる株式法等の改正では，監査役会の機能の見直しならびに強化を目指す条項がいくつか新設された。例えば監査役会への取締役会の報告義務強化，資本市場との対話の窓口である会計情報を取り扱う決算監査人と監査役会との関係の見直し，取締役が監査役会に行うべき報告義務が及ぶ対象を連結決算企業にまで拡大することなどである。

　2002年に発効した **TransPuG** もまた，「監査」の機能強化に寄与している。これは資本市場における円滑な資金調達を阻む要因となる不透明さの排除を狙いとしたものであると同時に，ドイツ企業のトップ・マネジメント機関の透明性と効率性とを資本市場に向けて明示するものであった。あわせて監査役会それ自体のあり方を再考することで，トップ・マネジメント機関として極めて強大な権能を保持している監査役会に対して働いていた，過大な銀行の権力を抑制するという制度改革の側面も有していた。

2　コーポレート・ガバナンス・コードの策定

　1990年代に入り，法規制のみに頼るのではなく，自己規制による「良き企業

▶ **KapAEG**
「資本市場におけるドイツ・コンツェルンの競争能力改善および社員貸付金調達の容易化に関する法律（Gesetz zur Verbesserung der Wettbewerbsfähigkeit deutscher Konzerne an Kapitalmärkten und zur Erleichterung der Aufnahme von Gesellschafterdarlehen）」資本調達容易化法とも呼ばれるこの法律は，ドイツ企業の資本調達の容易化を図り国際競争力の向上を後押しするもので，商法典第292a条（2.2）の新設によって国内外を問わず証券市場に上場するドイツ企業が国際的に認められた会計原則によって連結財務諸表を作成する場合には，ドイツ国内基準である商法典規定に基づく連結財務諸表作成義務を免除することを認めた。

▶ **TransPuG**
「企業経営の透明性と開示のための法律（Gesetz zur weiteren Reform des Aktien-und Bilanzrechts zu Transparenz und Publizität）」株主に対する情報の提供に関連して，企業に高い透明性を求めるものであり，その手段として会計監査におけるより一層の「公平性」を義務づけた。またKonTraGの発効以降，時間的経過による株式法，商

112

統治」の確立に向けた動きが活発になった。例えば上場規制の見直しや，企業統治規範の制定などである。こうしたいわゆるソフトローたる「規範」による自己規制導入の動きは世界各国でみられ，ドイツでも同様に様々な公的，私的機関が「企業統治規範」を作成・公表してきた。

この中でも特に重要なものは，2000年に連邦政府委員会である「企業統治専門家委員会」により発表された答申を受け，2001年に司法省によって招集・発足した「クロメ委員会」によって作成・公表された「**ドイツ企業統治規範**」である。この規範は，企業が遵守すべき法律上の規則と，一般的に認められている実務上の「規範」とを調整しつつまとめられたものであり，先に述べたTransPuGの発効をもって実効性を付与された。すなわち，「企業統治規範」自体は法的拘束力を付与されていないが，企業はこの規範の遵守状況を年に一度報告する義務を負うということを，TransPuGにおける同規範の遵守について新設された条文による関連諸法の改正を通じて間接的に法的拘束力を付与されることで，有効性を担保されている。こうした法規制と「規範」との関係は，「ドイツ企業統治規範」のあり方を特徴づけている点である。ドイツの企業統治改革に一定の成果を治めてきたと評価されているこの規範は，現在も改訂を重ねており，最新の改訂は2017年2月である。

③ 資金調達の多様化：株式所有構造と銀行の役割との変容

1990年代以降の個人株主の投信利用や個人年金基金の増加に支えられた機関投資家の台頭は，ドイツにおいても顕著な動きとなってきており，従来の銀行による事業会社の株式保有ならびに事業会社間相互の株式所有構造に変化を及ぼし始めた。機関投資家による資本移動の影響力を一層強く受けるようになったことにより，「機関による監視」に特徴があったドイツ企業は，「機関志向的企業統治」から，従来と比較して相対的に「市場による監視」という側面を受け入れざるを得なくなったということを表わしている。

また，NY証券取引所をはじめ，他国の証券取引所に上場する企業も増加した。企業の資金調達方法が従来の間接金融から直接金融へとシフトする動きが顕著となったことで，銀行のビジネス・モデルも変化を余儀なくされ，銀行自体が専門子会社を設立してまで様々な金融商品を取り扱うようになった。

さらに，シュレーダー政権時のキャピタルゲイン課税を一時的に撤廃する政策もあり，特に銀行は数多く保有していた事業会社の株式を峻別しながら整理を進めた。これにより，表向きは銀行の影響力は相対的に小さくなったといわれているが，他方でIPOやM&A等のアドバイザリー業務や非公開金融子会社の展開によって，未だ隠然たる影響力をもっているといわれている。

法典等が現状にそぐわなくなってきている点を改正し，ドイツ企業のトップ・マネジメント組織それぞれの位置づけ及び組織間の関係を改めて規定することも大きな目的であった。

▷ **ドイツ企業統治規範**
(Deutscher Corporate Governance Kodex：DCGK) TransPuG, KonTraG等の法規制を具体的に補完しており，TransPuGで新たに加えられた株式法第161条によって，DCGKの遵守を法的に担保していることで，投資家はDCGKに信頼を置くことができるとともに，企業側もDCGKを真摯に受け止め，この遵守に努めることが期待されている。DCGKは，グローバル・スタンダードの名のもとに生じうる企業経営上の会計分野及び企業統治の領域におけるドイツ企業の企業活動の継続性に重大な齟齬が発生する可能性に対し，企業の存続及び将来の発展に関しての対応を従来に比し明確にしたという点で極めて重要である。

▷ **IPO**
⇨ X-1 「同族企業の特徴」

XII ドイツのコーポレート・ガバナンスの動向と課題

 ## 4 コーポレート・ガバナンス改革の動向

1 従業員の経営参加

2000年代に入り，労働側と資本側との利害相克が新たな局面を迎えている中，**欧州会社（SE）** の登場もあって，ドイツ企業の特徴であった「従業員利害の重視」にも少しずつ変化がみられる。

ドイツでの企業統治改革の中心的課題は共同決定制度の取扱いであった。

特に共同決定法の現代化については，長く二元的企業観（概念）により説明されてきたドイツ固有の特徴をもつ企業のあり方を踏まえつつも，伝統的に重視されてきた「経営者と労働者との関係」の問題のみならず「経営者と資本市場との関係」を再度整理した上で，改めてドイツ固有の「株式会社のあり方」を問う必要性が浮上した。この中で，共同決定法（1976年）の存在によって「企業としての意思決定が困難あるいは時間がかかる」「企業経営上の意思決定に経営のプロではない労働者側代表監査役が監査役会に出席してもマネジメント視点での寄与を期待できない」「外国からの投資の阻害要因になっている」といった，「共同決定は監視効率を妨げる」との批判が経営者団体を中心に出てきたため，政府は共同決定法策定時にも関わったビーデンコップを委員長とする政財学界から成る委員会を招集し，審議を諮問した。しかし，経営者代表と労組代表との間の意見の相違が大きく，共同決定制度の改革を仕上げるための合意に達しなかったため，「共同決定が関係企業に経済的損害を与えたことはない。したがって共同決定はドイツ企業の弱点として看做されることはない」との答申に留まった。共同決定制度がドイツ企業に経済的に与えた影響を検証するための十分な理論及び計量経済的証拠が明確ではなく，また効率の視点は二次的な重要性しか持たないとして，ビーデンコップ委員会は企業共同決定の経済分析は政策を提供するものではないとの見解をとっている。

2 監査役会と女性クオータ法

ドイツでは2016年1月から女性クオータ法（Gesetz zur Frauenquote）が施行された。これにより，ドイツの企業最大手108社に監査役会構成員の女性比率を30％以上にすることが義務づけられ，DAX30企業（ドイツを代表する大企業30社）の監査役会に占める女性比率平均値は2005年の11.96％から2016年には30.46％にまで上昇した。この事象があらわしている重要な点は，とりわけダ

▶**欧州会社（SE）**
欧州会社（SEはラテン語の"Societas Europaea"の略）は，EU加盟各国固有の会社法とは別に，統一の会社法に基づいたEU全域の事業展開が可能になる。つまり，設立，登記，決算報告等の会社運営について，加盟国ごとの会社法に応じて手続を変える必要がなく，欧州会社規則に準じて手続をとることができる。また，いったんSEとして登記すれば，本社を別の加盟国に移転する場合も従来のようにそれぞれの加盟国で解散・新規設立手続を行わないで済む。1970年の欧州委員会提案から30年以上の検討期間を経て，2004年10月8日より設立可能となった。

▶**ダイバーシティ**
「多様性」と訳され，これは一見して認識できるたやすく目につく表層的な特徴や属性と，よりその人を知った上で明らかになる属性，例えばその人の個性，価値観あるいは知識や教育歴などの内面に埋め込まれた深層の特徴や属性とがある。

イバーシティやCSRの観点から把握される，「企業の社会性」の視点であり，また多様なステークホルダーの利害を考慮に入れた企業経営のあり方を問う広義の企業統治概念で把握される「社会の中に埋め込まれた存在たる企業の姿」の側面を，ドイツの企業社会が苦しみながらも明示した一例としてみることができる点にある。

　しかし，こうした成果は決して容易に達成されたものではない。女性クオータ制を義務化した背景として，ドイツ連邦政府と使用者団体との間で2001年に締結された政使協定が，これに影響を及ぼしたといわれている。この協定では，EUからの指令もあり，指導的立場の女性管理職比率の引き上げ，男女の機会均等，従業員のワーク・ライフ・バランス支援などに企業が自主的に取り組むことが規定された。また，女性の社会進出を進めるための様々な法律の整備に加え，「ドイツ企業統治規範」2009年改訂版においても企業の指揮レベルにおける女性登用についての条項が加筆されている。

　しかし他方で経済界の反対は根強く，例えばドイツ使用者連盟（BDA）が「強制的に女性比率を定めても，根本的な問題解決にはつながらない」と反発していたこともあり，指導的立場の女性比率はほとんど上昇しないまま10年以上が経過した。かかる事情から，政策当局は企業の自主性に任せても解決しないという見方を強め，最終的には法律による規制という方法に至ったのである。

❸ 利害多元的なコーポレート・ガバナンス・システム

　企業統治のしくみには，各国固有の特徴がある。本章ではドイツでの企業統治のあり方を概観することを通じて，アングロ・サクソン諸国や北欧あるいはアジア諸国における企業統治のあり方とは異なるモデルを考察してきた。一般的に企業，とりわけグローバル企業は，株主利益の最大化に邁進する。それは一元的企業観で理解される，株主利益の最大化を志向した企業経営であり，したがって企業の統治機構も株主の影響力の下で展開される。

　しかし本章でみてきたように，経営者の監視あるいは動機づけを行う企業統治機能の担い手が，従業員代表者と資本側代表者とから成る企業統治のしくみもあるのだ。しかも，現代では株主の属性も多岐に渡り，必ずしもウォールストリート・ルールにのみ拘束される株主ばかりではない。また，消費者はもとより従業員であってもその属性は重層的に重なり合うことから，いきおい企業との利害も多元的になる。企業の対話の相手は正に多様な利害関係者であり，それとの信頼関係の構築こそが，企業価値の向上を実現する企業統治を支える。

　「多様な資本主義」の観点からみても，ドイツ型の企業統治のしくみは依然として欧州に残るだろう。とりわけドイツには「企業は社会の中に埋め込まれた存在」としてみる視点があるからこそ，共同決定制度が守られ，また「多様な利害関係者との共生」という文脈の中で事業展開が図られているといえる。

▷クオータ制
クオータ制導入はノルウェーが最初と言われており，当初は女性の政治参加の観点からスタートした。ノルウェーの男女平等法は社会におけるあらゆる性差別を禁止しており，関係当局，雇用者などは，各自の責任の範囲内で，男女平等を推進する義務を負うと定められている。例えば公的機関の委員会などの構成は，それぞれの性から40％以上選出されることを規定している。2004年に改正された会社法では，公営企業及び民間株式上場企業に対し，取締役会における性別クォータ制度（企業の規模により異なるが，取締役が10人以上であればいずれの性別も40％を下回ってはならない）が適用されている。

▷ウォールストリート・ルール
⇨ Ⅲ-3「経営者支配論とコーポレート・コントロール論争」

XIII 英国のコーポレート・ガバナンスの動向

1 英国企業とコーポレート・ガバナンス

1 英国経済と産業構造

英国は、蒸気エンジンの発明を転機とする産業革命で世界をリードし、当時の圧倒的経済力と軍事力により、19世紀半ばから第一次世界大戦まで「**パクス・ブリタニカ**（大英帝国の平和）」と呼ばれる「大英帝国」を築いた。第二次世界大戦後、英国はかつての植民地の独立、社会保障負担の増加、国民の勤労意欲低下等の「英国病」と呼ばれた構造的問題等により、世界的な経済的プレゼンスを低下させながらも、依然として、経済大国の一角を占めており、現在のGDPは、アメリカ、中国、日本、ドイツに次いで世界第5位であり、ヨーロッパ内でも第2位である。

英国には約400万社もの会社があり、このうち**公開会社**は約7000社（全体の0.2%弱）ある。そのうちいわゆる大会社は、ロンドン証券取引所での上場会社のうち時価総額の上位銘柄として、**FTSE**350といわれる。

英国の産業構造において、最大の産業は金融である（FTSE350のうち118社）。最も歴史ある銀行の一つであるロイズ・バンク・グループや世界最大級のメガバンクであるHSBCホールディング・グループ、自動車保険のアドミラル・グループなどの企業がロンドンに集積している。

第二の産業は、製造業である（FTSE350のうち64社）。ガン治療薬など医薬品の製造を行うアストラゼネカや、洗剤やトイレタリーなど家庭用品を製造・販売するユニリーバ、世界で2番目に大きい航空用エンジン会社であるロールスロイスなどの製造業が活躍している。

続いて、第三の産業は、サービス業である（FTSE350のうち62社）。最高級ホテルからビジネスホテルまで世界展開する上記のアドミラル・グループや、書籍や文具などの小売りを駅や空港で行うWH Smith、高級婦人靴などを扱うジミーチュウなどの企業が英国の文化や観光などを支えている。英国企業による物やサービスが日本を含む世界に浸透していることがわかる。

英国企業は、歴史的に移民の受け入れがあり、人的資源の面でも、スキルの高さと労働力コストの低さによって知識集約産業での強みを生み、法体制の面でも他国よりも法人税率が比較的低く、世界各地の企業本社の誘致も容易になるため、その繁栄が裏づけられている。2016年にはキャメロン元首相の下での国民投票により、英国の欧州連合から脱退（Brexit）も決まっている。ヨー

▶**パクス・ブリタニカ**
ラテン語で「大英帝国の平和（Pax Britannica）」である。19世紀半ばから20世紀初頭までの大英帝国の最盛期を表すが、とりわけ1850年から70年にかけての産業革命の時代を指すことが多い。

▶**公開会社**（Public limited company）
英国の企業は主に、証券取引所での株式の売買が認められた公開会社と、私的な資本調達により運営資金を確保する非公開会社に区分される。2008年から2009年にかけての世界的な金融危機を除けば、英国の会社数は増加傾向であるが、公開会社は2008年以降、微減傾向である。現在、英国企業の約93%は非公開会社である。非公開会社は、資本金や役員配置などの点で公開会社よりも運営が厳しく規制されないためである。

▶**FTSE**
ドイツのDAXやフランスのCAC40などのように、ロンドン証券取引所に上場する時価総額の上位銘柄の株価指数である。株価指数が高い企業群を指す場合もある。時価総額が最も大き

ロッパにおける英国経済の優位性が見て取れるだろう。

2 私的部門での企業不祥事

　1980年代後半から1990年代初頭にかけてトップ・マネジメントに関わる企業不祥事が多発した。1986年にはビール醸造会社のギネス社による不当な株式買い支え工作，1987年にはブルー・アロー社による株式公開買い付け時の株式シェアの拡大に関する情報未開示の違反，1990年にはポリペック社による買収資金の横領・私的利用問題，1991年にはBCCI（国際商業信用銀行）による**マネーロンダリング**による経営破綻及びメディア王のロバート・マックスウェルによるグループ企業年金等の不正利用によるミラーグループの経営破綻，1995年には名門投資銀行であるベアリングス銀行による不正なデリバティブ取引の失敗に伴う倒産などがあった。

　一連の不祥事で経営者による不正の悪質さと監査機能の不備が露呈した。しかし英国の強みは，不祥事こそ社会を震撼させたが，機関投資家などが中心となり社会全体で企業を監視し，経営者を牽制する仕組みづくりへの迅速な対応を行った点である。

3 公的部門での企業不祥事

　他方，英国のコーポレート・ガバナンスは，公的部門にまで拡大している。英国社会は，17世紀以来の弱者救済に対する国家支援が受け継がれ，社会福祉の制度を確立してきた福祉国家として知られている。公的部門の歳出対GDP比が約40％である。

　1948年に運営が開始された世界初の国営の包括的ヘルスケアシステム**NHS**は，英国在住者が年齢，所得，地域などを問わず無料で包括的に医療サービスを受けられるシステムである。政権交代や経済情勢の変動等にかかわらず揺ぎなく，英国全土に不可欠なサービスとして認識されており，かかりつけ医による予防に重きを置いた身近な医療として長きにわたり英国人の誇りとなっている。

　NHSは，病院など各種医療組織を運営するが，社会が税金を払い所有する公企業である。やがて，1990年代頃，NHSの組織内における待機時間などが慢性的な問題となり，マーガレット・サッチャー元首相とメージャー元首相が主導した内部市場化の導入によってもなお待機時間がさほど短縮されないばかりか，医療従事者により過失により医療事故等のスキャンダルが多発した。そのため，民間企業で実践されてきたコーポレート・ガバナンス改革を，公企業であるNHS内で実践する機運が高まったのである。

い大会社をFTSE100，次に大きい大会社をFTSE250という。併せてFTSE350と呼ぶこともある。

▶マネーロンダリング
脱税や粉飾決算など犯罪によって得られた資金の出所を隠す資金洗浄である。1972年にパキスタンで創業したBCCIが破綻した際は，約100億ドルの使途不明金が発覚したといわれる。

▶ NHS（National Health Service）
英国がベバレッジ報告書を基に世界ではじめて運営開始した，無料で包括的な国営の医療システムである。1948年にスローガン「ゆりかごから墓場まで（From Cradle to Grave）」の基で運営開始された。とりわけかかりつけ医（General Practitioner）による予防に重きが置かれる。医療システムの運営についても，大きな政府，サッチャー政権時の小さな政府，ブレア政権時以降の第三の道を経て，内部市場化やアカウンタビリティなど，数多くの組織改革が行われている。

XIII 英国のコーポレート・ガバナンスの動向

コーポレートガバナンス・コード

▶コーポレートガバナンス・コード

上場会社が守るべき企業統治の指針である。キャドバリー報告書など英国の先駆的な策定により、1999年にはOECDによって初めて政府主導でコーポレートガバナンス・コードが策定された。加盟国（現在35カ国）の企業においては、コーポレートガバナンス・コードの作成とそれを通じたコーポレートガバナンス・コードの実践が推奨された。

▶キャドバリー報告書

キャドバリー卿が1992年に発表した報告書（Financial Aspects of Corporate Governance）。報告書最善の行動規範として、取締役会のあり方、監査規定、機関投資家など株主への説明責任を促進するために、取締役会会長とCEOの兼務の禁止、非業務執行役の役割の強化、監査・指名・報酬の3委員会の構成などの具体的な項目を提案している。

▶統合規範（The Combined Code）

財務報告評議会が2008年に発表したコーポレート・ガバナンス・コードである。主に会社と機関投資家に対し遵守すべき原則を示している。会社に対しては、取

1 キャドバリー報告書

英国社会を震撼させた度重なる企業不祥事は、1990年代初頭から機関投資家と著名企業家らにより民間主導で企業に対しコーポレート・ガバナンス改革の実践を促し、具体的には**コーポレートガバナンス・コード**が策定された。コーポレートガバナンス・コードは、経営者がコーポレート・ガバナンス改革を実践する際の指針であり、機関投資家を中心とした株主が企業経営を判断する際のベンチマークとなっている。英国企業のコーポレート・ガバナンスは、コーポレートガバナンス・コードを基軸とした自主規範の性格をもっている。

コーポレートガバナンス・コードの策定に関しては、**キャドバリー報告書**以前、キャドバリー報告書の発表、キャドバリー報告書の継承、エンロンの破綻以降との四つの時代に分けられる。まずキャドバリー報告書以前には、上述した英国内の企業不祥事に加え1987年にウォール街の暴落に端を発した世界的な投資家の信頼の低下なども背景となり、専門家集団や機関投資家らが独自に企業統治改革を進めた。その後1992年、キャドバリー卿の発案で、ロンドン証券取引所と英国財務報告評議会、会計士協会が集まり、キャドバリー報告書と呼ばれるコーポレート・ガバナンスに関する報告書を世界で初めて発表した。その内容は、取締役会のあり方、監査規定、機関投資家など株主への説明責任である。本報告書が画期的であったのは、本報告書の末尾にまとめられた最善行動規範（The Code of Best Practice）がロンドン証券取引所の上場規則として採用された点である。最善の行動規範には、取締役会の役割と、非業務執行取締役（Non-Executive Directors）、業務執行取締役（Executive Directors）に関して全上場企業が順守すべき規則がまとめられている。

2 統合規範

キャドバリー報告書を継承した時代には、キャドバリー報告書以降のグリーンブリー報告書、ハンペル報告書及びターンブル報告書の集大成として1998年に**統合規範**（2000年に改訂）が発表された。この時期には、引き続き非業務執行取締役の独立性が問われるとともに、取締役の報酬が焦点となった。「Comply or Explain（遵守するか、さもなくば説明せよ）」による原則主義が採られた。これが英国のコーポレートガバナンス・コードの記念碑であり、英国だけでな

く世界のコーポレート・ガバナンス改革に多大な影響を及ぼした。

現在はエンロンの破綻以降の時代である。取締役の任期の短縮や，最高執行役と取締役会議長との分離，非業務執行役の効果など取締役会を細部にわたって検討されている。このように，1990年代初頭には産業界全体でのコーポレート・ガバナンス問題に対する機運が高まった印象が強いが，次第に取締役会のあり方がロンドン証券取引所の上場規則となり規制が厳しくなり，さらに21世紀以降になると株主からの監視ゆえに取締役のパフォーマンスや属性までもが意識される段階に入った。

3 スチュワードシップ・コード

近年のコーポレートガバナンス・コードの傾向としては，取締役の属性，機関投資家に対するコーポレートガバナンス・コード，コーポレートガバナンス・コードの他国への普及であろう。取締役の属性に関しては，英国財務報告評議会が発表したCorporate governance code 2012の主要原則のセクションBのB-2（Appointments to the board）において，取締役の指名に際して性別を含むダイバーシティに関する記載がなされるべき点が強調された。また2020年までにFTSE100において33％まで女性割合を高めることが目標とされた。さらにその数値目標がFTSE250まで拡大している。

また機関投資家に対するコーポレートガバナンス・コードも発表されている。それは，コーポレートガバナンス・コードの補完原則として，英国財務評議会が，機関投資家に対する行動規範を「スチュワードシップ・コード（The UK Stewardship Code）」として発表した。つまり機関投資家が会社にとっての財産管理人として，執事（Steward）となり会社を守る存在となる。そこでは，機関投資家が投資先企業への議決権行使だけでなく，会社と一体となり戦略立案やリスク管理などエンゲージメント（関与）を行い，会社の長期的繁栄を目指すための原則が説かれている。

さらにコーポレートガバナンス・コード策定は日本を中心とした諸外国にも拡大している。2015年，金融庁と東京証券取引所が，日本版のコーポレートガバナンス・コードを発表した。株主との対話や株主以外のステークホルダーとの関係，取締役会の責務などが定められた。英国と同じように全ての上場会社に適用され，原則を順守できない場合には説明が求められる。2018年に改訂された日本版のコーポレート・ガバナンス・コードでは，ESG投資の視点など非財務情報に関する情報や，取締役会における経営陣の報酬に関する客観性ある制度設計，自社の資本コストの把握に基づく確かな経営資源の配分計画などが強調された。英国と同様に日本でも，株主を中心としたステークホルダーと企業との関係が，コーポレート・ガバナンス・コードを通じて一層強まっている。

締役の役割の他，取締役の報酬，アカウンタビリティと監査・株主との関係が提起されている。機関投資家に対しては，会社との対話や議決権行使のあり方などが定められている。その主原則と補助原則を順守できなかった場合には，説明が求められる。

▷エンロン
⇨ XI-2「米国のコーポレート・ガバナンスと企業不祥事」

▷FTSE
⇨ XIII-1「英国企業とコーポレート・ガバナンス」

▷ESG投資
⇨ 第XXIII章「コーポレート・ガバナンスとESG投資」

XIII 英国のコーポレート・ガバナンスの動向

3 民間部門における取締役会改革

1 ボードシステムと株式所有構造

　英国企業の経営機構は，株主総会及び取締役会から成り立つ一層制組織である。Board of director は業務執行の意思決定及び監督機関であり，Chief executive をトップとする Managing director は業務執行機関である。業務執行機関は，取締役会による選任・監督のもとに成り立っている。

　英国では，機関投資家をはじめとした株主が市場の規律により会社をチェックする傾向が強い。国家統計局が発表する全会社の所有構造では，全会社における機関投資家（「保険会社」「年金ファンド」「ユニット・トラスト」「投資信託」「チャリティ・教会その他」）のシェアは20.5%である。「外国（機関投資家であることが多い）」は53.9%である。両者を合わせると74.4%となる。そしてFTSE100に絞ると，機関投資家のシェアは20.2%である。加えて「外国（機関投資家であることが多い）」は56.0%である。両者を合わせると76.2%となる。

2 株式所有構造と機関投資家

　機関投資家による会社への圧力及び社会への影響力を取り上げる。2018年には英国の機関投資家資産の60%以上を占める英国年金基金協会のPLSAは，FTSE100の取締役らがたった3日間で典型的なフルタイム労働者の年収を上回る問題を，「木曜日には太る猫（Fat Cat Thursday）」と比喩して警鐘を鳴らし，取締役らがどのように社内のイノベーションや生産性の向上，ポジティブな雇用環境づくりなどに努めているかを説明するように要請している。また，5兆円の資産を保有するハーミーズ・インベストメント・マネジメントは，投資先のFTSE100であり鉱業を営むリオティント社の株主総会前に，報酬委員会の議長の再任と取締役会の男女比率，地球温暖化対策議案への反対を表明している。さらに，2.5兆円の資産を運用する英国国教会グループも前年に引き続き株主総会前のFTSE350の企業に対し，取締役に対する過剰な報酬や地球温暖化，男女差別の見直しができない場合には会社側の提案に反対すると表明している。

　他方，機関投資家はESG（環境，社会，企業統治）投資への関心を高め，コーポレート・ガバナンスだけでなく環境と社会に注視

▷ ESG
⇨ XIII-2「ESG投資のアプローチ」

資料XIII-1　英国企業の株式所有構造

	全会社	FTSE100
外　国	53.9	56.0
個　人	12.3	9.5
ユニット・トラスト	9.5	9.1
他の金融機関	8.1	8.1
保険会社	4.9	5.0
年金ファンド	3.0	3.0
公的セクター	1.1	1.5
私会社	2.2	2.6
投資信託	2.1	2.0
銀　行	2.1	2.0
チャリティ，教会その他	1.0	1.1

出所：Office for National Statistics, Ownership of UK quoted shares 2016.

した投資先選定を行うようになっている。約3400億£の資産運用価値を有するシュローダーや世界80カ国以上で事業展開するアバディーン・スタンダード・インベストメンツなどの資産運用会社，英国最大の保険会社であるアビバなどがヨーロッパにおいてESG投資に積極的な最上位の企業である。これらの機関投資家は，気候変動，人権保護，給与水準，食の安全などを投資基準としている。

3 機関投資家による経営体制への影響

機関投資家の割合の大きさは，英国企業の株主総会（Annual General Meeting）を活性化させている。株主への説明責任のため，取締役の選任方法と任期について，大会社の全ての取締役が毎年株主総会で再任される中，近年では，グロッサリーを中心とした小売業のテスコ（FTSE100）が同社の株主総会において，同業界のブッカー（FTSE250）の買収の検討を発表したが，テスコの株主らが株式交換比率に対する不満ゆえに同案の承認に反対している。また，住宅業界最大手のパーシモン（FTSE100）も，とりわけトップ10大株主らが，最高執行役のボーナスの高さが会社イメージを落としかねないと警告している。

株主総会の活性化は，取締役会にも影響を与えている。英国企業の構造は一層型組織である。FTSE150に着目すると，取締役会の規模は，微減傾向にある。取締役会では，業務執行取締役と非業務執行取締役が配置される。そのうち独立取締役は約6割を占める。取締役会会長と業務執行役との間には独立性がある。約6割の企業が取締役会内に，報酬・指名・監査委員会の他，リスク委員会や安全・サステナビリティ委員会を設置している。各委員会では，社外取締役の比率が高く，独立の取締役でもある。こうした取締役会構造の形成において，コーポレートガバナンス・コードが活かされていることはいうまでもない。

そして，取締役会あり方については残された課題がある。前節で取り上げたUK corporate governance code 2012における女性活用の推進とは別に，名立たる巨大投資会社によって「30%クラブ」が創設され，取締役会における多様性の促進を主張している。女性は一般に，心理学的に男性よりも慎重であることが多く，意思決定時などにおけるギャンブル性が少ないという特徴がある。2020年までにFTSE350の英国の会社における全取締役会の女性比率を最低でも30%とし，2020までにFTSE100の全英国会社におけるシニアマネジメントレベルに30%の女性を登用するという目標を提案し，今後それらの会社に多様性に関する情報開示を求めるとしている。その結果現在では英国企業の女性割合は，FTSE100で26.1%，FTSE250で25.4%にまで上昇している（2016年3月）。ただし，取締役の属性を規定するハード面の改革は，企業イメージの向上に役立つものの，どの程度企業価値の向上にとって有効であるかは未知数である。

▷1 6割近くの企業が9～11人構成，2割の企業が8人以下，約19%の企業が12～14人構成である。

▷2 2010年にニュートン・インベストメント・マネジメントの代表業務執行役をはじめとし，アビバやベアリング，バロー・キャドバリー，ハーミース・インベストメント・マネジメント，スタンダードライフなど。

▷30%クラブ（The 30% Club）
女性の社会参画が世界的に盛り上がる中，2010年イギリスの機関投資家らが主体となり取締役会における女性役員の登用を求める団体。英国だけでなくトルコ，オーストラリア，アメリカ，香港，アイルランド，カナダ，南アフリカが共鳴している。

XIII 英国のコーポレート・ガバナンスの動向

 ## 公的部門におけるトップ・マネジメント改革

▷NHS
⇨ XIII-1「英国企業とコーポレート・ガバナンス」

▷GP（General Practitioner）
英国在住者に第一次医療を施すかかりつけ医である。GPの判断に基づく患者の総合病院への照会は、本来はNHSの効率的な組織運営の実現にも貢献している。医療費の高騰が目立つ日本でも、病院の機能分化とかかりつけ医の推奨により、英国型の医療システムづくりが取り入れられ始めている。

▷第三の道（The Third Way）
資本主義と社会主義の利点を活かした新たな政策である。英国ではトニー・ブレア政権で採られた政策のこと。ロンドンスクールオブエコノミックス（London School of Economics）のルグラン教授（Julian Le Grand）の提唱に基づき、保育や教育、医療などの準市場化が進んだ

▷総合病院（foundation trust）
二次・三次医療を提供する総合病院。政府による直接関与がなく自由に戦略等の決定権をもち、地域住民との協働によりガバナンスの仕組みをもつ病院（public

1 NHSにおける運営の非効率性とスキャンダル

英国企業で不祥事が頻発し民間主導でコーポレート・ガバナンスが取り組まれているころ、公的部門でも組織運営における硬直性や非効率性が批判されてきた。とりわけ社会保障に関して、NHSの第一次医療であるGP制度の導入は英国の誇りである一方、無料診療ゆえに多くの国民が何回もGPにかかるモラルハザードを引き起こし、待ち時間の長さが深刻となった。そのため、患者のGPへのアクセス、及びGPから第二次・三次医療へのアクセスも数カ月待ちといった事態が慢性化していた。併せて、1990年代前半に心臓手術後に乳児35名の死亡と乳児数十名の後遺症を引き起こしたブリストル王立小児病院での事件、2007年にスタッフォード病院において看護師の虐待や緊急処置に関する書類の改ざんなど標準以下の治療により糖尿病患者などの高い死亡率が露見した事件などスキャンダルなどが目立ち、医療人材の不足やリーダーシップの欠如など病院経営のあり方の見直しが求められていた。

NIIS創設時の「大きな政府」とサッチャー首相が内部市場化を進めた「小さな政府」を経て、ブレア元首相は「第三の道」を提唱している。医療費の増額を行い、市場原理も導入した上で、アカウンタビリティの高いNHS組織作りを目指している。基本的な医療サービスやコーポレート・ガバナンスの遵守など組織体制の面で規定要件を満たせば、より独立性の高い病院に移行することができる。新しい病院では、地域社会を病院の所有者とし、所有者が病院経営に参加し、社会の病院に対する満足度を上げるために、病院と社外が一体となる統治システムが作られた。

2 NHSにおけるコーポレートガバナンス・コード

NHSでは、コーポレートガバナンス・コードのうち、取締役の独立性と報酬に焦点が当てられ「遵守するか、さもなくば説明せよ」の原則アプローチを採る統合規範、及び取締役会の半数を非執行役として設置するヒッグス報告書が適用されている。

とりわけ二次・三次医療を提供する総合病院では、上記のコーポレートガバナンス・コードを基に組織運営の改革を行っている。総合病院は、民間企業が株主総会と取締役会をもつように、評議会（Council of Governor）と理事会

（Board of Directors）を設置する。株式会社が主たるステークホルダーを株主と位置づけるように，総合病院では数千人を超える登録済み地域住民を主たるステークホルダーと考えている。その上で評議会では，様々な疾病をもつ老若男女から成る患者代表や，様々な職層の医療従事者などスタッフ，市民オンブズマン，有識者など多様な地域住民などが病院の運営を協議し，理事会にも影響を与える。理事会の構成も，ヒッグス報告書に基づき非執行役と執行役が等しく配置される。執行役は医師や看護師など医療従事者が務めることが多いが，非執行役においても投資銀行や会計コンサルティング，ネットワーク産業などでバラエティに富んだ経歴をもつ多様な人材が参画する。このようにNHSでは，地域住民が主体となり，高度にアカウンタビリティが追求され，透明性の高いガバナンス体制が構築されている。このように，英国の地域住民の総合病院に対する満足度が総じて高まっている。

benefit corporation）である（2016年2月，152病院）。2010年に監査機関が統合規範を基としたThe NHS foundation trust Code of Governance（2013）により，経営をモニタリングしている。

3 病院経営におけるコーポレート・ガバナンス

　公的部門のコーポレート・ガバナンスにも残された課題がある。地域参加に基づくガバナンスは，地域住民の経営への関与を促す一方，トップ・マネジメントによる意思決定の迅速性が失われることがある。場合によっては，地域住民に代表される，専門知識を有しない非医療従事者と，医療等の知識をもつ医療従事者との間に経営方針に関する議論等で軋轢が生まれこともある。民間部門でのコーポレート・ガバナンスと比べ，経営陣の選任や報酬の多寡などにやや無頓着な傾向もある。

　また，ステークホルダーによって病院経営のゴールが異なるという問題もある。医療従事者は医学部を基点とした労働市場があるため，地域参画が進み，透明性の高いトップ・マネジメントが行われていても，その点が就職先の決定打とならない。従業員も，半ば強制的に病院経営への参加が求められ却って労働意欲が低下することもある。地域住民も，経営参画によって，自らの病気の治癒が早まったり診察の待機時間が即座に短縮したりするわけでないため，モチベーションの維持が困難な傾向もある。

　このようにNHS内で進められた新しいガバナンス改革は，世界初の公的部門によるコーポレート・ガバナンスであり，英国全土の総合病院にハード面の整備を促したが，民間部門のコーポレート・ガバナンスと比べると，運用面でやや課題を残している。日本でも大学附属病院や，医療法人，自治体病院など公的資金の多寡にかかわらず医療分野においてコーポレート・ガバナンスの概念が浸透してきているように，NHSでの先進的な実践は諸外国の公的部門等の改革に大きなインパクトを与えている。

XIV 北欧のコーポレート・ガバナンスの特徴とその意義

北欧のコーポレート・ガバナンスの特徴(1)：支配的株主の存在

▷北欧
本章では歴史的に北ゲルマン系の共通の文化をもつスカンジナビア (Scansinavia) 三国といわれる，デンマーク，スウェーデン，そしてノルウェーを北欧と限定して捉え，一般的に北欧として捉えられているフィンランドやアイスランドは含めていない。

▷ファンデーション
ここでの財団は産業財団 (Industry foundation) とファミリー（家族）財団 (Family foundation) を指し，本章で取り挙げる財団は全て産業財団である。

▷レゴ
1916年にデンマークのビルン (Billund) にキアク・クリスチャンセンが木工所を開き，家具や木製玩具などを製造・販売する。1934年オーレ・キアクが"Leg Godt"（デンマーク語で「よく遊べ」を意味）の造語の LEGO を社名とする玩具会社となる。その後，プラスチック製のブロック「レゴ・ブロック」の製造・販売を手掛け，現在，約1万4000人を雇用する。

▷ノボ ノルディスク
1923年にクロウ夫妻（生理学者と医者），ハーゲドン（医者），そしてコンスタット（薬剤師／経営者）によって設立されたノルディスク・インスリン研究所と1925年にハラルド兄弟（発

1 北欧のコーポレート・ガバナンスの特徴

北欧（デンマーク／スウェーデン／ノルウェー）のコーポレート・ガバナンスは各国で違いはあるものの，いくつかの共通の特徴をもっている。なかでも，所有及び支配の形態とガバナンスの構造（二層型と従業員参加）に北欧のコーポレート・ガバナンスの特徴が強く現れている。

本章では，北欧企業のケースをいくつか取り上げ，北欧のコーポレート・ガバナンスの特徴を理解しながら，新たな動向やさらには北欧のコーポレート・ガバナンスの現代的意義について考えていく。なお，北欧のコーポレート・ガバナンスの特徴のガバナンス構造においては，歴史的にデンマークが影響を与えてきたことを踏まえ，本章では，北欧の中でもデンマークを中心にみていくことにしたい。

2 北欧企業の所有と支配の側面の特徴

北欧企業の所有と支配の側面の特徴に所有の集中がある。北欧企業は，歴史的に長い間，支配的株主（所有者）が存在してきた。では，誰が支配的株主なのか。

デンマークとスウェーデンにおいては，ファンデーション（財団法人；以下「財団」）が支配的株主になっているケースがみられる。特にデンマークでは，次節のケースでみるように，グローバルに展開している大企業の支配的株主に財団がなっているケースが多い。基本的に財団は創業者ないしはそのファミリー（家族）によって設立されたものである。財団は支配的株主として株式を所有している当該企業に大きな影響力をもちうるが，財団それ自体は所有している企業の日々の経営（日常の業務執行）には直接的には関与しない。多くの財団は，社会的課題の解決を支援するための寄付活動を始めとした慈善活動を主たる活動としている。

北欧諸国にみられるその他の支配的株主としては，スウェーデンにみられるハンデルス銀行 (Handelsbanken) やヴァレンベリ家 (Wallenberg) のようなビジネスグループによる所有，ノルウェーにおいて顕著にみられる，政府による所有などが挙げられる。北欧において，支配的所有者が財団であるか政府であるかなどの違いはあるものの，支配的株主が存在し，大株主として，また株式

124

の長期保有者として所有する企業に大きな影響力を及ぼし，一般株主からの短期的志向の圧力を回避しうる点が，所有と支配の側面での北欧の特徴といえる。

次項では，北欧の所有と支配の側面をよく示している，北欧を代表する企業のケースを簡単にみていきたい。今回取り上げる企業は，**レゴ**，**ノボ ノルディスク**，**イケア**，そして**スタトイル**である。

3 北欧を代表する企業にみる所有と支配の側面

○レゴ（LEGO：デンマーク）

レゴ・ブロックで有名な世界的玩具会社のレゴ（正式には LEGO グループ）は，創業者のキアク・クリスチャンセン家族（Kirk Cristiansen family）にいまも所有されている。現在，レゴの75％を投資会社であるキルクビ（KIRKBI A/S）が所有し，残りの25％をレゴ財団（LEGO Foundation）が所有している。このキルクビは，キアク・クリスチャンセン家族が所有しており，持株会社かつ投資会社として長期的視点をベースにした戦略的活動及び投資活動（自然エネルギー開発への投資を含む）を展開している。一方のレゴ財団の議長は創業者の息子が務め，レゴの理念の普及や慈善活動事業を展開している。

○ノボ ノルディスク（Novo Nordisk：デンマーク）

世界的製薬会社のノボ ノルディスクはデンマークの会社であるノボ A/S が親会社で，その親会社の100％をノボ ノルディスク財団（Novo Nordisk Foundation）が所有している。ノボ ノルディスク財団は創業家によって設立されたもので，慈善活動を主たる活動にしている。

○イケア（IKEA：スウェーデン）

イケアはスウェーデンを代表する世界的な家具量販店である。イケア・グループの親会社はインカ・ホールディング（INGKA Holding B. V.）であり，その親会社は，創業者のイングヴァル・カンプラード（Ingvar Kamprad）がオランダに設立した財団法人・スティヒティング・インカ・ファンデーション（Stichting INGKA Foundation）によって所有されている。創業者は「組織の独立と長期的な取組みを維持できるオーナーシップ構造をつくりたい」と考えている。この財団法人の目的は慈善活動への資金援助とイケア・グループの改革を行うことにある。

○スタトイル（Statoil：ノルウェー）

2016年12月末時点でみると，スタトイルの筆頭株主は持株比率67％のノルウェー政府が，次に持株比率3.22％で国民保険制度基金（Folketrygdfondet）となっている（Statoil Annual Report 2016）。国民保険制度基金の母体がノルウェーの財務省であることを考慮すれば，この3.22％の所有者は実質的にはノルウェー政府とみてよいであろう。したがって，スタトイルの実質的株主はノルウェー政府とみることができよう。

明家と薬剤師）によって設立されたノボ・テラピューティスク研究所という二つの研究所の双方がインスリンの生産を始めたのが起源。その後1989年に，製薬会社のノボ・インダストリ社とノルディスクゲントフテ社が合併して，ノボノルディスク社がスタート。現在約3万2000人を雇用する。糖尿病治療薬であるインスリンのシェア（46％）は世界トップである。コペンハーゲン証券取引所とニューヨーク証券取引所に上場している。

▶イケア
1943年，創業者のイングヴァル・カンプラードによって雑貨店からスタートした。スウェーデンを拠点にグローバルに家具等の製造・販売を手掛け，約1万4900人を雇用する。日本市場に1970年代に初進出するが，1980年代後半に一度撤退する。日本市場に再び進出し，2006年千葉の船橋にIKEA船橋（1号店）をオープンさせ，いまに至る。

▶スタトイル
1972年，ノルウェーの国営企業としてスタートし，2001年に民営化された。現在，北欧最大のエネルギー企業で，約3万人を雇用する。オスロ証券取引所とニューヨーク証券取引所に上場している。2018年に名称をスタトイルからエクイノール（正式名称はEquinor ASA）に変更された。本章では，新名称に変更されてまだ間もないため，敢えて旧名称で記載する。

第3部 コーポレート・ガバナンスの国際比較

XIV 北欧のコーポレート・ガバナンスの特徴とその意義

 # 北欧のコーポレート・ガバナンスの特徴(2)：二層型と従業員代表

1 北欧のガバナンスの基本構造：二層型と従業員代表参加

▷アングロ・サクソン型の一層型システム
⇒ XX-4 「米国・欧州・日本のM&Aの動向比較」

▷1 例えば，デンマークの場合，公開会社は，取締役会ではなく監査役会を置く選択肢も可能であるが，その場合も，監査役会は取締役会を置く場合と同じように，執行役会の監督的役割を担う。

▷従業員代表
北欧のトップ・マネジメントに従業員代表が入っている背景には，北欧諸国における労働組合の組織率の高さが関係していると考えられる。

▷2 ドイツにおいても当初，監査役会メンバーの従業員代表参加は3分の1の参加であったが，1976年の

　北欧のコーポレート・ガバナンスの構造は当初は英米型，すなわち**アングロ・サクソン型の一層型（One-Tier）システム**であった。例えば，デンマークの1917年の会社法において，コーポレート・ガバナンスの基本構造は，英国と同じように取締役会があるのみの一層型システムであったが，1930年の会社法によって，大企業においては隣国のドイツと似た，二層型（Two-Tier）システム（**資料XIV-1**）に変更された。つまり，会社全体の戦略の決定と執行役会を監督する取締役会と日々の経営に責任をもつ執行役会との二層型システムに変更されたのである。この北欧の二層型システムは，1944年にはスウェーデンの会社法にも導入され，その後，ノルウェーやフィンランドでも採用されるに至った。

　また，ガバナンスの北欧モデルの特徴としては，この取締役会の中に**従業員代表**がメンバーとして入る点である。しかし，この点においてもドイツ・モデルとは異なる北欧の特有性が存在する。すなわち，ドイツにおいては1976年の拡大共同決定法によって，従業員2000名超の大企業では，監査役会メンバーの半数に従業員代表が入るのに対して，北欧モデルでは取締役会メンバーの3分の1に従業員代表がメンバーに入る（残りの3分の2のメンバーは株主総会で選出された株主側のメンバーが入る）。その点で，北欧モデルでは，制度上では少なくとも，トップ・マネジメントにおける株主の影響力はドイツより大きくなる。

　実際に，北欧のガバナンスの基本構造はどのように展開されているのだろうか。以下では，第1節の3で取り上げた北欧企業のうち，上場企業（公開企業）である，ノボ ノルディスク（デンマーク）とスタトイル（ノルウェー）を取り上げる。

2 ノボ ノルディスクのガバナンス

　ノボ ノルディスクのガバナンスの基本構造は取締役会と執行役会からなる二層型となっている（**資料XIV-1**）。取締役会のメンバーは11名からなり，7名は株主により選任され，4名は国内の従業員によって専任された従業員

資料XIV-1　北欧の二層型システム

126

代表である。株主により選任された7名のうち5名は，独立取締役である。また，取締役会の株主により選任された取締役会メンバー7名のうち3名が女性で，5名が北欧以外の国籍となっている。取締役会は，全体的な戦略を決定し，執行役会の決定と運営を監督する。取締役会と執行役会のメンバーにおいて兼任はなく，執行役会は日常の経営に責任を負うことになっている。

　取締役会の中に監査委員会，指名委員会，そして報酬委員会がつくられている。各委員会メンバーは取締役会によって選任され，各委員会メンバーは4名で構成し，そのうちの1名に従業員代表が入っている。監査委員会は，米国の証券取引所法に基づき，2名が独立監査役の資格を有しており，さらに，2名は米国の証券取引委員会（SEC）によって定義されている財務専門家に指定されている。ノボ ノルディスクによれば，複雑かつグローバルな製薬業界の環境を代表する様々な視点からの議論が確実に行われるよう，取締役会が多様なジェンダーと国籍のメンバーで構成されることを目指している。具体的には，2020年までに株主により選任される取締役会メンバーのうち，少なくとも北欧国籍と北欧以外の国籍を各2名，各ジェンダーから3名以上で構成されるように努めている（Novo Nordisk Annual Report 2016参照）。

❸ スタトイルのガバナンス

　スタトイルのガバナンスの基本構造は北欧モデルの二層システムを基本としながらも，ノルウェーの特色を示している。なぜならば，ノルウェーの場合，三層システムともいえる構造になっているからである。つまり，会社協議会（corporate assembly），取締役会（board of directors），そして執行役会（executive management）という構造になっている。制度上，取締役会の上に会社協議会という会社機関が設置される点にノルウェーの特有さが表れている。会社協議会は従業員数が200人以上の会社に設置が義務づけられている。会社協議会のメンバーのうち3分の2は株主総会から選出され，残りの3分の1が従業員代表から選出される。また，会社協議会の主たる機能は，取締役の任命や労働力に対する重要な意思決定において，従業員との共同の意思決定を反映させることにある。ちなみに，ノルウェーの場合，会社協議会と取締役会のメンバーの双方に労働組合代表や従業員代表が入る。

　スタトイルの場合，会社協議会のメンバーは21名でその内の9名は労働組合代表である。取締役会は18名で構成され，その内の12名が株主総会で選出された株主代表で，残りの6名は従業員によって選出された従業員代表となっている。また18名中5名が女性である。日々の経営に関する意思決定は11名の執行役会が担う。なお，その内の3名が女性である（Statoil Annual Report 2016参照）。

拡大共同決定法によって，従業員2000名超の大企業では形式的パリティ（同数）参加となった。しかしながら，500名から2000名未満の企業では従業員代表は依然として3分の1の参加となっている。

▷3　制度上，ノルウェーを除くデンマークとスウェーデンにおいて，従業員代表は従業員の権利（right）であって義務（mandatory）ではない。また，取締役会のメンバーに入った従業員代表は，従業員の利益ではなく，あくまで「会社の利益」を代表する立場にある。

XIV 北欧のコーポレート・ガバナンスの特徴とその意義

北欧のコーポレート・ガバナンスの動向

1 北欧のコーポレート・ガバナンスの動向

　世界各国でガバナンス改革が進展する中，北欧諸国もその改革の只中にある。本章第1節でみた所有や構造においても変化が出始め，機関投資家をはじめとした外国人投資家（外国人株主）の増加や米国型構造の導入（各委員会制度など）など，新たな動向がみられる。北欧各国のガバナンス改革に向けた推奨（recommendation）も，北欧のコーポレート・ガバナンスに新たな動きに弾みをつけている。

　この北欧各国のガバナンス改革は，1990年代以降のグローバル経済の世界的な潮流の中で始まっている。デンマークでは，2001年の**ナービュ委員会報告書**（The Nørby Committee's report）から始まった「コーポレート・ガバナンスの推奨（Recommendation On Corporate Governance）」が，1990年代以降のガバナンス改革を推し進めてきた。また，ノルウェーでは2004年から「ノルウェーのコーポレート・ガバナンスの実践コード（Norwegian Code of Practice for Corporate Governance）」が，スウェーデンでは2005年「スウェーデンのコーポレート・ガバナンス・コード（Swedish Code of Corporate Governance）」が，それぞれガバナンス改革の推奨において中心的役割を果たしている。本節では，以下で，デンマークの「コーポレート・ガバナンスの推奨」の基本的内容をみていく。

2 「コーポレート・ガバナンスの推奨」（デンマーク）

　「コーポレート・ガバナンスの推奨」はその名の通り，自発的なコードであり，拘束力はない（ソフトロー）。以下では最新の改訂版（2013年）で言及されている五つの領域について，そのポイントを簡単にみていく。

　Ⅰ．当該企業による投資家とその他のステークホルダーとのコミュニケーション及びインタラクション

　このⅠ．では，企業成長のためには，企業が公開性と透明性（openness and transparency）を基本にして，投資家のみならず，その他のステークホルダーとも積極的に対話（dialogue）をすることに言及している。その手段として例えば，四半期ごとの報告書や株主総会などがある。

　Ⅱ．取締役会のタスクと責任

▷**ナービュ委員会報告書**
（The Nørby Committee's report）
ナービュ委員会報告書は2001年に作成され，デンマークにおけるコーポレート・ガバナンス改革に影響を与えてきた。このナービュ委員会報告書はデンマークのコーポレート・ガバナンス改革を推奨する内容で，いままで6回ほど改訂されてきた。

▷1 この推奨では，コーポレート・ガバナンスの目的を，「価値の創造と説明可能な経営をサポートし，企業の長期的な成功に貢献すること」としている。

このⅡ.では，取締役会が他のステークホルダーを考慮して慎重に株主の利益を保護する必要があることや当該企業の価値を創造するために，全体的な戦略的経営に対して責任をもつことに言及している。また，取締役会は執行役会を監督しなければならないこと，取締役会議長は取締役会のメンバーの特別な知識や技術を最高の方法で当該企業の利益に結びつくように活用することなどが指摘される。

Ⅲ．取締役会の構成と組織

このⅢ.では，取締役会は効率的に取締役の仕事を遂行できるように，また，執行役会のメンバーと質の高い対話ができるように構成することに言及する。そのために，取締役会のメンバーの業務遂行能力も毎年評価するとともに，取締役会メンバーは特別な利害関係から独立的に行動するように求められている。また，取締役会メンバーのダイバーシティ（多様性）の確保や取締役会の中に，監査委員会，指名委員会，報酬委員会そして，必要な場合はアドホック的な委員会をつくることなどを推奨する。

Ⅳ．経営陣の報酬

このⅣ.では，取締役会メンバーや執行役会メンバーの報酬に関して，当該企業が明確な報酬政策をもち，開示することに言及する。また，業績連動型報酬に関しては，短期ではなく長期的に当該企業の価値創造に貢献するところを評価するように推奨している。

Ⅴ．財務報告，リスク・マネジメント，そして監査

このⅤ.では，取締役会及び執行役会の双方が，適切なわかりやすい財務報告書を作成し，適切なリスク・マネジメントや監査を構築することに言及している。例えば，経営に関連するリスクを特定し，それに関する情報を明らかにすることや，内部通報（whistleblowing）の仕組みを整備すること，さらには，取締役メンバーが監査役や各取締役メンバーと定期的に対話できる体制を整えることを推奨している。

3 動向の含意

簡単に「コーポレート・ガバナンスの推奨」の内容をみた。この推奨はComply or Explainアプローチを採っている。その内容から，デンマークにおいてもコーポレート・ガバナンスの「公開性と透明性」（上記2のⅠ.）あるいは取締役の「独立性」（上記2のⅢ.）が問われていること，米国型制度（委員会制度など）の導入の推奨（上記2のⅢ.）など，グローバル化の文脈で問われているガバナンス改革の動きもみて取れる。取締役メンバーの多様性（上記2のⅢ），ステークホルダーとの対話やステークホルダー志向（上記2のⅠ＆Ⅱ），そして長期的志向（上記2のⅣ）など，欧州型の特色を垣間みることができる。

▷ Comply or Explain
⇨ ⅩⅥ-3「コーポレート・ガバナンス原則と機関投資家」

第3部 コーポレート・ガバナンスの国際比較

XIV 北欧のコーポレート・ガバナンスの特徴とその意義

 企業支配の手段とその意義

▶企業支配の手段
北欧企業は企業支配の手段を導入している企業が多いが，どのような企業支配の手段を利用するかには各国によって異なる。例えば，デンマークにおいてはデュアル・クラス株式が，ノルウェーにおいてはピラミッド（pyramids）とデュアル・クラス株式，スウェーデンにおいてはデュアル・クラス株式，ピラミッドや株式相互持合いのどれもが利用されている。

▶デュアル・クラス株式
（Dual-class Shares）
デュアル・クラス・ストック（Dual-class Stock）ともいう。ノルウェーでは上場企業の約50%がこの株式を導入している。しかし，このような仕組を北欧企業のみが導入しているわけではない。カナダでも20%位が，アメリカでも数%の企業が導入している。アメリカのグーグル（Google）やフェイスブック（Facebook）もこの仕組みを利用し，創業者が経営権を保持しながら，多くの資金を市場から得ている。

▶エージェンシー問題
大規模化した株式会社において，株主は当該企業の経営を経営者に委任すると解される。つまり，株主と経営者との関係は，プリンシパル（依頼人）―エージェント（代理人）関係となる。

1 企業支配の手段

北欧は**企業支配**（Corporate control）**の手段**（一般株主をコントロールする手段ともいえる）を導入している企業の割合が他国に比べて多い。

北欧企業が導入している企業支配の手段として有名なものに，デュアル・クラス株式の導入がある。次項 2 のノボ ノルディスク（Novo Nordisk）のケースでより具体的にみていきたい。

2 デュアル・クラス株式の導入

ここでは，**デュアル・クラス株式**（dual class shares）を導入しているノボ ノルディスクのケースを再度みておきたい。本章第2節でみたように，世界的製薬会社のノボ ノルディスクはデンマークの会社であるノボ A/S が親会社で，その親会社の株式の100%をノボ ノルディスク財団が所有している。

ノボ ノルディスクの所有と支配の側面において注目すべき点は，当社がデュアル・クラス株式を導入しているところである。以下で具体的にみていきたい。

ノボ ノルディスクは上場していない（未公開の）A株式を発行する一方で，上場している（公開の）B株式も発行している。A株式は株主資本の21%を占め，残りがB株式となっている。

A株式は1株につき200の議決権が付与されているのに対して，B株式はその10分の1に当たる20の議決権が付与される。親会社であるノボ A/S はA株式を100%，B株式を約8.1%所有している（2016年12月末時点）。したがって，ノボ A/S はノボ ノルディスクの資本総額のうち約27.5%を所有し，ノボ ノルディスクの議決権の75%を所有していることになる。残りはB株として一般株主が所有する。このデュアル・クラス株式の導入により，本章第2節でみたように，ノボ ノルディスクの支配的所有者（株主）はノボ A/S であり，さらにはそのノボ A/S を100%所有しているノボ ノルディスク財団ということになる（**資料XIV-2**）。いずれにしても，上場しているノボ ノルディスクはこのデュアル・クラス株式を利用することで，一般株主からの短期的志向の圧力（短期的利益の偏重など）をコントロールすることができるのである。

130

③ 北欧のコーポレート・ガバナンスの意義

最後に，北欧のコーポレート・ガバナンスの四つの意義についてみていく。

第一に，本章第1節でみたように，支配的株主の存在は，事業会社における大株主として君臨することで，短期志向的な一般株主からの圧力を回避することや，事業会社の長期的視点に立った経営を可能にさせるということである。デンマークにおいては特に財団が支配的所有者になっていることが多く，このような財団による企業支配によって成立し，発展している資本主義の形態は，日本の資本主義を奥村宏が「法人資本主義」と称したのに対して，「財団資本主義（Foundation Capitalism）」と称することができよう。

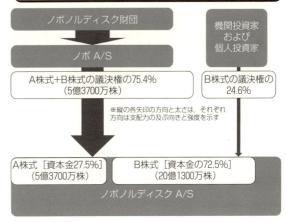

資料XIV-2 ノボノルディスクのデュアル・クラス株式

出所：Novo Nordisk Annual Report 2016, p. 45より一部抜粋し，筆者加筆修正。

第二に，本章第2節でみたように，北欧のコーポレート・ガバナンスの基本構造は，ドイツ・モデルに似ている。しかし，北欧の場合は，監督機関のメンバーのうち従業員代表が占める割合はドイツ・モデルの2分の1ではなく，3分の1までとなっている点がドイツ・モデルとは異なる。つまり，北欧の監督機関における従業員代表の影響力は，ドイツよりも弱まると同時に，株主の影響力が強く出るような構造になっている。例えば，デンマークでみられるように，支配的株主が財団である場合には当該事業会社において，財団の影響力が色濃くでる可能性があるということは容易に想像できるであろう。

第三に，本章第3節でみたように，北欧のコーポレート・ガバナンスもグローバル化の影響を受け，今後どこまでその特徴を維持できるのか，つまりグローバル経済の中での北欧モデルの正当性が問われ始めているということである。

第四に，本章第1節と第4節でみた支配的株主の存在と企業支配の手段が**エージェンシー問題**にどのような影響を与えるのか，である。北欧で使われている企業支配の手段は，エージェンシー・コストを削減し，効率的なガバナンスを展開できるとの見解もあるが，この点についてはより慎重な検討が必要であろう。

プリンシパルとエージェントの利害が一致していない場合，エージェントはプリンシパルの意図と反した意思決定や行動をする可能性があり，エージェンシー・コストが発生する。逆に，所有と経営の一致（さらには所有と支配の一致）が成立すれば，エージェント・コストを削減することが可能になる。なぜならば，所有者と経営者の利害が一致するからである。例えば，デンマークのように支配的株主が財団である場合，概して短期的志向を持つ一般株主とは異なり，長期的志向という点で所有者と経営者との利害は一致し，エージェンシー・コストを削減することができるかもしれない。⇒VIII-1「外部監視と内部統制」

▶1 本章でも指摘したように，北欧企業において支配的所有者（財団や政府など）の存在は大きい。しかしながら，支配的株主としての大株主を誰がどのようにガバナンスするのかに関しては議論の余地が残されている。

XV 韓国のコーポレート・ガバナンスの動向と課題

韓国のコーポレート・ガバナンスの歴史的展開

▷ 1　韓国では'corporate governance'の訳として「企業支配構造」という表現を使っている。日本ではこれを「企業統治」と表現し，中国では「企業治理」と表現している。

▷ **エクイティ・カルチャー**（equity culture）
エクイティとは株主の持ち分のことをいい，企業の経営や資金調達の面において高いリスク耐性を有するものとして知られている。日本では高度成長期にできあがった独自の経済体制や日本的慣行が定着しているため，優れたエクイティ・カルチャーが見られない。

▷ **少数株主**（minority shareholder）
大株主に対して比較的に投資比率が低い株主のことをいう。開発途上国の金融市場のように配当比率が低い場合，大株主の利益追求のために犠牲にされる場合が多いため，商法や証券取引法のような制度によって保護の対象となるのが一般的である。

▷ **経営規律づけ**（management discipline）
経営に失敗したり，不正を行ったりする経営者に対して行われる措置の通称のことであるが，解任や再契約中止などの形で行われることが一般的である。

1　コーポレート・ガバナンスと法制度

　周知の通り，戦後，韓国は開発途上国として出発したため，政府主導による強力な開発経済体制を長年維持してきた。短期間での急激な成長の牽引となった制度的基盤は外国の制度を受け入れることから始まった。実際に，1948年から1962年までの間は日本の商法を基礎に始まり，それ以降は米国，英国，ドイツなど欧米の諸法律が受け継がれる形でコーポレート・ガバナンスの形式を整えてきた。その後，1962年にようやく独自の商法典が制定された。1984年には会社法と経済実態との乖離を埋めた法制度が整備され，90年代以降は米国型の企業統治導入の要求を受け，経営の機動性確保，グローバル化への対応，透明性確保などを主な目的とした改正法が制定された。現在，韓国の上場企業は，商法の規定により，会社機関として株主総会，取締役会（韓国では理事会という），監査という三つの機関を設置することを義務づけられている。

2　韓国のコーポレート・ガバナンスの特徴

　韓国の財閥大企業の所有・支配構造をみると，欧米で発生している経営者支配などの問題は基本的に発生しない。なぜならば，「所有と経営の分離」を前提に株主が経営者に対する監視費用として想定していたエージェンシー・コストは，大株主が最高経営者として会社を支配しているため，韓国の状況では当てはまらない。しかし，オーナー経営者と少数株主間の利益の分配をめぐる問題は常に存在している。例えば，近年，一部の財閥大企業で最高経営者を継承させる過程において，株主全体の利害を充分に反映しないままに，オーナー一族の後継者へ安価な値段で株式を贈与するなどのような不当な利益提供がその典型的な例である。

　韓国財閥の大企業のような所有・支配構造を有する形態を「内部者支配枠組み（insider-dominated framework）」といい，**エクイティ・カルチャー**（equity culture）の欠如，**少数株主**における法的保護装置の欠如，配当金に対する関心の欠如，株主総会に対する関心の欠如，途上国市場においての敵対的M&Aを通した**経営規律づけ**の欠如，経営意思決定における権限誤用あるいは濫用の問題などがしばしば指摘されている。

　さらに，韓国の上場企業の場合，財閥大企業間においては資本の一局集中を

XV-1 韓国のコーポレート・ガバナンスの歴史的展開

資料XV-1 サムスン・グループの循環型投資現況（2016年現在）

```
                            李在鎔氏とその一族
        ┌──────┬──────────┬──────────┬──────────┐
     1.4│  20.8│       4.8│       2.1│      31.4
        ↓      ↓          ↓          ↓          ↓
    サムスン生命 ──19.3→ サムスン電子 ←4.1── サムスン物産 ←2.6
        │ ↑ 7.3              ↑                │
        │ │ 1.3              │                │
        ↓ │                  │               17↓     17.1
    サムスン火災海上保険─15─┘             サムスンSDS ←─┘
        │ ↑                                    │47.2
       8│ │11.1        3.4                     ↓
        ↓ │         ─────→ サムスン重工業 ←17.6  マルチ・キャンパス
    サムスン物産                              22.6
        │              7.3
       8│            ─────→ 新羅ホテル ←5.1
        ↓                                   23.7
    サムスンカード ←71.9                    ─────→ サムスン電機
                                          12.6        │12.6
                        サムスンSDI ←19.6── 第一企画 ←┘
                           │15.2          12.6
    上場企業              ↓
                  11.7→ サムスン ディスプレイ ←84.8   46.8→ サムスン バイオロジックス ←51
    非上場企業       11
                  ─────→ サムスン エンジニアリング
                   5.3
                  ─────→ サムスンS-1
```

出所：*The Investor*, 2018年6月23日付。

防止するために，日本でみられるような株式相互持合いを避けるための出資制限が設けているが，韓国ではこのような制度上の制約を避けるためにみられるのが「**循環型投資構造**」である。**資料XV-1**が示しているように，サムスン・グループの場合，上場企業と非上場企業を含んだ巧妙なグループ企業間の出資が行われている。

一方，従来からの財閥経営の問題点を指摘する動向とは対照的に，近年では同族経営に対して新たに肯定的な評価が行われているのは興味深い。これらの企業は創業者のメンバーが経営幹部または大株主として取締役会に参加している点が特徴である。

韓国社会においてコーポレート・ガバナンスが注目されているのは，1980年代から多発した企業不祥事と無縁ではない。これらの多発した企業不祥事は韓国社会に激しい「反企業感情（anti-corporation sentiments）」を引き起こし，財閥大企業はそれらへの対応に迫られるようになっている。特に，「反企業感情」＝「反財閥大企業」という認識が広がり，韓国社会から厳しい批判を浴びている。

▷循環型投資構造
朴正熙政権下で産業資本と金融資本の過度な集中を避けるために，日本のような株式相互持合いを禁止したため，財閥グループ企業間で行われた出資形態である。一般的に「A社→B社→C社→D社→A社」を支配する形で行われる。

XV　韓国のコーポレート・ガバナンスの動向と課題

韓国企業の倫理的環境

1　倫理的環境

　米国の経済誌で確固たる地位を築いている『フォーチュン』誌が毎年発表している「**フォーチュン・グローバル500**」がある。これにランクインしている韓国の財閥大企業は若干社数が変動しているものの，2011年以後，毎年15社前後が入っている。このランクインしている企業には，サムスン電子，現代自動車，LG，SK，ロッテ，ハンファなど韓国を代表し，しかもグローバルな事業活動を繰り広げている財閥大企業と，ポスコや韓国電力公社のようないくつかの公企業がある。

　このような大規模な多国籍企業が活躍している中で，韓国企業社会を支配している重要な倫理的環境も存在している。

　では企業の倫理的な行動様式に大きく影響を及ぼす文化的な諸要因から考察してみよう。文化的要因と企業経営との関係について究明した代表的な研究者にホフステッドがいる。彼は，1967年と1973年に行った50カ国11万6000人以上のIBM社員を対象にした調査の結果から，国家間の文化差異を区別する要因として，「**権力格差**（power distance）」「個人主義（individualism）-集団主義（collectiveness）」「男性らしさ（masculinity）-女性らしさ（feminine）」「不確実性の回避（uncertainty avoidance）」といった四つの文化的次元を見出した。近年ではさらに「長期志向（long term orientation）-短期志向（short term orientation）」の要因が付け加えられ，五つの評価基準になっている。**資料XV-2**ではこの基準に照らし合わせた韓国の結果（2001年現在）を示しているが，大きい権力格差，中間の男性らしさ，高い不確実性の回避，高い長期志向などの特徴を有している（Irwin, 2010）。

▷**フォーチュン・グローバル500**（Fortune Global 500）
世界の多国籍企業を対象にし，収益，純利益，資産，従業員数などの基準で500位までの企業をランク付けしたものである。世界的に権威のある経済誌である『フォーチュン』誌が毎年6月に発表している。

▷**権力格差**（power distance）
ホフステッド（Hofstede, G.）によって文化の多様性を探る根拠として取り上げられたものの一つである。権力の弱い成員が，権力の不平等さを受け入れている程度を意味する。

表XV-2　韓国の企業倫理に影響を及ぼす文化的要因

項　目	内　容	点数	程度
権力格差	特定の権力者に決定をゆだねる傾向	60	高い
個人主義―集団主義	個人の利害と集団の利害のバランス感覚	18	低い
男性らしさ―女性らしさ	性別役割分担に対する規範的な圧力	39	中間
不確実性の回避	安全欲求が優先される傾向	85	高い
長期志向―短期志向	持続性，序列関係，倹約，恥の感覚からなる傾向	71	高い

出所：Irwin, 2010, p. 5.

資料XV-3 韓国社会における儒教思想の企業経営への影響

項　目	家族的特徴	企業経営への影響
強調された道徳価値	「孝」が中心	家族的な雰囲気の組成
集団的な特性	血縁集団主義	閉鎖的な血縁経営
価値判断の準拠	家族・町徳性の集団	血縁・地縁及び年功序列主義
意思決定の主体	家父長に集中	最高経営層への権限の集中
構成員の意識構造	家父長へ依存	服従心による向上的意識構造
相続制度	長子優遇，不均等相続	長子優遇，不均等相続
危険認識の属性	戦争などによる人為的危機	短期的な利益追求
外部環境に対する態度	体制維持的	変化への非弾力的

出所：文，2003。

2　韓国の儒教思想

　上記の五つ目の高い長期志向を有する傾向として近年注目を集め，研究が活発に行われているのが**儒教思想**である。これは中国，香港，台湾，日本，ベトナム，韓国などの東アジア地域の諸国によく現れている特徴である。そして長期志向の強い儒教思想は韓国文化を特徴づける本質的な要因として広く議論されてきた。韓国企業の倫理環境は儒教思想，特に「**三綱五常**」からの影響が強い。この三綱五常は，朝鮮時代における500年間の国家統治の基準となった。その歴史的伝統は，未だに韓国社会の家庭生活はもちろん，経営組織体のあり方にも様々な面に影響を及ぼしており，構成員の重要な行動基準としても認識されている。この思想によれば，君主と臣下との間には義理が，親と子どもとの間には親密な関係が，夫婦間ではそれぞれが行うべき仕事が，年長者と年少者との間には序列関係が，そして友だちとの間には信頼がなければならないことが強調される。これは具体的に，経営者に対する忠誠心，組織構成員に対する経営者の慈愛，上司と部下との秩序，同僚間の信頼的関係などに直接的に反映されている。特に，人的資源管理，管理と組織の行動の方針，組織構成員の行動基準などに大きく反映されている。

　なお，直系家族と先祖崇拝，そして教育を重要視する伝統的な儒教思想は，血縁関係の有無，教育水準の高低を軸とする排他意識を醸成し，韓国企業の中で長い間，血縁・学縁・知縁などのような縁故中心の人事慣行を固着化させる最も大きな要因となった。特に，長男を優遇する伝統的相続制度は企業内での血縁中心の所有構造と権力形成の主要要因となっている。**資料XV-3**は儒教思想が企業経営に及ぼす影響について示している。儒教思想などの伝統的価値と，西洋の合理的意識構造が企業の組織成員内で共存している韓国企業では，企業倫理をめぐる問題が複雑に絡み合い多様な形で展開されている。

　しかし，近年ではこれらの儒教思想がジェネレーション・ギャップを生じている主要な要因として認識されているものの，それに代わって韓国社会の根幹をなすような新たな思想を見出していないのも社会的な課題としてしばしば指摘されている。

▷儒教思想
孔子を始祖とする思考や信仰の体系をいう。これは中国の春秋戦国時代に生まれたものであるが，現代では東アジア諸国，その中でも韓国の精神的な根源をなしている。

▷三綱五常
儒教を代表する中心的な考えである。三綱は群臣・親子・夫婦の間の守るべき道徳を指し，五常は説くべき仁・義・礼・知・信を指す。

【参考文献】
Irwin, J., *Doing Business in South Korea ; an Overview of Ethical Aspects*, Institute of business Ethics, 2010.
文載皓「韓国の企業倫理と企業統治」中村瑞穂編著『企業倫理と企業統治』ミネルヴァ書房，2003年。

XV 韓国のコーポレート・ガバナンスの動向と課題

韓国企業の外部監視

1 所有構造の変化

まず，韓国経済の多くを占めている財閥大企業に対する外部監視機能を述べる前に，所有構造について明らかにする。韓国の金融市場は，1997年に勃発したアジア通貨危機以後急激な変化をみせている。韓国取引所の調査によると，2013年現在株式保有比率は，外国人32.9％，一般法人24.1％，個人23.6％，機関投資家16.1％，政府及び政府管理企業が3.3％という順となっている。これは通貨危機が勃発した後の1999年の状況と比較すると，外国人の保有比率の増加と政府部門の保有比率の減少がその変化の主因である。これに対し，相対的に事業法人，個人，機関投資家の保有比率は比較的大きな変化はみられない。

アジア通貨危機が発生した1997年当時，韓国政府は IMF（international monetary fund，国際通貨基金）や IBRD （International Bank for Reconstruction and Development，国際復興開発銀行）からの救済金融を受ける条件として外国資本の自由な投資を可能にする制度的な改革を余儀なくされた。この結果，それまで不透明であった経営の透明性を一段と高めるようになった。2017年5月現在の韓国取引所が公開した情報によれば，外国人の保有する有価証券の時価総額は534兆1188億ウォンとなり，全体の時価総額の36.7％まで達している。

これは企業支配と関連する制度上の変化，特に M&A 市場と銀行貸出市場における規制が緩和されたことに依る。特に，財閥上場企業への外国人による投資制限の撤廃や財閥企業自身の負債比率を大幅に低下することを義務化した措置などは，従来までとは異なる競争を促進する結果となった。外国人投資家の増加は，証券監督院規定による「**外国人直接投資制限**」の廃止や，外国人投資法による「外国人の株式取得時の財政経済部長官の許可対象の縮小」，外国人の既存株式取得時の取締役会の同意要件の変更（10％から33％へ）などが重要なその理由となった。

しかし，韓国の財閥大企業のコーポレート・ガバナンス上の弊害を是正する措置として制定された諸法律は，ある意味では外国人（外国企業を含む）に対する規制を緩和したことになっており，一定の規制緩和に対する新たな規制強化が必要な課題事項として取り上げられている。実際，国内資本の株式所有規制としての措置には，金融機関の同一人の株式所有制限，出資総額制限，相互出資制限，系列金融財閥による議決権制限などがある。

▷ 1 通貨以前の韓国の所有構造
1999年当時の所有構造は，外国人21.7％，一般法人19.1％，個人25.9％，機関投資家16.9％，政府及び政府管理企業が16.4％となっていた。

▷**アジア通貨危機**
これは1997年に発生したタイのバーツがヘッジファンド（投機的で高収益を狙う基金や組織）によって通貨売りにさらされ，急落したものから始まる。その後，インドネシアのルピアと韓国のウォンにも飛び火し，同時に急落させるなどの悪影響をもたらした。

▷**外国人直接投資制限**
国内資本への外国資本に対する投資規制のことをいう。外資制限ともいわれ，国家の安全や主権を守るために行われている。

▷**株主行動主義**（stockholder's activism）
株主アクティビズムともいわれ，株主が投資した企業の経営に不満を有する場合，保有株式を売却するなどのような措置をとらず，株主

2 株主行動主義の台頭

近年最も注目を浴びているのが，少数株主権の行使要件の変化による**株主行動主義**の台頭である。このような法律の改正により，少数株主が彼らの利益のために，株主総会等に積極的に参加し様々な活動を行うことを意味する株主行動主義の台頭がみられた。このような動きの背景には，商法や証券取引法などの法律改正以外に，少数株主の代表団体である「参与連帯」のような市民団体運動の活性化も一因であると考えられる。少数株主権の行使要件は，商法の規定によって定められているが，発行株式総数の10％，3％，1％を満たすことを要求されている。例えば，解散請求権と会社整理開始申請権は発行株式総数の10％，取締役及び監査役解任権，会計帳簿閲覧権，株主提案権，株主総会召集請求権，集中投票請求権は3％，そして代表訴訟提起権，違法行為維持請求権は1％を満たさなければならない。金融監督院の2015年の調査によれば，少数株主権を行使した件数が最も多かった2014年の結果によると，株主総会召集請求権（8件），株主代表訴訟関連（6件），会計帳簿閲覧権（6件），取締役及び監査役解任権（2件），議案議案（2件）という順であった。

さらに，株主行動主義の担い手として活発な活動がみられているのが，機関投資家である。韓国企業支配構造院が1999年に制定したのが「企業支配構造規範基準」であった。「韓国スチュワードシップ・コード」に参加を公表した企業は2017年12月現在，資産運用会社が14社，諮問会社が2社となっているが，年金基金，証券会社，保険会社，銀行では同コードへの参加を表明した企業は未だにない。しかし，今後同コードへの参加を予定している企業はさらに増加する傾向にある。**OECD コーポレート・ガバナンス原則**が改定された影響を受け，2017年3月に施行したのが「遵守するか，さもなくば説明せよ（**Comply or Explain**）」である。

3 内部統制

内部統制システムをめぐる制度的な面においては，政府主導で2003年末から2004年にかけて公認会計士法，株式会社外部監査法，証券取引法，証券関連集団訴訟法の改正により形式的な面では米国**SOX法**に近い。

特に，上場企業に対する監査法人の交代は盧武鉉政権下の2006年に法律によって6年ごとに交代を義務化したが，李明博政権下の2009年には企業規制緩和により規制がその法律が撤廃された。2014年には9年間同一の監査法人に監査を受ける場合，金融委員会傘下の証券先物委員会が指名した監査人に交代が義務づけられる。

の有する固有の権利を利用して株主提案・議決権行使・経営者との対話などを通して株主権益を守るために積極的に経営に参加する行為のことをいう。⇨ Ⅱ-1「株式会社と会社機関」，Ⅳ-1「経済の金融化の背景」も参照。

▷ **OECD コーポレート・ガバナンス原則**
1999年に OECD の閣僚たちによって支持されて公表されたコーポレート・ガバナンスの原則のことをいい，現在は世界各国がコーポレート・ガバナンスを確立する際の模範・規準としての役割を果たす。2004年度と2014年に2度目の改定が行われ，世界各国のコーポレート・ガバナンス原則の改定を促している。⇨ Ⅸ-3「経営者報酬と報酬委員会」，Ⅶ-3「中国型コーポレート・ガバナンスの特徴」も参照。

▷ **Comply or Explain**
⇨ XXI-3「コーポレート・ガバナンス原則と機関投資家」

▷ **内部統制**
本来，会計用語として使われていたが，2000年初頭に米国で勃発した一連の企業不祥事後に制定されたSOX 法の制定以後，①業務の有効性及び効率性，②財務報告の信頼性，③事業活動に関わる法令などの遵守に概念自体が拡大されて解釈されている。

▷ **SOX 法**
⇨ Ⅷ-3「外部監視の多様化」，Ⅺ-2「米国のコーポレート・ガバナンスと企業不祥事」

XV 韓国のコーポレート・ガバナンスの動向と課題

 韓国企業の内部監視

 韓国企業における会社機関

　韓国企業の会社機関は，基本的に株主総会，取締役会（韓国では理事会という），監査役（韓国では監事という）という三つの機関から形成されている。これは戦後制定された韓国の商法の規定によるものであり，授権資本制度と取締役会を採用する形態から始まった。この制度は，日本の商法と同一の形態をとっているが，当初韓国が日本の制度をまねたからに他ならない。株主総会は，最高意思決定機関の地位を有しており，取締役と監査役の任免権以外に，定款の変更を実行できる唯一の地位を得ている。

　本章の第1節で示したように，韓国財閥企業では，所有と経営の分離がなされていないため，厳密な意味でのコーポレート・ガバナンスの問題は発生しない。しかし，総帥一族である大株主と少数株主間の利害不一致の諸問題は常に潜んでいる。さらに，総帥一族は取締役会を掌握するような形で財閥グループ全体の実質的な支配者でありながら，実際の経営失敗による責任問題が発生した際には未登記取締役であるが故に責任逃れができていた。

　また，監査役の形骸化の問題から，監査制度の実効性を改善するために，1984年，1995年，1996年，1999年，と繰り返し大幅な法律改正が行われた。

2 事実上の取締役の責任規定の新設

　上述したように，韓国経済社会は1990年代半ばにIMF管理下という歴史上初めての変革を経験することになった。韓国の企業社会が様々な変化を経験する中で，近年最も注目を浴びているのが，「事実上の取締役（de facto director）」の責任規定の新設，取締役会内における各種委員会の制度の導入，そして社外取締役制度の導入である。これらは，「IMF管理下」という外部的圧力要因を背景とした金大中政権の積極的な企業改革によって推進されたものである。

　取締役会の本来の機能回復を目標に行われた様々な法律の改正は，取締役会の独立性の向上に焦点が当てられた。1998年の商法改正により，「事実上の取締役」の責任の規定が新設された。

　さらに，2013年11月に改訂された「資本市場と金融投資業に関する法律」によって，年収5億ウォン以上の上場企業の登記役員（**登記取締役**）はその詳細

について公開することを義務化された。

❸ 取締役会内における各種委員会の制度の設置

次に，取締役会内の監査委員会の設置義務条項の新設である。1999年の商法改正の際，**米国模範事業会社法**（MBCA）に範をとり，取締役会の中に監査委員会の設置を義務づける条項が新設された。しかし，監査委員会以外の，執行委員会，指名委員会，報酬委員会，代表訴訟委員会などの設置に関しては，義務ではなく，各企業の定款の定めるところによって自由に設置することが可能であった。

実際に，公正取引委員会が2016年に12月に発表した内容によれば，対象企業165社（資産総額5億ウォン以上）のうち，監査委員会を設置している企業は124社であり，全体の中で75.2％に至っている。これは2000年11月の65社に過ぎなかった状況からみると，大きな進展である。それ以外の委員会の設置状況をみると，内部取引委員会が53社の32.1％，報酬委員会が48社の29.1％，社外取締役候補推薦委員会が92名の55.8％となっている。

❹ 社外取締役制度の導入

周知の通り，近年ではコーポレート・ガバナンスにおける監視や監査という面において社外取締役の役割が多く期待されている。社外取締役を指す表現には，アメリカにおいて「社外取締役（outside director）」「独立取締役（independent director）」「利害のない取締役（nonaffiliated director for disinterested director）」がある。

社外取締役の選任義務化は商法（3人以上の取締役によって構成される監査委員会に関する規定，その3分の2以上を社外取締役で構成），証券取引法（証券会社の**資産総額**が2兆ウォン以上，取締役総数の2分の1以上が社外取締役で構成，社外取締役数は3人以上），保険業法（保険事業者の資産総額が2兆ウォン以上，取締役総数の2分の1以上が社外取締役で構成），銀行法（全ての金融機関は3人以上の社外取締役を設置，取締役総数の2分の1以上が社外取締役で構成）等々によってそれぞれ新たな法律が改正された。これらの法律は，銀行法以外では「社外取締役候補推薦委員会」の設置が義務化され，株主総会（または社員総会）はこの委員会が推薦した候補者の中から社外取締役を選任することになっている。

2016年に公正取引委員会の発表した内容によると，26グループの社外取締役の選任状況は547名であり，これは全体の50.2％に至っている。これはさらにオーナーのいる集団（21グループ）とオーナーがいない集団（5グループ）に分けて分析することも可能であるが，それぞれ484名（50.7％）と63名（46.7％）になっている。

▷**登記取締役**
会社経営に失敗して責任が問われた場合，取締役や監査役のような経営者は株主代表訴訟などの対象になるなど非常に重い責任が伴う。実際に，取締役，専務取締役，常務取締役のような職位には，経営上の重い責任を負う登記取締役と，会社が執行業務をスムーズに行うために当該企業が与えている職位のみの経営失敗の責任から逃れる非登記取締役に分けられている。

▷**米国模範事業会社法**
州ごとに異なる法律によって会社設立と運営が行われている米国において，各州が参考にして法律改定に使うための規準となっている法律のことをいう。米国においては，各州で異なる法律が少しずつではあるが統一される傾向にある。

▷**資産総額**
会計用語であり，株式各銘柄に各々の発行済み株式の総数を掛けたものを指す。日本では，株式相互持合いを通した安定株主工作によって長期間の株式売買取引が行われていなかったため，帳簿上の評価額と時価との評価額に差が生じるなどの問題点が指摘されていた。近年，より適正な企業資産を評価を行うなどの目的で会計改正が行われた。

第3部　コーポレート・ガバナンスの国際比較

XVI　中国のコーポレート・ガバナンスの動向と課題

 中国経済とコーポレート・ガバナンス

▷ **習近平**（Xi Jinping, 1953-）
陝西省出身。2012年に中国共産党総書記に就任し，2013年に国家主席と国家中央軍事委員会主席に選出され，中国共産党，中国国家，人民解放軍の最高指導者となった。2017年に再任された。

▷ **一帯一路**
中国西部から中央アジアを経由して欧州につながる「シルクロード経済地帯」（「一帯」の意味）と，中国沿岸部から東南アジア，スリランカ，アラビア半島の沿岸部，アフリカ東岸を結ぶ「21世紀海上シルクロード」（「一路」の意味）の二つの地域で，インフラ整備，貿易促進，資金の往来を促進する計画であり，2013年に習近平総書記が提唱した構想である。現在，こうした政策の下で様々な政策が実行に移されている。

▷ **中国製造2025**
共産党による建国100周年（2049年）までに「製造強国」としての地位を固め，総合力で世界のトップクラスに立つとの極めて高い目標を掲げ，IT・インターネット技術と製造業の融合促進等による工業基礎能力の強化を目指す国家プロジェクトであり，「中国版インダストリー4.0」とも

1　社会主義的市場経済と中国経済の発展

　中国経済は，1978年の鄧小平の「改革・開放」路線を契機として，市場経済化を推し進め，外国技術と資本の導入を梃子に「世界の工場」として発展を遂げてきた。特に2001年の世界貿易機関（WTO）加盟以降，急激に「世界の市場」としても大きな存在感を示し，2010年には日本のGDPを追い抜き，米国に次いで世界第2位の経済大国に躍進を遂げるところとなった。この間，2017年には名目GDPが12兆ドルに達し，日本の2.4倍，米国の0.6倍にまで成長してきた。2013年には**習近平**国家主席による「中華民族の偉大な復興」と2014年の「**一帯一路**」政策，2015年には産業の高度化計画「**中国製造2025**」が打ち出され，中国の持続的な経済成長とともに，米国を抜いて世界第一の経済大国を目指す野心的展望が示されるところとなった。これに対して米国は脅威を抱き始めており，「米国第一・自国優先主義」を掲げるトランプ政権との貿易摩擦が深刻化している。

　中国は政治的には共産党による一党独裁の社会主義体制である一方，経済的には市場経済体制を採用する「社会主義市場経済体制」を1993年に改正された憲法で規定し，国有企業や民営企業を中心とする企業改革を推し進めてきた。中国経済と企業経営を語るには，1965年の秋ごろから10年間にわたった社会主義における革命運動まで遡らなければならない。毛沢東による文化大革命は，政治・権力闘争という側面が強いのだが，「格差のない平等な社会」を求める理念を建前上は追求し，社会構造を作り上げた。その後，1981年6月の中国共産党第十一期六中全会で，文化大革命は公式に否定されたが，毛沢東の残した共産党の内部闘争と民衆の階級闘争は，皮肉にも今日の一党独裁の礎を強固に築いた。

2　中国の経済成長と社会主義体制の影響

　中国では，1978年から鄧小平により中国共産党による社会主義政治体制を維持したままに，市場経済を導入するという改革開放経済政策が実施された。はじめは，1979年の人民公社制度や農村農業体制の解体や改革，そして対外的な開放政策が行われた。そして，鄧小平の「先富論」を中心的思想に据え，四つの沿岸部を中心にいわゆる経済特区を創設し，資本主義的な経済システムを試行した。これらの政策を実務的に取り仕切ったのが，共産党総書記の胡耀邦と

首相の趙紫陽であった。胡耀邦らは，1984年の第十二期三中全会で「経済体制改革に関する決定」を承認させ，特区も一気に12以上に増やし，市場経済化の波に乗らせることに成功したかに思えた。

しかし，毛沢東の**文化大革命**の主要な動機は当時お棲みついており，中国共産党一党独裁体制の下でのイデオロギー闘争が政治的局面において常に伏在していることを忘れてはならない。胡耀邦らは，党政分離論や三権分立論などを主張すると，瞬く間に大衆から支持を得たものの，対立するイデオロギー勢力によって，政治闘争の上で失脚し，その後死去する。1989年に入ると，鄧小平が4月に倒れ，政治的不安定局面に一気に突入すると，そこに同月15日に死去した民主主義運動に同情的であった胡耀邦の名誉回復を訴え，いわゆる「天安門事件」が起こる。それに対して，改革開放を進めてきたはずの鄧小平自身が，北京に戒厳令を敷き，6月3日から人民解放軍を投入し，学生・市民らの民主主義運動を武力で制圧し，多数の学生・市民の犠牲者がでた。この鄧小平の改革開放を進めるとしつつ，民主化運動には牙をむいたという大きな矛盾が，今の中国経済と中国企業経営システムの中心にあることを念頭に置くべきである。

3 中国経済の現状と企業経営

GDP が世界第2位に躍り出た中国経済は，「世界の工場」から「世界の市場」さらには世界の技術大国へと変貌を遂げようとしている。1990年代に沿岸部の特区を中心に高度経済成長は次第に内陸部へと拡大し，そこに農村部から大量の出稼ぎ労働者が流入し，こうした低賃金労働を梃子に「世界の工場」へと発展してきた。2010年代に入ると「**ルイスの転換点**」を迎えたといわれるようになっており，急速な賃金上昇と労働力不足による成長率の低下が危惧されるようになっている。すでにこれまでの「**一人っ子政策**」により人口増加は抑制され，13.6億人となっていたが，急速な高齢化と労働力人口減少をも背景として2015年にはこれを放棄し，人口増加を容認する政策に変更された。

しかし，同時に1978年の「改革・開放」以降の「圧縮成長」とも呼ばれる急速な高度経済成長のひずみは覆い難くなっており，PM2.5等の大気汚染や水質汚染等の環境問題の深刻化，企業の反社会的行動，汚職・腐敗の蔓延，社会的格差の拡大，人権の抑圧などは中国の今後の安定的な成長を実現する上で克服すべき大きな課題となっている。

中国共産党も，現状に対して大きな危機感を感じており，「共産党主導の政治体制」を基本としつつ，国有企業を中心とする企業経営システムやそれを支える資本市場の「国際的調和化」に向けての改革を進めている。また例えば，レノボや中興通訊（ZTE）のように，国際的に事業活動を展開し，海外の取引所に株式を上場しているよう企業では企業経営の「国際化」ないし「欧米化」の圧力は高まっている。

いわれる。

▷**文化大革命**
1966年から約3年にわたって，民衆をも巻き込んだ大きな政治闘争である。毛沢東が主導権をにぎり，民衆の価値観を第一とし，資本家や知識人を不要であると宣言し，民衆の価値を通常価値へと取り戻す運動であった。「文革」と訳されることが多い。

▷**ルイスの転換点**
英国の経済学者であるアーサー・ルイスが主張した考え方であり，社会が工業化・発展する過程で農村部から都市部へ低賃金の余剰労働力が供給されるが，やがて余剰が解消される転換点を超えると，賃金の上昇や労働力不足により経済成長が鈍化する。

▷**一人っ子政策**
1979年に急速な人口増加を抑制するために，中国政府が実施した政策である。2015年に完全に廃止。

▷**中国共産党**
1921年に結成され，1949年には，中国国民党との政治闘争・内戦に勝利し，政権を奪取し，中華人民共和国が建国された。5年に1度開催される全国代表大会（党大会）によって人事や重要事項が決定される。メンバーは，各界から選出された代表によって構成する。なかでも，中央委員会委員の選任や，中央政治局委員の選任に注目が集まる。政治局委員会議が政策決定を行い，常務委員が執行する。これらのナンバー1が総書記である。

XVI 中国のコーポレート・ガバナンスの動向と課題

 中国のコーポレート・ガバナンス構造

1 中国のコーポレート・ガバナンス体制の特徴

1993年，社会主義市場経済体制下における「現代企業」制度の特徴として「産権明晰」・「権責明確」・「政企分離」・「管理科学」(「財産関係が明瞭」で，「権限と責任が明確」で，「行政と企業の役割が分離」され，「科学的な管理」が行われる)とする新たな方向性が打ち出される。

中国全体で現在1300万社あるとされる企業のうち，国有企業は2％に当たる約30万社が存在している。しかし，「2％の国有企業が中国経済の20％を動かす」とされ，中国経済の根幹はなお国有企業が握る(『日本経済新聞』2017年7月12日)。1990年代から中国経済の民営化，市場経済化の流れを受けて「国退民進(国有企業のシェア縮小と民営企業のシェア拡大)」といわれ，工業生産に占める国有企業の割合は，当初の約8割から，2008年には約3割まで低下してきたが，リーマン・ショック以降，逆に「国進民退(国有企業のシェア拡大：「もうけすぎ」と民営企業のシェア縮小：民業圧迫)」が目立っている。

1990年代の後半からの「抓大放小」政策(国家戦略領域における人型国有企業の強化と中小型国有企業の民営化による国有企業の整理・再編)の実施による再編を通じて，国有企業は，大型国有企業・新型国有企業・中小公有企業という三形態に分解されることになった。このうち「大型国有企業」は「**中央企業**(央企)」(2017年現在97社)と「**地方企業**」とに分けられるが，前者については国務院**国有資産監督管理委員会**が，また後者についても地方政府の資産監督管理委員会が，経営者の人事権，経営上の重要事項の管轄権，財産の処分権等について監督・管理の責任をもつとされる。しかし，現実には「央企」については共産党中央組織部，その他の国有企業については，国有資産監督管理委員会にある党委員会が「党管幹部(共産党が幹部を管理する)」原則の下で人事権を掌握しているだけではなく，経営にも大きな影響力を行使しているとされる。

一方，民営企業もインターネット革命の下で急速に台頭し，アリババ・グループ(阿里巴巴)，テンセント(騰訊)，小米科技(シャオミ)，華為技術(ファーウェイ)，百度(バイドゥ)などIT系の主要民営企業が中国経済において勢力を拡大している。共産党はこうした民営企業内にも党員が3人以上いる場合には，「党委」と呼ばれる中国共産党委員会の設置を義務づけており，企業内の人事を含め，企業の意思決定を事実上左右する存在となっているとまで

▶中央企業と地方企業
中央政府の管理監督を受ける企業に自動車業界では第一汽車集団有限公司や東風汽車集団有限公司，宝山製鉄などを傘下に抱える宝武鋼鉄集団有限公司など97社がある。他方で地方企業は地方政府が管理監督を行う企業であり，その代表例は上海 GM や上海 VW を傘下に抱える上海汽車集団(SAIC)である。

▶国有資産監督管理委員会
中央政府レベルと地方政府レベルのものがある。同委員会は，国有持株会社(非上場)を挟んで上場企業を迂回所有する。同委員会は所管企業の経営者に対する人事権を有しており，所管の企業の監査役会に代表を派遣し，監査役会を通じて経営者の監督・人事評価を行う。2013年の三中全会で決定された「混合所有制改革」により国有企業の株式を民間投資家や外資に売却するという企業改革が打ち出されたが，国有企業の性格に基本的な変化はない。なお，中国工商銀行等のメガバンクの場合には財政部ないし政府系ファンドが所有・支配する。

2 株式会社における会社機関

　中国では，企業法上，株式会社（股份有限公司）において主に以下の四つの機関によって，企業運営がなされている。まず，株主総会は会社の最高意思決定機関である。そして，株主総会で複数の董事（取締役）が選任され，董事が董事会（取締役会）を組織する。その中で，董事長（代表取締役）が選任され，企業の代表者となる。また，董事会は，総経理（社長）を選任し，執行権を付与して，会社経営の実務を委ねることになる。そして，これらの業務執行に関わる役職に対して目を光らせるのが，監事（監査役）の役割である。監事は監事会（監査役会）を組織し，会社の会計監査や法令遵守などのチェックを行う。この監事会は，株主代表と従業員代表から構成される。こうした会社機関は，業務執行を監視・チェックする監査役会への従業員の経営参加を認めている点では「ドイツ型」であり，「取締役会」と業務執行機能を分離している点では「アングロサクソン型」でもある。

　これを捉えて，中国の企業経営機構は，「二元二層二会制」といわれたりする。このように，中国の株式構成，市場経済への移行の過程，政治体制などの様々な理由で，中国独自のコーポレート・ガバナンス・システムができ上がっていた。しかし，21世紀に入って，深圳や上海の証券取引所を通じた資本調達の重要性が高まり，外国人機関投資家が中国でもそのプレゼンスを高める中で株式市場を意識したアングロサクソン流の「株主重視・EVA（経済付加価値）重視経営」が重視されるようになっていった。

3 中国の株式会社構造の概要

　中国は，中国共産党の指導の下で全ての政策が決定されるのであるから，当然に，前述したとおり，株式会社の経営も，中国共産党の指導の下で経営されることになる。ただ，中国の企業は，国内の消費者を相手にしているだけではなく，世界中の消費者をターゲットに企業経営を行っており，資本市場から資本調達も行っている。この意味でも企業組織も中国独自の組織形態で押し通すわけにはいかない。そこで，企業法制度では基本的なルールを定め，細目を証券取引所や各省の省令などに任せ，経営に一定の自由度をもたせ，外国企業と競い合う，競争力ある企業構造を生み出そうとしている。

　中国共産党は，2017年には，中国企業組織の弱点を克服するために，より一層，資本の原理を企業経営に導入し，加えて中国共産党の影響力・経営への介入を極力をなくしていく方向を示している。

▶二元二層二会制
経営者に対するけん制・チェック機構として従来から存在していた「旧三会」（党委員会，従業員代表大会，工会：労働組合）に対して「新三会」（株主総会，取締役会，監査役会）が併存していることを指し，意思決定機関である董事会と監督機関である監査会は株主総会の下に平行して設置され（平行式二元制），董事会の下に執行機関である経営陣（経理）が設置され（二層制），董事会と監査会の構成員の中の株主代表（董事・監事）は株主総会により，従業員代表（監事）は従業員代表大会により別々選出される（二会制）。

XVI 中国のコーポレート・ガバナンスの動向と課題

中国型コーポレート・ガバナンスの特徴

① 会社法・証券取引所上場基準の概要

　中国の会社法は，日本のそれとは違い，度重なる大幅な改正はなく，制度のマイナーチェンジと**証券取引所**の上場規則によって，コーポレート・ガバナンス体制の構築がなされている。会社法の大きな転機は，世界的な同時不況であり，日本やその他の国々と同様の手順，同様の動機によるものである。また，コーポレート・ガバナンスの標準化も，OECD や先進経済諸国の動向，各証券取引所との連携から，同じもしくは先進的なコーポレート・ガバナンス体制を構築する法令体系が整っている。

　一方，企業側もすばやくこれらの動きに反応している。アニュアルレポートによる情報公開は徹底しており，数百に上るレポートの中でもコーポレート・ガバナンスに関する記載は，大企業になればなるほど多い。そして，当レポートの目的も，会社法や証券取引所上場規則があるから公表しているというよりも，自主的に多くのデータを載せつつ，なおかつそれを分析し，問題点を挙げるところまで徹底しており，利害関係者にとって十分満足のいくレポートであるという評価する声もあるが，その中身の信頼性が企業不祥事・会計不祥事の頻発とも絡み疑問視する声もある。

② 企業民主管理規定とコーポレート・ガバナンス

　中国のコーポレート・ガバナンス原則は，**OECD コーポレート・ガバナンス原則**などの主要な原則に強い影響を受け，はやくから民間団体が中心となって，独自の原則を策定し，議論をリードしてきた。そのような流れの中，1999年に上海証券取引所が，コーポレート・ガバナンス原則を策定し，望ましい企業像を示したのである。

　コーポレート・ガバナンスをめぐる議論が高まるのに伴い，政府も動き出す。2002年には中国証券監督管理委員会と国家経済貿易委員会は，上場企業コーポレート・ガバナンス原則を策定する。ここでは，独立取締役の義務化，取締役会内委員会制度を導入することを求める内容となっている。そして中国の企業法制度は，従来の実定法主義から，コーポレート・ガバナンス原則や，証券取引所の規則や指針によって運用され「遵守するか，さもなくば説明せよ」とする原則主義的アプローチをとることとなる。これによって，今までの法的安定

▶中国の証券取引所
中国における証券取引所は1990年，上海で初めて開設されたのに続き，1991年，深圳において開設された。現在中国においては，国内投資家向けのA株（人民元建て取引）と，外国人投資家向けのB株【米ドル（上海），香港ドル（深圳）】の二種類が取引されている。香港市場に上場する本土系企業の株式は，「H株」と呼ばれる。2018年9月現在，上海市場（A株：1438社，B株：51社），深圳市場（A株：2113社，B株：48社）が上場している。

▶OECD コーポレート・ガバナンス原則
経済先進国が参加する経済協力開発機構（OECD）が，1999年に世界で初めてまとめたコーポレート・ガバナンスの規範集である。その後，2004年，2015年と改訂を続け，世界中のコーポレート・ガバナンス政策に影響を与えている。⇒ IX-3「経営者報酬と報酬委員会」，XV-3「韓国企業の外部監視」

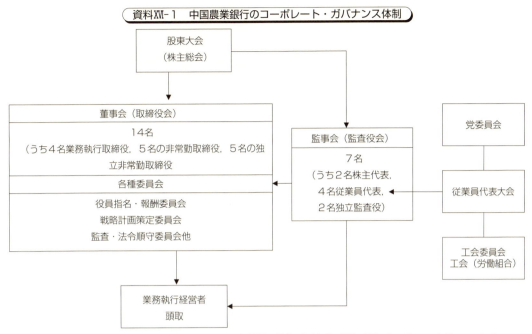

資料ⅩⅥ-1　中国農業銀行のコーポレート・ガバナンス体制

出所：中国農業銀行ホームページ，コーポレート・ガバナンスを参照し，筆者による加筆・修正。URL：http://www.abchina.com/en/investor-relations/corporate-governance/（2018年9月5日閲覧）

性を最も重視した大陸法系の実定法主義から，柔軟性を最も重視する英米法系の現場主義ないし原則主義へ，企業法体系は転換したと考えられる。

3 中国農業銀行のコーポレート・ガバナンス

例えば，**中国4大銀行**の一つである中国農業銀行（the Agricultural Bank of China）（『フォーチュン』誌の世界トップ企業500に入り，国内店舗数2.4万店，従業員数で50万人のメガバンク）のコーポレート・ガバナンス体制は，形式からすると現代的である。当銀行の2016年度のアニュアルレポートによると，**資料ⅩⅥ-1**のように，典型的なアメリカ型の取締役会制度と日本・ドイツの監査役会制度からなる二層型組織となっている。同社のアニュアルレポートによれば，「コーポレート・ガバナンス体制を常に最新のものとして，取締役会の意思決定を効率化し，取締役会は他の部署と連携し，監査役会から厳格な監査をうけ，企業経営を行っている」と宣言している。

そして，同社は，上海（A株）と香港（H株）の取引所に上場しており，そのこともあってコーポレート・ガバナンス体制を構築し，運用していくに当たり，「香港取引所上場規則ならびにコーポレート・ガバナンス・コードに記載されている全ての内容を遵守している」と明記する。中国上場企業の規範となるべきコーポレート・ガバナンスは，上場規則及びコーポレート・ガバナンス・コードであることを示している。

▷**中国4大銀行**
中国工商銀行，中国農業銀行，中国銀行，中国建設銀行のことをいう。中国企業の多くがこれらのどれかと取引をし，企業経営を行っている。

第3部　コーポレート・ガバナンスの国際比較

XVI　中国のコーポレート・ガバナンスの動向と課題

 中国のコーポレート・ガバナンスの課題

 中国共産党による実質支配及び経営者支配の増大

　現在，中国では，習近平国家主席の強力な絶対的権力の下で中国共産党指導による政治体制が構築されている。こうした社会主義的体制の下での政治的抑圧と他方での「改革・開放」という経済政策による市場経済体制の下での経済的に自由な活動との矛盾は深刻化している。この矛盾は，しばしば汚職や社会的格差，環境問題の深刻化，人権抑圧などになって現れている。これまで中国経済が世界史的にも稀有な「圧縮成長」と呼ばれる高度経済成長を実現し，国民に豊かさが実感される過程で政治的独裁と経済的自由との矛盾は潜在化しているものの，この成長が止まれば一気に国民の不満は噴き出してくるものと思われる。

　中国の経済体制・企業システムでは，「中国共産党の指導の下」という言葉を，全てに付せば，筋が通るものである。つまり，中国共産党の影響力は，「極めて大きい」というより，「影響力下にある」企業経営，中国共産党の「指導の下での」企業経営なのである。

　この政策は，資本主義経済におけるブロック経済化，あるいは一国中心主義化と同じ結果をもたらす。高度，あるいは中程度に経済成長している段階では，国内優先の自国中心的経済政策は，その国の経済体制を維持しつつ，貿易も活性化できる。改革開放政策以降の中国は鄧小平が使った「韜光養晦(とうこうようかい)」（国力が整わないうちは，国際社会で目立つことをせず，じっくりと力を蓄えておく）戦略の下で外国からの技術や資本を導入しつつ，経済成長を実現してきた。特に中国が農村の過剰人口を都市の工業部門に吸収し，こうした低賃金労働力を梃子に「世界の工場」に駆け上がる過程で輸出を拡大させ，世界第2位の経済大国に駆け上った。中国は輸出産業である企業を多くもち，為替管理を統制できる一党独裁体制は，経済成長に極めてプラスに作用してきたのである。しかし，世界第2位の経済大国となった中国はさらに世界的覇権を目指しているのではないかという危惧が他の先進経済諸国において近年高まっている。

 中国におけるコーポレート・ガバナンスの問題点

　冒頭から，中国のコーポレート・ガバナンス体制について中国共産党主導の社会主義的市場経済体制の矛盾を語ることから始めた。これが最大のコーポ

レート・ガバナンス上の問題だからである。まず，経営者（取締役会長，総経理，監査役会長）の多くは，中国共産党員である。また，企業内部には，企業内党委員会などの共産党組織が設置されている。もちろん，次期社長の決定や企業経営に関わる重要な決定事項は，株主総会及び取締役会で決定されるのであるが，その決定に，企業内党委員会が関与することが多い。自由であるはずの経済活動に共産党による強力なコントロールが加わっている。本来，多元的な企業観からすれば，政府も含めて労働組合，メディア，労働者，顧客，債権者等の多様な諸利害を反映すべきところであると思われるが，アングロサクソン型が一元的「株主重視」である一方，中国型は一元的「共産党重視」という点が問題として指摘されねばならない。

中国共産党の内部には序列があるのだから，例えば，企業内党委員会の委員長が，社長よりも共産党の序列が高かった場合，企業内党委員会の意思を無視した意思決定を行うことは無理であろう。そうでなくても，最高意思決定機関の株主総会の大株主が，国あるいは国に属する機関である現状では，社長は，両手両脚をしばられたような経営になるといっても過言ではない。

❸ 中国と日本とのコーポレート・ガバナンス比較

中国は今，経済的豊かさを一定程度実現したとはいえ，日本の高度経済成長期に抱えていた問題と同じような構造的諸問題が噴出しているといっても過言ではない。これを分析することで，中国のコーポレート・ガバナンスが進むべき道を見通すことができるのである。

日本の高度成長期は，銀行を中心とした**護送船団方式**をとり，銀行を中心とした**企業グループ**を形成していた。株式は相互に持ち合い，もちろん，社内の人事について，口を挟む企業グループ外の利害関係者など存在しなかった。そのため，株主総会では，過半数以上を保有する企業グループ同士で委任し合い，事実上，社長を中心とした企業グループの経営陣が，次期社長を決め，報酬を決め，独立した社外の監視・チェックが作動しないという自己監査に近いという経営者支配の状態にあった。

このような状態だと，例えば，リクルートコスモス社の未公開株をめぐる違法な政治資金と企業の関係が日本で大きな問題となったように，中国共産党幹部と経営者の癒着の問題がクローズアップされることになる。中国共産党の政治的影響を抑える企業経営システムを構築する必要がある。

中国のコーポレート・ガバナンスは，コーポレート・ガバナンスを構築する以前の体制に内在する固有の問題が存在する。これこそが，中国における最も懸念されるコーポレート・ガバナンス上の問題である。そして，否応なしに進むコーポレート・ガバナンスの近代化と，遅々として進まない構造問題とが対立し，結果的に企業不祥事が起きるなどの問題が頻発することが懸念される。

▶護送船団方式
複数の船舶で海外に物品を運搬する際に，一番速度の遅い船舶にあわせて航行することから，銀行などの産業で，最も資金などの体力がない企業が倒産しないように，全体を行政などが管理しながら，収益を上げていく経営方式のことを指す。⇨ prologue「コーポレート・ガバナンスとは何か」も参照。

▶企業グループ
もともとは戦前の財閥を原形としてもつ企業同士の繋がり合いのことである。戦後は，財閥解体により企業同士の関係が断ち切られたのだが，その後，株式の相互持合いを通じて，より強固な企業間関係を構築している。より強固な資本関係をもつ親会社と子会社との関係とは違い，人材交流や情報交換など幅広い分野で協力関係を有している。

コラム-4

ベンチャービジネスとコーポレート・ガバナンス

○米国のベンチャービジネス

　私たちに馴染み深いアップル，インテル，マイクロソフト，サン・マイクロシステムズ（2010年オラクルに吸収合併），ヒューレット・パッカード（現・HP Inc., HPE）などのハイテク産業の米企業がある。これらの企業の共通点は日本の埼玉県くらいの面積のシリコンバレーで生まれたことである。1980年代まで米国を牽引していたIBMなどの伝統的な企業に代わる存在としてその急成長ぶりを賞賛され，現在はハイテク産業の分野において米国はもちろん世界を代表する企業にまで成長したことは驚きを隠せない。

　これらの状況は100年以上存続している老舗の数で世界一を誇る日本の状況とは相当異なる。企業の持続的発展という面では重要なテーマとして問われている近年の動向とも逆行する考え方かも知れないが，新たな成長動力を見つけ出さなければならない現在でもやはりベンチャービジネスに目を向ける意義は大きい。

　ベンチャービジネスという表現は和製英語であり，実際にアメリカで該当する表現は，emergent company, new technology company, new venture などである。日本でこの概念が最初に紹介されたのは，1970年ころであり，ベンチャービジネスという概念が日本に急速に普及したのは清瀬忠男・中村秀一郎・平尾光司の三氏によって著された『ベンチャー・ビジネス　頭脳を売る小さな大企業』という書物の公刊がきっかけであった。その三氏によって行われた定義によれば，「単なる投機的事業にとどまらず，企業家精神を発揮して展開された新しいビジネス」である。この概念は，その後もさらに多くの研究者によって様々な定義が行われたが，統一した概念は未だに見つからない。しかし，それらの研究の中から共通のキーワードを拾うとしたら，①規模の面で中小企業であること，②高い技術力をもっていること，③強い企業家精神を有すること，④リスクを恐れないこと，などに集約できる。

　ではこのようなベンチャービジネスのコーポレート・ガバナンスに必要な諸要因には何があるのか。

　まず，米国のベンチャービジネスに関するコーポレート・ガバナンスの特徴について明らかにしよう。米国のベンチャービジネスには企業設立時に「アドバイザリー・ボード」を立ち上げるのが一般的な傾向である。これは文字通り「助言を行う取締役会」という意味で真に応援団の役割を果たすといっても過

言ではない。ボードのメンバー構成は，普通株を有する創業者・優先株を有する投資家（主にベンチャーキャピタル），社外取締役からなる。特に，社外取締役の役割が最も問われているが，経営実践の豊富な専門性のある人材として若き起業家のメンターの役割を期待される。必要に応じてボード全体の率いるリーダーとしての役割も問われたりもする。上場大企業のコーポレート・ガバナンスがいかにして取締役や監査役を監視・監査するかに焦点が当てられているのとは対照的である。

だからといって，これらのボードメンバーは法律上会社の利益を上げるために最善を尽くすという「忠実義務」と行動をするにあたって要求される一定の注意を払うべき法的義務である「善管注意義務（善良な管理者の注意義務の略）」から逃れることはない。

◯日本のベンチャービジネス

米国に比べて経済全体で占める割合の面でベンチャービジネスの割合が低い日本の場合，1990年代後半以後上場した新興企業を中心に，米国ベンチャービジネスを模倣したガバナンス形態を導入する企業が増加する傾向を見せている。

近年の特徴をまとめると以下のようである。

第1に，従来まで曖昧であったCEO，COO（chief operating officer，最高執行責任者），CFO（chief financial officer，最高財務責任者），CTO，CIO（chief information officer，最高情報責任者）などのような役割分担を明確にする執行役員制度を導入する傾向が強い。これは，取締役会の外部に監査役（会）を別途設け監視・監査機能を果たす従来型（監査役会設置会社）から，米国型の委員会設置会社の形態へと移行する企業が増加していることに他ならない。

第2に，ベンチャービジネスに対して単に資金を援助するだけなく，ベンチャーキャピタルや投資家を役員として派遣し会社経営に関与する傾向もみられる。これは会社経営，必要な資金調達，上場準備などについてより迅速に実現するための意図として理解されている。しかし，前述したような豊富な経験を有し，若き企業家のメンターや取締役会の全体のリーダーとしての役割を期待される社外取締役の存在はそれほど見当たらないのが現状である。さらに，日本の会社法改定に伴い社外取締役設置を促す傾向を受け入れ，外部の人材を積極的に登用して企業経営の活性化に挑む傾向として理解される。

第4部 資本市場とコーポレート・ガバナンス

guidance

　今日ではますます資本市場との関連でコーポレート・ガバナンスを理解することが不可欠となっています。日本でも資本市場において機関投資家がさらにその存在感を高め、資本市場の理解を得ることは極めて重要となっています。そこで第XVII章ではコーポレート・ガバナンスと資本コストについて、第XVIII章ではコーポレート・ガバナンスと事業投資について、第XIX章ではコーポレート・ガバナンスと資本政策について学びます。また近年ではM&A（合併・買収と提携）が企業成長を実現する上で不可欠な戦略となってきています。こうしたM&Aの下でコーポレート・ガバナンスをどのように理解すべきか（第XX章），さらにはますます存在感を高める機関投資家とはどのようなものであり，どのような投資行動をとっているのかを学びます。ここでは「強欲資本主義」の象徴ともされてきた機関投資家の行動様式が，SRIないしESG投資によってどのように変化するのかを学びます（第XXI章）。

第4部 資本市場とコーポレート・ガバナンス

XVII コーポレート・ガバナンスと資本コスト

 株主・投資家が重視する財務3表（財務諸表）

1 財務3表とは何か

　企業が提供する決算書として，株主・投資家をはじめ，ステークホルダーが重視しているのが財務3表（財務諸表）である。財務3表は，貸借対照表（B/S, Balance Sheet），損益計算書（P/L），キャッシュフロー計算書（C/S）を指している。

　貸借対照表とは，企業の財政状況を明らかにしたものである。どこから資金を調達して，どのような資産に運用しているのかを明確にしたものである。また，損益計算書とは企業の経営成績を明らかにしたものである。さらに，キャッシュフロー計算書とは，お金の流れを示したものである。

　これらの財務3表に関しては，「**有価証券報告書**」もしくは各企業のホームページに掲載されている。また**株主資本等変動計算書**及び**製造原価報告書**に関しても記されている。この財務3表から，「安全性」「収益性」「成長性」を把握することができる。

2 貸借対照表とは何か

　貸借対照表とは，企業はどこから資金調達を行い，どのようなものに投資及び運用しているのかが把握できるものである（資料XVII-1）。さらに，貸借対照表を活用することにより，財務の安全性を理解することができると同時に，短期（**当座比率**，**流動比率**）及び長期（**固定比率**，**固定長期適合率**）の支払い能力を見定めることができる。貸借対照表は，投資資産に対して，負債及び純資産のバランスを保ちながら資金調達を行わなければならない。ここで重要となるのが，財務の安定性を示す経営指標の一つである自己資本比率であり，「株主資本÷総資本×100」により算出される。

　例えば，自己資本比率が70％ということは，総資本に占める負債が3割，純資産（株主資本）が7割を占めていることを意味している。このことから，純資産（株主資本）が充実しており，健全性の高い企業であることが理解できる。また，自己資本比率が10％ということは，総資本に占める負債が9割，純資産（株主資本）が1割を占めていることを指している。つまり，負債が純資産（株主資本）を大幅に上回っていることから資本の増強が望まれる。また，負債が資産を上回ると債務超過という危険な財務状況を示している。このように貸借

▶**有価証券報告書**
金融商品取引法に基づいて上場会社が四半期ごとに，その会社の財務諸表などについて義務づけられている報告書である。この報告書では，財務状況ばかりではなく対処すべき課題，事業などのリスクなどが明記されている。

▶**株主資本等変動計算書**
2006年の会社法施行により作成が義務づけられている。企業が生み出した利益を，どのように活用したのかが明らかとなっている。そのため，株主に対する配当金の支払いを把握することができる。

▶**製造原価報告書**
当期に生産した原価計算の流れを示したものである。製造原価報告書における当期売上製品の製造原価は，以下の通り計算される。
「製造原価＝（期首仕掛品＋期首製品）＋（当期投入材料費＋当期投入労務費＋当期投入経費）－（期末仕掛品＋期末製品）」

▶**当座比率**
短期的な支払い能力を示す経営指標である。「当座資産÷流動負債×100」により算出される。分子の当座資産は，現預金，受取手形・売掛金，有価証券が含まれる。企業の中には，当座資産に有価証券を考慮することなく算出しているところもある。この当座比

152

XVII-1 株主・投資家が重視する財務3表（財務諸表）

資料 XVII-1　貸借対照表の内容

資産の部	負債の部
I　流動資産	I　流動負債
現金および預金	買掛金
売掛金	短期借入金
有価証券	1年内返済予定の長期借入金
棚卸資産	未払金
未収入金	未払費用
前払費用	賞与引当金
その他	その他
流動資産合計	流動負債合計
II　固定資産	II　固定負債
有価固定資産	長期借入金
無形固定資産	退職給付引当金
投資その他の資産	その他
固定資産合計	固定負債合計
	負債合計
III　繰延資産	純資産の部
	株主資本
	資本金
	資本余剰金
	利益除預金
	自己株式
	株主資本合計
	評価・換算差額等
	純資産合計
資産合計	**負債純資産合計**

対照表では，企業の安全性を把握することができる。

3　損益計算書とキャッシュフロー計算書とは何か

　損益計算書は，売上高から費用を差し引くことによって，どれだけの利益を生み出すことができたのかを示したものである。つまり，企業が1年間でどのようにして儲けることができたのかを意味している。さらに，損益計算書を活用することにより，それぞれの利益を用いて売上高利益率を算出する。例えば，本業の力を示す経営指標の一つである売上高営業利益率であるならば，「**営業利益÷売上高×100**」により算出することができる。売上高利益率を算出することにより，無駄な費用はないか，コスト削減（**売上原価**や**販管費**）をどの段階ですべきかを理解することができる。

　しかしながら，利益は経営実態そのものを示すものではなく資金繰り及び長期にわたる資金管理が把握できない。つまり，損益計算書は支払い能力に関して的確な判断ができない。そのことから，現金の動きが見えないという損益計算書の弱点を補強するためにキャッシュフロー計算書が導入された。

　キャッシュフロー計算書では，黒字倒産をも回避することができる。損益計算書では，利益が生じ，売上高利益率が高い場合でも，実際には取引きに応じた売掛金が現金化されない場合もある。そのため，資金繰りに困難に陥ることになる。このことから，キャッシュの流れを把握するためにキャッシュフロー計算書が，企業の生命を左右する一つの計算書となっている。

率は，100％以上が望ましい。

▷流動比率

短期的な支払い能力を示す経営指標である。「流動資産÷流動負債×100」により算出される。流動資産を活用し，流動負債（1年未満で返済期日が到来する負債）を賄うことができるのかが理解できる。現在，流動比率は200％以上が望ましいといわれている。

▷固定比率

長期的な支払い能力を示す指標である。固定比率は，「固定資産÷株主資本×100」により算出される。固定比率が100％以上の場合には，固定資産の内容を見直す必要がある。稼働していない土地や建物があるのではないのかを見極めた上で売却する必要もある。

▷固定長期適合率

長期的な支払い能力を示す指標である。固定長期適合率は，「固定資産÷（固定負債＋株主資本）」により算出される。

▷営業利益

企業の本業の利益を意味している。営業利益は，「売上高－売上原価－販管費」により算出される。

▷売上原価

モノを製造する際，もしくは商品を仕入れる際に生じる費用を意味している。

▷販管費

「販売費＋一般管理費」を指している。販売費は，販売にかかる店舗の従業員給料，福利厚生費，広告宣伝費など，一般管理費は，経理部門，総務部門などの一般的な管理を行っている社員への給料，福利厚生費を意味している。

XVII　コーポレート・ガバナンスと資本コスト

資本コストとは何か

1　資本コストとは何か

　企業は資金を調達する際，返済する必要がある金融機関からの借入金や**社債**，もしくは返済する必要がない株式の発行がある。その際，資本コストが発生する。資本コストとは，企業が成長するために資金調達したものに対して支払う金利や配当金を意味している。つまり，資金を調達する際の株主・投資家や金融機関などに支払う費用である。

　資本コストは，他人資本コスト及び株主資本コストの二つに分類される（**資料XVII-2参照**）。他人資本コストとは，負債に関するコストである。つまり，融資を受けている金融機関に対する金利，社債権者に対する金利に相当する。株主資本コストとは，株主に対するコストである。すなわち，株主に対する配当金を意味している。さらには株主の売却益までもが含まれる。これは，株主が，資金を提供した代わりに期待される利回りを意味している。また，債権者より株主が多くのリスクを抱えていることから，金利＋リスク・プレミアム（上乗せ金利）であるといわれている。株主資本コストに関しては，売却益が考慮されることから見積もることが難しいと指摘されている。

2　資本コストの計算

　企業にとって，支払い利息などは，資金調達を行う上でのコストであるが，それを受け取る債権者である金融機関や株主などにとっては**期待収益率**でもある。では，負債コストそして株主資本コストでは，どちらが高いコストが設定されているのか。負債コストよりも株主資本コストの方が，高いコストとして認識されている。その理由として，企業が倒産した場合，金融機関などの債権

▶**社債**
企業が，回収するに至るまでに長時間が必要な設備投資などの資金を調達するために発行される債券である。株式とは異なり，償還日には元本を社債権者（社債を保有している投資家）に返済しなければならない。また，企業の業績に関係なく，発行条件に従って利子が支払われる。ただし，議決権は付与されていない。

▶**期待収益率**
期待収益率とは，株主や投資家が，資金を運用することによって得ることができるような期待できる収益率のことを意味している。投資する際，金融商品によって抱えるリスクが異なる。このリスクへの金融商品の投資に対して，どれだけの収益が期待できるのか，不確実性の部分を示したのが期待収益率といえるだろう。

資料XVII-2　他人資本と株主資本

借方	貸方	
流動資産	流動負債	返済期限 短←→長　返済が必要　他人資本
固定資産	固定負債	
繰延資産	純資産（資本）	返済が不要　株主資本

回収予定　短←→長

者や株主では，投資した資金をどちらが優先的に回収することができるのかにより，資本コストに影響が生じる。債権者である金融機関であるならば，株主よりも資金回収に関しては優先的に取り扱われるため，低い資本コストとなる。他方，株主は，企業業績によって低い配当金もしくは無配になることもあるため高いリターンが期待される。このことから，株主は高いリスクを背負っているといえる。

さらに，資本コストについては**総使用資本コスト額**も重要となる。総使用資本コスト額は，以下の算式により計算される。

総使用資本コスト額＝投下資本×WACC

▶**総使用資本コスト額**
総使用資本コスト額とは，負債に対するコスト及び株主に対するコストを足し合わせたものである。

この資本コストを算出するに際し，WACC（Weighted Average Cost of Capital，加重平均資本コスト）が活用されている。WACCは以下の算式により計算される。

$$WACC = 株主資本コスト \times \frac{株主資本}{負債 + 株主資本}$$

$$+ 負債コスト \times (1 - 税率) \times \frac{総負債額}{負債 + 株主資本}$$

例えば，負債コストが5％，株主資本コストが10％，負債が2億円，株主資本が8億円，税率が40％と仮定する。この場合のWACCは以下の通りとなる。

10％×｛8億円÷（2億円＋8億円）｝
＋5％×（1－40％）×（2億円÷（2億円＋8億円）＝8.6％

今日，資本コストは，企業ばかりではなく，資金を提供する金融機関や株主とっては重要な指標の一つとなっている。

3 東証コーポレート・ガバナンスコードと資本コスト

現在，日本の企業はコーポレート・ガバナンスコードにより「稼ぐ力」が要求されている。これまで，日本の企業は資本コストを考慮しない経営活動であったが，持続的な成長をしていくために，そして企業価値を高めていくためにも，資本コストを考慮しながら経営を遂行していかなければならない。また，機関投資家は，投資企業との対話を通じて持続的な成長を促す役割を担うようになってきている。企業価値そのものを高めるには，積極的に投資をし，資本コストを上回る利益を生み出すことができるのかが求められている。

第4部 資本市場とコーポレート・ガバナンス

XVII コーポレート・ガバナンスと資本コスト

資本コストを意識したEVA

1 機関投資家が重視する経営指標

　1991年のバブル崩壊に至るまで、日本の企業は売上高、総資産、シェアの規模拡大を狙った経営、つまり、前年度と比較してどのくらい拡大したのか、その成長率を目標としていた。当時は、株価が右肩上がりで上昇していたこともあり、**エクイティ・ファイナンス**が活性化した時代でもあった。

　しかし1990年代後半以降、**株式相互持合**が崩壊するとともに、日本の株式市場に欧米の**機関投資家**が台頭したことから、企業は効率性及び利益率を重視しながら経営をしなければならなくなった。これが株主価値経営の始まりであった。これを受け、日本の企業は、単に株式市場で資金を調達し、規模拡大を実現する経営から、株主の利益を最大化する経営が求められる時代に移行した。さらに、日本の企業がこれまで加味してこなかった資本コストを意識した経営が求めらた。そこで、資本コストを考慮したEVA（Economic Value Added、経済的付加価値）が経営指標の一つとして取り入れられた。次でEVAとは、どのような指標であるのかを概観する。

2 EVAとは何か

　企業の目的は、利益を追求することであるが、それは**損益計算書**を中心とする会計上の利益であり、営業利益、経常利益、当期純利益の上昇が求められている。さらに、損益計算書の営業外収益・費用をみると、営業外収益では受取利息及び受取配当金が計上されているが、営業外費用では金融機関などに対する支払利息などが計上されている。つまり、株主に対する配当金に関してはコストとして計上されていないことを意味している。

　そこで、株主資本コストが考慮された経済的利益が注目されることになった。この経済的利益とは、企業が生み出した利益のうち、株主資本コストを上回る利益を指している。経済的利益は、以下の算式により求められる。

　　　経済的利益＝税引後当期利益−株主資本コスト

　この経済的利益を考慮した経営指標がEVAである。EVAは、以下の算式により計算される。

　　　EVA ＝ NOPAT −総資本費用コスト額

▷エクイティ・ファイナンス
新株を伴う資金調達を意味している。株式の発行、転換社債型新株予約権付社債などが該当する。株価が上昇している場合、企業はエクイティ・ファイナンスでの資金調達を積極的に実施する。⇒ I-4 「株式会社の区分」も参照。

▷株式相互持合
⇒ XIX-4 「コーポレート・ガバナンスと株主総会」

▷機関投資家
年金基金、生命保険会社、損害保険会社、信託銀行、投資顧問会社などを総称して機関投資家と呼ぶ。顧客から拠出された巨額の資金の運用及び管理を遂行している。⇒ XXI-1 「株式所有構造の変化」も参照。

▷損益計算書
⇒ XVII-1 「株主・投資家が重視する財務3表（財務諸表）」

156

EVA ＝ 支払利息控除前税引後利益 − 資本コスト額
EVA ＝ （投下資本事業利益率 − 資本コスト率） × 投下資本額

EVAにおける本業の利益を示すNOPAT（Net Operating Profit after Tax，税引後営業利益）は，債権者及び株主の利益を意味している。

NOPAT ＝ 営業利益 ×（1 − 実効税率）

例えば，**営業利益**が50億円，法人税率が40％，**投下資本**が800億円，**WACC**が7％の場合のEVAについて計算すると以下の通りとなる。

EVA ＝ 50億円 ×（1 − 40％）− 800億円 × 7％ ＝ **− 26億円**

営業利益が50億円と黒字であるものの，EVAを算出するとマイナス26億円となる。損益計算書では，本業である営業利益が黒字になっているものの，EVAを算出するとマイナスという結果が生じている。このような結果から，EVAがマイナスであるため企業価値に多大な影響を与えることになる。

EVAがプラスの場合　→　企業価値が拡大している
EVAがマイナスの場合　→　企業価値が毀損している

そのため，事業の再編に取り組まなければならない一つの契機になる経営指標である。しかしながら，同業他社と比較することが困難であるため，**ROE**での比較が好ましいとの意見もある。

3 EVAを向上させるための施策

EVAを向上させるための施策として三つの事項があげられる。第一に，NOPATの向上である。本業の利益である営業利益を上げることが重要となる。そのためには，**売上原価**及び**販管費**の見直しが必要である。1991年のバブル崩壊以降，日本の企業は大胆なコスト削減を実施してきた。つまり，「選択と集中」である。しかしながら近年，コスト削減だけでは営業利益を上昇させることは容易ではない。そのため，売上高を上げるような付加価値を考慮しながら経営しなければならない。

第二に，投下資本の検討である。資金調達を行う上でのコストを再検討する必要がある。投下資本の削減により，総使用資本コストを抑制することができる。そこで，**資産の流動化**の活用が望まれる。**オフバランス化**によりEVAの上昇にも導くことが可能となる。

第三に，WACCを引き下げることである。つまり，総使用資本コストが低くなるような株主資本コストを削減する必要がある。資金調達するとしても金融機関からの借入金や社債の発行が金利の支払いを抑制することができる。

このように機関投資家がガバナンス改革で株主を重視する経営の要請を強めていることから，EVAといった経営指標が重視されている。

▷営業利益
⇨ⅩⅦ-1「株主・投資家が重視する財務3表（財務諸表）」

▷投下資本
企業に投下されている資本額を意味している。負債額と株主資本が合算されたものである。

▷WACC
⇨ⅩⅦ-2「資本コストとは何か」

▷1　1998年に花王がEVAを初めて導入するということで話題になった。

▷ROE
⇨prologue「コーポレート・ガバナンスとは何か」

▷売上原価
⇨ⅩⅦ-1「株主・投資家が重視する財務3表（財務諸表）」

▷販管費
⇨ⅩⅦ-1「株主・投資家が重視する財務3表（財務諸表）」

▷資産の流動化
企業が保有する，将来，キャッシュを生み出す資産を裏付けに資金を調達する方法を意味している。流動化の対象となる資産をオフバランス化することができることによりROAなどの経営指標を改善することができる。⇨ⅩⅧ-1「事業投資とは何か」

▷オフバランス化
オフバランス化とは，流動化となる資産を，貸借対照表から切り離すことを意味している。

XVII コーポレート・ガバナンスと資本コスト

資本コスト削減のための施策

① 資本コストをどのようにコントロールするのか

　現在，企業には多くの資金調達手段がある。M&A（合併・買収）などを実施するための巨額な資金調達手段として**協調融資（シンジケート・ローン）**を活用する企業も多いが，企業は調達コストを考慮しながら，資金調達をしている。ここ最近では，株式の発行ではなく，社債での資金調達が増加している。

　社債発行の場合，自社の信用力により発行条件が決定される。社債発行の金利が決定される際に利用されるのが，**格付会社**による**格付け**である。社債を発行する際には，暗黙の了解で2社以上の格付会社から格付けを受けている。この格付けとは，返済能力などの信用力を，単純にアルファベットで示したものである。格付けのアルファベットには明確な定義はないが，債券の安全性を把握する尺度は統一している（**資料XVII-3**）。アルファベットによる債券の安全性をみると，AAAからBBBまでが投資適格債，BB以下は投資不適格債である。投資適格債は，安全性が高いということから，金利は低く設定されている。他方，BB以下の投資不適格債は，安全性が非常に低いため，金利が高く設定されている。

　日本の企業は，資金調達のコストを抑制するために，自社の信用力で如何に低いコストでの資金調達を実現するのかを検討している。その際，優良な格付けを獲得するためには，D/Eレシオが重視される。D/Eレシオは，有利子負債の返済能力を把握するものである。

　　　　　D/Eレシオ＝有利子負債÷株主資本

　D/Eレシオは，製造業の場合，1倍以下が望ましい数値とされている（金融機関の場合は特殊のため2倍以下である）。D/Eレシオが1倍以下であるならば，負債を抱える余裕があることを意味している。しかしながら，株主にとっては，この数値が1倍以上でも先行投資であり，後に利益が出る負債であれば，問題がないと認識されている。このように，格付けが良い企業に関しては社債を発行することにより負債に関する資本コストを抑制することができる。

② 企業価値を高める負債

　これまでは，株主重視のための経営を遂行していたが，企業成長のための投

▶**協調融資（シンジケート・ローン）**
協調融資とは，1企業に対し，複数の金融機関が同じ条件で貸出しをする手法を意味している。大企業では，M&Aを実施するに際し，巨額な資金を調達する際の手段にもなっている。貸出しをする金融機関にとっては，リスク分散が可能な融資としても位置づけられている。

▶**格付会社**
格付会社は，企業の支払い能力に関する正確な情報を投資家に提供する役割を担っている。しかしながら，2007年のサブプライム問題の表面化によって格付会社による格付けの甘さが明らかになった。このことは格付会社が，企業が発行した債券（証券化商品）に対し，リスクに見合った格付けを付与していなかったということを意味している。そのため格付会社に対する規制が強化されている。日本では，金融庁が，2010年4月に信用格付会社の登録制度を導入した。登録を済ませている格付会社は，日本の格付会社として，日本格付研究所（JCR）及び格付投資情報センター（R&I），

資料XVII-3　R&I及びS&Pの格付けの定義

R&Iの格付けの定義

ローリスク ローリターン ↑	AAA	信用力は最も高く，多くの優れた要素がある
	AA	信用力は極めて高く，優れた要素がある
	A	信用力は高く，部分的に優れた要素がある
	BBB	信用力は十分であるが，将来環境が大きく変化する場合，注意すべき要素がある
	BB	信用力は当面問題ないが，将来環境が変化する場合，十分注意すべき要素がある
ハイリスク ハイリターン ↓	B	信用力に問題があり，絶えず注意すべき要素がある
	CCC	信用力に重大な問題があり，金融債務が不履行に陥る懸念が強い
	CC	発行体のすべての金融債務が不履行に陥る懸念が強い
	C	発行体のすべての金融債務が不履行に陥っているとR&Iが判断する格付

S&Pの格付けが示す一般的な意見

ローリスク ローリターン ↑	AAA	債務を履行する能力は極めて高い。スタンダード&プアーズの最上位の格付け
	AA	債務を履行する能力は非常に高い
	A	債務を履行する能力は高いが，事業環境や経済状況の悪化からやや影響を受けやすい
	BBB	債務を履行する能力は適切であるが，経済状況の悪化によって債務履行能力が低下する可能性がより高い
	BBB−	市場参加者から投資適格水準の格付けのうち，最下位と見なされている
ハイリスク ハイリターン ↓	BB	短期的には脆弱性は低いが，事業環境，財務状況または経済状況の悪化に対して大きな不確実性を有している
	B	現時点では債務履行能力を有しているが，事業環境，財務状況または経済状況が悪化した場合には債務を履行する能力や意思が損なわれやすい
	CCC	債務者は現時点で脆弱であり，その債務の履行は，良好な事業環境，財務状況および経済状況に依存している
	CC	債務者は現時点で非常に脆弱である
	C	破産申請あるいは同様の措置が取られたが，債務返済は続いている
	D	債務者は全面的に債務不履行に陥っている

出所：R&I及びS&Pホームにページにより作成。

資に向けての運用が行われ始めている。現在，金融機関は貸出しに対し，積極的な姿勢を示している。企業も資本コストを重視しながらの資金調達を検討している。その反面，借入れをすることにより，節税効果を期待することができる。また，機関投資家が重視し続けているROEは，財務レバレッジ（有利子負債の有効利用度）を高めることで向上できる。すなわち，借金を増やすことでROEを高めることができる。このことは，ROEを分解することで，負債の依存度をみることができる。

　負債を大きく抱えることにより，機関投資家が重視する当期純利益のあり方に問題が生じるが，借入れを行うことによりキャッシュを生み出すことができる。例えば，金融機関からの借入れがあるものの，株式を発行していない場合，税金などを考慮すると最終的なキャッシュは，負債を抱えることによって多くのキャッシュを獲得することができる（**資料XVII-4**）。このようなことから，資本コストを考える上で，資金調達手段に関して検討する必要がある。

米国の格付会社（日本法人）として，ムーディーズ・ジャパン，ムーディーズSFジャパン，スタンダード&プアーズ・レンディング・ジャパン（S&P）などがある。

▶格付け

格付けの対象となる債券は，国債，地方債，社債（民間債），CP（コマーシャルペーパー），そして証券化商品などが挙げられる。また，債券だけではなく，シンジケート・ローンに関しても，格付けを付与するようになってきている。資本市場での資金調達コストを削減するために債券格付けが注目されてきた。今日，格付けは，民間企業ばかりではなく，大学法人や医療法人も取得するようになってきている。

資料XVII-4　借入れによるキャッシュの生み出し方

（単位：億円）

	金融機関からの 借入れがある場合	金融機関からの 借入れがない場合
営業利益	2,000	2,000
支払利息	700	0
税引前利益	1,300	2,000
税金（40%）	520	800
当期純利益	780	1,200
配当金	0	700
キャッシュ	780	500

XVIII コーポレート・ガバナンスと事業投資

 事業投資とは何か

1 事業投資とは何か

　企業は，成長し続けるために，事業に投資しなければならない。事業投資とは，将来，生み出すであろう利益に期待をして資金を費やすことを意味している。株主・投資家は，将来のリターンを見込んで企業に投資するのであるが，投資については**投機**と混合して考える資金提供者もいる。投資への成果は，即座に表れるものではない。そのため，M&A（合併・買収）などの業績に関しては，数年の成果をみる必要がある。今日，事業投資に関しては，会計上の数値だけで判断することはできない。将来，如何にキャッシュを生み出すことができるのかが重要となる。

2 セグメント情報とは何か

　企業は，「選択と集中」を念頭に置きながらも，多くの事業を抱えている。そのため，**連結会計**での決算書だけでは，企業そのものの業績を判断することができないのが現状である。そこで，事業の業績を表したものが，セグメント情報である。セグメント情報とは，事業部別さらには地域別に売上高，資産，利益などが表示されている。1990年以降，セグメント情報の開示が求められるようになった。事業部ごとの業績が公開されることにより，経営に関する大胆な判断を実行することができる。さらに同業他社と比較することにより，事業部の状況，そして抱えている問題を把握することができる。

3 セグメント情報による事業状況

　セグメント情報により，各事業部の現状を理解することができる（**資料XIII-1**）。この情報により，**ROA**，売上高営業利益率，総資産回転率を算出することが可能となり，各事業部の力を把握することができる。つまり，事業部ごとの資産が，効率的に利用されているのかが示される。これにより，事業部のあり方に関して，売却もしくは撤退などを検討する契機にもつながる。
　ROAとは，企業の全ての資産を活用して，どのくらいの営業利益を生み出しているのかを示したものである。つまり，本業での力を示す指標である。ROAは，以下の算式により求められる。

▷投機
株主・投資家は，投資の理由として，その企業を応援したい，もしくはキャピタル・ゲイン（売却益）を期待することを念頭においているであろう。しかしながら，投機的な投資家は，株価が低い時に，株式を購入し，株価が上昇した時点で売却をしてキャピタル・ゲインを得る。つまり，短期的な利益を獲得することを目的としている。この投機に関しては，株式だけが対象となるわけではなく，土地も含まれる。

▷連結会計
連結会計とは，上場会社に作成することが義務づけられたグループ会社全体の業績を合算した決算書である。日本では，2000年から，財務諸表の中心となっている。企業グループ全体の決算書が合算されたことにより，さらには，持株会社の創設が解禁されたことより，親会社そのものの成果が見えなくなった。

▷ROA
企業が有している資産を如何に活用して利益を上げて

$$ROA = 営業利益 \div 総資産 \times 100$$

ROAを上昇させるためには,分子である営業利益を上げることが求められる。そのため,営業利益を上げるために,売上原価及び販管費の削減に取り組んでいる。さらに,**証券化**によりROAを向上している企業もある。

ROAは,売上高営業利益率及び**総資産回転率**の二つの経営指標に分解することができる。売上高営業利益率は,コスト削減をして,いかに営業利益を生み出すことができたのか,収益性を示す指標である。また,総資産回転率は,企業が有する資産が売上高の上昇にどれだけ貢献することができたのか,資産の効率性を示した指標である。売上高営業利益率と総資産回転率は以下の算式により算出される。

$$売上高営業利益率 = 営業利益 \div 売上高 \times 100$$

$$総資産回転率 = 売上高 \div 総資産$$

つまり,ROAは以下の算式により算出することもできる。

$$ROA = 売上高営業利益率 \times 総資産回転率$$

ROAの数値が上昇した場合,もしくは低迷した場合には,数式を分解することにより収益性,効率性のどちらの影響を受けたのかについて,その要因を認識することができる。売上高営業利益率が低いのであれば,これまで以上に売上高を上昇させること,そして無駄なコストがないのかを見直すことが必要となる。効率性が低いのであるならば,活用されていない資産がないかを検討する必要がある。その情報を示したものが**資料XVIII-1**である。アサヒグループホールディンスの4事業部のセグメント情報を見ると,どの部門が良好であるのか,さらに効率性,収益性はどのような状態であるのかを把握することができる。

今日,ガバナンス改革において「守りのガバナンス」から「攻めのガバナンス」への転換が求められている。そのため,ガバナンスにおいて,いかに,資本効率を高めることができるのかが重要となっていると同時に,他の経営指標の成果についても注目されている。

いるのかを示した指標である。ここで注意する点としては,ROAの分子の利益である。ファイナンスでは,企業の本業の利益を示す営業利益を活用するが,会計では当期純利益で算出する。

▷ 証券化

証券化とは,収益を生み出す資産,例えば,不動産,クレジット債権,売掛債権,貸付債権などを,バランスシートから切り離すことによって,単体(不動産の場合),もしくは複数の債権を一つにプールした上で,将来,生み出されるキャッシュ・フローを裏づけに債券を発行することである。

▷ 総資産回転率

企業が保有している総資産を活用して,如何に売上高を上げることができたのかを把握する指標の一つである。業種によって評価基準が異なるが,製造業の場合,総資産回転率が1回転するのであれば,効率的に資産を運用していると考えられる。

資料XVIII-1　アサヒグループホールディングスのセグメント情報

2016年度	酒類	飲料	食品	国際
売上高	976,649	363,905	110,824	250,316
利益又は損失	111,192	32,775	11,377	-8
資産	718,898	291,331	89,833	953,770
売上高利益率	11.39	9.01	10.27	-0.00
総資産回転率	1.36	1.25	1.23	0.26
ROA	15.47	11.25	12.66	-0.00

出所:『有価証券報告書』より作成。

XVIII コーポレート・ガバナンスと事業投資

 事業投資の評価方法

事業投資とリスク

事業に投資する際には，巨額な資金を費やすことになるが，企業を取り巻く環境が不確実性を強める中でその投資が成功するか否かの不確実性も高まっている。そのため，事業投資はリスクを抱えながら検討及び決定していく必要がある。

この**リスク**については，否定的にみられることもあるが，企業はリスクを負わなければ企業成長ができない。本来のリスクとは，自らの覚悟・責任をもって冒す危険を指している。つまり，事業に投資をするという意思決定によって，将来，投資した資金以上の利益を獲得する可能性に賭けることをも意味しているといえよう。

リスクは，時にはチャンスに変わることもあるが，いつもポジティブな場面ばかりではない。また不確実性を兼ね備えているリスクは，必ずしもゼロにはならないため，リスクをどのように軽減するのかが重要となる。

事業投資と買収

事業を強化するために，他社の事業部もしくは子会社を買収することもある。その際，どれだけの買収資金が必要となるのかについて慎重に検討しなければならない。しかしながら，他社に買収されたくないという理由で，巨額の買収額を要求することもある。

例えば，2006年，山崎製パンは再建途中であった菓子メーカーの東ハトを買収した。その際，株主としては見当もつかない買収額が発表された。そのため，その買収額に不安を抱いた株主や投資家は，すぐさま株式を売却したということから，山崎製パンの株価が一時的に落ち込むことになった。このように株式市場で反発が生じるような買収劇であったが，現在では，東ハトは山崎製パンの利益の柱となっている。さらに，菓子事業部の強化にもつながっているということから，事業強化のための投資としては成功といえるだろう。

また携帯会社に生まれ変わってから早10年以上が経過したソフトバンクは，これまで何度も買収を繰り返してきた。時には，球団を買収し，今や人気のあるチームにもなっている。またソフトバンクは，米国のスプリントを買収し（2013年），今日では売上高，利益を拡大するとともに，新事業（ロボット）に参入するために米国の開発企業をも買収している。孫正義社長は，「挑戦しない

▷リスク
危険と訳がなされることが多いが，同じ危険を示すdangerとは異なり，自ら冒す危機ということからポジティブに受け入れられる面もある。

ことがリスクになる」と話していることから，事業投資の成功のためにもリスクは必須であると主張できる。

このことから事業投資を決定する際には，様々な評価方法を用いて検討することが重要となる。代表的な評価指標として割引現在価値，原価比較法，**内部利益率法**，**回収期間法**などがある。ここでは，代表的な現在価値による事業投資の評価について概観する。

3 現在価値による事業投資の評価

企業は，投資を決定するに当たり，投資額を回収することができるか否かを検討しなければならない。投資額を回収するのには数年間を要するため，回収にかかる資金の現在価値を測定・評価することになる。

将来の金額（将来価値）をもとに現在の価値（現在価値）を求める計算を割引計算という。もしくは割引現在価値（Discounted Cash Flow）とも呼ばれている。割引現在価値は以下の算式で求められる。

割引現在価値　$P = F \times 1/(1+r)^n$
P：割引現在価値，F：将来価値，r：年利，n：年数

例えば，2年後の12,100円（将来価値）の現在価値（年利10％）を計算すると以下のようになる。

$10,000円 = 12,100円 \times 1/(1+0.1)^2$

また二つ以上の代替案を比較して，原価の低い投資案を採用する方法として原価比較法がある。原価比較法は以下の算式により算出される。

年額原価＝資本回収費＋操業費
資本回収費＝（投資の要償却額÷投資の経済命数）
操業費＝（投下資本の稼働にかかる費用）

例えば，投資額10億円，**経済命数**4年，残存価値0円，年間操業費1.5億円，定額法，資本コスト5％として，算出すると以下のようになる。

＊資本回収費を減価償却費とする場合
　　4億円＝10億円÷4年＋1.5億円
＊資本回収費を資本回収係数とする場合（四捨五入）
　　4.32億円＝10億円×0.2820（資本回収係数）＋1.5億円

事業投資の評価は，予測はできるものの成果が明らかにならないことには難しいものである。しかしながら，ガバナンス改革では，投資によっていかに利益率を向上するかが求められている。事業投資は慎重になる必要もあるが，時には大規模な投資も重要となる。

▷内部利益率法（internal rate of return：IRR）
投資から得られる年々のネット・キャッシュフローの現在価値合計と投資額が等しくなる割引率が資本コスト率よりも大きい場合は投資を決定する評価方法である。

▷回収期間法
回収期間法とは，投資額を回収するのに要する期間を計算し，回収期間が短い方を有利とする評価方法である。回収期間は，以下の算式により求められる。
「回収期間＝初期投資額÷将来の年間キャッシュフロー」

▷経済命数
所有している固定資産が，どのくらいの年数で活用可能であるのかについて考えられる年数を意味している。

XVIII コーポレート・ガバナンスと事業投資

 # 事業投資と企業価値

▶ ROE
⇨ prologue「コーポレート・ガバナンスとは何か」

▶ ROA
⇨ XVIII-1「事業投資とは何か」

▶ EVA
⇨ XVII-3「資本コストを意識したEVA」

▶ NPV（Net Present Value, 正味現在価値）
投資期間におけるキャッシュフローから投資しているものの現在価値を把握するための指標である。

▶ 営業活動によるキャッシュフロー
本業でいかに利益を生み出すことができたのかを把握するための計算書である。営業活動によるキャッシュフローはプラスであることが大前提である。営業活動によるキャッシュフローがマイナスである場合には、大規模な借金をして投資しなければならないことを意味している。

▶ 投資活動によるキャッシュフロー
企業が何に投資をし、もしくは売却をしたのかが示された計算書である。投資活動によるキャッシュフローは、プラス、マイナス、どちらが良いとは一概にはい

1 企業価値とは何か

　株主価値経営の重要性についていわれてきたが、2008年から2009年のグローバルな金融危機の要因の一つともなり、株主重視の経営に関する是非が問われてきた。その間、企業価値に関する議論も話題の一つとなっていた。
　株主価値の指標としては、時価総額が用いられる。時価総額は、以下の算式により算出される。

　　　　時価総額＝時価×発行済み株式数

　この時価総額に負債を足したものが企業価値として位置づけられている。つまり、総資産と企業価値の差が、株主に対する損益を意味している（**資料XVIII-2**）。この部分の増減により、株式市場でどのように評価されているのか、株主・投資家の行動を把握することができる。株式市場での評価は、ブランド価値、人材価値、将来性などが加味されている。そのため、R&D（研究・開発）やM&Aなどを実施することで、株式市場での評価を高める可能性もある。このように今日では、企業価値創造のための経営が求められている。

2 成長するための事業投資

　欧米の機関投資家が日本の株式市場に台頭した以降、**ROE**、**ROA**、フリーキャッシュフロー（後述）、**EVA**、**NPV**などが重視されている。このような指標や企業価値を高めるためにも事業投資は重要なものとなる。その事業投資のために、重要となるのがフリーキャッシュフローである。
　2000年3月に上場企業では、キャッシュフロー計算書の作成が義務づけられることになった。キャッシュフロー計算書は、**営業活動によるキャッシュフロー**、**投資活動によるキャッシュフロー**、**財務活動によるキャッシュフロー**で構成されている。この計算書は、実際の現金の流れが示されている。キャッシュフローは、以下の算式で求められる。

　　　キャッシュフロー＝当期純利益＋減価償却費－投資－運転資本の増加

　当期純利益に、実際に支出されていない費用である減価償却費を足し戻し、さらに投資及び運転資本に活用されたものを差し引くことで算出される。

164

XVIII-3 事業投資と企業価値

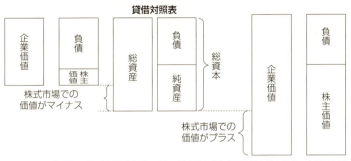

資料XVIII-2 企業価値とは何か

出所：正田繁「第23講　共通価値経営，調和，循環型経営と経営分析」坂本恒夫・鳥居陽介編
『テキスト　経営分析』税務経理協会，2014年，250頁を参照に作成。

さらに，企業の成長に影響を与えるのがフリーキャッシュフロー（FCF）である。フリーキャッシュフローは以下の算式により求められる。

　　フリーキャッシュフロー
　　　　＝営業活動によるキャッシュフロー－投資活動によるキャッシュフロー

フリーキャッシュフローは，経営者が裁量権をもって活用するものである。そのため，機関投資家は，経営者がどのようにフリーキャッシュフローを利用するのかについて注目している。つまり，配当金としての分配及び自社株買いに着目している。さらには，有利子負債の返済も可能となる。この返済により格付会社が重視している D/E レシオが改善され，格付けが向上し，社債での調達コストを抑制することができる。また，企業成長では欠かせない黒字事業部への追加投資，新規事業の立ち上げ，M&A にも勢力的に乗り出すことができる。

フリーキャッシュフローを潤沢にするためにはどのような施策があるのか。それは，当期純利益を高めることが重要であるが，急激には上昇するものではない。そのため，在庫の管理，売上債権の回収速度について検討しなければならない。また，当期純利益（税引前）からは，株主への配当金や役員賞与金が分配される。残りの利益に関しては，内部留保，つまり利益剰余金に組み込まれる。内部留保は，過去の利益の蓄積と位置づけられている。この内部留保は，企業が成長するための投資等に活用される。以上から，事業投資を積極的に遂行するためには，如何にキャッシュを生み出すのかが最大の課題であり，企業価値をも左右することにもなる。

えない。例えば，プラスの場合には土地などの資産を売却したことが含まれる。売却をするとキャッシュが企業内に流入するのでプラスになる。他方，資産を購入した場合には，キャッシュが流出するためマイナスとなる。

▷財務活動によるキャッシュフロー
企業はどこから資金を調達したのか，もしくは返済したのかについて明らかにした計算書である。さらに株主に対する配当金，支払い利息についても明記されている。資金を調達した場合はプラスとなり，返済，配当金の分配利息の支払いの場合にはマイナスとなる。財務活動によるキャッシュフローも，プラス，マイナス，どちらが良いとは一概にはいえない。

▷D/Eレシオ
⇨ XVII-4「資本コスト削減のための施策」

165

第4部 資本市場とコーポレート・ガバナンス

XVIII コーポレート・ガバナンスと事業投資

 投資評価のための経営指標

 コーポレート・ガバナンスコードによって要求されるROE

　企業の稼ぐ力や企業価値を向上させるために，二つのコード（規範）が導入された。しかしながら，コードによる企業への要望が現状に見合っているものなのか検討しなければならない。例えば，生命保険協会による企業及び機関投資家へのアンケート「平成28年度　生命保険協会調査　株式価値向上に向けた取り組みについて（要旨）」をみると，企業が中期経営計画で公表している経営指標は，売上高・売上高の伸び率及び利益額・利益の伸び率が約60％に達しているのに対し，機関投資家が重視すべき経営指標として望んでいるのがROE（約80％）である。さらに，機関投資家が経営目標として重視すべき経営指標として，企業が中期経営計画で公表している指標を上回っているものとして，ROIC（Return on Invested Capital，投下資本利益率），**フリーキャッシュフロー**，**総還元性向**，**資本コスト**が挙げられている。特に，資本コストの面では，企業と機関投資家との間では重視すべき経営指標の認識に大きな差が生じていることが明らかになっている。

　日本の株式市場に欧米の機関投資家が台頭し，日本の企業が株主価値経営に取り組むようになって以降，現在でも話題になっている経営指標はROEに変わりないが，コーポレートガバナンス・コードの導入により，さらにROE向上の圧力が高まっているのは事実である。このコードによって，ROEの目標数値を5％（5年平均）と掲げられているものの，実際，機関投資家と企業のROEへの目標数値達成の要請と実態には乖離がみられるのが現状である。そこで，機関投資家が望ましいとする中長期的なROEの水準をみると，水準にこだわらないと回答しているのが16.1％であるものの，10％以上12％未満が36.6％，8％以上10％未満が22.6％と報告されている。続いて，日本企業のROEの分布をみると，ROEが8％以上と回答しているのが1433社である一方，赤字が401社，6％未満が1080社も存在している。このことから，アンケートに回答している企業の約半数は，機関投資家が望ましいとするROEの水準からかけ離れているといっても過言ではない。

　特に，欧米の機関投資家は，ROEを重視しながら投資先を選定していることは周知の通りである。このようなことから2016年，議決権行使助言業を営む米国のISS（Institutional Shareholder Services）などは，ROEが5％（5年平均）

▶フリーキャッシュフロー
⇨ XVIII-3「事業投資と企業価値」

▶総還元性向
⇨ XIX-3「自社株買いと株主還元」

▶資本コスト
⇨ XVII-2「資本コストとは何か」

以下の投資先である日本を代表とする大手企業の取締役選任の議案に対して反対意見を表明するような行動をとっている。

　以上から，ROEの結果によって，議案に対し議決権行使が厳格化しつつあるのではないかと推測される。このような反対意見の表明により，企業はROEの向上に取り組まなければならない。大規模なガバナンス改革により**資本生産性**が重要になっているが，この資本生産性を示す指標として，ROEばかりではなく，本業の力を示すROA，ROICなども参考とされている。

2　ROICとは何か

　ここ最近では，ROICが注目される経営指標の一つとなっている。ROICは，事業に投資した資金が，利益にどれくらいの貢献をしているのかを把握するための指標である。つまり，事業投資への成功もしくは失敗を見極めることができるものである。投下資本に関しては，企業によってその資本に含まれるものが異なるため，算出する場合には注意する必要がある。ROICは以下の算式により求められる。

$$ROIC ＝ 利益 ÷ 投下資本 × 100$$

　そこで，ROICについて，以下の例を用いて算出する（**資料XIII-3**）。事業に3000億円の投資を実施したが，利益が前年度と変わらず500億円であった。そこで，増資前と増資後のROICを比較すると，前年度が10％（＝500億円÷5000億円×100），今年度が6.25％（＝500億円÷8000億円×100）となる。今年度におけるROICが低迷していることから，投資がうまくいかなかったことを示している。

　現在，機関投資家は，ROICの重要性を主張している。そのため企業は，今まで以上に投資効率を向上しなければならない時代にきている。ガバナンス改革では，ROEを重視しているが，投資効率を重視したROICの公表も進める必要がある。そのことが企業価値の向上にもつながるものと考えられる。

▷**資本生産性**
資本生産性とは，投下資本に対し，どれだけの利益を生み出すことができたのかを把握するための経営指標である。例えば，ROE，ROA，ROICなどが含まれている。

資料XIII-3　ROICによる事業投資の成果

（単位：億円）

事業投資前		事業投資後
利益　　　500 投下資本　5,000 ROIC　　　10%	3,000 の投資 →	利益　　　500 投下資本　8,000 ROIC　　　6.25%

出所：KPMG FAS あずさ監査法人編『ROIC経営　稼ぐ力の創造と戦略的対話』日本経済新聞出版社，2017年，58頁を基に作成。

XIX　コーポレート・ガバナンスと資本政策

資本政策と株式発行

▷創業者利潤
上場した際，創業者が払込額面価額と株式市場での時価との差額，つまりプレミアム部分に相当するものを獲得することを意味している。

▷ストックオプション
⇨ XIX-3「自社株買いと株主還元」

▷従業員持株会
従業員が自社株を取得するに際し，拠出金の給与控除などのメリットを授与することにより，自社株の取得を容易にすると同時に，財産形成を支援する仕組みを意味している会である。

▷IPO
⇨ X-1「同族企業の特徴」

▷授権資本制度
会社設立時の際，定款で定めた発行可能株式数の4分の1以上は株式を発行しなければならないと会社法で定められたものである。残りの4分の3の株式に関しては，資金の必要性が生じた時に，取締役会で機動的に発行することができる。

▷親子上場
親会社，子会社がともに上場していることを意味している。

1　資本政策とは何か

　企業の目的は利益を生み出すことであるが，そのためには設備投資などが必要となる。これを実現するためには莫大な資金が必要である。金融機関からの借入れによって資金調達する企業も存在するが，返済日などを考慮しながら日々の経営について検討しなければならない。また，さらなる成長を目指すためにも多くの資金を調達する必要がある。

　そこで，会社創設時及び上場をするために経営者は資本政策を考えなければならない。この場合の資本政策とは，第一に適切な資本の規模，第二に株主構成の適正化を実現するための新株の発行及び株式移動の計画を意味している。その際，どのくらいの資金を調達すべきか，株主構成を検討していく中で，誰を対象に株式を発行するのかについて考慮しなければならない。もちろん，株主の利益も配慮しなければならない。

　上場した際には，創業者は自らが保有している株式を売却することによって**創業者利潤**を得ることができる。さらには，**ストックオプション**の付与，**従業員持株会**の創設により，優秀な人材を雇用する契機にもつながる。

　他方，上場した企業は，情報を提供するために四半期毎の「有価証券報告書」の作成が必要となる。株式は流動性を兼ね備えているため，買収の対象となるリスクもあることを考慮しながら資本政策を検討し続けなければならない。もちろん，上場前後ばかりではなく，機動的な増資，株主還元でもある増配や自社株買い，役員や従業員に対するストックオプションについても配慮する必要がある。

2　株式上場の意義

　株式会社は，他の企業形態よりも資金調達の面で，返済する必要のない株式を発行することができるという点で優れている。株式の発行により，長期的かつ固定的な巨額な資金を調達することができることから，大規模な投資やR&D（研究・開発）に活用することができると同時に，今後の成長に期待をもたらす契機にもなる。現在，**IPO**（新規公開）の件数が減少しているが，新興市場では上場する企業が増えつつある。さらに，日本郵政，ゆうちょ銀行，かんぽ生命のような大規模なIPOも記憶に新しい。

株式は，**授権資本制度**のもとで発行されるが，公開会社（上場会社）であるのか，非公開会社（譲渡制限会社）であるかによって株式会社の特徴も異なる。例えば，公開会社となるためには，証券取引所に上場する必要がある。日本における証券取引所は，札幌，東京，名古屋，福岡に所在している。最大の取引をしているのが東京証券取引所である。大阪証券取引所は，東京証券取引所と経営統合し，日本取引所グループの傘下におさまっている。現在，先物取引を専門としている。

東京証券取引所における上場企業数は3629社（2017年度末）であるが，2007年（2414社）をピークに減少することになった時期もある。その原因として「**親子上場**」の見直し，さらには，「**資本のねじれ**」という問題が生じたことがあげられる。また，CDなどのレンタル業を営むTSUTAYAの親会社であるCCC（カルチュア・コンビニエンス・クラブ）はMBOを活用し，上場廃止（ゴーイング・プライベート）を実施した。他方，2006年には，すかいらーくが**MBO**により上場を廃止したものの，2014年に再上場を果たした。このような再上場をする企業の上場廃止には様々な狙いがあって実施されている。

3 株式発行の実施手法

株式会社は，会社設立時だけではなく，事業を拡大するために，さらには新規投資をするために，増資という形で新たに株式を発行することができる。そのため株式会社は増資することにより，多くの投資家から一度に巨額の資金を調達することができ，企業が成長するための大規模な運用を可能にする。

増資する際には，株主割当増資，第三者割当増資，公募増資の三つの発行形態が活用される。株主割当増資とは，既存の株主に対して新株を割り当てる権利を与える手法である。株主割当増資の場合には，時価と連動することなく価格が設定され，一般的に，時価より低い価格で発行されることが多いといわれている。

第三者割当増資とは，既存の株主だけではなく，取引先企業，取引先金融機関などに対して，新株の割り当てを受ける権利を与える手法である。つまり，特定の相手に割り当てることを意味している。このことから縁故割当増資とも呼ばれている。さらに，企業間の提携の際にも利用されるのが一般的であるが，**敵対的買収の防衛策**として活用されるケースもある。新株の価格に関しては，時価より少し割り引かれるが，時価より特に有利な価格の際には，株主総会での特別決議が必要となる。

公募増資とは，不特定多数の投資家から，広く投資を募る手法である。第三者割当増資と同様に，時価よりも少し割り引かれて発行される。そのため，第三者割当増資と同様に，時価より特に有利な価格での発行の際には株主割当増資との同等のプロセスが必要となる。

▶**資本のねじれ**

親会社より子会社の方が，時価総額が高いことを意味している。例えば，2007年に誕生したセブン&アイ・ホールディングスが，資本のねじれを物語っている。セブン&アイ・ホールディングスは，親会社であったイトーヨーカ堂，子会社であったセブンイレブン・ジャパンやデニーズジャパンなどを傘下に設立された。子会社であるセブンイレブン・ジャパンの方が，親会社であるイトーヨーカ堂の時価総額よりも高いと指摘されていた。同時期に，ニッポン放送及びフジテレビジョンの資本のねじれが話題となっていた。そこに注目したのがライブドアである。時価総額が子会社より低い親会社であるニッポン放送を買収することができれば，時価総額が親会社より高い子会社までも獲得することができるという狙いがあったものと推測されている。

▶**MBO**(Management Buy Out)

現経営陣が企業の支配権を買い取ることを意味している。今日では，株式の非公開化のためにMBOを利用するケースも数多くみられる。⇒ⅩⅩ-2「M&Aの目的」も参照。

▶**敵対的買収の防衛策**

第三者割当増資を防衛策の一つとして活用することがある。友好的な取引先に第三者割当増資で引き受けてもらうことにより，敵対的企業の株式保有比率を引き下げる施策として利用される。

XIX　コーポレート・ガバナンスと資本政策

新たな種類株の台頭

▶普通株

通常，株式というと普通株のことを意味している。普通株とは，株主の権利が全て付与されたものである。例えば，株主は以下のような権利を有している。その権利とは，株主総会で経営内容や業績などに関して意見を主張する権利（議決権），利益の中から配当を受け取る権利（利益配当請求権），そして企業が負債を清算した後に残る財産について分配を請求する権利（残余財産分配請求権）などである。発行された株式は，株式市場で流通され，株主・投資家の間で自由に売買されている。株主・投資家は，所有している株式をセカンダリー・マーケット（流通市場）で売買することにより，投資した資金の回収あるいはキャピタル・ゲイン（売却益）を受け取ることができる。その反対に，キャピタル・ロス（売却損）が発生する場合もある。

▶優先株

配当金などの分配を行う際に，普通株よりも優先的な扱いを受ける株式である。ただし，議決権については制限されている。

▶劣後株

配当金などの分配を行う際に，普通株よりも劣後的な

① 特殊な種類株

株式は，**普通株**，**優先株**，**劣後株**の三つの種類に分類される。一般的に，発行されている株式は「株主平等の原則」に基づく普通株が中心だが，会社法の施行（2006年5月）により，例外として，権利内容が異なる種類株が発行できるようになった。

2015年には，トヨタ自動車株式会社による個人投資家を中心としたユニークな種類株が発行されたのは記憶に新しい。トヨタ自動車が発行した種類株は「AA型種類株式」と呼ばれている。このAA型種類株式の特徴とは，5年間は売却することができないという条件付きのものであるが，その期限が過ぎると，①普通株に転換，②種類株として保有，③発行価格での換金のいずれかを選択することができる。さらに，配当金があらかじめ定められており，普通株と同様に，議決権が付与されるということから，普通株の側面と社債の側面が兼ね備えられた種類株が発行されている。

② 個人投資家と社債

2014年以降，個人投資家向けの株式発行ばかりではなく社債の発行額が増大している。その際，社債を発行する企業は，株主優待と同等ともいえる特典をつけて，個人投資家による社債への投資を促すこともしている。さらに，低金利の時代を迎え，個人投資家は，預貯金より高利回りの社債への興味が高まっているのも事実である。

しかしながら，当初，個人投資家による社債投資が定着するまでには長い時間がかかるのではないかという指摘がなされていた。他方，「長期的な視点でみれば，個人向け社債発行の増加は，①企業の資金調達の多様化，②個人向け金融商品のラインナップ拡充」（住友信託銀行住友信託銀行「経済の動き―活発化する個人向け社債の発行」『調査月報』2009年12月号，1頁）につながるという期待も高まっていた。さらに現在，個人投資家向け社債の発行残高も漸増の一途を辿っている状況をみると，徐々に定着しつつある。

社債は，普通株のような議決権が付与されていないものの，元本償還及び確定利子という特長から，株式投資よりは投資する上で安全性が高いといえる。このようなことから，社債に投資をする個人投資家が増大している。しかしな

がら，前述したようにトヨタによる AA 株型種類株式は，社債と同様な扱いを受ける株式であることから，リスクの許容度が低い個人投資家にとって投資する上での安全性が高いといえる。株式は「株主平等の原則」に基づいて発行されているが，種類株が発行されることにより，様々な特長を有したものが発行されるようになっている。

3 機関投資家による AA 型種類株式に対する考え

　トヨタによる AA 型種類株式の60％以上は，個人投資家によって保有されている。トヨタ自動車が AA 型種類株式を発行した目的として，「自動車の開発には時間がかかる。長期的な視点で応援してくれるファンを増やし，息の長い開発に取り組む」（『日経産業新聞』2015年6月16日付）ことを明らかにしている。このことから，R&D（研究・開発）のための長期的かつ固定的な資金の獲得を狙っていることが理解できる。

　しかしながら，機関投資家にとっては，このような種類株の発行をどのように考えているのか。事実上，元本が保証され，値上がり益は小さい，**配当利回り**が段階的に上昇，議決権が付与されていることから，株主に対する公平性に欠けているのではないかとの意見も生じるであろう。そのため，2015年6月の株主総会では過去最長3時間をかけて，株主との対話が行なわれることになった。

　欧米の機関投資家は，**ROE**（Return On Equity，自己資本利益率），**ROA**（Return On Assets，総資産営業利益率），**フリーキャッシュフロー**などの経営指標を重視している。さらに，投資先企業の経営にも積極的に関与しようとしている。従来，日本の機関投資家は，投資企業のサイレント・パートナーとして存在していたが，1990年代に欧米の機関投資家が日本の株式市場に台頭してから株主総会のあり方が大きく変貌した。経営の効率化を念頭に置く欧米の機関投資家の影響を受け，日本における機関投資家も積極的に発言している。

　長い月日を経て，**日本版スチュワードシップ・コード**が導入され，機関投資家と企業との関係がさらに変化していくとともに，ガバナンスのさらなる強化が目指されている。このコードによって，株主総会に変革をもたらすことになるのではないかと期待される。また2017年3月，コードの改定により，「議決権行使の中身の個別開示と，議決権行使の意思決定に外部の目を取り入れること。開示しない場合は理由を説明する必要がある（『日本経済新聞』2017年3月31日付朝刊）」という厳しい規制が設けられた。この改定により，議決権行使にも，さらに変化がみられるようになった。特に，議案賛否について積極的に意見を寄せている。例えば，第一生命保険会社や三菱 UFJ 信託銀行などでは，投資先企業に対し，個別に株主総会での議案に対する賛否を開示するようになっている。このことから，株主に対する利益が不利になるような企業行動には，積極的な発言をするようになってきている。

扱いを受ける株式である。普通株より価格が安く設定されている上で，議決権が付与されている。

▶配当利回り
現時点の株価に対して分配された1株当たりの年間配当金の割合を示したものである。配当利回りは，1株当たりの配当金÷株価×100により算出される。分子である1株当たりの配当金は，予想数値を用いて算出される。重要な点として，分母である株価が下落し続けると，配当利回りは高くなる。そのため，算出された数値だけで判断するのではなく，株価を時系列で見て判断することが必要である。

▶ROE
⇨ⅩⅨ-3「自社株買いと株主還元」

▶ROA
⇨ⅩⅡ-1「事業投資とは何か」

▶フリーキャッシュフロー
⇨ⅩⅡ-3「事業投資と企業価値」

▶日本版スチュワードシップ・コード
⇨ⅩⅪ-3「コーポレート・ガバナンス原則と機関投資家」

XIX　コーポレート・ガバナンスと資本政策

自社株買いと株主還元

▷ストックオプション
企業が役員もしくは従業員に，自社の株式を一定の価格で買い取る権利を与えることを意味している。ストックオプションは，自社の株式の価格が上昇した際に権利を行使することにより，その自社の株式を流通市場で売買することによりキャピタル・ゲイン（売却益）を得ることができる。ストックオプションは，役員や従業員の士気を高めるとともに，自社の業績を向上させる可能性もある。
⇒ Ⅲ-4「経営者支配論からの理論的展開」，Ⅳ-2「新制度派経済学とコーポレート・ガバナンス」，Ⅸ-2「経営者報酬の種類」も参照。

▷金庫株
株主総会での決議によって，企業が発行した自社株を取得し，保有している株式を指している。

▷株主還元
株主還元を重視する一方，企業の行動にも変化が表れてきた。日本を代表とするトヨタ自動車，ソフトバンクなど自社株買いを抑制しつつある企業も存在している。このような企業は，自社株買いを抑える一方，今後の成長のために投資にシフトする企業が増加しつつある。

1　自社株買いとは何か

　自社株買いとは，自社で発行した株式を買い取ることを意味している。現在では，株主還元の一つとして位置づけられている。従来，自社株買いは株価操作に繋がるものとして禁止されていた。しかし，1994年には，自社株買いの目的として消却などに限って解禁された。さらに1997年，**ストックオプション**が導入された。続いて2001年には，**金庫株**制度が設けられた。つまり，自社株買いの目的に関係なく実施することができるようになった。

　現在，多くの日本の企業が自社株買いを行っている。しかしながら日本における自社株買いの状況を米国と比較すると大差が生じている。2016年の純利益に対する自己株式取得の割合についてみると，米国では71％であるのに対し，日本ではわずか17％であった。このことから，米国では当期純利益を株主還元のために自社株買いを積極的に行っていると考えられる。

　さらに日本における**株主還元**の状況をみると，配当金での還元が大きな割合を占めている。最終的な利益である当期純利益を，どのように活用するのかについて株主は注目している。企業の成長を考慮するのであれば，株主還元ばかりではなくM&A（合併・買収），設備投資，新規事業への投資が重要となる。

2　株主還元としての自社株買い

　ここ数年で株主還元を積極的にさらには戦略的に実施する企業も増えてきている。その際，**配当性向**などの経営指標に関する目標値を発表する企業も増加している。また，企業が株主還元について如何に取り組んでいるのかを示す**総還元性向**の指標も株主・投資家の間で重視されている。この指標は，株主還元を配当金と自社株買いの二つとして，当期純利益からこれらにどのくらい活用されたのかを示している。株主還元を積極的に実施することにより，安定株主を獲得することを目的とする企業も多く存在している。

　コーポレートガバナンス・コードにより，株主還元が話題となり，高い配当性向や総還元性向の目標数値を掲げ，株主などを魅了させていたが，ここ最近では，この数値について撤回する企業も台頭している。企業が成長するためには，自社に対する継続的な投資が必須である。将来，利益になる投資であるならば，株主還元にもつながると考えられる。

3 自社株買いで得られる効果

　2016年，議決権行使助言業務を営む米国のISSなどは，ROEが5％（5年平均）以下の投資先である日本を代表とする大手企業の取締役選任の議案に対して機関投資家に反対するよう助言している。そのため，ROEの結果によって，議案に対し議決権行使が厳格化しつつあると考えられる。

　ROEを上げるための手法として，①分子である当期純利益を上げる，②自社株買いを実施する，③借入金を増大させる，という三つの施策が挙げられる。ROEを上昇させるために，当期純利益を増やすことが理想的である。そのため，コストを削減し，当期純利益を最大化させる必要があるが，利益は急激には上昇しない。そこで，自社株買いによりROEを向上させる手段が活用される。

　自社株買いを実施すると，ROEの分母である自己資本を圧縮することができる。つまり，自社株買いは，たとえ当期純利益が拡大しなくても，分母が縮小することによって，ROEを上げることができる。他方，自社株買いによって生じる問題として，財務の健全性を示す自己資本比率が悪化することになる。その理由として，自己資本比率の分子である自己資本が圧縮するためである。すなわち，ROEと自己資本比率には相関関係があると言える。このことから，適切な資本の規模が重要になってくる。

$$自己資本比率 = 自己資本 \div 総資産（総資本） \times 100$$

　さらに，借入金を増やすことによりROEは上昇する。ROEは，売上高当期純利益率，総資本（総資産）回転率，財務レバレッジの三つの算式に分解される。

$$\frac{当期純利益}{自己資本} = \underbrace{\frac{当期純利益}{売上高}}_{収益性} \times \underbrace{\frac{売上高}{総資本（総資産）}}_{効率性} \times \underbrace{\frac{総資本（総資産）}{自己資本}}_{負債の有効利用度}$$

　売上高当期純利益率は，コストを削減して如何に利益を生み出したのか，収益性を把握するための指標である。この利益率は，当期純利益÷売上高×100により算出される。続いて，総資本（総資産）回転率とは，企業が有する全ての資本を活用して，どれだけ売上高を上げたのかを把握するための指標である。すなわち，効率性を理解するために活用される。また財務レバレッジとは，企業の負債の状況を把握するための指標である。財務レバレッジは，総資本（総資産）÷自己資本×100で算出される。この財務レバレッジの数値が高い場合，巨額の借金を抱えている企業と判断される。そのため，単にROEが高いというだけで収益性及び効率性が高いと考えるのは難しいといえる。

▶配当性向

「配当金総額÷当期純利益×100」により算出される。配当性向の数値が高い場合には，株主への高い配当金を分配していることを意味しているが，注意しなければならない点もある。分母の当期純利益が前年度より落ち込んでいる際には配当性向は高くなる。そのため，当期純利益に関しても時系列で把握する必要がある。また日本の上場会社の配当性向（平均）をみると，30％以上であり，ここ数年で上場し続けている（『日本経済新聞』2017年2月20日付朝刊）。配当性向が高いということは，株主の期待通りに増配をしていることを意味している。逆に，配当性向が低いということは，将来のための投資資金として内部留保を拡大させている，もしくは企業成長のために当期純利益を活用しているといえる。

▶総還元性向

「（配当金総額＋自社株買い総額）÷当期純利益×100」により算出される。株主還元性向とも呼ばれている。株主や投資家に対して，株主還元に積極的に取り組んでいることをアピールする指標の一つとなっている。

第4部　資本市場とコーポレート・ガバナンス

XIX　コーポレート・ガバナンスと資本政策

4 コーポレート・ガバナンスと株主総会

▶株主優待
企業が株主に対して，自社の製品やサービスなどを持ち株数に応じて提供すること。例えば，すかいらーくや吉野家ホールディングス（100株）では，6000円分の優待券を提供している。

▶株式相互持合
企業間で株式を互いに持ち合うこと。1991年のバブル崩壊に至るまで6大企業集団（三井，住友，三菱，一勧，三和，芙蓉）を中心に株式相互持合が行われていた。株主相互持合の狙いは，買収防衛策の一つとしての安定株主構造を作り上げるためであった。1960年代の資本の自由化に伴い外国企業をも意識した行動ともいえる。さらに企業集団の金銭面などの強化が挙げられる。そのため，銀行を中心とする株式相互持合いが主流であった。しかし，バブル崩壊による株価の低下さらには時価会計の導入により，銀行を中心に含み損を抱えた保有株を売却するに至った。その受け皿となったのが欧米の機関投資家である。2000年代に入り，日本でも敵対的買収が行われるようになり，脅威を抱いた企業がわずかな株式を互いに持ち合う行動を取り始めた。

① 資本政策を検討する上での株主優待

　株主優待を提供する企業が増加し続けている。株主にとっては，株主還元の機会が拡大しているといっても過言ではない。現在，個人投資家をターゲットに長期的な保有，安定株主対策として株主優待を提供している企業も多く存在している。また，長期的な保有を促すためにも，長期保有の株主に対する優遇制度を設ける企業や1年間の株式保有を果たしたことを条件に，株主優待を提供する銀行までもが出現している。さらには，1年限りの周年記念優待をも提供する企業も存在している。このことから，株主優待に期待して投資をしている個人投資家もいるであろう。しかし企業としては，資本政策の中でも重要なコストとして株主優待を認識する必要がある。その一方，株主優待を見直す企業も出始めているが，株主優待は株価を下支えする手段でもある。

　このような背景について，ガバナンスを一段と強化し続けている機関投資家は，どのように考えているのか。株主総会では手土産を配布する企業が増加していたが，ここ数年，コスト削減のために廃止する行動がみられる。この廃止によって，個人投資家による株主総会の参加が激減した企業も多数存在している。この現状から，株主総会への参加の意義とは何か，ガバナンスをどこで発揮するべきなのかについて再検討しなければならない。

② 個人投資家へのIR活動

　コーポレートガバナンス・コードにおける項目の一つでもある**株式相互持合**についてであるが，その持合いを徐々に解消する動きがみられる。現在，その受け皿として，個人投資家のさらなる台頭が期待されている。さらにコードの導入以後，株主・投資家との「対話」が重要な活動の一つになっている。そのため昨今では，個人投資家を対象とした説明会が開催されている。そこで，市場別での**IR活動**の状況についてみる。アナリスト・機関投資家向けに開催している割合は，**JPX日経400**に選抜されている企業のほぼ全社が実施，続くマザーズが95.8％，市場第1部が83.2％である（**資料XIX−1**）。また個人投資家向けの開催についてみると，マザーズが64.9％，JPX日経400が49.8％，市場第1部が36.2％と報告されている。個人投資家向けの開催は，徐々に増加しつつあるものの，機関投資家向けと比較すると大差が生じている。

174

資料XIX-1　IR活動の状況（2016年12月末現在）

（単位：％）

	ディスクロージャーポリシーの作成・公表	個人投資家向けに開催	アナリスト・機関投資家向けに開催	海外投資家向けに開催	ホームページに掲載	IR担当部署の設置
会社	30.1	32.0	71.0	14.1	98.0	90.1
JPX日経400	52.3	49.8	99.0	60.5	99.5	98.3
市場第1部	36.4	36.2	83.2	21.3	98.8	94.1
市場第2部	17.3	16.5	35.4	1.9	95.4	78.3
マザーズ	50.6	64.9	95.8	20.9	100.0	96.2
JASDAQ	16.8	22.0	57.2	2.5	97.0	86.5

出所：東京証券取引所『東証上場会社コーポレート・ガバナンス白書2017』2017年，123頁。

1990年代半ば以降，外国人投資家を先頭に，もの言う機関投資家の存在が顕著となり，企業はそのような株主・投資家の声を真摯に受け止めなければならない状況に陥った。現在では，投資企業を支援するファンというばかりではなく，経営に関心の高い個人投資家がこれまで以上に増加させるためには，魅力的な株主優待の提供ばかりではなく，積極的な「対話」が望まれる。

3　株主総会と投資家

機関投資家は，コーポレート・ガバナンス活動を強化するために積極的に動こうとしている。株主総会を通じて，投資企業との対話を通じて収益力を向上させる取組みを実施している。また，社外取締役や株主還元について厳格な基準に従って議決権を行使するようになってきている。このような機関投資家による積極的な働きかけによって，投資企業の業績向上が期待されている。

また，個人投資家にも新たな動きがみられるようになっている。その動向として，株主提案権を行使するケースが増えている。個人一人一人の株式保有比率は低いものの，企業にとっては無視することができない権利の一つになっている。株主所有構造をみると，機関投資家の株式保有比率が高まっている。そのため，機関投資家からの票が多数を占めていることから，企業への影響は多大なものである。このことから，個人投資家による支援が重要になってくる。さらに証券業界では，個人投資家による投資の拡大を狙い，NISA（少額投資非課税制度）の推進に取り組んでいる。

ここ10数年前から，「会社は誰のものであるのか」について積極的な議論が展開されるなか，機関投資家ばかりではなく，個人投資家も積極的に株主総会に足を運ぶようになった。このことから，個人投資家にとって資本市場での投資が身近になりつつあるといえよう。以上から，企業にとってはあらゆる投資家に目を向けなければならない時代になっている。

▷ IR（Investor Relations）活動
株主や投資家に対して，決算報告書，事業報告書，有価証券報告書，アニュアルリポートなどを提供し，企業の経営状況や財務状況，さらには今後の見通しなど，様々な情報について広報することを意味している。今日では，コーポレートガバナンス報告書を作成する企業も台頭している。

▷ JPX日経400（JPX-Nikkei Index 400）
東京証券取引所に上場している企業を対象に，投資する際に重要視される本業の利益を示す営業利益，ROEの成果，時価総額の向上など，資本の有効的な活用の仕方を達成している400社を対象にした指数。

▷ NISA
2014年1月に，日本で導入されたNISAとは，上場株式や公募株式投資信託などによって得られる配当金及び譲渡益に関して非課税になる制度である。ただし，この非課税制度は5年間という期限が定められていると同時に年間120万円を上限としている。これを受け，個人投資家に最大600万円の投資を促すことができる。この制度は，英国のISA（Individual Savings Account：個人貯蓄口座）を手本に作られた。1999年に，この制度を導入した英国では，非課税限度額を設けられていると同時に時限措置を10年と定めていた。しかしISAの効果調査結果，低所得者層及び若年層の利用が拡大したという高い評価を受け，現在では恒久化するに至っている。

XX　M&A（合併・買収）とコーポレート・ガバナンス

M&A の概念と類型

▶企業群

M&Aは大きく三つの類型がある。①水平型M&A，②多角化型M&Aそして③垂直統合型M&Aである。①水平型M&Aは，同一業界内でのM&Aを意味する。このM&Aは同じ製品・サービスを提供する事業を統合し，規模の拡大から同一市場内における影響力拡大を目的としている。新聞調査では1985〜2001年までに日本企業が関わった100億円以上の大型海外M&A（116件）で同水平型M&Aが7割と圧倒的多数である。②多角化型M&Aは事業関連性のない分野への進出である。企業の経営環境が激変する中で，M&Aの相乗効果を無視し，非関連分野に進出しする場合である。この多角化型M&Aは全体の2割程度，そして残る1割が③垂直統合型である。垂直統合型M&Aは，原材料から完成品までの一貫した生産・販売体制を構築するために部品メーカーや販売網をM&Aする場合である。

▶議決権

議決権とは，株主総会における決議に参加して票を入れることができる権利のこと。通常1単元株（単元：例1000株といったように株式取引で売買される売買単

1　合併・買収（M&A）・提携の定義

M&Aとは，英語のMerger（合併）とAcquisition（買収）のことである。合併は，二つ以上の会社が契約により一つの会社になることを意味し，また買収とは，ある会社の所有権を取得することである。合併・買収の概念は「提携」に包含される。企業の合併・買収（Merger & Acquisition：以下M&A）を社会的な観点から捉えると，ある企業の所有権が非効率な経営によって多くの費用が掛かり，革新が停滞しているより，より良く生産性を向上できる所有者の下に資産の移転が行われたほうが有益であるという前提に基づいている。企業は魅力的な製品・サービスを生み出すため自身で揃えられない原材料や資源を様々な関係諸企業から調達し効率・戦略的に経営される。すなわちM&Aそして提携の対象となる**企業群**は，同業他社，他業種関連企業または非関連企業等々，その企業の持続的成長に寄与する方向で選別される。

2　M&A の形態

以下の**資料XX-1**は「M&Aの形態」を説明している。この形態は企業提携の全般を説明し，①資本の移動を伴う場合（M&Aと総称）と②そうでない場合（事業提携）に区分している。

①資本の移動を伴う提携，つまり広義のM&Aは企業買収が代表的な手法である。この企業買収は，買収，合併そして分割に区分理解される。

「買収」は株式取得と資本参加という方法で行われる。この方法は株式の割合に応じて会社の最高意思決定機関としての株主総会で**議決権**を行使し，被買

資料XX-1　M&Aの形態

企業提携	① 資本の移動を伴う提携（広義のM&A）	企業買収	買収	株式取得・資本参加
				事業譲渡・資産買収
			合併	吸収合併
				新設合併
			分割	新設分割
				吸収分割
	② 資本の移動を伴わない提携（事業提携）	共同開発・技術提携			
		OEM提携			
		販売提携			

収企業に影響力を法的に行使することを目的としている。「株式取得」とは，すでに流通している株式を証券市場で取得する方法と新規発行株式を取得する方法によって株式を取得し被買収企業の支配可能な議決権を確保する方法である。「資本参加」は対象会社に対して一定の株式をもつことで，単なる業務提携より深い経営関与を目的としている。ここでは株式の保有割合が大きいほど対象会社に対する経営関与は拡大する。「事業譲渡」とは，対象会社の事業全部または一部を売買することであり，例えば複数ある事業の特定事業だけを譲渡する場合，対象会社が保有する潜在的な債務の切離しを目的に選択される手法である。株式買収が対価を株主に支払うのに対して，対価を会社に支払う方法で事業部門を買収するのが「資産買収」である。合併は企業全体を対象とするが，「資産買収」は被買収会社の資産・負債の全部または一部を両者の協議により選択的に組み合わせ，個々に売買取引というプラス面を持っている，一方で取引が複雑となり長期間にわたる交渉が必要となるマイナス面もある。

次に「合併」は吸収合併と新設合併の二つの手法に分れる。「吸収合併」とは，一方の法人格のみを残し他方の法人格を消滅させ合併により消滅する会社の権利義務の全てを合併後存続する会社に承継させる手法であり，実務上は「吸収合併」が選択される場合が多い。対して「新設合併」は全ての法人格を消滅させ合併により設立する新会社に承継させる方法である。

「分割」とは，法人格を会社の事業に関する権利義務の全部または一部を他の会社に承継させることを意味し，「新設分割」と「吸収分割」がある。この分割は企業グループにおける組織再編，持株会社制への移行などに用いられる。「新設分割」とは，会社分割によって新しい会社を設立し，その新設会社に事業等を承継させる手法である。「吸収分割」とは，会社分割で事業等を他の既存会社に承継させることをいう。

②資本の移動を伴わない提携（事業提携）は，相互の企業が経営的には自主自律し，切磋琢磨しながら協力し合うことを特徴とする。これは M&A の広義と理解される一方で，資本を介した M&A と比較して会社間の結びつきは弱くなる。「共同開発」とは，複数の事業者間で各々の不得意分野を補完するために行われる。「技術提携」は，ある企業が事業の独立性を維持しながら他の事業会社と事業上重要な技術を交換し合う関係を意味する。例えば Windows 対 Mac といった利用者に馴染み深い製品普及を背景に，業界内で優位に立つ「**デファクトスタンダード**」を獲得するために行われる。「OEM（Original Equipment Manufacturer）」は相手先ブランド製造を意味する。企業のバリューチェーン（企画→設計・開発→生産→物流→販売）という連鎖の中で「生産」のみを他の企業に委託するといった場合である。「販売提携」とは，例えば不動産の売主（地主オーナー）の委託を受け不動産会社が物件販売の代行を行うことがある。

▶株式所有構造の変容と専門経営者

▶デファクトスタンダード
(de facto standard)
ISO や JIS といった標準化機関の定めた規格でなく，市場における競争や広く採用された「結果として（ラテン語：de facto）事実上標準化した基準」である。

第4部　資本市場とコーポレート・ガバナンス

XX　M&A（合併・買収）とコーポレート・ガバナンス

 # M&A の目的

1　M&A の六つの目的

M&A は，特徴的に以下の六つの目的をもっている。①規模の経済，②相乗効果（シナジー），③経営資源有効活用，④時間節約，⑤投資コストの節約，⑥リスクの低減の六つを意図した M&A が多い。

この六つの効果の中で最も代表的な二つが①規模の経済と②相乗効果である。

①規模の経済とは，M&A によって関連企業と一緒になると企業規模が拡大し，生産量が増大する。また大量仕入れが可能になり，その拡大によって取引先とのバーゲニングパワー（交渉力）増，生産設備の稼動率の上昇，そして経営管理手法の徹底の結果，利益の拡大につながるさらなるコスト削減（利益拡大）が可能となり，1 単位当たりの生産費が減少する。

②相乗効果は，ある要素が他の要素と結合することから単体で得られる以上の高い成果を上げることであり，1 + 1 = 2α と説明される。通常 M&A は被買収企業との将来に相乗効果を期待するため，被買収企業の価値に**プレミアム**を加えた価格交渉が行われる。

③経営資源有効活用とは，持続的な発展を望む企業は既存事業の強化，そして新規事業に果敢に挑む姿勢が必要となる。この場合，時間をかけて新規事業を育て上げるよりも（④時間節約効果），先行企業に M&A をすることによって被買収企業の経営資源を利用し（⑤投資コストの節約），すでに販路等が確定している環境下で新事業を始める方が経営戦略上で有効な手段（⑥リスクの低減）となる場合がある。他方において M&A における代表的リスクは「減損リスク」である。これは被買収企業に当初予想していた効果が望めずに M&A を行うことから自社の強みを逆に弱体化させ，総体としての企業価値の下落が生じるリスクであり，実際に M&A の成功率が約半分といわれるゆえんである。

2　近年の M&A：八つの傾向

M&A はその時代背景を反映し近年では① IN-OUT 型（国内-海外）の出資・合併，②日本企業の非採算部門の売却，③業界再編，④事業承継，⑤ブランド力強化，⑥提携関係強化，⑦事業再生 M&A，⑧会社の非上場化（ゴーイング・プライベート）の八つが指摘される。

① IN-OUT 型の出資・合併は金額の大きな M&A が含まれグローバル化が

▶ **プレミアム**
割増価格のこと。株式購入のインセンティブとして支払う価格。買収者は企業経営に影響をもつだけの持分を取得したいため，市場における需要・供給の原則から（一般的に株価の上昇を伴う）割増し分を支払う必要がある。

▶ **PE（Private equity）ファンド**
プライベート・エクイティとは，広義には未上場企業の株式を意味し，未上場企業の株式の取得・引受を行う投資行為をプライベート・エクイティ投資という。

資料XX-2　経営介入のために必要な持株比率

持株比率（％）	可能な企業経営への介入権
3.0	株主総会の招集，会社の帳簿など経営資料の閲覧が可能
33.4（1/3以上）	会社の特別な意思決定（定款変更，M&A等）を阻止することが可能
50.1（1/2以上）	会社の意思決定を支配可能，株主総会で取締役や監査役を選任可能
66.7（2/3以上）	会社の特別な意思決定を単独で行使可能

進む中で増加してきている。②日本企業の非採算部門の売却と③業界再編の要因とは，M&Aに対する文化的拒否反応「日本的経営」の下での長期安定雇用重視からこれまでなかなか進んでこなかった。しかしコーポレート・ガバナンス原則の徹底，機関投資家や他のステークホルダーの要請による戦略的な意義からM&Aを有効活用するべきとの方向に徐々に変化してきている。

　④ブランド力強化の事例として2017年に食品世界最大手のネスレ（スイス）は，成長率の低いチョコレート部門（「キットカット」は販売継続）から撤退し，今後有望視される健康関連分野のブランド（米医薬品メーカーのファイザー社幼児向け栄養補給食事業を約9600億円で買収）を強化している。

　⑤事業承継は，日本においては高齢化という社会問題から多くの中堅・中小企業でM&Aの大きな理由になっている。オーナー企業が後継者不在のため保有持分を外部の第三者に譲渡，またはPEファンドに継承し事業の延命を図るといった例が散見されている。

　⑥提携関係強化は激しい生存競争の中で他の会社との提携によりさらなる成長の機会を確保し，個々の企業の独立性を一定程度維持しながら資本，契約等の方法で業務の一部を統合する手法である。特に経営陣にとって資本政策上で意味のある持株比率は以下の資料XX-2に示される通りである。

　⑦会社の非上場化は，業績不振に陥った企業の経営陣が事業再生に集中し，上場することによる敵対的買収の防衛策として利用する場合がある。例えば，かつら最大手のアデランスは2017年に経営を立て直すためMBOを行い，上場廃止となった。同社はこれにより，かつら分野で蓄積したノウハウを生かし，美容関連や医療領域にも力を入れることを選択した。また一般的に株価が低迷する企業は，PBR（株価純資産倍率）が1を下回り，MBOが外資系投資ファンド（ハゲタカファンド），加えて既存の機関投資家からの資本効率改善要求からの防衛策として選択される場合もある。しかし，この場合，投資ファンドがMBOの資金を用意し，企業価値を高め，再上場することによって創業者利得を手にするケースもしばしば見られる。

　⑧事業再生M&Aは倒産手続を念頭に進められるM&Aのことで，法的整理手続の中でM&Aを行うことで再生企業の優良経営資源を利用しつつ，早期・確実な事業の再建を期待するような場合である。

このファンドは，PE投資を行う場合に機関投資家や公募・私募ファンドで個人投資家から集めた資金を事業会社や金融機関の未公開株に投資し，同時にその企業の経営に深く関与して「企業価値を高めた後に売却」する投資ファンドである。プライベート・エクイティ投資は成長・成熟期の企業に対し比較的大規模な資金を提供し，または株主に売却機会を提供する投資手法となる。

▶ MBO（Management Buy out）
経営者による買収を意味している。現会社経営陣が株主から自社株式を購入する，または事業部門自身を新会社に事業譲渡することで，その経営者によって独立した会社になることを目指した行為である。MBOのメリットは「所有と経営の一致」がある。つまり短期志向の株価上昇を目的とする株主から中長期的な経営戦略を目指す経営を分離することが可能となる。他方でMBOのデメリットはMBOをする際の買収金額による債務状況の悪化，加えて非上場化による資金調達の方法が限られキャッシュフローの確保が困難になることである。

▶ PBR（Price Book-value Ratio）
株価純資産倍率のこと。PBRはある企業について証券市場の株価×総株数の時価総額が，会社の解散価値を示す純資産（株主資本）の何倍であるかを表す指標で，株価の割高・安感を示している。

第4部 資本市場とコーポレート・ガバナンス

XX　M&A（合併・買収）とコーポレート・ガバナンス

 敵対的企業買収と買収防衛策

1　友好的・敵対的企業買収の違い

　M&Aは相手企業との合意の有無により，友好的企業買収と敵対的企業買収に分類される。友好的買収とは，買収の対象となる会社の経営陣・従業員の賛同を得て行う買収である一方，敵対的買収とは買収の対象となる会社の経営陣・従業員がその買収に合意していない場合を意味する。

　2016年度のM&A件数をみても93％が100億円未満の中小・中堅企業における案件となり，その大多数は友好的企業買収である。企業規模が小さい場合，その企業の従業員の関与と同時に取引業者，顧客等その他ステークホルダーとの関係も重要となる。一方，敵対的買収は現経営陣の意向に合わない買収者が当該株式を市場で買い集め，を実施したりして株式を買い集め経営権取得を目指すことになる。このため敵対的買収は買収者との**情報の非対称性**が大きいため，友好的買収に比べて資産価値に大きなプレミアムを加算する必要がある。

　友好的・敵対的買収の違いを被買収者の①取締役，②経営戦略的な観点そして③監視機能の二つの観点から考えてみよう。

　友好的企業買収における①経営者は，「所有と経営が分離」している場合，買収相手と友好的に自社の経営資源を利用して，単独のみでは達成できない課題に対して打開策を見出し，さらなる収益の向上を目指す。また②経営戦略的な「選択と集中」の観点からM&Aを考えれば敵対的買収に比べて既存の経営者の合意によって中長期的な戦略を被買収者とともに話合いによって目指すことが可能となる。③監視機能は，既存の経営者並びに買収者，そして他のステークホルダーとの協調によって行われる。

　敵対的買収における被買収企業の①経営者は，伝統的な牽制力として市場からのM&Aの圧力に晒される。市場において魅力ある企業は，敵対的買収が情報の非対称性から生じる高プレミアムを支払っても買収し，②経営構想を実現したいと考えている。そのため被買収企業は，買収者によって経営者や従業員の解雇等のリストラクチャリングの圧力に晒される。③監視機能は，あまり機能していない状況にある。株式の相互持合い等の**資本の空洞化**から経営者の緊張感が薄れ，企業の業績低迷から株価が下落し，他の高収益企業からのM&Aの脅威を高める。このように自浄作用のある（もの言う）監視機能はコーポレート・ガバナンスにおいて重要である。

▶ **TOB**（Take-over Bid）
株式公開買付けとは，上場企業の株式を証券市場において既存の株主に「この銘柄を1株＊＊円で買うので，売りたい人は申し出てください」と表明し，公募すること。この上場企業の株式は東京証券取引所で取引され，市場で売買できる株式を浮動株という。この公開買い付けを行う際，浮動株比率は高くなる。その逆に例えば同族が保有する固定比率は低くなる。⇨ Ⅶ-4「問われる『企業は誰のものか』」も参照。

▶ **情報の非対称性**
M&Aが行われる際，売り手と買い手の情報に差があることを意味する。多くの上場企業では「所有と経営が分離」しており経営者による内部情報は外部者である株主（所有者）に対して情報の格差が生じている状況を説明する。

2 買収防衛策

　友好的買収よりも敵対的買収は，現経営陣にとって中長期的な経営の阻害の要因となり得るため，平時に敵対的買収が起きた際に買収者が従うべき手続き等を株主総会で設定しておくのが買収防衛策である。

　この買収防衛策に関する考え方は，買収を受け入れるか否かを決めるのは経営者ではなく，株主であるべきだという考え方から，最近では敵対的買収予防策を導入する企業が減少するなど，徐々に戦略的経営に伴うM&A（買収予防策導入）に関する考え方も変化しつつある。事実，2007年から防衛策導入企業は9年連続で減少している。これは牽制主体としての資本市場との共存を打ち出すコーポレート・ガバナンス原則やスチュワードシップ・コードによって防衛策の導入・継続には株主総会でその必要性・合理性の説明（Comply or Explain）がより一層求められているからである。

　買収防衛策は事前の予防策（以下の①，②，③）と事後の防衛策（それ以外）に分かれる。

　①毒薬条項（ポイズン・ピル）：敵対的買収時に，プレミアム付き価格で償還を義務づけた優先株を発行する。買収者以外の既存株主に時価の半額で株式を購入する権利を与える等の手法によって防衛する手法である。これに加えてポイズンピルの一種にライツプランがある。買収者が一定の議決権割合を取得した場合，敵対的買収を防衛するために時価より安い価格で新株を購入できる権利（新株予約権）を既存株主に付与する手法である。

　②ゴールデン・パラシュート（Golden Parachute）：敵対的買収により経営者が解雇された場合，その経営者に大幅割増された退職金を支給させる契約を事前に会社側と結んでおき企業価値を低下させる買収防衛手段である。

　③非公開化（ゴーイング・プライベート）：MBO（Management Buyout）既存の経営陣やプライベート・エクイティ・ファンドによるLBOで株式を非公開にすること。

　そして以下の④〜⑥が買収の標的になった後の防衛策である。

　④ホワイトナイト（White Night）：「白馬の騎士」は敵対的買収者が現れた場合に，買収対象となった企業の経営者との関係が良好で，友好的に買収を行ってくれる企業を探し出して買収してもらう戦略である。

　⑤クラウンジュエル（Crown Jewel）：クラウン（王冠）からジュエル（宝石）を外すというイメージから敵対的買収先の経営者が，買収される前に会社の魅力的な財資産や特許，事業を第三者や子会社に売却してしまい敵対的買収の意欲を削ぐ買収防衛策である。

　⑥パックマンディフェンス（Pac-Man defense）：逆買収。ゲームのパックマンが「パワーペレット」を食べた後に敵（買収者）を逆に食べてしまうことから。

▷**資本の空洞化**

これは株式持合い関係において現れる現象である。株主が出資した資金が例えば表面上100で表示されているにもかかわらず，この関係での企業AとBが各50ずつを持ち合っているなら，この50部分は「資本の空洞化」と考えられる。このような固定的な株式持分が存在すると株式の50%は関係企業が持っているため株式市場からの敵対的買収の脅威に晒される心配がほとんどない状態になること。これは現経営陣にとっては買収防衛策になり，日本では資本の空洞化の解消が特に外国人投資家から求められている。

▷**LBO**（Leveraged Buyout）

LBOは，買収コストを充足するために買収する企業の資産や買収後のキャッシュフローを担保に借入金を調達し，企業買収を行うこと。多額の借入金を使用している被買収企業を買収すること。LBOは，買収企業に大量の資金がない場合でも大規模な買収を可能とする一方，減損リスクが発覚した際，買収資金を融資した銀行や買収者自身の財務状況を急速に悪化する危険性があるので被買収企業の財務体質の慎重な精査が必要となる。

XX M&A（合併・買収）とコーポレート・ガバナンス

 ## 米国・欧州・日本の M&A の動向比較

▶**アングロサクソン型資本主義**

元々はグレートブリテン島に侵入してきた部族の総称をアングロ・サクソン人（Anglo-Saxons）と呼んでおり，17世紀以降のイギリスからのアメリカ新大陸への移民を経て，米国・英国で典型的にみられる資本主義の形態を意味している。企業金融の形態は直接金融（資本市場から直接資金調達する 対 間接金融：銀行からの融資）であるため，株主利益の極大化を志向する。企業経営においても業績悪化の場合，株主価値を優先するため積極的に人件費等の固定費削減を行い，株主利益を保持する傾向があるため雇用は不安定になる。ヨーロッパ大陸型の企業経営手法としてライン型資本主義がある。

▶**コモンウェルス**（Commonwealth）

原義は「公共の福祉」であり，それを目的としたコミュニティ，国家，そして共和国を示す。イギリス連邦（Commonwealth of Nations）は歴史的に英国と利害関係をもつ独立国の緩やかな政治的な連合体である。この連合体には，カナダ，オーストラリア，ニュージーランド，南アフリカ連邦等がある。

1 米国・欧州・日本の M&A の動向

　2017年の米国，欧州そして日本のM&Aの動向は，**資料XX-3**からも圧倒的に米国が半分以上（56.5％）を占めていることがわかる。また近年では中国（18.5％）における M&A が顕著である。例えば2010年に中国の浙江吉利控股集団がスウェーデンの自動車メーカーボルボを買収したことは記憶に新しい。しかしながら M&A の動向は米国と欧州が先導しており，欧州の中では英国がM&Aの金額・件数ともに第3位に位置づけられている。しかしながら欧州といっても，英国はEUから離脱交渉中で，資本主義の類型も**アングロ・サクソン型資本主義**と，欧州大陸側のライン型とは一線を隔している。英国のM&Aの動向は米国のアングロサクソン型資本主義に近似しているが，英国の**コモンウェルス**の国々（資料XX-3：オーストラリアそしてカナダ）と近い存在である。その意味でドイツやフランスのM&Aの動向は欧州（ライン型資本主義）と包括しにくい文化・制度がある。BCGの調査によると，1992～2006年までに行われた M&A 成功・失敗の比率をみると，欧州（成功53％・失敗47％），米国（成功62％・失敗38％），アジア（成功51％・失敗49％）である。

2 米国・欧州・日本の M&A の歴史的動向

　米国：米国における M&A の歴史をみるとその起源から自由な市場競争を確保するための制度が導入されてきたことがうかがえる。19世紀初頭からこの

資料XX-3　海外のM&Aの動向（2016年）

	買収側企業所在地	買収額（億円）	％	買収件数	％
1	米　国	1,837,110	56.6	11,027	35.8
2	中　国	600,040	18.5	5,958	19.3
3	英　国	198,147	6.1	2,533	8.2
4	ドイツ	115,389	3.6	1,647	5.3
5	オーストラリア	103,088	3.2	1,246	4.0
6	フランス	98,934	3.0	2,338	7.6
7	日　本	91,870	2.8	2,444	7.9
8	カナダ	87,422	2.7	1,515	4.9
9	韓国	62,966	1.9	1,571	5.1
10	ブラジル	51,885	1.6	512	1.7
	合計	3,246,853	100	30,791	100

出所：Worldwide Announced M&A 2016：
　　　Merger & Acquisitions Review Full Year 2016
　　　＄＝110円

自由な競争市場における M&A が活発で，世界的な強豪企業が数多く輩出されてきている。しかしこの市場競争環境を適正化するために垂直統合型スタンダード・オイル・トラストを解体した1890年シャーマン法（米競争法で，カルテル，トラスト，コンツェルン等の独占活動規制法）の成立等の監督官庁の権限も強い。米国における M&A の歴史は数回にわたるブームが起きている。1910年前後（第一次ブーム）ではフォード社（Ford）に代表される大量生産体制が本格化した。そして当時 GM（General Motors）社は全米各地にある自動車メーカーを次々に傘下に収め水平的 M&A を活発化させた。1920年（第二次ブーム）には垂直的 M&A が活況（寡占体制の構築）となった。1970年代は（第三次ブーム）複合企業体を目指す M&A が盛んであった。その後，1980年代は（第四次ブーム）事業の再構築（リストラクチャリング）の M&A（敵対的買収）があった。近年における M&A の動向をみてみると M&A 活動がグローバル化している。例えば米薬品メーカーファイザー社（Pfizer）は M&A 取引合計額で最も活発な企業として知られ，総額は414兆8000億円である。

欧州：欧州における M&A は，1920年代に米国のトラスト体制に匹敵するドイツにおける独占体制である IG（Interessen-Gemeinschaft〔独語〕利益共同体）が観察される。欧州における M&A は，歴史的に件数・金額ともに米国に続く位置づけである。1950年のシューマン宣言から始まった欧州大陸の統合化（European Community, EC）と冷戦構造の中で復興が始まり，企業活動は欧州石炭・鉄鋼共同体等から制約を受けることなる。欧州の M&A が本格化するのは1980年代後半である。特徴的なのは M&A 史上最も大きな金額で取引された案件が1999年に行われた英 Vodafone Airtouch PLC による独 Mannesman社（現 O2）への M&A であり，その買収金額は202億ドル（当時の換算で35兆3800億円，1＄=122円）に達した。

日本：日本の M&A は，1890年代における工業化を背景として官民挙げて国の成長を支える方式（護送船団方式）が選好され，その中で M&A も活用され日本型の独占体としての財閥が創成されていった。第二次世界大戦後は GHQ による財閥解体措置を経て，新たな産業組織形成のための M&A が活発に行われた。1950年代に日本の独占体を温存する方策として**株式相互持合**と**メインバンク**制度が生まれた。事実，1950〜70年代の高度経済成長期には，資本市場からの圧力が遮断され，M&A 活動は低調であった。1980年代からは日本のバブル経済を背景として IN-OUT（国内企業→海外企業）型の M&A が活発になる。2010年代は欧米からの資本市場を介した影響（外国人機関投資家の台頭）から OUT-IN そしてアジアにおける IN-OUT が増加しつつある一方，IN-IN という国内 M&A 市場中心の M&A も活発に行われることになった。

▷1　The Boston Consulting Group（2007），"The Brave New World of M&A, How to Create Value from Mergers and Acquisitions"（2017年12月18日 URL 閲覧）

▷株式相互持合
⇨ⅩⅨ-4「コーポレート・ガバナンスと株主総会」

▷メインバンク
⇨Prologue「コーポレート・ガバナンスとは何か」，Ⅵ-3「日本的企業結合」

（参考文献）
神田秀樹『会社法入門』岩波新書，2007年。
佐久間信夫『よくわかる企業論（第2版）』ミネルヴァ書房，2016年。
明治大学経営学研究会編『経営学への扉（第4版）』白桃書房，2014年。

XXI 機関投資家とコーポレート・ガバナンス

株式所有構造の変化

1 資本市場の変化

　米資産運用会社の調査によると2017年時点で世界の運用会社上位500社の運用資産総額は79.2兆ドル（≒8,870兆円，1ドル＝112円換算）に達した。米の運用会社の運用資産は前年比で13％増加し37.4兆ドル（≒4,188兆円）に，また欧州（英国込）の運用会社の運用資産は7％増加し22.2兆ドル（≒2,486兆円），そして日本（豪州込）の運用会社の運用資産は10％増加し6.2兆ドル（≒694兆円）となった。この資産運用会社の資産総額の規模がどの程度なのか，世界で最もの大きな会社である米アップル・コンピュータ（約100兆円）と比較すると約90倍，日本で時価総額トップのトヨタ自動車（約22兆円）の400倍であることがわかる。また，他の調査会社による15年前（2002年時点）の運用資産総額26.7兆ドル（≒2,990兆円）と2017年を比較すると運用総額は約3倍（年率20％増）に拡大しているのである。本章ではこの莫大な資産を運用する機関投資家とコーポレート・ガバナンスの関係について焦点を当てることにする。

　さて，機関投資家が運用する資産はどのように日・米・欧の家計に保有されているのであろうか。この家計の金融資産構成の違いは「会社は誰のものか？」というコーポレート・ガバナンスの中心的な疑問に関する同3地域での相違を生む要因となる。日本銀行の家計の金融資産構成（日本，米国，欧州）は現金・預金，債務証券，投資信託，株式等，保険・年金・定型保証，その他の六つに区分されている。この区分で特徴的なのは，現金・預金比率で日本：51.5％，米国：13.4％そして欧州：33.2％と圧倒的に日本（債券保有）が高く，その一方で株式所有（投資信託込）は，日本：15.4％，米国：46.8％そして欧州：27.4％と米国が高くなっている。この家計から企業への資金還流が，銀行を仲介した間接金融（銀行重視）なのか資本市場を介した直接金融（機関投資家重視）なのかが各国のコーポレート・ガバナンスのあり方に大きな影響を与えている。

　機関投資家とコーポレート・ガバナンスが関係するのは，大きく二つの観点から考察される。第一に，機関投資家の議決権行使による直接的なコーポレート・ガバナンスへの関与である。他方では，株主構造と企業行動・パフォーマンスとの関係，つまり機関投資家がコーポレート・ガバナンスに間接的に関与する関係である。機関投資家がコーポレート・ガバナンスに直接・間接にICT技術や金融工学の進展そして上述のグローバルな資産取引を背景に今後

▷時価総額
各上場株式会社の時価総額とは，「株価×発行済株式数」で計算され，その企業の規模を示している。例えば，東証一部上場のファーストリテイリングは，株価が約4万円，発行済み株式数が約1億600万株なので時価総額は約4.5兆円となる。

▷投資信託
投資信託は，投資家から集めた少額資金を一つのまとまった資金にして運用の専門家が株式や債券などに投資・運用する商品である。この運用成果は投資総額に応じて分配される。この投資信託は，多様な運用方針をもっており，投資家のリスク許容度に応じてどのような投資信託に投資するかは，投資家がその投資方針を吟味して決める。

さらに経営への関与を拡大させるであろうと予測される。

2 機関投資家の定義

　機関投資家とは，個人投資家とは異なり，多くの投資家の資金を専門的に運用する法人投資家である。このような機関投資家は，その投資業務から収益を上げて同機関の出資者に利益を還元することが義務となり，「受託者責任（fiduciary duty）」を果たすことが求められる。金融商品取引法（旧：証券取引法）では本章における機関投資家を，適格機関投資家（Qualified Institutional Investor：QII）と定義している。適格機関投資家は有価証券投資に係る専門的知識及び経験を有する者であり，一般投資家が「アマ」であるに対して「プロ」の投資家と考えられる。具体的に機関投資家は，「投資顧問会社」「生命保険会社」「損害保険会社」「信託銀行」「投資信託会社」「年金基金」等である。

3 理論的背景

　コーポレート・ガバナンスが対象とするステークホルダーは「所有と経営の分離」を前提として狭義（経営者と株主）と広義（従業員，納入業者，消費者，地域社会そして政府等）に区分される。この狭義の対象は企業統治の理論的な基礎となるエージェンシー理論の対象でもある。エージェンシー関係とは，ある人が何らかの業務を自分に代わって他の人に行ってもらう契約関係を意味し，依頼する側をプリンシパル（株主），代理人をエージェント（経営者）とする。両者には「**利害の不一致**」「**情報の非対称性**」そして，エージェントはプリンシパルの利益ではなく自己の利益を優先させ行動してしまう（**モラル・ハザード**）問題が生じると仮定されている。このためにプリンシパルは，エージェントが自身の利益に合致するよう行動するインセンティブをデザインするのである。つまり企業統治（Corporate Governance）することを意味する。ここでは企業支配（Corporate Control）が経営者に委ねられ，「会社は誰のものか？」という企業統治の議論が醸成される。

　機関投資家の行動は，資金の出所である投資家に対する「受託者責任」から，収益を上げることが義務となる。「受託者責任」とは，他者の信認を受けて裁量権を行使する者が負う責任・義務である。資産運用に関する責任は，管理運用に係わる者（受託者）がその任務の遂行上で当然果たすべき責任・義務のことである。一般に受託者は，①注意義務と②忠実義務を負っている。①注意義務は，善良なる管理者の注意をもって業務を行わなければならない義務という意味である。②忠実義務は，例えば，運用利回りが，通常の運用手法との比較において劣らない，つまり，自分の利益と「委任者」の利益とが利益相反関係にある場合には，「委任者」の利益を優先させなければならないという意味である。

▶**利害の不一致**
株式会社においては「所有と経営が分離」している。この前提条件でのコーポレート・ガバナンスが対象とする狭義のプリンシパル（株主）と代理人のエージェント（経営者）間に生じるのが利害の不一致であり，例えば株主は株価を上げてほしい。一方で経営者は事業を分散させて企業成長の機会（自分の保身，役得を大きく等）を望みたい。解決策は例えばストックオプション制度等である。

▶**情報の非対称性**
株主と経営者間に生じる情報の違いのことを意味する。例えば株主は四半期毎の財務情報しか知りえないが，経営者は現場の状況を逐一担当者から情報を得るので，ここに情報の質と量の面で違いが生じる。解決策は，例えば企業 IR（Investor Relations；投資家向け広報）である。⇨ XX-3 「敵対的企業買収と買収防衛策」も参照。

▶**モラル・ハザード**
株主が経営者を業績連動する報酬で任用した場合，経営者は高額報酬のためにリスクを取るであろう，しかし失敗しても自分が損害を被るわけでないので（最悪でも解任されるのみ），株主（会社）にとっては不都合な結果になる。また，例えば自動車保険に入ると，保険で交通事故の損害が補償されるので，加入者の注意が散漫になり，より事故の発生確率が高まるといった場合にも生じる現象である。

XXI 機関投資家とコーポレート・ガバナンス

② 機関投資家の運用手法

① 機関投資家の行動分析：離脱・発言・忠誠

ハーシュマンは，複雑怪奇な社会現象をシンプルな三つの社会的行動により説明しようと試みている。すなわち「離脱（Exit）」「発言（Voice）」「忠誠（Royalty）」がこれである。

- 「離脱（Exit）」とは，ここでは機関投資家による投資株式の売却を意味する。この行動の動機は，経済学的な「需要と供給」で決定される。
- 「発言（Voice）」とは，機関投資家が経営陣に対して，また，その経営陣を監督する機関，そして全てのステークホルダーに自らの主張を表明（議決権行使）すること。この「発言」は「離脱」できない場合の方法である。
- 「忠誠（Royalty）」とは，経済問題と政治問題との境界に位置する，例えば最も経済的に非合理的にみえるときに政治的に最も機能する作用である。つまり「離脱」（株式売却）ないし「発言」（議決権行使）は「忠誠」（株式保有）の程度に依存している。

② アクティブ運用，パッシブ運用そしてオルタナティブ運用

通常，機関投資家（以下：ファンド・マネジャー）は大きく三つのスタイルで株式を運用している。それが「アクティブ運用」「パッシブ運用」そして「オルタナティブ運用」である。「アクティブ運用」は，例えば日本株の場合に日経平均株価や東証株価指数（TOPIX）等の指数（インデックス）を基準（ベンチマーク）にしながら，そのインデックスを上回る成績を目指す運用スタイルである。ここではファンド・マネジャーがマクロ経済，資本市場の動向等を調査・分析し，その結果をもとに運用銘柄を選定している。加えて，アクティブ運用はマクロ経済環境そして個別銘柄の特性を考慮する二つのアプローチがあり，前者を「トップダウン」と後者を「ボトムアップ」と分類している。

一方の「パッシブ運用」は，銘柄選定を行うことなく，インデックスに連動する成績を目指すスタイルと考えられる。パッシブ運用の理論的根拠の一つが効率的市場仮説（Efficient-market hypothesis）がある。これは，現時点での株式市場には利用可能な全ての新たな情報がすぐに織り込まれ，超過リターンを得ることは難しく株価の予測は不可能であるという仮説である。つまり将来の株価の値動きは過去の株価の値動きとは関係しない，ランダム（不規則）に変動

▷ハーシュマン（Hirschman, A. O.：1915-2012）ドイツ（ベルリン）出身の経済学者。著名な『離脱・発言・忠誠：企業・組織・国家における衰退への反応』（矢野修一訳，ミネルヴァ書房，2005年）を参照。

（ランダム・ウォーク）する。

　最後に「オルタナティブ運用」は，「既存のものに代わる，慣習にとらわれない代替可能（alternative）」運用という意味である。オルタナティブ運用は投資対象を株式や債券のような伝統的な対象以外の新しい投資手法で高いリターンを狙うことに特徴がある。以下の四つが代表的な投資対象である①ヘッジファンド（以下で説明），②プライベート・エクイティ（未上場企業の株式売買：M&A）③コモディティ（商品市場）そして④現物不動産である。

3　ポートフォリオ理論

　一般的に先進諸各国の流動性が高い資本市場での株式所有者は，機関投資家，銀行，政府，持株会社，**個人投資家**そして外国人投資家等に分類される。この所有主体は自らの利害を出資する会社経営に反映させるため，議決権を効果的に利用している。この一所有主体である機関投資家が他の所有主体との比較においてプレゼンスを高めている背景に彼らの主活動である資産運用が「ポートフォリオ理論」に基づいていることがある。通常，合理的な機関投資家は，リスクとリターンがトレードオフであれば，リスクの低い方を選択すると仮定する。また，株式を保有する場合，複数の株式を保有し（分散投資），その保有する株式全体（ポートフォリオ）で資産運用している。この運用方法は保有株式の価格の標準偏差と銘柄間の相関係数等を利用して「効率的な」各対象資産の保有割合を見出している。ここでの「効率的」とは，リスク（資産の価格変動率）をできる限り減らし，その範囲で可能なリターンを得ようとすることである。

4　ヘッジファンドとは

　ヘッジファンドは，情報開示が少ないためにリスクをとって高い収益を追求する機関投資家の一形態と認識されている。日本ではヘッジファンドがハゲタカ・ファンドと同じようなイメージが一般化している。日本銀行によるヘッジファンドの定義は，「私的に組成され，プロの投資マネージャーによって運営される，一般投資家に広く購入されることのない，共同投資のための法的『器』（ビークル）」である。ヘッジファンドが資本市場において認知されたのは1992年の欧州通貨危機で，イギリス政府の為替介入に対抗して通貨ポンドにジョージ・ソロス氏が率いるクオンタムファンドが空売り対抗し，ポンドは一気に下落することとなりユーロ（当時：ECU）の基準値から大きく乖離してしまいERM（European Exchange Rate Mechanism：欧州為替相場メカニズム）からやむなく離脱することとなる。また，1998年に先物取引の応用であるオプション取引の適正価格を証明したショールズ氏が設立した米ヘッジファンドのロング・ターム・キャピタル・マネージメント（LTCM）が大幅な損失を被ったことでヘッジファンドのイメージはリスクの高い投資家の集団として一般化するようになる。

▶**個人投資家**
2007年に公布された「適格機関投資家の範囲についての内閣府令」では有価証券報告書提出会社以外の会社であっても保有する有価証券の残高が10億円（旧100億円）以上であれば適格機関投資家となることが認められる。また個人投資家も一定の要件を満たせば機関投資家となることが認められる等，適格機関投資家の範囲の拡大が施されている。

XXI　機関投資家とコーポレート・ガバナンス

コーポレート・ガバナンス原則と機関投資家

1　コーポレート・ガバナンス原則

　日本におけるコーポレート・ガバナンス原則は，以下の五つの基本原則から成り立っている。①株主の権利・平等性の確保，②株主以外のステークホルダーとの適切な協働，③適切な情報開示と透明性の確保，④取締役会等の責務そして⑤株主との対話である。この原則は株式会社東京証券取引所によって制定され，そして基本的には狭義のコーポレート・ガバナンスの主体である「株主」を中心としている。しかし注目されるのは，基本原則にリスク管理の観点から，広義対象の株主以外のステークホルダーとの協働をも考慮に入れた点である。コーポレート・ガバナンス原則には1992年の英国 Cadbury Report 勧告後に「遵守するか，さもなくば説明せよ（Comply or Explain）」という考え方が初めて導入されている。この考え方は，コーポレート・ガバナンス原則が個々の企業に適切かどうかを「市場が決定する」ことを意味する。特別な経営環境に置かれる企業は，対象会社がコーポレート・ガバナンス原則から逸脱する可能性がある場合，機関投資家に説明を必要とする。市場がその説明を拒否する（または受容する）場合，株式は売却（または購入）される。つまり規制というハードローでなく，間接的に市場が判断を下すソフトローの意味をもっている。

2　日本版スチュワードシップ・コード（「責任ある機関投資家の諸原則」）

　日本版スチュワードシップ（steward：執事）・コードは，2010年に英国で金融機関を中心とした機関投資家のあるべき姿を規定している。この「責任ある機関投資家の諸原則」は，コーポレート・ガバナンス原則が特に取締役会による企業統治を意味しているのに対して，機関投資家に重点を当て，コーポレート・ガバナンスの狭義の対象（「株主と経営者」）に双方連携し建設的な「目的をもった対話」（エンゲージメント）を行うことを促している。また，この行動規範もコーポレート・ガバナンス原則と同様に「遵守するか，さもなくば説明せよ」を基本としている。

　この原則は機関投資家に対して預かった資産よりよい状態で資産委託者に返却するため，中・長期的に積極的かつ責任をもって運用管理する資産管理人の果たす七つの原則を提示している。

　機関投資家は；

1）受託者責任の果たし方の方針公表
2）利益相反の管理に関する方針公表
3）投資先企業の経営モニタリング
4）受託者活動強化のタイミングと方法のガイドラインの設定
5）他の投資家との協働
6）議決権行使の方針と行使結果の公表
7）受託者行動と議決権行使活動の定期的報告，である。

3 「責任投資原則（PRI）」とESG投資

「責任投資原則（PRI：Principles for Responsible Investment）」は，「機関投資家」に持続可能な発展を促進させるESG（Environment, Social and Governance，以下ESG）の導入を運用ポートフォリオのパフォーマンスの影響要因と捉え，受託者責任に反しない範囲でESG投資を推奨している。またPRIは，機関投資家のために開発され，運用資産が大規模になり「ESG；環境や社会への配慮，企業統治の評価」を通じて企業に大きな影響を与えうることを想定した運用を薦めている。PRIに署名した機関投資家は，世界のより持続可能な金融システムの発展に貢献することになる。参加する機関投資家は50カ国以上から約1750社の署名を有し，運用総額は2016年で約59兆ドル（約6,608兆円，1ドル＝112円）に相当する。

▶1 責任投資原則については，https://www.unpri.org/ 2016年改訂版。

PRIは六つの基本的な原則から成り立っている；

1）私たちは投資分析と意思決定のプロセスにESG課題を組み込みます。
2）私たちは活動的な所有者となり，所有方針と所有習慣にESG問題を組入れます。
3）私たちは，投資対象の企業に対してESG課題についての適切な開示を求めます。
4）私たちは，資産運用業界において本原則が受け入れられ，実行に移されるよう働きかけを行います。
5）私たちは，本原則を実行する際の効果を高めるために協働します。
6）私たちは，本原則の実行に関する活動状況や進捗状況に関して報告します。

ESG投資は**SRI投資**を起源としている。両者の違いはSRI投資で**ネガティブ・スクリーニング**（排除選別）した銘柄をさらに投資効率を高めるためにその概念をさらに拡張し，柔軟性を組み込んだ点である。この柔軟性がコーポレート・ガバナンス原則とシュチュワードシップ・コードという「車の両輪」の背景にある原則主義的な「遵守するか，さもなくば説明せよ」である。この「市場が決定する」という「株主と経営者」双方による「目的をもった対話」（エンゲージメント）が競争力強化と法令順守を同時実現するための社会的合意として進められている。

▶SRI投資
⇨ⅩⅠ-4「SRI投資とESG投資」

▶ネガティブ・スクリーニング
⇨ⅩⅠ-4「SRI投資とESG投資」

XXI 機関投資家とコーポレート・ガバナンス

 # SRI 投資と ESG 投資

1 SRI 投資と ESG 投資の規模

▶統合報告書
企業の売上や利益等の法律で義務づけられた財務情報開示、そして環境・社会そしてコーポレート・ガバナンス（ESG）を含む非財務情報を機関投資家等の株主を含むステークホルダーに報告する、つまり二つの異なる企業情報をまとめたという意味で「統合報告書」と呼んでいる。

▶1 The Global Sustainable Investment Review 2016, http://www.gsi-alliance.org/wp-content/uploads/2017/03/GSIR_Review 2016.F.pdf 2018年10月15日閲覧。

米資産運用会社の調査によると2020年には世界の運用業界の規模は全世界で100兆ドル（≒11,200兆円、1ドル＝112円換算）になると予想されている。この投資資産は、第2節で解説した三つの「A.アクティブ運用」、「B.パッシブ運用」そして「C.オルタナティブ運用」に投資さている。資料XXI-1は上述の三つの投資手法の2012年と2020年予想を比較している。2012年は63.9兆ドル（≒8000兆円）の運用資産がありA.は全体の79％（6124兆円）、B.は11％（891兆円）、そしてC.は10％（781兆円）で多くがパッシブ運用であるのに対して、2020年予想ではA.65％（マイナス14％、8052兆円）、B.22％（プラス11％、2769兆円）そしてC.13％（プラス3％、1586兆円）と、B.パッシブ運用とC.オルタナティブ運用が特に今後有望視されている。ここで扱う SRI（Socially Responsible Investment、以下 SRI）投資と ESG 投資はこの期待されるパッシブ運用の一手法であり、インデックス（指数）に企業業績以外の**統合報告書**による情報を加えることを特徴としている。

2016年のグローバル SRI と ESG の運用資産は22.9兆ドル（≒2800兆円）に達し、2014年の18.28兆ドル（≒2230兆円）に比べて25％増加している。しかし、SRI・ESG の総資産は、世界の金融資産全体の僅か20％程度である。

2 SRI 投資とは

一般に SRI は企業の社会的責任（CSR：Corporate Social Responsibility）を考慮して行うインデックス投資のことである。歴史的には1700年代の英国における**メソジズム**やイスラム教における**シャーリア・コンプライアンス**に起源を求められる。SRI の投資手法はネガティブ・スクリーニングを基本に行われている。ネガティブ（排除）・スクリーニング（選別）とは、一般的に1）アルコール産業、2）たばこ産業、3）ギャンブル産業、4）軍需産業、5）原子力産業、6）アダルト産業、7）銃器産業、8）遺伝子組換え食品産業等が、投資対象銘柄の売上比率でどの程度

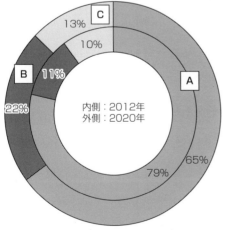

資料XXI-1 世界の資産運用額におけるアクティブ、パッシブ、オルタナティブの割合

内側：2012年
外側：2020年

出所：PwC analysis. Past data based on ICI, Lipper, Hedge Fund Research, Preqin, The City UK and Towers Watson.

を占めるのか等を判断基準とする。そして機関投資家が構成する資産ポートフォリオにこの基準に反した銘柄を組込まない投資手法である。

3 ESG投資の限界

ESGに関する既存の学術論文では，ESGの要因が運用資産の超過リターンにプラス又はマイナス要因となるか明確な研究成果は出ていない（ランダムウォーク：懐疑的）。つまり，資本市場で合理的に行動する投資家，強いては機関投資家であるファンドマネジャーのアニマルスピリットを刺激するだけの枠組みを提供しているわけではない。スチュワードシップ・コード（「責任ある機関投資家の諸原則」）は，機関投資家に投資先企業やその事業環境等に関する深い考慮に基づき巨大な力をもつ企業経営者と「目的をもった対話」（エンゲージメント）によって，当該企業の企業価値の向上や持続的成長を促し，「顧客・受益者」の中長期的な投資リターンの拡大を義務づけている。このような経済全体に対して責任を有する機関投資家は，彼らの運用資産が大きくなるに従い，その大きな責務を理解すべきであろう。

しかしながら，スチュワードシップ・コードは，「株主と経営者」の双方に建設的な「目的をもった対話」を促している。これは，原則主義的な「遵守するか，さもなくば説明せよ」によってSRIが基本とする悪しき企業には投資しないというネガティブ・スクリーニングの選定原則を「市場が決定する」ことを意味する。これでは禁止する行為が市場にゆだねられ**ポジティブ・スクリーニング**（拡大解釈）に変化する。特に倫理的投資でなければならない理由を排除する。社会学には「集団極性化（人間が，集団になると冷静な判断でなく，むしろ極端な方向に判断を下す傾向）」がある。これはラグビーの日本対南アフリカ戦で日本がPG3点（日29-南ア32）を選択せず逆転勝利（敗退する危険性も想定された）した時，日本の敗戦史研究また資本市場のバブルや恐慌等でも明らかにされている現象である。事実，資料ⅩⅩⅠ-1で示したようにSRI投資での除外銘柄はパッシブ運用の一部分でしかなく，その他（アクティブやオルタナティブ運用）は，その除外された割安で配当利回りの高い銘柄に投資を行っていくであろう。これでは世界各地で発生する貧困（格差是正），それに関連した紛争問題，我々の周りで起こる人権侵害そして気候変動対策に対する諸問題の要因を排除することが困難になる。つまり確固たる規制や銘柄除外（問題確定）した上でしか，このグローバル化する問題に唯一解決・対処策を見出し得る倫理的投資とはならないであろう。

▶**メソジズム**（Methodism）
社会的責任投資の起源は，1758年の英クエーカー教における会員が奴隷貿易に参加することを禁止したことにさかのぼる。メソジスト教の創始者の1人であるJohn Wesleyは「金銭の使用」に関する社会的投資の基本的な考え方を示し，その中で投資家は，銃，酒類，たばこ等の「罪深い」企業への投資を避けるように呼び掛けている。

▶**シャーリア・コンプライアンス**
イスラム教のコーランとハディースに由来するイスラム世界独自の宗教法である。シャーリアは，融資に支払われた利子であるリバを禁止している。そのためイスラム教徒は銀行に投資しない。イスラム原理（例えば，豚肉やアルコール）に反すると考えられる商品やサービスを提供する事業に投資することも罪深いこととして禁止されている。

▶**ポジティブ・スクリーニング**
ネガティブ・スクリーニング（排除選別）に対してポジティブ（積極的組入）・スクリーニング（選別）がある。この手法は企業のCSR活動を積極的に評価し，本来対象銘柄がもつ排除基準を相殺すれば投資対象に組入れる方法である。銘柄の選抜には，ファンドマネジャーの定性的な判断とアンケート調査による点数ベースの定量的な独自の方法論によって投資を行っている。

コラム-5

ガバナンスのグローバル化

◯増えるM&Aと海外現地法人

「失われた20年」から勢いを取り戻しつつある日本企業は円高も背景にして海外企業のM&Aを積極的に進めている。

経済産業省の「第46回 海外事業活動基本調査概要（2016年7月調査）」によれば，日本企業の海外現地法人（海外子会社と海外孫会社の総称）は世界のあらゆる地域に存在し，その総数は2万5233社に達する。地域分布比率（％）をみると，多い順に中国（31.3），ASEAN4（17.8），北米（13.0），欧州（11.7），NIEs3（11.2），その他（8.7），その他アジア（6.4）となっており，中国を筆頭にしてアジア地域に多くの海外現地法人が存在していることがみてとれる。

1990年代以降，グローバリゼーションの潮流の中で，日本企業の国内での企業不祥事の多発と相まって盛んになってきたコーポレート・ガバナンス問題は，グローバル化の中，国内で問われ始めたガバナンス問題であり，換言すれば「グローバル化のガバナンス」問題といえる。それに対して，海外子会社が増える中，海外の事業組織におけるガバナンスをどのように構築し，展開していくかという「ガバナンスのグローバル化」問題が以前に増して重要になってきた。日本企業はいま，本社から地理的・物理的あるいは文化的・政治的・法的にも「離れた」海外子会社に対するガバナンスが問われ始めている。

◯海外子会社の不祥事問題

企業活動がグローバルに展開される中，企業会計制度も海外のグループ会社を含めた連結決算をベースとして，日本企業の収益力等を示すようになった。このことは日本企業の国内の事業展開が成功裏であっても，ひとたび海外子会社でガバナンス上の問題が生ずれば，SNS（ソーシャル・ネットワーキング・サービス）も発達した社会では，たちまちに親会社の評判（コーポレート・レピュテーション）やグループ全体の収益に大きなダメージを与える可能性が出てきたことを意味する。例えば，富士フイルム・ホールディング（以下，FH）のニュージーランドの海外子会社や，住設機器大手・LIXILの中国での海外子会社の不正会計などは，まさに「ガバナンスのグローバル化」問題の典型的ケースであろう。

FHのケースにおける問題の発端は，ニュージーランドにあるFXNZ（富士

ゼロックスニュージーランド；プリンターリース会社 MARCO と金融会社 FINCO の総称）が2010年から2015年度において，売り上げ（のカサ上げ）における不正会計処理をしていたことが発覚したものであった。同様の不正が FXAU（富士ゼロックスオーストラリア）でも行われ，株主資本に与える影響額は総額281億円に及んだ。この不正には現地採用の経営者の関与があったとされる。

一方の LIXIL のケースは2013年に買収したドイツの水栓メーカー・グローエ（Grohe AG）傘下にあった，中国の海外子会社ジョウユウ（Joyou）社で不正会計が発覚し，総額660億円もの多額の損失発生で2016年3月の LIXIL の連結最終損益が200億円の赤字となった問題であった。

この二つのケースに共通しているのは，日本国外の連結子会社で生じた問題が，親会社をはじめとしたグループ全体の問題へと発展したという点であり，また，このような海外子会社に対するガバナンスをどのように構築し，展開していくかという「ガバナンスのグローバル化」問題が問われ始めたという点である。

○海外子会社へのガバナンス

先にも触れたように，海外子会社は日本にある親会社から「離れた」ところにある。海外子会社の経営者や従業員は日本人とは異なる価値観をもっているかもしれない。海外の現地では法的に問題ではない行為が，日本またはグローバルでは問題になるかもしれない。日本から「離れた」海外子会社に対するガバナンスは国内以上に難しい問題を孕んでいる。

海外子会社のガバナンス問題を経験した LIXIL は，同じ過ちが繰り返されないように，海外子会社を対象とした懸念提起システム「SpeakUp!」を導入し，24時間365日 web（15言語）または電話（200言語以上）にて受け付ける体制を整備した。また，海外子会社チーフ・コンプライアンス・オフィサーの設置やその他責任者からの報告体制及び運用メカニズムを構築するなどして，海外子会社に対するガバナンスを強化する施策を試みている。

日本から「離れた」海外子会社への効果的なガバナンスをどのように構築し，展開していくかという「ガバナンスのグローバル化」問題は海外子会社をもつ日本企業にとって，喫緊の重要な経営課題となっているといえよう。

第5部 「株主受託者責任」と「社会受託者責任」の両立可能性

guidance

　コーポレート・ガバナンスのあり方を考える際に，経営者の責任について，「会社は株主のものだ」とする一元的企業観に立って「株主に対する受託者責任」と考える見方がある一方，「会社は社会的制度である」とする多元的企業観に立って「社会に対する受託者責任」を有すると考える立場があります。本書ではこの「株主受託者責任」と「社会受託者責任」との両立可能性を論じます。第XXII章では企業の社会的責任（CSR）とコーポレート・ガバナンスについて，第XXIII章ではESG投資とコーポレート・ガバナンスについて，第XXIV章では社会的企業（ソーシャル・エンタープライズ）とコーポレート・ガバナンスについて，第XXV章では企業倫理とコーポレート・ガバナンスについて学びます。こうした理解を深めることでコーポレート・ガバナンスにおいて，中・長期的な「事業の繁栄」という視点からすれば，経営者が事業を経営する上で，「社会受託者責任」を果たすことが「株主受託者責任」を果たすこととも両立可能であることを論じていきます。

第5部 「株主受託者責任」と「社会受託者責任」の両立可能性

XXII コーポレート・ガバナンスと企業の社会的責任（CSR）

コーポレート・ガバナンスとCSRの概念的関連性

▷**私的所有権**(private property)
個人または法人がもつ所有権。私有権ともいう。

▷**受託者責任**(fiduciary duty)
他者の信認を受けて、裁量権を行使する者が負う責任と義務。受託者（裁量権を行使する者）は、委託者の利益を重視し、委託された権限を慎重に行使しなければならない。⇒ Ⅱ-1「株式会社と会社機関」、Ⅱ-2「日本の巨大株式会社と会社機関(1)：監査役会設置会社」

▷**説明責任**(accountability)
受益者が委託者の利益のために行動していること、すなわち受託者責任を果たしていることを説明する義務のことをいう。⇒ Ⅱ-2「日本の巨大株式会社と会社機関(1)：監査役会設置会社」も参照。

▷**トリプル・ボトム・ライン**（triple bottom line）
「経済性」「環境性」「社会性」の3点から企業を評価しようとする考え方。経済性（財務内容）中心だったこれまでの企業評価を改め、環境問題への取組みや従業員管理などの問題も評価対象項目に組み入れた。

1 二つの企業観：一元的企業観と多元的企業観

「企業はだれのものか」という問いは極めて重要である。「企業は株主のものである」という答え（一元的企業観）は、この問いに対する一つの答えであろう。なぜなら、企業を株式会社に限定して議論を展開すると、私有財産制度の下では、企業の最高意思決定権を有しているのは株主であり、株主は**私的所有権**を有しているからである。従って、企業の経営者は、株主に対して**受託者責任**と**説明責任**を負っており、その主たる使命は、事業活動を通じてより多くの利益を生み出し、株主価値（株主への配当、あるいは証券取引所に上場している企業であれば株価）を最大化させることである。もう一つの答えは「企業はステークホルダー（Stakeholder：利害関係者）のものである」という多元的企業観である。この考え方に立てば、企業の経営者は株主価値のみならず、環境や雇用の維持などの側面にも配慮し、企業価値全体を向上させることが求められる。

90年代初頭、米国や英国は一元的企業観であるのに対し、フランス、ドイツ、そして日本は多元的企業観であった。日本は、会社法では一元的企業観に立脚しているが、従業員を重視するいわゆる日本的経営が一般的であったため、多元的企業観に分類される。しかしながら、当時の日本の経営者は、従業員、メインバンク、取引先、あるいは大株主への配慮はあったものの、環境、地域社会、消費者等への配慮は希薄であった。90年代後半になると、「**トリプル・ボトム・ライン**」や「**国連グローバル・コンパクト**」を基礎としたCSR（Corporate Social Responsibility：企業の社会的責任）の考え方が急速に広まり、多くの経営者が株主価値のみならず、企業価値全体の向上に注力するようになった。

2 株主受託者責任と社会受託者責任

一元的企業観から多元的企業観への展開が進む一方で、企業が本来の事業活動以外の分野で社会貢献活動を行うことは、株主の利益を損なう可能性があり、慎むべきであるという主張が展開された。また、**フリードマン**は「企業が最適効率とコスト削減を通じて利益の最大化を図れば、結果として社会に多大な利益をもたらす。従って、これこそが企業活動の究極の目的であり使命である」あるいは「仮に企業が本来の事業分野以外で活動を展開し、コスト負担を増大させたとすれば、株主をはじめとする多くのステークホルダーに不利益をもた

196

らすことになる」と主張している。

　フリードマンの主張はしばしばCSRを否定する見解として用いられるが，決して企業の社会的責任を全面的に否定しているわけではない。ただこのような活動は企業が本来行うべき活動ではないと主張しているのである。また，企業が株主からの出資によって成り立っている組織である以上，株主が主権者であることは明らかであり，企業の経営者は株主から経営を委任された「エージェント」に過ぎず，「株主受託者責任（Corporate Stewardship）」を負う。そのため，企業の活動目的が主権者である株主の利益増大にあると考えることは決して間違ってはいない。しかしながら，企業が株主の利益最大化を念頭に過度な利益追求を行い，他のステークホルダーを軽視した事業活動を展開したとすれば，それは結果として株主の不利益へと繋がることも十分に考えられる。例えば，いわゆる「ブラック企業」のように従業員に劣悪な労働環境を強いれば，彼らは他社へと離れていき，企業の生産性は落ち込み，株価は下落するであろう。つまり，株主を含む多様なステークホルダーからの期待に応えることが企業には求められているのである。この考えに基づけば，企業あるいは経営者はあらゆるステークホルダーから社会の発展に資する事業活動を委任された「**社会受託者責任**（Social Stewardship）」を負っていると考えられる。

3　ステークホルダー・マネジメント

　企業は社会における経済活動の担い手であり，消費者，株主，従業員，供給業者，政府，地域社会など他の主体に対して多大な影響を有している。また，他の主体も企業に対し影響を与えていることからも，企業と社会とは相互に関係しているといえる。近年では，企業が影響を与えうる主体の範囲はますます広く，複雑になっている。こうした企業と社会との間の，多面的かつ複雑な関係を分析的に把握するための方法の一つとして，広く用いられているものがステークホルダーの概念である。ステークホルダーは当初，「企業と明確な契約関係をもつか，企業の意思決定によって直接的に影響を受ける人々」を意味する概念であったが，今日ではその包括範囲がさらに拡張され，「企業が事業活動のあらゆる側面において接触し，相互に影響を与え合う関係にある全ての社会的主体」を意味する概念として広く用いられている。

　企業規模が拡大するにつれ，企業は社会に対してより大きな権力と影響力とをもつことになる。これに伴い，企業は多様なステークホルダーに対して責任を果たすことが求められるようになった。とりわけ，**株式所有の分散**による現代の大規模株式会社において，企業権力を具体的に行使するのは経営者である。従って，経営者は株主だけでなく，より広範なステークホルダーを考慮した意思決定を行い，彼らに対する責任を負う必要があるのである。

▶**国連グローバル・コンパクト**（The United Nations Global Compact）
1999年に国連のアナン事務総長が提唱した九つの原則。2004年に10番目の項目が追加された。国連グローバル・コンパクトの「10の原則」は，人権－①国際的な人権保護支援，②人権侵害に加担しない。労働－③結社の自由，団体交渉権，④強制労働の排除，⑤児童労働の廃止，⑥雇用差別の排除。環境－⑦環境問題に対する予防的取組み，⑧さらなる環境責任を果たす，⑨環境にやさしい技術の開発，及び普及。腐敗防止－⑩賄賂などの腐敗の防止である。

▶**フリードマン**（Milton Friedman：1912-2006）
アメリカ・シカゴ大学の経済学者。1976年にノーベル経済学賞を受賞。

▶**社会受託者責任**
⇒ Epilogue「コーポレート・ガバナンスと事業の繁栄」

▶**株式所有の分散**
⇒ I-3「株式会社の特徴」

XXII　コーポレート・ガバナンスと企業の社会的責任（CSR）

　CSRの定義と概念構成

　CSRの定義

　CSRとは，Corporate Social Responsibilityの略であり，日本では「企業の社会的責任」と訳される。CSRの概念が示す内容は時間と空間（時代と国・地域）によって異なるため，その定義や適用範囲もまた様々である。しかしながら，敢えてここで定義するとすればCSRとは「企業が社会の一員として，社会の持続可能な発展に対して果たすべき役割と責任」のことである。"Corporation"とは，主に「株式会社」のことを指す語句であるが，近年では，こうした企業のみならず，他の組織においてもCSR活動に積極的に取り組んでおり，社会のCSRに対する関心はますます高まってきているといえよう。

　また，"Social"つまり「社会」とは企業が責任を果たすべき対象を意味する。我々の生活する社会において，企業は単独では生き残ることができず，企業が持続的に経営を行っていくためには社会を構成する多様なステークホルダーとの協調が不可欠なのである。従って，企業の経営者は個々のステークホルダーとの間にどのような課題事項があるのかを認識する必要がある。

　最後に，"Responsibility"の"Response"とは「反応すること」を意味する。すなわち，まず社会からの期待や批判に対応することが問われるのである。このことに加え，CSRは反応的・受動的なものばかりではなく，社会からの要請を受けて，いま問われている社会的課題に能動的，革新的に取り組んでいくことが重要となる。こうした事業を通して，新しい社会的価値を生み出していくことが今日の企業には期待されている。

②　コンプライアンスとフィランソロピー

　企業を取り巻く環境は日々変化していることから，CSRをどのように捉えるかは時代によって異なる。また，国や地域ごとにおけるCSRに関する取組みの相違は，それぞれの国・地域においてCSRがどのように社会に浸透していったのかに起因しているといえる。それぞれの国・地域におけるCSRの展開に関しては次節で詳述するが，例えば日本では，企業の活動によって引き起こされた公害問題に対する社会的批判が，企業に社会的責任を求めるようになった契機となっている。そのため，日本企業のCSRへの取組みは環境問題に関するものが主であった。また，1960年代から1970年代にかけて起きた企業

▶コンプライアンス(compliance：法令遵守)
一般的に「法令や規則を遵守すること」と定義される。しかし，近年では「人権の尊重」「他者への共感」「社会的要請に応えること」（伊藤，2007）あるいは，「従来の短絡的な法令遵守の徹底とは異なる社会的要請への適応」（郷原，2007）という理解も示されている。

▶フィランソロピー（philanthropy：社会貢献活動）
個人あるいは企業が公益の

の反社会的行為に対する社会運動（公害反対運動，消費者運動，労働運動）の成果として様々な法律が制定されたことにより，日本企業は**コンプライアンス**に対する意識が高いことも特徴といえよう。

一方，CSRの起源とされる米国は，企業規模の拡大に伴って，企業のもつ強大な権力に対して批判的に捉える意見が生まれ，企業に社会的責任を求めるようになった。こうした社会からの要請に応えるため，米国企業の経営者は自身のもつ財産を寄付する慈善活動，いわゆる**フィランソロピー**を行うようになった。さらに，大規模企業は社会全体に奉仕するべき存在であるという指摘から，フィランソロピーに対する需要が高まり，個人レベルの寄付を超えた企業フィランソロピーが広まりをみせる。企業フィランソロピーの是非をめぐって，1953年の「**A. P. スミス社裁判**」において，ニュージャージー州最高裁判所は「国家の富の大部分が，企業の手に移った段階において，企業も個人が行ってきたのと同様に，フィランソロピーに関与すべきである」と判決を下した。この判決では，十分な財産をもつ大企業は，**慈善原則**に則ってその財産を公共のためにも用いるべきであるとの見解が示されている。

❸ 戦術的CSRと戦略的CSR

企業が取り組んできたCSR活動は，当初，**社会的課題**を自ら発見し，社会的ニーズに積極的・自律的に応えていくというものではなく，自社に投げかけられる社会的批判をどのように回避するのかという戦術的（消極的・他律的）なCSRであった。例えば，法令や倫理綱領を遵守することは，リスクをより小さくし，社会からの批判を避けることによって，結果的に顧客創造に繋がるかもしれない。しかし，この場合のCSRは，企業が積極的に社会的課題を見出し，その解決に取組むことによって社会に貢献しようとしているとはいえない。また，フィランソロピーは，企業が獲得した利益をどのように分配するのかである。従って，仮に企業が非合法的な手法で利益を獲得していたとしてもフィランソロピーが，その隠れ蓑になることもある。あるいは，企業が不祥事を引き起こした際にフィランソロピーが免罪符となることも考えられる。

もちろん，コンプライアンスとフィランソロピーはCSRにおいて不可欠な要素であるが，CSRの本質は自発性であり，従来の戦術的CSRだけでは社会的責任を果たしているとは言い難い。また，フリードマンの主張にもあるように，企業がもつ本来の事業以外の分野において，社会貢献活動を行うことは一時的，あるいは短期的な取組みに終始してしまうばかりか，場合によっては株主の利益を損なう可能性もある。従って，CSRの今日的課題はいかにして企業がもつ本来の事業分野に社会的課題を見出し，その解決に取り組むのかという戦略的（積極的・自律的）CSRの実践である。この意味において，フリードマンの主張はCSR否定論ではなく，CSRの本質に言及した主張であるといえよう。

ために，寄付による経済的支援やボランティア・スタッフの派遣などを行う利他的活動や奉仕的活動を意味する。

▷**A. P. スミス社裁判**
A. P. スミス社は，1896年に設立された水道・ガス会社のための水道栓や消火栓の製造，販売を行う会社である。同社は取締役会において，1951年7月にプリンストン大学に維持運営に要する費用として1500ドルを寄付することを決定した。これに対し，同社の株主が「この決定は，株主の意向とは別であるため，企業は寄付を行う権限をもっていない」と主張し，裁判に発展した。

▷**慈善原則**
慈善原則とは，企業は社会の貧困な人々や集団に自発的な支援を行うべきである」という考え方である。

▷**社会的課題**（social issues）
環境問題，貧困問題，所得格差，医療格差，高齢化社会など我々の生活を取り巻く諸問題の総称のことを意味する。企業の事業活動に直接的にかかわる社会的課題は，雇用機会の均等，職場の健康・安全，ハラスメントの防止などが挙げられる。

【参考文献】
伊藤真『会社コンプライアンス』講談社現代新書，2007年，42-47頁
郷原信郎『「法令遵守」が日本を滅ぼす』新潮新書，2007年，152頁

第5部 「株主受託者責任」と「社会受託者責任」の両立可能性

XXII コーポレート・ガバナンスと企業の社会的責任（CSR）

CSRの歴史

▶**ボーエン**（Bowen, H. R.：1908-89）
アメリカの経済学者。「CSRの父」と評価される。

▶**バーリ＝ドッド論争**
⇨ Ⅲ-2「経営者支配論の展開」も参照。

▶**温情主義**（Paternalistic）
経営者が従業員に対して自主的に恩恵的諸財を与えることにより、従業員の不満を抑え、相互の関係を維持していこうとする考え。

▶**渋沢栄一**（1840-1931）
第一国立銀行や東京証券取引所など様々な企業の設立・経営に携わった「日本資本主義の父」といわれる人物。⇨ Ⅰ-2「株式会社の歴史」も参照。

▶**岩崎弥太郎**（1835-85）
日本の実業家であり、三菱財閥の創業者。

▶**四大公害病**
高度経済成長期に発生した水俣病（熊本県、水俣湾）、イタイイタイ病（富山県、神通川）、四日市ぜんそく（三重県、四日市市）、新潟水俣病（新潟県、阿賀野川）の総称。

▶**CSR元年**
2003年3月に経済同友会が企業行動白書『「市場の進化」と社会的責任経営』を発表したことが、CSRの認知度を高める一つの要因であったと考えられる。

▶**EC**（European Communities：欧州共同体）**指令**
直接加盟国に適用されるも

1 米国におけるCSRの歴史

現代のCSR研究の源流は1953年に刊行された**ボーエン**のCSR論であるとされているが、企業の社会的責任をめぐる議論はそれ以前にも展開されてきた。例えば、1920年代末には、企業における所有と経営の分離に伴う専門経営者の台頭を踏まえて、「会社権力の正当性」や「経営者は社会的責任を担うべきか否か」をめぐり「**バーリ＝ドッド論争**」が展開され、さらに第二次世界大戦直後にはハーバード大学において「経営者の社会的責任論争」が展開されている。これらの議論はCSRに関する研究の前史として位置づけられる。

米国におけるCSRは、企業規模の拡大とともに進展してきた。19世紀末から20世紀初頭にかけて、大企業が台頭するようになり、企業が巨大な権力をもつようになったことに比例して、その反社会的行為が批判されるようになった。加えて、批判者たちは法や規制によって企業の権力を規制しようとした。

こうした社会からの批判に対し一部の企業家は、企業の権力を利潤追求のためだけではなく、広く社会的な目的のためにも自発的に用いるようになった。例えば、A. カーネギー、J. ロックフェラー、そしてJ. P. モルガンらは、教育機関や慈善団体に多額の寄付を行った。一方、H. フォードは、従業員の健康やレクリエーションの要求に応えるための**温情主義**的プログラムを展開した。

ポストらは、大企業のもつ権力の大きさ、影響力の大きさに関して、権力にはそれに見合うだけの責任が伴わなければならないという「責任の鉄則（Iron Law of Responsibility）」を示している。さらに、社会が責任を果たしていると認めるような権力の行使をしなければ、企業の権力は正当化されず、やがてその企業は衰退していくことを主張した。ここに、企業がどのように権力を行使すれば、その企業は社会から責任を果たしていると認められるのかという、いわばCSRの意味内容をめぐる議論が生じてきたのである。

2 日本におけるCSRの歴史

日本におけるCSR論の嚆矢は、山城章によるハーバード大学における「経営の社会的責任論争」の紹介であったとされる。しかしながら、日本では古くから現代のCSRに通じる思想があった。例えば、江戸時代には「売り手よし、買い手よし、世間よし」という近江商人の「三方の利」に代表される「私的利

益は公的利益の増大によってもたらされるものである」という考えがあった。また，明治時代には，**渋沢栄一**や**岩崎弥太郎**が家憲の中で私利の追求を超えた国益の実現を唱えている。このように，江戸時代，明治時代，そして現代において，社会をどのように捉えるかは異なるものの，日本ではCSRの概念が輸入される以前から，社会に対する意識があった。

日本において，CSRの理論と実践が広く社会から注目されるようになったのは，1960年代から1970年代にかけてであった。1960年代は高度経済成長のひずみとして**四大公害病**をはじめとする公害問題が表面化し，各地で反対運動が展開された。また，1970年代になると，国際通貨危機，食糧危機，石油危機などの影響を受けて，国内では異常インフレ（狂乱物価）が生じ，その過程で石油業界の便乗値上げ，売り惜しみが横行し，激しい企業批判が起こった。こうした高度経済成長期に引き起こした公害などに対応するため，様々な業界や企業が「経営行動準則・基準」という形で経営理念を確立していくこととなったが，企業批判の収束とともに影を潜めるようになり，第二次石油危機以降の景気後退とともに，CSRに関する議論は潮を引くように鎮静化していった。

1990年代後半以降，グローバル化が急速に進展し，欧米諸国を中心にCSRへの関心が高まり，日本でも再びCSRが注目されるようになった。とりわけ，2003年は「**CSR元年**」と呼ばれ，これを契機に大企業を中心に多くの企業がCSR担当部署の設置やCSR報告書の作成に取り組むようになった。

3 EUにおけるCSRの歴史

EUにおけるCSRの議論は，1960年代から1970年代にかけて起きた労働運動が契機であると考えられる。1974年，EUにおいて「社会的行動計画」が決定され，1970年代後半から1980年に，リストラ規制がEUの法律である「**EC指令**」として定められた。その背景には，多国籍企業でもある化学会社AKZOの大量解雇問題がある。同社は5000人もの大量解雇を解雇制限法のあるドイツやオランダではなく，規制のないベルギーで実行しようとした。これに対し労働組合，そして世論は，欧州レベルで解雇規制がないことを問題とし，その結果，1975年に「**大量解雇指令（集団解雇指令）**」が制定された。

EUにおけるCSRの取組みは，**リスボン・サミット（2000年）での宣言**や「**欧州基本権憲章**」（2000年），欧州委員会による「**グリーンペーパー：欧州における企業の社会的責任に関する枠組みの促進**」（2001年）などが挙げられる。その特徴は，企業の自主的な取組みだけではなく，社会的なルールと位置づけている点である。一方で，EUにおけるCSRの主たる課題事項である雇用の創造や確保は，決して容易に解決できる問題ではなく，グローバル化の進展と新自由主義的経済・労働政策の破綻により，いっそう深刻化していることもまた事実であり，同時にCSRの意義や重要性を示唆しているといえる。

▷のではなく，定められた期間内に加盟国が国内法を整備することを義務づけるものであった。

▷**大量解雇指令（集団解雇指令）**
大量解雇指令は，労働者保護と同時に，経営者に対して大量解雇や企業譲渡の際，労働者代表への情報提供・協議を義務づけている。

▷**リスボン・サミット（2000年）での宣言**
リスボン・サミットにおいて，社会，環境，及び経済の持続可能性という見地から，2010年までにEUを「もっと競争力があり，社会的排除のない経済」にするという目標（リスボン戦略）が掲げられた。

▷**欧州基本権憲章**（The EU's Charter of Fundamental Right）
EUの市民や域内の住民の政治的，社会的，経済的権利を法的に定める文書。2000年12月にEU首脳会議によって採択され，2009年のリスボン条約発効により，法的拘束力が付与された。

▷**グリーンペーパー：欧州における企業の社会的責任に関する枠組みの促進**（Green Paper Promoting a European Framework for Corporate Social responsibility）
2001年7月に欧州委員会が公表し「企業リストラに際しての責任ある行動，職業との両立，社会的諸権利についての企業の行動規範」などを含む問題を網羅して提起した文書。

【参考文献】
ボーエン，R.／日本経済新聞社訳『ビジネスマンの社会的責任』日本経済新聞社，1959年

第5部 「株主受託者責任」と「社会受託者責任」の両立可能性

XXII コーポレート・ガバナンスと企業の社会的責任（CSR）

 コーポレート・ガバナンスとCSRの統合可能性

1 CSRからSRへ

ISOは，2010年11月に社会的責任に関する国際的な企業行動基準であるISO26000を発行した。これは，社会的責任とは何か，そしてそれを実践する上で組織が何に，またどのように取り組むべきなのかに関する手引きを提供する企業行動基準であり，組織の規模・業種を問わず利用できるものである。ISO26000は，組織の持続可能な発展への貢献を助けることを目的としている。しかし，あくまで社会的責任分野における共通の理解を促進することを意図しているのであって，従来の社会的責任に関する他の文書及びイニシアチブに取って代わるものではなく，これらを補完する役割を担うのである。

ISO26000の作成に関して，「CSRは本来自発的なものであり，企業の行動基準を作成することによって規制することは相応しくない」あるいは「CSRは国，地域によってその求められる内容が異なるため，統一的な基準はなじまない」といった批判的な意見があった。一方，「なにがCSRなのか一定の基準を示し企業活動の方向を示すべき」または「各企業がバラバラな内容とスタイルとで途上国にCSRへの対応を求めてくると混乱を招く危険性があるため，一定の基準を作成すべき」といった推進する意見もあった。これら双方の意見を踏まえ，2004年6月のストックホルムでの会議において国際的な企業行動基準として制定することが決定した。ただし，**ISO9000**シリーズや**ISO14000**シリーズ，そして環境マネジメント・システムのような認証形式ではなく，組織のガイダンスとして定めるということでの合意であった。

ISO26000の狙いは，企業だけではなく，あらゆる組織に責任ある行動と「**持続可能な開発**」への貢献を奨励することである。従って，全ての組織がISO26000の示す意図を理解し，有効に活用していくことが求められる。このことにより，CSRの概念がSRの概念へと拡大していった。しかし，ISO26000にも課題があることを忘れてはならない。CSRの意味する内容は時代とともに変化をしている。従って，ISO26000の内容もまたこれに伴い変化が求められる。しかし，多くの国や機関が関与している国際的な企業行動基準であるが故に変えることは非常に困難なことである。そのため，ISO26000のみに準拠していくのではなく，業界単位，組織単位での方針を示していくことが求められる。

▷ **ISO**（International Organization for Standardization：国際標準化機構）
スイスのジュネーブに本部を置いている非政府組織であり，2016年8月時点で163カ国が加盟している。主な目的は，品質や安全性，生産性の向上を図るために，モノやサービス，仕組みに関して，組織が満たすべき共通の考え方やルールを定めた規格を作成することである。

▷ **ISO9000**
1987年3月にISOによって作成された品質保証に関する国際規格。品質保証とは，「製品またはサービスが所与の品質要求を満たしていることの妥当な信頼感を与えるために必要な全ての計画的及び体系的活動」と定義されている。

▷ **ISO14000**
企業などが地球環境に配慮しながら事業活動を行っていくためにISOが作成した国際規格。公害対策のように決められた基準値を守

❷ ESG投資とコーポレート・ガバナンス

CSRの普及によって,株主も変わってきている。1990年代後半以降,従来の株主配当や株式の売却によって利益を得ることを目的とした投資家だけではなく,環境への配慮,製品の安全性,公正な雇用,人権,情報公開,途上国への支援など社会的・環境的指標から企業を評価し,投資を行う **SRI投資** (Socially Responsible Investment:社会的責任投資)が増加してきた。このことにより,企業全体の価値は,財務的な側面だけでは測ることはできず,非財務的な側面からも企業を評価することの重要性が認識され始めた。

近年では,**ESG投資**が注目されている。ESGの"E"は"Environment:環境"の側面を表し,"S"は"Social:社会"の側面を表す。そして,"G"は"Governance:統治"の側面を意味している。

ESG投資は,2006年に国連がPRI (Principles for Responsible Investment:責任投資原則)を公表し,ESGの視点から投資するように提唱したことによって,欧米の機関投資家を中心に企業価値を測る新しい指標として関心を集めた。さらに,2015年に**GPIF**がESGを重視することを表明したことを契機に,日本でも2016年を「ESG元年」と位置づけ,ESG投資の浸透に注力している。SRIの視点に,コーポレート・ガバナンスの視点を加えることで,より非財務的な側面で企業価値を測定する点に,ESG投資の特徴がある。

❸ コーポレート・ガバナンスとCSRの統合

コーポレート・ガバナンスは「誰が,誰に対して,どのような統治を行うのか」を主題としており,CSRは「誰が,誰に対して,どのような責任を負うのか」を主題としている。つまり,コーポレート・ガバナンスとは,法人企業 (corporation),とりわけ株式会社の統治方式 (governance system) に関する議論であり,その対象領域は企業の会社機関を構成する株主総会,取締役会,執行役員の間における構造的・機能的な関係である。従って,コーポレート・ガバナンスは「企業と社会」に関する議論の包括的領域の全てを対象としていないため,CSRとは異なる問題領域の概念であった。

株主総会において選任される取締役会は,株主の代表として,株主価値を高めることを念頭に経営者の監督・統制を行うことが求められる。しかし,SRIやESG投資の広まりによって,株主は多様化してきている。従って,取締役会もまた経営者に社会的責任の履行を任せるのではなく,社会性の視点をもって経営者を監督・統制する必要がある。この意味で「株主価値」と「企業価値」という二つの概念は統合されてきていると理解することができ,同時にコーポレート・ガバナンスとCSRの統合可能性をここに見出すことができよう。

ればよいというものではなく,企業自らが環境への負荷を軽減していくための目標を設定し,その取組みを実行した結果を認証機関が認定する仕組みになっている。

▷ **持続可能な開発**(Sustainable Development)
持続可能な開発とは「将来の世代の欲求を満たしつつ,現在の世代の欲求も満足させるような開発」のことを意味する。

▷ **SRI投資**
⇒ XXI-4「SRI投資とESG投資」

▷ **ESG投資**
⇒ 第XXIII章「コーポレート・ガバナンスとESG投資」

▷ **GPIF**(Government Pension Investment Fund:年金積立金管理運用独立行政法人)
2006年に設立された厚生労働省が所管する独立行政法人であり,総資産は約156兆円(2017年12月時点)と世界最大規模の機関投資家である。近年では,国内株式を対象にしたESG指数の採用に取り組んでいる。また,株式に留まらず,債権など全ての資産でESGの要素を考慮した投資を進めている。

第5部 「株主受託者責任」と「社会受託者責任」の両立可能性

XXIII コーポレート・ガバナンスとESG投資

 企業情報：UN-PRI（国連投資責任原則）とESG投資の潮流

1 企業情報：財務情報と非財務情報

　上場会社や非上場の有価証券報告書提出会社等が広く社会に向けて開示・発信してきている情報は財務情報と非財務情報に類別できる。こうした企業情報の開示は「ディスクロージャー（企業内容等開示）」と呼ばれ，公正な株価形成や株主・投資家保護を目的としてだけでなく，ステークホルダー・コミュニケーションの一環としても行われるようになってきている。

　財務情報は，「主要財務データ」「主要財務指標」「セグメント別データ」をはじめとして，財務諸表（＝貸借対照表［B/S］，損益計算書［P/L］，キャッシュフロー計算書［C/F］）として開示された数値情報で構成される。財務情報の開示については，①金融商品取引法に基づく法定開示制度（有価証券届出書，有価証券報告書，四半期報告書，臨時報告書等）や，②自主規制機関としての金融商品取引所や，金融商品取引法上の認可金融商品取引業協会（日本証券業協会）における適時開示（タイムリー・ディスクロージャー）制度などがある。また，有価証券報告書等の開示文書をWebサイト上でいつでも誰でも閲覧できる電子開示システム「EDINET（エディネット）」や，公平・迅速・広範な適時開示を実現するために東京証券取引所が構築した適時開示情報閲覧サービス「TDnet（ティー・ディー・ネット）」も稼働している。その一方で，非財務情報は「財務諸表以外の情報」とされ，「企業の価値創造プロセス」「企業における持続的な価値創造」に影響を与える因子に着眼点を置く。非財務情報を掲載する報告書としては，「知的財産報告書」「環境報告書」「CSR・サステナビリティ（社会・環境）報告書」「情報セキュリティー報告書」等があり，個々の要素が別々のフォーマットで記載される傾向もみられる。

2 企業報告における統合報告

　国連が2006年4月に公表した「**責任投資原則**（略称PRI）」や，**国際統合報告評議会**（IIRC）が策定し2013年12月に公表した「国際統合報告フレームワーク（通称：IRフレームワーク）」を契機として，「統合報告」や「統合報告書」に対する関心が日本でも急速に高まった。

　IRフレームワークのIRは，Integrated Reporting（統合報告）を意味している。「統合」の対義語は「個別」である。つまり，それまで社内各部門や部署

▶**責任投資原則**（Principles for Responsible Investment）
六つの原則（宣言）から構成されている。国連環境計画（UNEP）内のファイナンス・イニシアティブと国連グローバル・コンパクト（UNGC）が主導するため，「国連投資責任原則」と呼ばれることもある。機関投資家の投資分析と意思決定のプロセスに環境・社会・ガバナンス課題を取り込むことを提唱したことで知られる。「コーポレート・ガバナンス原則と機関投資家」

▶**国際統合報告評議会**（International Integrated Reporting Council）
本部は英国ロンドン。2010年7月に創設された国際NGOで，略称はIIRC。企業報告における財務情報と非財務情報とを統合して公開する「統合報告」というフレームワークを提唱したことで知られる。

204

で個別に収集・分析・評価されていた情報を統べ合わせて社外のステークホルダーに向けて開示することが求められるようになったといえる。より具体的にいえば，上場会社等における財務報告と非財務報告とを包括した仕様の報告が「企業報告の拠るべき基準」として推奨されるようになったのである。

組織における「統合的な思考（integrated thinking）」を提唱したIIRCによれば，企業報告の際には，以下3項目を重視すべきだとしている。まず第一に，「簡潔さ（conciseness）」を挙げている。通常，財務情報は，財務諸表として開示される数値情報で構成される。従って，非財務情報についても，例えば非財務KPIs（Key Performance Indicators：重要業績評価指標）等を用いて，誰でも容易かつ直観的に理解できる数値情報を用いることが求められる。第二に，「戦略的な視野と未来指向（strategic focus and future orientation）」としている。つまり，非財務情報に区分される活動に社内の経営資源を充てることで，どのように企業価値の全体を向上させていくのか──短期・中期・長期の視点で企業価値向上のロードマップを描くことを求めている。第三に，「企業情報と『資本』とを紐づけること（the connectivity of information and the capitals）」としている。つまり，中長期の企業価値創出に影響を与える様々な資本（例：自然資本，社会関係資本等）を抽出し，全体としての価値の増減を明らかにすることを求めている。

❸ 投資先を選ぶ基準：E（環境）・S（社会）・G（ガバナンス）

機関投資家における投資先候補の株式等銘柄の評価・選別に際しては，財務諸表として開示される数値情報や，有価証券報告書記載の法定開示情報はいうまでもなく，ESG情報に代表される非財務情報の重要性が高まってきている。

アルファベット3文字の略語"ESG"は，E（Environment：環境）・S（Social：社会）・G（Governance：ガバナンス［統治］）を意味する。「ESG要因」「ESG課題」などという言葉が広く使われるようになったのは，**CFA協会**が「**上場会社のESG（環境・社会・ガバナンス）要因：投資家に向けたマニュアル**」を公表して以降のことである。

一般的な理解によれば，投資先候補や投資対象企業がESG課題を自社の経営に取り込んで適切な情報開示を行っていれば，企業価値を毀損するリスクが軽減され，投資先企業の価値の向上も見込めるという。その一方で，たとえESG課題に取り組んでいたとしても，投資先候補や投資対象企業の経営全体と切り離されたカギ括弧付きの「環境」「社会」「ガバナンス」であれば，企業価値向上を期待できないだけでなく，企業の長期的な成長や収益性を毀損するリスクも高まるという。そのため，企業の側には，企業を取り巻くステークホルダーとのコミュニケーションや適時適切な情報開示の方法等々と企業価値とを紐づけて説明する工夫や努力が求められる。

▷ **CFA協会**

投資の専門家である証券アナリストの国際的な団体で，英語表記の正式名称は"Chartered Financial Analyst Institute"（本部：米国ヴァージニア州シャーロッツビル）という。日本におけるCFA協会の会員組織は1999年に発足し，2011年4月に法人化した。正式名称は，一般社団法人日本CFA協会（CFA Society Japan：CFA Japan）で，米国のCFA協会と連携した教育プログラムの実施や，投資運用に関する専門知識の普及等を主たる活動している。同協会の公式Webサイト（https://www.cfasociety.org/japan/Pages/AboutUs.aspx　2018年10月16日閲覧）は，CFA協会認定証券アナリスト資格等について紹介している。

▷ **上場会社のESG（環境・社会・ガバナンス）要因─投資家に向けたマニュアル**

原題は"Environmental, Social, and Governance Factors at Listed Companies：A Manual for Investors"という。本文（英語）は，CFA協会のWebサイト（https://www.cfapubs.org/doi/pdf/10.2469/ccb.v2008.n2.1　2018年10月16日閲覧）でダウンロードできる。また，日本語訳は，日本CFA協会のWebサイト（https://www.cfasociety.org/japan/publications/ESGmanual_JA.pdf　2018年10月16日閲覧）でダウンロードできる。

第5部 「株主受託者責任」と「社会受託者責任」の両立可能性

XXIII コーポレート・ガバナンスとESG投資

 # ESG投資のアプローチ

▷**セイ・オン・ペイ**（Say on pay）
字句通りに訳せば、「報酬についての意見」となる。役員報酬額（PAY）に対して、株主総会の場で株主が意見（SAY）できる制度として知られる。高額化する役員報酬に歯止めをかけるために導入された。
⇒ XI-4「米国型コーポレート・ガバナンスの限界と課題」も参照。

▷**累積投票制度**
少数派株主の意見や意向を取締役の選任に反映させるための制度で、「2人以上の取締役を選任する場合、各株主に、選任される取締役数に持ち株数を乗じた数の議決権を与え、各株主は1人のみに集中して投票することも、2人以上に分散して投票することも可能とする」（法令用語研究会『法律用語辞典』有斐閣参照）。少数派株主の代表を取締役に選任できるため、取締役会による監視・監督機能の活性化を期待できる。

▷**複数議決権株式**
株式1株につき複数の議決権を有する種類株式を意味し、一株一議決権の普通株式とは別に発行される。複数議決権株式を保有する創業社長については、出資割合に比例しない議決権を掌握し、事実上の経営権を支配できる。また、複数議決権株式を非上場として創業

1 ESG課題

ESGのEは、Environment（環境）を意味する。具体的な課題としてCFA協会が提示しているのは、①二酸化炭素（CO2）を中心とする温室効果ガス排出量の削減、②気候変動リスクへの対応、③生態系の多様性への対応、④環境リスク発現の基となる施設等の維持管理状況、⑤危険（有害）廃棄物の適切な処理と除去、⑥地域コミュニティとの良好な関係の構築、⑦公害・公害による健康被害の予防と防止、⑧再生可能エネルギーの導入推進、⑨枯渇性天然資源（例：再生不能資源、非再生資源）の使用量削減、⑩有害（毒性）化学物質の適切な管理と廃棄等である。

ESGのSは、Social（社会）を意味する。具体的な課題としては、①アニマル・ウェルフェアへの対応、②児童労働への対応、③コミュニティとの良好な関係の構築、④差別（人権侵害）への対応、⑤ダイバーシティ（例：職場における多様性、取締役構成員の多様性）推進への対応、⑥社会的リスク発現の基となる施設等の維持管理状況、⑦遺伝子組み換え生物の利用状況、⑧生活賃金をめぐる問題への対応、⑨略奪的貸付（融資）の対応、⑩政治献金に関する情報開示、⑪地政学リスクへの対応、⑫セクシャル・ハラスメントへの対応、⑬役員報酬に関する株主投票（**セイ・オン・ペイ**）への対応、⑭労働者の奴隷的酷使と搾取（Slave labor）の問題への対応等、国境や地域の枠を超えてグローバル化した社会で解決すべき課題が提示されている。

ESGのGは、Governance（ガバナンス）を意味する。具体的には、①**累積投票制度**の導入状況、②議決権種類株式（例：**複数議決権株式**等）に関する情報開示、③役員報酬の構成要素と割合（業績連動報酬や株式報酬制度の導入・運用の状況）、④議決権行使制度の設計、⑤「敵対的買収防衛策（企業価値防衛策）」（例：**ポイズン・ピル**等）の導入状況、⑥「セイ・オン・ペイ」の導入状況、⑦経営の監督と執行の分離、⑧株主権、⑨スタッガード・ボード（期差任期制度）の導入状況、⑩買収防衛策の導入状況である。

2 ESG要因と企業対応

ESG要因にウェイトを置く機関投資家は、投資先候補や投資対象企業におけるESG課題の現状・取組実態・進捗状況や、ESG要因が財務に与える影響

に着眼点を置く。そのため，ESG の観点から評価される企業は，STEP 1「ESG 課題の抽出と優先順位づけ」，STEP 2「重要課題を解決・是正するための具体的取組み計画の策定」，STEP 3「具体的取組みの実施」，STEP 4「具体的取組みの成果の点検と見直し」といったプロセスを踏むとともに，一連のプロセスを Web サイトや報告書等で開示することが求められる。

STEP 1 は，企業として取り組むべき環境・社会・ガバナンス課題を全て洗い出した上で，最重要課題を絞り込む段階である。具体的には，マテリアリティ・マトリクス等を用いて自社の課題を重要度順に見える化（可視化）して，具体的取組計画を策定する。STEP 2 として，「基本方針（ポリシー）の策定」「目標設定・具体的取組計画の策定」という段階を踏む。つまり，重要課題に関する基本方針を策定した上で，具体的取組の内容の詳細と数年先を見据えた数値目標（＝非財務 KPIs 等）を設定し，具体的取組計画に落とし込むのである。以下，STEP 3「具体的取組みの内容を確実に実施」し，STEP 4「課題ごとの具体的取組みの進捗状況の把握・モニタリングと併せて，具体的取組み全体に修正・改善すべき点があれば，適宜に軌道修正を図る」ことが求められる。

③ 機関投資家の手法

機関投資家は，一定の運用利回りを確保するために，投資対象企業の株式等のポートフォリオを組んで，受益者たる顧客から預かった資金を管理・運用している。ESG 要因にウェイトを置く機関投資家であれば，ESG 要因によるスクリーニングが銘柄選定と投資リスク管理の向上につながることを期待しているといわれる。こうした機関投資家の間で広く普及しているのは，「ESG 統合」「ESG 要因の統合（ESG integration）」と呼ばれる手法である。これは，財務諸表として開示された数値情報と ESG 情報とを統べ合わせて投資先候補となる企業や株式等の銘柄を評価・選定する手法である。次いで，ESG の観点からみて優れた銘柄を選定して投資する「ポジティブ・スクリーニング」や，ESG の分野・領域で最も優れた（ベストな）銘柄を組み合わせて投資する「ベスト・イン・クラス投資」が採用されている。第 3 番目の手法は，「ネガティブ・スクリーニング」「排除（除外）スクリーニング」と呼ばれ，ESG の判定基準に適合しない業界や企業を投資対象やポートフォリオから除くものである。第 4 番目の手法として，「投資先候補となる企業や既存の投資先企業との**エンゲージメント**（「目的をもった」対話）」や「株主総会における議決権行使」「（投資対象企業に対する）積極的な株主行動」も実際に行われてきている。また，持続可能性に関わるテーマ（例：「クリーン・エネルギー」「環境保全技術」「持続可能な農業」）に取り組む企業の株式等にスポットライトを当てて投資する「サステナビリティ・テーマ投資」や，社会・環境に与えるインパクトが高い事業に投資する「インパクト投資」がある。

者や経営陣による支配力維持を図りながら，普通株式を上場することもできる。議決権の数に差がある複数の種類株式を発行するため，複数議決権方式とも呼ばれる。

▷**ポイズン・ピル（毒薬条項）**
敵対的買収者の議決権割合を意図的に低下させるために導入される買収防衛策の一つで，「会社乗っ取りを食い止めるための株式廉価取得権付与」とも説明される。⇒ XI-1「米国のコーポレート・ガバナンスの歴史」，XX-3「敵対的企業買収と買収防衛策」も参照。

▷**エンゲージメント（Engagement）**
投資家による議決権行使や，投資先候補となる企業や既存の投資先企業の経営トップ・IR 部門または IR 以外の担当者との直接対話などを含む。金融庁が発表した「スチュワードシップ・コード」では，「目的を持った対話」という意味で用いられている。原語は「合意」「婚姻」を意味し，本来的には「婚姻しようという合意」を意味する。

XXIII コーポレート・ガバナンスとESG投資

3 ESG投資におけるガバナンス要因

1 ESG課題：リスクと収益機会

　CFA協会が提示したESG課題（計31項目〔内訳：環境課題（10），社会課題（14），ガバナンス課題（10）〕）や，ESG要因として提示される項目は，投資先候補や既存の投資先企業にとってのリスクであり，収益機会でもある。つまり，ESG課題を経営に取り込まなければ，当事企業が経済的な損失を被る可能性もあるという。その逆もまた然りで，ESG課題を経営に取り込むことができれば，機会損失や機会費用を回避できるだけでなく，増収増益も見込める。

　投資手法によって多少の違いはあるものの，ESG要因に着眼点を置く機関投資家は投資先候補となる企業や既存の投資先企業に対して「リスク／収益機会」のアプローチを採っている。言い換えるなら，ESG課題に真正面から取り組んで備えのある企業の株式等を選別することによって，安定的な収益を確保しながら，投資リスクをできるだけ抑えようとするのである。なぜなら，投資先候補となる企業の株式等の銘柄評価の際にESG要因を脇に置くと，企業価値を毀損するリスクが高まると考えられているからである。つまり，「環境にやさしくない（＝大気・水・土壌等の環境に与える負荷が大きい）」「社会的責任を果たしていない（＝社会全体の要請に応えていない）」「ガバナンスが効いていない（＝会社機関等の設計・運用に実効性が認められない）」といった事象や状況が投資先に存在すると，企業の収益力や株価等にマイナスの影響が及び，延いては機関投資家に資金を拠出した顧客等が損失を被る可能性も否定できないからである。言ってみれば，「備えあれば患いなし」なのである。

2 ガバナンス・リスク

　投資対象企業にガバナンスが効いていれば，企業価値の毀損を招くような事態が現実に起こる可能性は低くなるとされる。また，たとえ現実化しても，当事企業が被る損失や損害を最小限に止めることができると期待されている。

　ガバナンス要因に起因するリスクは「ガバナンス・リスク」と呼ばれ，「コーポレート・ガバナンスの実効性確保に向けて，どのような制度や仕組みを運用しているのか」は，機関投資家における株式等投資の重要な判断基準ともなっている。後者については，**ガバナンスの欠如**や不備が巡り巡って投資対象企業の株式や債券等の価格下落を招き，延いては機関投資家に資金を拠出し

▷ガバナンスの欠如
委員会設置会社（現在の指名委員会等設置会社）にいち早く移行し，コーポレート・ガバナンスの優等生だと目されていた東芝が不正会計に手を染めていた事実が発覚した際に用いられた言葉。内部統制やガバナンス・システムが機能不全に陥っている状態を指して用いられる。

▷ガバナンス課題10項目
⇨ XXIII-2「ESG投資のアプローチ」

▷コーポレート・ガバナンス白書
2007年以降，東京証券取引所が隔年で発刊してきている白書の名称。東証上場会

3 ガバナンス課題とスクリーニング

ガバナンス課題としてCFA協会が提示しているのは，先に挙げた**10項目**である。そのどれもがガバナンス課題として重要な意味をもち，これまでも様々な議論が交わされてきている。しかし，実際問題として，コーポレート・ガバナンスに関連した法制度や上場規程類は国や地域によって異なる。また，証券市場における発行市場としての実態と流通市場としての実態も異なるため，CFA協会の提示した課題が必ずしも日本企業の実態に即したガバナンス課題となるとは限らない。こうした事情と東京証券取引所が公表した「東証上場会社**コーポレート・ガバナンス白書** 2017」の内容等を踏まえて，CFA協会が提示したガバナンス課題に検討を加えると，以下のようになる。

①「累積投票」は，少数派株主の意向を取締役の選任に反映できるため，取締役会による業務執行の監視・監督機能の向上に繋がる。しかし，少数派株主が利己的な動機で累積投票を用いる可能性も否定できない。そのため，日本企業の多くは，「取締役の選任決議は，累積投票によらない」と定款で規定し累積投票を実質的に排除している。②上場後の経営者支配力の維持と長期的な視野に立つ経営を可能とする「複数議決権株式」については，日本でまだ馴染みが薄く，2014年に東証マザーズに上場した**CYBERDYNE株式会社**以外に適当な案件がない。③「役員報酬」については，これまでの固定報酬重視の報酬体系から，年次インセンティブとしての「業績連動賞与」と，中長期的な業績や企業価値と連動するインセンティブとしての「業績連動型株式報酬」との割合を増やした報酬体系への移行期にある。④「議決権行使制度」については，「株主総会の活性化」「議決権行使の円滑化に向けての取組」を行っている段階である。⑤「敵対的買収防衛策」については，東証上場会社のうち12.9％が「事前警告型ライツプラン」を導入しているものの，その割合は減少している。⑥経営者報酬議案に対して株主が賛否を表明できる「セイ・オン・ペイ」については，報酬体系が欧米と異なるためもあって，日本ではほとんど実施されていない。⑦「経営の監督と執行の分離」については，日本企業のガバナンス構造が特殊だとして，これまでも様々な角度から議論されてきている。⑧「株主権」については，「**日本版スチュワードシップ・コード**」や「**コーポレートガバナンス・コード**」の影響もあって，日本企業の経営者は株主の意向を従来よりも意識するようになってきている。⑨「ヤマアラシ条項」とも呼ばれる「スタッガード・ボード」は，取締役の改選時期をずらして敵対的買収者の買収意欲を削ぐ手法として知られるものの，日本企業の多くは導入していない。⑩「買収防衛策」全般については，株式市場における「会社支配権市場」としての機能を阻害する要因だとの批判も根強く，同種の防衛策導入社数は低下傾向にある。

社各社が開示した「コーポレート・ガバナンスに関する報告書」（略称：CG報告書）のデータを用いて，東証上場会社のコーポレート・ガバナンスの現状・取組実態・進捗状況等について多角的な分析を行っている。過去のコーポレート・ガバナンス白書やコーポレート・ガバナンスに関するアンケート調査結果は，東京証券取引所のWebサイト(http://www.jpx.co.jp/equities/listing/cg/02.html 2018年10月16日閲覧)でダウンロードできる。

▶ **CYBERDYNE株式会社**（サイバーダイン株式会社）
サイバニクス技術が駆使されたロボットスーツ「HAL」を事業展開するために設立された会社の名称（本社：茨城県つくば市）。東証マザーズに上場した際に議決権種類株式上場制度を活用した会社としても広く知られる。同社は，普通株式の10倍の議決権を付与された種類株式（＝複数議決権種類株式）を発行しているため，同社の創業経営者の出資割合は49.31％であるにもかかわらず，議決権の89.89％を掌握している。

▶ **日本版スチュワードシップ・コード**
⇒ XXI-3「コーポレート・ガバナンス原則と機関投資家」

▶ **コーポレートガバナンス・コード**
⇒ VIII-3「外部監視の多様化」

第5部 「株主受託者責任」と「社会受託者責任」の両立可能性

XXIII コーポレート・ガバナンスとESG投資

 ## ESG投資のインパクトと長期的な企業価値の向上

ESGコミュニケーション

　上場会社や非上場の有価証券報告書提出会社等については，自社の財務情報にとどまらず，非財務情報についても広く社会に向けて開示・発信することが求められている。なぜなら，欧米の年金基金を中心に世界の機関投資家が，投資先候補となる企業や株式等の銘柄を評価・選別する際に投資対象の財務情報と非財務情報とを組み合わせて利用するようになったからである。つまり，企業活動のあらゆる側面が投資家サイドの評価対象となったといえる。こうした潮流の中で，「環境」「社会」「ガバナンス」に対する取組み状況で投資先を選別しようとするESG投資に関係者の注目が集まっている。一説によれば，世界全体のESG投資の運用額は約23兆ドル（2500億円）を超え，世界全体の投資運用額の4分の1を占めるまでに成長してきているともいわれる。

　では，ESG要因に重きを置く機関投資家は，どのようなデータや情報をもとに，各企業における「環境」「社会」「ガバナンス」に対する取組み状況を調査・分析するのであろうか。このことについて，いわゆるアナリストやポートフォリオ・マネジャー（ファンド・マネジャー）は，「会社の公式発表資料や公開情報（例：決算短信，決算説明会資料，有価証券報告書・四半期報告書，統合報告書，**アニュアルレポート**，ファクトブック等）」をはじめとして，「第三者機関が作成した調査報告書・レポート」「社外向けに発表された各種報告書」「経営トップ・IR部門またはIR以外の担当者との建設的な『「目的をもった」対話（エンゲージメント）』（＝企業訪問によるヒアリング）」「規制当局の開示要請に応じて提出された書類」等々を利用して，投資先候補となる企業や投資対象企業の調査・分析・評価を行っているといわれる。また，ESG投資の普及・浸透に伴って，ESG関連の詳細なデータや情報（ESG data / information）を一元集約して編集した「ESGデータブック」「ESGデータ集」という新たなコミュニケーション・ツールも開発され，企業のWebサイト等でこうしたデータまでもが広く公開されるようになってきている。

② ESG投資のインパクト

　CFA協会が公表した「上場会社のESG（環境・社会・ガバナンス）要因」のタイトルから読み取れるように，ESG基準でポートフォリオを組む機関投資

▶アニュアルレポート
「年1回の」「年刊の」を意味する英語"annual"と，「報告書」を意味する"report"とを組み合わせた言葉で，「年次報告書」「年次事業報告書」ともいわれる。株主・投資家を主な読者層として想定し，各社のIR部門等で作成される。任意開示資料であるため，フォーマットやページ構成・デザイン等も自由である。そのため，最近では，ESG情報に積極的に取り組んだタイプの「アニュアルレポート」も増えている。

家等による評価・選別の対象となるのは上場会社である。しかし現実には、株式を上場しているか否かにかかわらず、持株会社の傘下企業各社や企業グループを形成する子会社・関連会社・その他の関係会社の取組状況はもとより、上場会社との間で一定の取引関係が認められる企業全ての取組状況も網羅する。なぜなら、企業の営む事業は、様々な企業との連携・協働のもとで成り立っているからである。より具体的にいえば、企業における商品企画・研究開発（R&D）・原材料や資材の調達等の業務から、製品・サービスが顧客や最終消費者の手に渡るまでの各段階において、企業は、数多くの様々な取引先やサプライヤー（納入業者）との間で取引を行っているからである。従って、ESG評価の対象となる企業には、自社のバリューチェーン（価値連鎖）上の企業群で浮かび上がってくる環境・社会・ガバナンス課題を的確に把握した上で、各課題に対する自社の基本方針（ポリシー）や具体的取組みの内容を計画・実施・検証・改善する体制を整備し、「環境にやさしい」「（企業としての）社会的責任を果たしている」「ガバナンスが効いている」──といった事実を誰がみても直観的に理解できるように「見える化（可視化）」する必要がある。

3 長期的な企業価値の向上

現代の日本企業にとっては、「稼ぐ力」を高めることが最重要課題となっている。こうした「攻めの経営」を政府レベルで促進するための施策（例：日本再興戦略等）や具体的な施策（例：会社法の解釈指針等）もアベノミクス成長戦略の一環として公表されてきている。また、実効的なコーポレート・ガバナンスの実現に資する主要な原則を取りまとめた「**コーポレートガバナンス・コード**」や、コーポレート・ガバナンス改革の実効性を高めるために機関投資家が果たすべき責任を文書化した「**『責任ある機関投資家』の諸原則《日本版スチュワードシップ・コード》〜投資と対話を通じて企業の持続的成長を促すために〜**」も公表されている。「車の両輪」にも比喩される両コードについて、前者は、企業の持続的な成長と中長期的な企業価値の向上を図ることを目的として策定され、東京証券取引所の有価証券上場規程の別添として定められている。それに対して、後者は、同コードの受入れを表明した機関投資家が、中長期的な視野に立って株式等投資を行う「責任ある機関投資家」として、投資先候補となる企業や既存の投資先企業との「『目的をもった』対話（エンゲージメント）」等を通じて企業価値向上や持続的成長を促しながら、顧客・受益者の中長期的な投資リターンの確保と拡大を図ることを趣旨としている。このように、現代の日本においては、国際機関や政府による具体的な政策や施策と、国連責任投資原則（PRI）に署名した機関投資家のESG基準による企業選別と、上場会社各社によるESG課題への取組実態とが三位一体となって、「企業の持続可能性」を担保するパスを整備している状況にある。

▷攻めの経営
「経営者による大胆かつ前向きな判断」を指して用いられることが多い。2015（平成27）年6月30日に「日本再興戦略（改訂2015）─未来への投資・生産性革命─」が公表された頃から、内閣府や経済産業省等が打ち出す施策に頻出するようになった。「攻めの経営」の対義語は「守りの経営」ともいわれる。ちなみに、「コーポレートガバナンス・コード」に出てくる「攻めのガバナンス」は、「会社の意思決定の透明性・公正性を担保しつつ、これを前提とした会社の迅速・果断な意思決定を促すこと」を意味する。

▷コーポレートガバナンス・コード
⇨ⅩⅢ-2「コーポレートガバナンス・コード」

▷「責任ある機関投資家」の諸原則《日本版スチュワードシップ・コード》〜投資と対話を通じて企業の持続的成長を促すために〜
⇨ⅩⅪ-3「コーポレート・ガバナンス原則と機関投資家」

XXIV　コーポレート・ガバナンスと社会的企業

1　社会的企業の活況

1　欧米を中心とした社会的企業の起こり

　1990年代以降，イノベーティブなビジネスを通じ，環境や雇用，紛争，福祉など様々な社会問題の解決を取り組む社会的企業と事業を起こす**社会的企業家**に注目が集まっている。今日世界で最も注目を浴びるソーシャルビジネスは，1983年にバングラデシュで創設された**グラミン銀行**である。ノーベル平和賞を授与された創立者のムハマド・ユヌスは，農村部の貧困層に対して無担保融資を行い，経済的・社会的基盤の整備をした。2006年にインドでもアラビンド・アイ・ホスピタルが，医療機器や薬品に関する大幅な内製化などを実現しながら，貧困層に対し無料で眼科の手術を行っている。

　社会的企業の繁栄は一般的に欧米で古くからみられる。欧州，米国ともに，ビジネスで成功した個人による革新的な事業が社会的企業のプレゼンスを高めている。英国における社会的企業は，全企業の14％超以上，全産業中の有給職員数の割合も7％に達する（内閣府HP）。1991年創業のBig Issueは，ホームレスの社会復帰を目指すため，ホームレスによる新聞の販売，販売部数に応じた報酬制度などを実施するチャリティーである。1982年創業のHCT Groupは，失業者などを運転手として採用し訓練しながら，移動手段をもたない高齢者のためにミニバスを運行する。他方，米国では，1973年創業のパタゴニアは，アウトドア用品などの製造・販売過程で，ビジネスの範囲を超えた環境保護の促進，生産工場の労働者の生活保障とモチベーションの向上などを促すフェアトレードへの注力など，利益の社会還元を行う。1990年創業のBreaking Groundは，マンハッタン地区のホームレスのために住まいを提供する非営利組織である。ホームレスの健康増進などの支援・貧困解決，コミュニティの形成による治安の向上など大きな波及効果を生み出して注目を浴びている。

2　欧州における社会的企業の組織整備とガバナンス

　英国では，2001年以降に社会的企業の運営面が整備された。その条件は，「ビジネスを通じた社会的課題の解決・改善に取り組んでいる」「事業の目的は，利益の追求ではなく，社会的課題の解決である」「利益は出資や株主への配当ではなく主として事業に再投資する」「利潤のうち出資者・株主に配当される割合が50％以下」「事業収益の合計は収益全体の25％以上」「会費・寄付金・国

▷**社会的企業家**（Social Entrepreneur）
革新的な手法で社会問題を解決する起業家を指す。ソーシャル・アントレプレナーとも呼ばれる。21世紀以降流行しているが，世界初めての公的で包括的な医療システムの設立に寄与したフローレンス・ナイチンゲールや，協同組合を設立したロバート・オーウェン（R. Owen）など，古くから社会起業家自体は存在していた。なお，何らかのビジネスを起こし利益の追求を目的とする企業家（アントレプレナー）とは異なる。

▷**グラミン銀行**
少人数の女性の互助グループを対象とした信頼に基づく低金利の無担保融資（マイクロクレジット）は，最貧国といえる農村部の衛生や生活，教育などの水準を向上させた。2017年には，貸付額が約2兆2776億円に達している。近年，グラミン銀行グループはファーストリテイリンググループと提携し，合弁会社「グラミンユニクロ」を設立した。その新たなソーシャル・サービスは，バングラデシュ国内で衣服の企画・生産・販売を完結させることにより，現地の繊維産業等の発展や，雇用創出，生活水準の向上，女性の社会進出などを促すばかりか，得られた利益も事業に再投資

や自治体等からの補助金の合計は収益全体の75％以下」である（英国内閣府）。組織形態として，協同組合やコミュニティ・ビジネス，**クレジット・ユニオン**，**ソーシャル・ファーム**などが該当する。

社会的企業では，国ごとに様々な組織形態が考えられるため，株式会社のような会社法に基づいたコーポレート・ガバナンス体制の類型はない。ただし，出資者の原資を基に組合員の健やかな健康と生活を目指した**協同組合**の思想を発祥とするNPOの発展系を社会的企業とする場合の多い英国では総じて，利用者やスタッフ，ボランティア，政府など多様なステークホルダーの参加に基づく意思決定が行われるガバナンス理論が主張される傾向にある。

３ 日本における社会的企業の沸き上がりとガバナンスの動向

21世紀に入り社会的企業が流行している日本では，2009年に経済産業省が「ソーシャルビジネス55選」として優良団体を選出した。「街づくり・観光・農業体験等」分野では，1986年創業の**株式会社いろどり**が，過疎化と高齢化が進む地域の農家が軽量な「葉っぱ」など農産物を的確に生産・出荷する事業支援を展開し，スキルや生きがいなどを向上させている。「子育て支援・高齢者対策等」「環境・健康・就労等」分野で貢献する2004年に特定非営利活動法人フローレンスは，子育てに関わる諸問題の解決をミッションとし，訪問型の病児保育や障害児保育事業など新サービスを提供している。「企業家育成，創業・経営の支援」分野の特定非営利活動法人G-netは，若者による地元企業でのインターンシップなどを支援し地域活性化を促進している。また「環境・健康・就労等」分野の特定非営利活動法人「育て上げ」ネットは，引きこもりなど社会適応能力が高くない若者の経済的自立と社会参加を目指し，就労訓練プログラムなどを開発・提供している。

経産省の選定団体数の内訳（株式会社15，特定非営利活動法人33，社会福祉法人1，有限会社4，一般社団法人1，企業組合1）からみると，日本ではその組織形態にかかわらず，「公益のための事業組織」を「社会的企業」と呼んでいる。なかでも非営利セクターに属する組織が多い。非営利セクターには，公益性の高い事業を行うNPO法人（特定非営利活動法人）及び公益法人（財団法人・社団法人），福祉・養護施設，保育園等の運営主体である社会福祉法人，医療サービスを提供する医療法人，私立の大学や専門学校などを運営する学校法人，各種業界を形成する経済団体，コミュニティを形成する町内会，弱者救済のため業界や職場で相互扶助をする協同組合などがある。上記組織におけるガバナンスの共通項は，「経営の意思決定と執行の分離」「外部による監査の導入」「所有と経営の未分離ゆえの多様なステークホルダーのための透明化」との３点に集約できる。

されている。

▷**クレジット・ユニオン**
貧困層に対する金融サービスの提供の不足，それにより生まれる社会的排除された人々を互助により支える金融組合である。組合員によって所有・管理・配当される協同組合の一種である。

▷**ソーシャル・ファーム**
労働市場において障害者等不利な立場の人々を持続的に有給雇用する目的で作られた社会的企業である。市場志向型のモノやサービスを提供した事業を行いながらも，社会的使命を果たす。従業員の30％以上を不利な立場の人とするなどの条件がある。

▷**協同組合**
協同組合は英国で19世紀の産業革命期に，資本主義企業に対抗しロバート・オーウェンの思想的基盤をもった経済的弱者によって，労働者の長時間労働や，階級闘争，失業の不安を背景にして労働者の生活保護などを願い誕生した。1844年発祥のロッジデール公正先駆者組合は，購買高による剰余金の分配や，品質の純良（食の安全）など七つの原則をもっている。この近代的共同組合の経営原理が英国のNPOの思想となる傾向がある。

▷**株式会社いろどり**
料理の「つま」となる葉っぱに関する生産者への情報提供と営業支援を行う企業。年間売上は２億円超である。農家の自立的経営や農家の高齢者の勤労・社会貢献意欲の向上，地域の医療費の低下などにつながった。

XXIV　コーポレート・ガバナンスと社会的企業

 NPO法人及び財団・社団法人

1　組織運営と問題

　日本で公益を増進させるための役割を担う団体組織には，NPO法人と**公益法人**（財団法人・社団法人）がある。それらは，環境や教育，子育て，スポーツなど政府や市場の役割だけでは担いきれない多様な社会的ニーズを満たす**ミッション**をもつ。NPO法人は1995年の阪神・淡路大震災を契機として制定された1998年の**特定非営利活動促進法（NPO法）**に基づき，人々が自由に公益のための組織を設立する新組織である。（認証）NPO法人の数は5万1774団体，認定NPOの数は1081団体となっている（2018年6月末内閣府調べ）。他方，財団法人・社団法人は1898年に施行された民法に基づき公益のために設立できる歴史の長い組織である。公益法人の数は，約9300団体である（2015年内閣府調べ）。

　NPO法人と財団法人・社団法人の活躍ぶりを確認しよう。1996年創立の特定非営利活動法人日本NPOセンターは，NPOが社会を動かす原動力となることを目指しており，企業や行政などとの関係の構築や関連NPO団体に対する研修等を通じた支援を行う。また公益財団法人日本オリンピック協会はスポーツを通した人類の調和のとれた発展を目指すことをミッションとする団体であり，2020年の東京オリンピックに向けたアスリートの招聘や派遣，オリンピズムの普及・推進などを行っている。さらに1946年発足の一般社団法人日本経済団体連合会は，企業の価値創造力強化，日本と世界の経済の発展の促進をミッションとして，東証第一部上場企業間での結束を基に提言や対話などを行う。このように個人の経済力，影響力だけでは到達できない社会目標の達成のために設立された組織が多い。

　しかしながら，NPO法人及び財団法人・社団法人では今日，活動実態がなかったり，天下りが頻発していたり，過度な収益を得たりするなど社会的事件が深刻になったため，自律的なガバナンスを促す制度改革が行われている。

2　制度改革

　1998年特定非営利活動促進法に基づき法人化されたNPO法人は，主務官庁による許可・監督が認められた後，ミッションの実現のために社会で活躍できる。加えて2001年以降は，パブリックサポートテストにより一層公益性の高い活動を継続していると認められた認定NPO法人の創設が認められている。認

▶**公益法人**
公益のための事業を行う組織。主に財団法人と社団法人がある。設立に関わっては，財団法人は資金300万円以上などの要件があり，社団法人は2人以上の社員がいる。従来は民法で規定された公益事業行うとされていたが，2008年まで続いた公益法人改革により新規に設立する法人は登記のみで設立が可能になった。また税制の優遇範囲が大きい。そのため，近年ではNPO法人よりも社団法人の設立が相次いでいる。

▶**ミッション**
NPO法人における組織目標である。株式会社において営利性が第一義的目的となるのに対し，NPO法人では，ミッションの達成が目標となる。日本では保健・医療・福祉，社会教育，まちづくり，子どもの健全育成といった4分野においてミッションをもつNPO法人が多く，大都市圏にNPOが集中する傾向にある。

▶**特定非営利活動促進法（NPO法）**
市民によるNPO法人の設立を容易にするために1998

定NPO法人では寄附税制に関わる所得税や相続税などの税額控除が認められる。認定NPO法人への移行は容易でないが，既存のNPO法人の継続・発展意思を高めることができる。

他方，財団法人・社団法人に関しては，2000～2008年に公益法人制度の見直しが行われた。NPO法が公益のためにNPO団体を法人化しやすくさせたのに比べ，財団法人と社団法人は，所轄官庁での法人格取得の認可プロセスの長さや要件の高さなど，多くの問題が露呈していたためである。一連の公益法人制度改革により，現在公益法人は所轄官庁の認可が必要とされず登記のみで設立できる。さらに上述のNPO法人では認定NPO法人が創設されてきたように，財団法人と社団法人についても事業内容の公益性と，それの公益事業の比率や組織体制，収益と費用の公正なバランス面などでの実現可能性が認められれば，公益財団法人と公益社団法人へ移行し，法人自らにかかる法人税と所得税，および寄附税制に所得税や法人税の優遇措置を受け，さらに弾力的な経営を行うことができるようになった。

③ 高まるコーポレート・ガバナンスの重要性

NPO法人において，コーポレート・ガバナンスの重要性は高まっている。NPO法人は，得られた利益を配当等で社外に流出させずミッションのために再投資するという非分配制約が求められる。このため，NPO法人のリーダーは，職員や役員，寄付者，ボランティア，利用者，政府など多数のステークホルダーを念頭に置いたガバナンスが求められる。この点を堅持しながら，業務執行機関である理事，監査機関である監事，最高意思決定機関である社員総会が設置される。理事は3人，監事は1人と規定される。今日の課題としては，職員数6名以下の小規模NPOや後継者不足など（2017年内閣府調査）が多く，ガバナンス改革に専念できる職員が少ない。NPOの役員には他の企業での上層部等がつくことが多いためNPO法人への就労を専業とする者が少ないためである。

他方財団法人・社団法人は，従来は法人のガバナンスが欠く主務官庁による監督であったが，新制度では，一般社団法人の場合には少なくとも社員の議決権の過半数を有する社員の出席がされる社員総会と理事を設置することが義務づけられた。一般財団法人の場合は少なくとも評議員と評議員会，理事，理事会，幹事が必要となった。評議員を理事・理事会が選ぶことはできない。今日の課題として，登記のみの設立認可は財団法人・社団法人の設立を容易にさせたが，利他的な目標に基づき設立した法人が，理事会に加えて社員総会もしくは評議員会を定期的に開催するための資源を割き，社員総会もしくは評議員会が理事会を牽制する役割を果たせるようにするには多大なコストがかかり，本来のミッションを見失いがちになる点などが指摘されている。

年に制定された法律。1995年に6000人超の被害者を出した阪神・淡路大震災で活躍した多くのボランティア団体は法人格がなく，認知度も低く，免税対象ではない団体であった。他方で既存の公益法人の資格認可を得るには財産や会費など規定のハードルが高く，主務官庁の許可と監督も厳しかった。NPO法の整備は，認可プロセスの長さや不祥事など様々な問題を抱える公益法人の改革をも促し，公益法人数も飛躍的に拡大させたといわれる。

第5部 「株主受託者責任」と「社会受託者責任」の両立可能性

XXIV コーポレート・ガバナンスと社会的企業

 社会福祉法人とコーポレート・ガバナンス

1 社会福祉法人の組織運営と問題

社会福祉法人は，1951年に制定された**社会福祉事業法（現社会福祉法）**により創設され，社会福祉事業を行うミッションをもつ公益法人である。主に，高齢者や障害者を対象とした施設の他，生活保護者支援，救護施設，更生施設，共同募金などを担う。2016年の厚生労働省の調べによると，総数は約2万600である。なかでも，保育園や介護施設などを運営する施設経営法人が最も多く（約1万8000施設），次いで地域でボランティアの斡旋や育成などを行う社会福祉協議会があり（1900組織），さらに養護施設などを運営する社会福祉事業団（125団体）がある。

社会福祉法人の具体例を挙げると，キリスト教精神に基づき，医療，介護，保育，障害，ホスピス等社会福祉全般を運営する聖隷福祉事業団や，明治天皇のご意向に基づき経済的に恵まれない人々への医療の提供を出発点とし40都道府県で展開する恩賜財団済生会などが知られている。高齢者の増加と疾病の多様化，介護サービスへの需要の増大，所得格差，自然災害の頻発など様々な社会問題が，今後も必然的に社会福祉法人に対する期待を高めるであろう。

他方，社会福祉法人は多くの保険料や税金，補助金などが投入されることで高い「公益性」を目指した経営を行ってきたものの，ガバナンスに関わる経営上の諸問題が露呈していた。社会福祉法人の運営は世襲制による**同族経営**が日常化し，役員の報酬も高額であったのに対し，平均利益率8.7％，内部留保1施設当たり3億2300万円，全体で約2兆円であると明らかになっている（2013年厚生労働省調べ）。さらに法人によっては，理事長ら役員による運営費の不正流用問題が露呈している。これらの経緯から，社会福祉法人をめぐる法整備とガバナンスの必要性が高まってきた。

2 公益法人改革等社会福祉法人の制度改革

社会福祉法人の制度改革は，21世紀以降に進んでいる。2000年には社会福祉事業法等八法改正と社会福祉法人審査基準制定，2002年厚生労働省令等改正，2006年介護保険法等改正による介護サービスの質の評価を行うための評価制度の導入，2007年社会福祉法人審査基準改正による業務及び財務等に関する情報の公表，2012年厚生労働省令等改正では社会的養護関係施設における業務の質

▶社会福祉事業法（現社会福祉法）
社会福祉サービスに関する共通的基本事項を定めた法律。生活保護法に規定される救護施設等，児童福祉法に規定される乳児院，老人福祉法に規定される養護老人ホームなどの社会福祉事業を対象としている。2000年に同法が社会福祉法へと改訂・施行されて以降，サービスの利用者に対する適切な供給体制の整備がさらに強調されている。2016年の改正はガバナンスの強化を念頭においた社会福祉法人制度改革を促した。

▶同族経営
特定の親族などが支配している組織を指す。株式会社のオーナー企業のように，社会福祉法人では，地元の篤志家が寄付を原資として創立した経緯があるため，その親族などが一緒に施設経営を担うことが多かった。

の評価を義務づける第三者評価制度の導入があった。

特に**介護施設**を運営する社会福祉法人に関しては，法人組織の透明性等を高める改革が著しい。2006年から，介護施設に情報開示を求め，介護サービス情報公開システムとして一元化している。全国約21カ所の介護施設における無期，有期スタッフ数，それらの離職者数などの基本情報はもちろん，全25種類の51サービスの実施有無など，利用者のみならず社会的な情報公開が加速している。2018年には，介護報酬が改訂され，収支差率の高い介護施設などにおいて介護報酬が引き下げられることになった。これにより，介護施設は，介護保険料に依存する経営を行っていたが，ケアワーカーらへの給与などへの支払いや施設整備費などを除くと，内部留保が蓄積できなくなると予想される。既存事業の資産額を上回る剰余金がある場合，その差額分を特別養護老人ホームや保育所など事業の拡充投資に回るよう義務づけも規定された。

3 社会福祉法人におけるコーポレート・ガバナンス

2016年社会福祉法等の改正では社会福祉法人のトップ・マネジメントにおけるガバナンスがさらに強化された。日本の非営利組織の中では，最も歴史的にコーポレート・ガバナンスの概念が希薄であった可能性のある組織に，ミッションである「公益性」の向上のための透明性の向上に力点を置いたガバナンス改革が始まっている。

具体的に，トップ・マネジメントの人選に関わって，評議会については，任意の諮問機関でなく役員の選任等に関する議決機関とする。評議員に関しても，理事を13名以上から7名以上にスリム化した。さらに，親族の配置に関しては特別な注意が払われ，親族等特殊関係に当たる者を不可とし，**定款**で定める方法による選出とし，理事と監事，評議員との間で兼職も禁止された。

また，トップ・マネジメントの体制に関わり，理事会と評議員会のあり方は厳格化された。理事会を業務執行に関する意思決定機関として位置づけ，理事・理事長に対する牽制機能を行う。理事長が法人の代表となり，監事は理事会への出席義務がある。一定規模以上の法人では会計監査人による監査が義務づけられた。

今後のガバナンスの課題としては，同族経営と利益の内部留保の問題への対処は，施設経営等のガバナンス面や収支面を向上させるであろうが，主たる利害関係者である納税者，利用者，地域住民からすれば，トップ・マネジメント改革よりも施設経営の現場の環境改善がより重要視される点である。介護施設であればケアワーカーらの離職率が高く，保育施設であれば保育士の離職が高まっており，養護施設も従事者の就労状況はよいとはいえない。トップ・マネジメントとマネジメント現場とが一体となったガバナンス改革が求められる。

▷**介護施設**
介護の社会化が進んだ日本で，在宅での介護のみの生活が難しくなった高齢者の多くが利用する公的な介護施設。介護保険料を原資とする居宅型の施設には，要介護度3〜5までの高齢者を対象とした特別養護老人ホームと，要介護度1〜5を対象としながら在宅復帰を目指す高齢者を対象とした老人保健施設がある。2000年にスタートした介護保険制度により40歳以上が介護保険料を毎月支払うため，施設利用者は，所得に応じて利用した介護サービスの1〜3割分を支払う。待機人数や高齢者による自己負担率の増加，ケアワーカーの離職率の上昇とそれに起因される高齢者への虐待など問題が山積している。

▷**定款**
⇨ II-1 「株式会社と会社機関」

XXIV コーポレート・ガバナンスと社会的企業

 医療法人とコーポレート・ガバナンス

1 医療法人の組織運営と問題

　日本の医療システムが世界で注目されている。平均寿命の長さ（女性87.14歳, 男性80.98歳）は，**国民皆保険**制度に代表される日本の医療システムの優位性の一つの証左である。日本には様々な組織形態の病院・診療所がある。なかでも医療法人は，医療サービスを提供する全病院約8400病院の内5800病院（約70%弱），病床数でも全156万病床の内86万病床（約55%）と約10万2000診療所の内4万1400診療所（40%），病床数でも全10万2100床の内7万5000床（73%）を占め，各地の住民にとって最も身近な病院となっているといえる。

　医療法人は，一定数の医師が大学病院での研修と臨床経験を積んだ後に，最終的なキャリアパスとして地元などに一人医師医療法人（診療所）として開業する傾向があるため，地域に根づいた病院となりうる。20床以上の入院施設をもつ医療法人形態の病院は，研究に重点を置く国立大学法人立の病院や，経営資源が自治体に依存しがちな都道府県立もしくは市町村立の病院など他形態の病院と比べて，医師による医師の出資に基づく自営業としての設立であるため，診療報酬が医療保険制度に基づく固定価格である点を除けば，日本の病院の中では診療科選択やそれに関わる事業内容，人材育成などの点で最も私的に運営できる。最近では，医療法人鉄蕉会の亀田総合病院による医療ツーリズムの推進，医療法人社団KNIの北原国際病院によるカンボジアとベトナムなどでの事業展開の開始，日本最大のチェーングループである医療法人徳洲会によるブルガリアへの進出，社会医療法人川北総合病院による日本の総合病院初のISO14001の取得などが社会的な関心事となった。

　しかしながら医療法人は，不透明な経営による倒産が相次ぐなど不祥事が顕著になった。そのうえ医療法人では，設立経緯ゆえの同族支配や，剰余金の配当の許可が招いた内部留保の蓄積など，非営利性の形骸化が社会問題化していた。このような経緯から，医療法人におけるガバナンスの必要性が高まってきた。

2 医療法人制度改革

　1948年に医療法が制定されて以来，今日までに第8次医療法（2017）の改正が行われている。第1次改正（1986）から第4次医療法改正（2001）までは地

▶**国民皆保険**
1961年に国民健康保険法の改正とともに，国民が広く医療サービスを受けられるように制定した制度。全国の保険加入者から集まった財源は，中央社会保障審議会が定める診療行為や薬品など全サービス・モノに対する公定価格に基づいて運用される。医療サービスを提供する医療機関では，診療報酬等公定価格によって経営が左右されることになるため，診療報酬の改訂への対応が求められている。

▶**医療法人**
病院，医師や歯科医師が常勤する診療所または介護老人保健施設の開設をする社団または財団である（医療法第39条）。1950年の医療法改正に伴い施行された医療法人制度により開始された。他の非営利組織と同様に非分配制約があるものの，従来株式会社など営利法人と同様に23.4%の法人税を支払っていたことから，最も営利企業に近い非営利組織と見られていた。

域ごと適切な医療計画の提案や，患者の病状に応じた医療サービスを提供するための特定機能病院と療養病床群の制度化，地域支援病院の制度化，インフォームドコンセントの義務化など患者のニーズに応える整備，療養病床と一般病床の区別化，医師の臨床研修の必修化など良質かつ効率的な医療提供体制づくりが実施されてきた。第5次改正（2007）年から医療法人の運営に焦点が当てられ，健全かつ適切な運営を行うことを目指されるようになった。

第5次医療法改正以降，新規では「出資持分あり」の医療法人の設立を認めず，より公益性の高い医療法人の増加が推奨されている。さらに，従来の「出資持分あり」の医療法人から，「出資持分なし」かつ，透明性の高い他形態の医療法人に移行されようとしている。しかし，特定医療法人は，監督官庁が国税庁であるため公益法人と見なされ「出資持分あり」医療法人の法人税率（30%）よりも低い法人税率（22%）となる優遇を受けられる利点があるが，自由診療と同族役員，差額ベッド，給与の制限があるため，意識的に特定医療法人へ移行させる動機は大きくない。近年では，**社会医療法人**（医療法では社会医療法人，税制上では公益法人）が推奨されている。社会医療法人では，本来の業務でない収益業務にのみ公益法人としての税率（22%）が課せられる。

3 医療法人におけるコーポレート・ガバナンス

従来の「出資持分あり」の医療法人から各種「出資持分なし」の医療法人への移行の推奨は，医療法人におけるコーポレート・ガバナンス改革を活性化させている。「出資持分なし」への移行は，医療法人の解散や出資社員の死亡時などに関係者間での多額の払い戻しが起こることなどを防ぐことができる。

法人数で99%超を占める医療法人社団でもコーポレート・ガバナンス体制が整備されるようになった。トップ・マネジメントに関わる医療法人社団の主な機関は，社員総会と理事会である。社員総会は，社員が1人1票の議決権をもつ最高意思決定機関である。理事会は，3人以上の理事による業務執行機関である。その中の互選により理事長が選出される。さらに監査機関として監事が業務と財産に関わる監査を行う。他方，アカウンタビリティに関わり，財産目録と貸借対照表，損益計算書の他に，事業報告書と監事の監査報告書が作成され，債権者のみならず社員及び評議員が閲覧対象となっている。世襲制と医療法人での同族経営は必ずしも負の影響をもたらすわけでない。医療従事者同士の意思疎通の迅速化，経営理念・各種トレーニングの継承，患者・地域住民などからの信頼，ひいては治療成績の向上など様々な効果が期待できる。このため，非営利性の高い医療法人ではコーポレート・ガバナンスが必ずしも適さない部分もある可能性を吟味しながら，慎重に組織運営のあり方を検討する必要がある。

▷**社会医療法人**
医療法人が，3点の要件を満たしていれば社会医療法人になることができる。一つ目は，小児救急医療や災害医療，へき地医療など，地域への社会貢献を行うことである。二つ目は，役員，社員等については親族を3分の1以下にする。三つ目は，解散時の財産を国等に帰属させる。自治体病院の遊休病床の優先割り当て，市営管理者制度の適用，社会医療法人債の発行，収益業務の実施，社会福祉事業の一部を実施する付帯業務の拡大である。これらの要件が厳しいため，2009年の創設以降，279病院のみが社会医療法人として運営している。

第5部 「株主受託者責任」と「社会受託者責任」の両立可能性

XXV コーポレート・ガバナンスと企業倫理

 経営トップと会社機関

1 経営トップの不正と不作為の暴走

　会社経営が船の操舵に比喩されることもある。船の乗組員の長として航行を指揮し船員を管理・監督するのは船長である。ならば，会社という船の舵を操って船首を正しい方向へと向けるのは，会社組織の頂点に立つ経営者を措いてほかにいない。もし舵取りを誤ると，企業の収益性に負の影響が及ぶだけでなく，企業価値を毀損するリスクを高めるとまでいわれる。もっともガバナンスが効いていれば，企業価値の毀損を招くような事態が現実に起こる可能性は低くなると期待されている。また，社内や職場で実際に不正が行われたとしても，当事企業が被る損失や損害を最小限に止めることができるともいわれる。
　CEO（Chief Executive Officers：最高経営責任者）は，CEO（Chief Ethics Officers：最高倫理責任者）としての役割責任も負うと指摘したのは，ハーバード・ビジネス・スクールのリー・シャープ・ペイン（Lynn Sharp Paine）である[1]。誰もがそう願うのかもしれない。しかし現実には，経営トップが不正に手を染めることもある。また，社内や職場で行われている不正の事実を把握しておきながら，見て見ぬふりを決め込んで我関せずとの態度を貫く社長も実際に存在する。確かに，会社法上の内部統制システムや金融商品取引法に定める内部統制体制を構築・運用していれば，社内や職場で起こる不正の多くを未然に防ぐこともできるはずである。しかし，現実には必ずしもそうではないことは，これまでに報じられた不祥事の顛末を見ても明らかであろう。

2 会社機関の機能不全

　ガバナンスの欠如という言葉は，ガバナンス体制が有名無実化して，機能不全に陥っている状態を指して用いられる。現に，不正会計問題で揺れた東芝は，他社に先駆けて委員会等設置会社（現在の指名委員会等設置会社）制度を採用し，取締役16名中8名が執行役を兼務しない取締役で，その半数に当たる4名が社外取締役であったという。当時としては先進的な委員会等設置会社にいち早く移行し社外取締役も積極的に導入するなど，東芝は，コーポレート・ガバナンスの優等生だと目されていた。ところが，不正の事実究明が進むにつれ，同社の経営トップを含めた意図的かつ組織的な不正の事実が白日の下に晒されただけでなく，同社歴代の最高財務責任者・財務部長・財務部担当者はおろか，経

▷1 Lynn Sharp Paine, "The Thought Leader Interview: The Harvard Business School ethics scholar says values are defining a new standard of corporate performance", *Strategy + Business*, Issues 21, pp. 1-9.

▷ガバナンスの欠如
⇨ XXIII-3 「ESG投資におけるガバナンス要因」

営監査部・監査委員会・会計監査人までもが機能不全に陥っていたことも明らかとなった。

3 ガバナンス改革と「外の血」

　取締役会における内輪の論理や阿吽の呼吸が災いして，深刻な事態にまで発展するケースもある。なぜそうなってしまうのかについては，経営の監督と執行が分離していないだからとも，あるいは取締役会のメンバーに占める内部出身者や**生え抜き**の割合が高いからだとも指摘される。

　経営の監督と執行の問題については，取締役会の監督機能と実効性確保を目的としたガバナンス改革が進行中で，機関設計の自由度もこれまで以上に高くなっている。また，ガバナンス強化を目的として，取締役会の諮問機関としての委員会を任意で設置する会社も増えている。東京証券取引所が2017年3月に公表した「東証上場会社　コーポレート・ガバナンス白書　2017」によれば，監査等委員会設置会社（637社）で「コンプライアンス」「リスクマネジメント」等の内部統制関連の委員会を設置している割合は21.4％（136社）で，監査役会設置会社（2800社）の設置率とほぼ同等だとされる。また，指名委員会等設置会社（70社）における同委員会の設置率は17.1％（12社）となっている。

　次いで，取締役会のメンバーについては，「コーポレートガバナンス・コード」を契機に独立役員や独立社外取締役の導入が本格化している。ただし，ここで注意しなければならないのは，外部者の視点をわざわざ取り入れなくとも，ガバナンスが効いているケースが圧倒的な多数派であるという事実である。それはそれとしても，外部者の視点で経営を舵取りできる人材を取り込めばそれでいいのかと問われれば，必ずしもそうでもない。先ず以て，社外取締役等に期待される役割や機能は拡大し，登用される人材の職務実態も多様化しているからである。また，外部者が取締役会に出席したとしても，社内の誰かが巧妙な手口で不正の事実を隠蔽し辻褄合わせを徹底したとすれば，果たしてどうであろうか。たとえ専門知識と豊富な実務経験を有する取締役であっても，社内や職場の裏事情まで見抜くことはできないのではないだろうか。現に，品質検査データ改ざん問題で揺れた神戸製鋼所の取締役会は，日本企業の平均的なガバナンス体制よりも上位にあったといわれる。具体的には，同社の取締役（16名）に占める独立社外取締役の人数は5名で，海外投資家が日本企業の取締役会に求める水準を満たしていた。しかし，結果論からいえば，同社の会社機関の全ては各々に求められる形式要件を満たしていたものの，実質的には機能不全に陥っていたといわれる。また，**経営のお目付け役**としての役割と機能が求められる社外出身の取締役についても，ガバナンス改革の旗振り役である経済産業省出身の人物が就任していたにもかかわらず，社内の事業所で40年ほど前から行われていた不正を見抜くことができなかったのである。

▷生え抜き

本来は「その土地に生れて，ずっとそこで成長したこと」（広辞苑）を意味する。それが転じて，初めての就職先がその会社で，その後もずっとそこに勤め続けている人を指して用いられるようになった。生え抜き役員とは，いわゆる平社員としてその会社に入社し，主任，係長，課長，部長などといった役職を経て取締役等の役員に就任した人である。

▷経営のお目付け役

目付という言葉は，室町以降の武家の職名。江戸時代に入ると，老中に直属して全国各地の大名を監視する者を「大目付」と呼ぶようになった。若年寄に直属して旗本などを監察する者は「目付」と呼んでいた。これが転じて，経営トップが不正や悪事に走らないように監督・監視する役割を担う人のことを「経営のお目付け役」と呼ぶ。

XXV コーポレート・ガバナンスと企業倫理

 コンプライアンスの実際と不正

1 コンプライアンス：守りのガバナンス

　近年，「コンプライアンス違反（コンプラ違反）」「コンプライアンス倒産（コンプラ倒産）」といった言葉が一部報道や実務家の間で使われる。前者は，法令に背く行為と，適法だが社会通念上不適切だとされる行為とを包括する言葉で，「倫理・法令違反」を意味する。後者は，法令違反が直接の原因で倒産に追い込まれる状態を指して用いられる。例えば，車載用エアバックの欠陥が原因で多数の死傷者を出した**タカタ**については，米国内で史上最大規模のリコールや罰金・損害賠償に充てる費用等で1兆円を超える負債を抱えて破たんした。先に上げた東芝については，金融庁長官から73億7350億円の課徴金納付命令を受けている。また，同社に対して日本国内で提起された損害賠償請求の訴訟数の合計は35件で，請求総額は2018年1月26日時点で約1700億円を超える。加えて，ウェスチングハウスの経営問題で5816億円（2017年3月期末）の債務超過の状態となり，東証1部から2部に指定替えとなっている。

　現代の日本では，重大な経済犯罪や企業不正が表面化すると，当事企業の関係者に有形無形の損害や損失を与えるだけでなく，経営の屋台骨をも揺るがしかねない深刻な事態にまで発展することがある。また，不正発覚後の初動対応に不手際があると，記者会見の場でそのことを突かれて文字通り炎上する。さらには，法令違反の事実を裏付ける検査（調査）を経て課徴金納付命令が出るだけでなく，取引先等から損害賠償請求訴訟を提起されるケースも増えている。企業を取り巻く環境の次第によっては，証券市場における監理・整理銘柄に指定され，上場廃止や会社清算・解散の手続きに入ることもある。こうした事情もあって，上場の有無や企業規模の大小を問わず，多くの企業は「守りの姿勢」を固めるためにコンプライアンス推進の体制強化に乗り出している。

2 ルール：法令等・業界自主規制・社内規程類

　業種・業界・職種の別を問わず，仕事上のルールは，思いのほか多岐にわたる。労働条件の最低基準について定めた労働基準法は，国家公務員等の一部を除いて，日本国内の全ての労働者に原則適用される。許認可業種に属する事業については，いわゆる業法が適用される。**企業内プロフェッショナル**（例：企業内会計士，組織内弁護士，企業内技術士等）には，資格付与等について定めた法

▷タカタ
車載用エアバック・システムで世界シェア2割を占めていた。同社幹部が送受信したメール本文に「検査データの改ざん」を示す隠語"XX（ダブル・エックス）"や「危ない橋を渡る」と記載されていた事実が米国司法省の捜査で明らかとなり，不正の悪質さが指摘された。2017年6月26日に同社は民事再生法を申請し破たん。製造業としては，戦後最大規模の倒産といわれる。

▷企業内プロフェッショナル
「組織内プロフェッショナル」「プロフェッショナル人材」とも呼ばれる。国家資格等の保持者で，企業をはじめとする組織に専門人材として雇用される人を指して呼ぶ言葉。

律（例：公認会計士法，弁護士法，技術士法等）も適用される。

　捉え方は人それぞれなのかもしれないが，バリューチェーン上の各レイヤーで行われる業務の一つ一つに細かなルールが付いてくる。より具体的にいえば，企業人として守るべきことや，してはいけないことの詳細が，法令をはじめとして，業界自主ルールや社内ルールで事細かに定められている。

　企業人として守るべき最低限のルールは，業務関連法令や各種規程である。企業活動に規律を立てて法的に正しく導く法令等は，政府や規制当局・監督機関による強制力を伴って相手方に作用し，違反者に対するペナルティ（制裁）も予め定められている。次いで，商品特性や表示の適正化等について定めた公正競争規約や，自主規制または**共同規制**などと呼ばれる業界自主ルール等も適用される。この種のコードに抵触すれば，たとえ違法でなくとも，不当だとして処分の対象となる。最後に，多くの企業人にとっておそらく最も身近で，しかし見様によっては抽象的で捉えどころがない行動綱領，行動指針，行動マニュアルである。この種の倫理規程は，法令に定める規定や社内規程の遵守にウェイトを置くタイプも多く，社内の役職員個々人の主体的な遵守を期待して定められている。そのためもあって，各種の倫理規程に抵触した行為について，多くの企業は罰則規定を設けていない。

▷ **共同規制**（co-regulation）
政府等の公的機関による法規制と業界団体による自主規制ルールの中間に位置する新たな規制の形態で，官（国家の機関）と民（産業界）が共同してルールを策定・運用するため，「共同」規制と呼ばれる。

3 不正の損得勘定

　なぜルールを守るべきなのか。この問いに対しては，およそ二通りの答え方がある。先ず以て，ルールはルールなのだから，ルールに従って当然だとした見方がある。ならば当然，「正しいことは正しい」「ダメなものはダメ」であって，コンプライアンス最優先で目の前の仕事やプロジェクトに臨むのではないだろうか。それはそれで正しい仕事の進め方なのだが，ただあまりに杓子定規になると，業務効率が落ちる可能性もある。その一方で，ルールに違反した事実が発覚するとペナルティが科せられるから，ルールに従うとした見方もある。この場合，ペナルティの軽重次第で，ルールに従うべきかどうかという選択の余地も出てくる。言い換えるなら，不正を働いて得られる利益と不正の事実が発覚して被る損失や損害とを両天秤に掛けて，ルールに従うべきか否かを判じ定める人も出てくる。ただ，近年の傾向として，「組織ぐるみの犯罪」「改善努力を怠っている」と捜査当局が認定した悪質な不正については，違法な手段で不当に得た利益を違法者から課徴金として取り上げることによって，規制の実効性確保と違法行為の抑止を図ろうとしている。だとすれば，不正は割に合わないという見方もできる。なお，現行法における課徴金制度の対象となっているのは，独占禁止法違反（例：不当な取引制限〔カルテル，談合〕，優越的地位の濫用等），金融商品取引法違反（例：インサイダー取引，相場操縦，有価証券報告書等の虚偽記載等），景品表示法違反（例：不当表示等）等である。

第5部 「株主受託者責任」と「社会受託者責任」の両立可能性

XXV コーポレート・ガバナンスと企業倫理

 不正の芽を摘む

① 真っ当なビジネス：正しく稼ぐためには

　現代の日本企業には，稼ぐ力を高めることが強く求められている。しかもただやみくもに増収増益を達成すればよいというものではなく，正しく稼ぐ力である。言い換えるなら，損益計算書の最上段の項目である売上高（top line）や，最終行に記載される純損益（税引き後損益）（bottom line）もさることながら，どうやって数字を出したのかも厳しく問われるようになったのである。

　逆説的に聞こえるかもしれないが，正しく稼ぐためには，社内や職場で実際に起きた不正案件の一つ一つを丁寧に検証し，不正の芽を摘むことが求められる。ただ，一口に不正といっても，企業価値の毀損を招く可能性がある重大不正から，可罰的違法性（刑事上の処罰を科する足りる程度の違法性）がほとんど認められない軽微な不正まで，様々なレベルがある。また，法令等の網をかいくぐって行われる**脱法行為**は必ずしも違法とはいえないものの，社会規範に抵触する要素を含むため，不正に区分される。

　新聞紙面等で広く報じられる重大不正は，企業犯罪または経済犯罪ともいわれ，産業界全体に与える影響は計り知れない。例えば，完成品メーカーで発覚した不正によって，同社に部品等を納入する業者（サプライヤー）や取引先が倒産や廃業に追い込まれるケースもある。また，不正を取り締まるためのルール変更や新たなルール設定は，産業全体の規制対応コストの増大を招く。さらにいえば，企業活動がグローバル化している今，たとえ日本国内で発覚した不正であっても，不正の事実が捜査等で明らかとなれば，日本国外の国や地域の取引先企業から損害賠償請求訴訟や集団訴訟を提起される可能性もある。

　その一方で，職場における軽微な不正や犯罪は一般に職場不正といわれる。この種の不正が法令等の法律規範や社内ルール等に抵触する行為であることは紛れもない事実である。しかし実際の局面においては，特段の事情がない限り，不正に関与した人物等に対してペナルティが科せられることはほとんどないといわれる。ただ，そうはいってもやはり不正は不正なのであって，事の軽重を素人判断で見誤ると，凋落の一途をたどる可能性も否定できない。このことについては，**ハインリッヒの法則**で示唆されるように，職場の誰もが気にも留めないような些細な不正であっても，それが幾重にも重なると，いつの間にか取り返しのつかない事態にまで発展することもある。

▶脱法行為
法の裏をかく行為とほぼ同義で用いられる。形式的には現行の法律規範に抵触していないものの，実質的には法の趣旨に反する行為を指していう。ちなみに，脱法とは，法令等に抵触しない方法で，実際は法令等で禁止・制限されていることを行うことを意味する。

▶ハインリッヒの法則
(Heinrich's law)
労働災害の現場で得られたデータをもとに，ハインリッヒが導き出した法則の名称。重大で深刻な被害を生む事故（1件）の背後には軽微な事故（29件）が存在し，その背後には些細なミス（300件）が存在するという法則で，「1：29：300の法則」とも呼ばれる。

② 職場不正：ムシ型とカビ型

　職場不正のタイプは、**ムシ型とカビ型**に分類できる。ムシ型は、職場内の特定個人が利己的な動機で不正を働くケースだとされる。例えるなら、箱詰めされたたくさんのリンゴのうち1個に虫喰い穴が空いているような状態である。もし箱の中にそのような虫喰いリンゴが紛れ込んでいたら、その虫が他のリンゴに移る前に多くの人はそのリンゴを捨てるのではないだろうか。同様に、ムシ型の職場不正が監査等で見つかったら、社内ルールに則って何がしかの対応や措置がとられるはずである。他方、カビ型は、組織の論理に組み込まれた個人が組織のためを思って不正を働くケースだとされる。なかには、現場の判断で行われた不正がいつの間にか申し送り事項となっていて、職場内はおろか社内の誰も不正の事実に気づかないときもある。また、業界単位で行われるカビ型の不正は悪しき業界慣行とも呼ばれ、業界の誰もが心の何処かで問題視しながらも、身内のためを思って告発に至らないケースも多い。この種の不正に関しては、社内の事情に通じた人間が監査を行っても見て見ぬふりしてスルーしたり、不正の実態が監査報告書に記載されないこともある。そうした事情が重なって、社内や職場内で半ば常態化した不正の事実について、経営トップが把握できていないこともある。

③ 仏作って魂入れず

　日本企業の多くは、コーポレート主導でコンプライアンス基本方針を策定するとともに、コンプライアンスの全社的な推進体制を構築しているとされる。現に日本経済団体連合会（日本経団連）が2008年2月19日を最後に公表した「企業倫理への取組みに関するアンケート調査結果」を見ても、日本企業におけるコンプライアンス確立・推進の体制はおよそ及第点に達している。ちなみに、今から10年前に公表されたアンケートの項目は、①各社独自の行動指針の整備・充実、②全社的取組み体制の整備、③企業倫理ヘルプラインの整備、④経営トップの内部統制強化に向けた基本姿勢の表明と具体的取組みに関する情報開示、⑤教育・研修の実施、⑥企業倫理の浸透・徹底状況のチェックと評価、⑦コンプライアンス上の危機管理体制の整備、から構成されていた。

　それから現在に至るまでに日経平均株価はバブル崩壊後の高値を更新するまで回復している。その一方で、かつては名門とみなされていた大手メーカー（東証一部上場）の一部で行われていた不正の実態が**リーク**等で相次いで白日の下に晒されているのも事実である。なかには、歴代の経営トップが不正の事実を黙認していたケースもあれば、現場の判断で10〜40年もの長きにわたって不正が行われていたとの証言も出てきている。そのどれもが明らかな法令違反であって、コンプライアンス体制の実効性を改めて問い直さなければならない。

▷ムシ型，カビ型
元検事で弁護士の郷原信郎氏の著書『「法令遵守」が日本を滅ぼす』（新潮社，2007年）等で広く用いられている言葉。郷原氏が自ら運営するブログ（参照URL：https://nobuogohara.com）には、これまでに起きた企業不祥事や法令等違反についての詳細な分析やコメントが記されているので、一読の価値がある。

▷リーク
秘密や情報などを意図的に漏らすことを意味する。最近では、不正の告発を「リーク」と呼ぶこともある。真偽のほどは定かでないが、一部報道によると、新聞やニュース等で報じられる企業不正のほとんどはリークによるものだとされる。

第5部 「株主受託者責任」と「社会受託者責任」の両立可能性

XXV　コーポレート・ガバナンスと企業倫理

 なぜ人は不正に走るのか

① 不正の誘惑：不正のリスク要因

　企業人の多くは，「社会の目が厳しくなった」「会社がコンプライアンスに敏感になった」と肌で感じながらも，まじめにコツコツと仕事に取り組んでいるというのが実際ではないだろうか。ただそうはいっても，差し迫った状況に置かれると，善意の組織人でさえ不正に走る可能性を否定できない。例えば，時間的・予算的・人的な制約が目に見えない重圧となって，不正に手を出す人がいる。不正リスク要因の第一としてしばしば指摘されるのは，プレッシャーである。また，職場の上司や同僚の死角に入って誰からも見えないところで不正が行われて歯止めが効かなくなることもある。社内事情に通じた確信犯であれば，職場やシステム上のセキュリティ・ホールを突いて不正を働かないとも限らない。不正リスク要因の第二は，機会（opportunity）だとされる。さらに，自分のしでかした不正にもっともらしい理屈をつけて自分に都合よく解釈する人もいる。不正のリスク要因の第三は，正当化（rationalization）だといわれる。米国の犯罪学者クレッシーが1950年代に提唱した不正のトライアングル（The Fraud Triangle）によると，ここに挙げた三つの要因が全て揃うと，ごく普通の人であっても，不正の誘惑に駆られるという。さらにいえば，社内や職場には一定の専門知識やスキルが求められる仕事もある。こうした専門知識やスキルを悪用して不正を働くこともできる。不正のリスク要因の第四は，専門能力（capability）で，不正のトライアングルに専門能力を加えて不正のダイヤモンド（The Fraud Diamond）と呼ばれる。

② 意図せぬ不正を誘発する要因

　悪意で不正を働く人は別として，およそをもつ人であれば，企業人として正しい行動を選択して，法令等のルールで禁止・制限された行動をとらないはずである。しかし，目先の利益に捉われがちな職場の日常や職場内の集団力学にその身を置くうちに，「何が適法（合法）で，何が違法なのか」「どのような行動が正しいのか」を見極めて判断するアンテナの感度が鈍ることもある。また，相手のために善かれと思ってしたことが裏目に出て，取り返しのつかない事態にまで発展することもある。自分では正しい仕事のやり方だと信じて目の前の仕事に携わっていたとしても，実は法令等のルールに違反して不正・不

▷良心
何が正しくて，何が正しくないのかを判断して，正しい行動を選択し，正しくない行動を斥ける個人の道徳意識を意味する。「良心」の英語表記 "conscience" の原義は「（〜と）共に知る」（syneidēsis）だとされる。人間の良心については，石川文康『良心論―その哲学的試み―』（名古屋大学出版会，2001年）に詳しい。

適切だとされる仕事のやり方だとも限らない。自分でそれと気づくことなく不正に手を染める現象を指して「意図せぬ不正」という。

善意の企業人が意図せぬ不正に手を染める個人的・組織的要因について，**ベイザーマンとテンブランセル**は，以下のように説明している。個人内要因の第一は，「人は，たとえ自分で正しい判断を下すことができたとしても必ずしもその通りに行動できるとは限らない」である。要因の第二は，「人の規範意識は時間の経過とともに薄れてやがては消えていく」である。要因の第三は，「人は自分が期待するほど倫理的ではない」である。要因の第四は，「不正を働く当の本人が自分のしていることに気づかない」である。次いで，組織内要因の第一は，「不正に手を出した方が当人のためになるような目標が設定されている」である。要因の第二は，「他人の不正を見ても素知らぬ顔した方が自分のためになる」である。要因の第三は，「誰もが嫌がる仕事を自分の代わりに請け負ってくれた人に融通を利かせる」である。要因の第四は，「軽微な不正を周囲の誰も気に留めない」である。要因の第五は，「結果さえ出してしまえば，結果に至る過程で不正を働いても帳消しになる」である。ベイザーマンとテンブランセルは，「意図せぬ不正に走る人の心理現象と心理プロセスを正しく理解できなければ，コンプライアンスの基盤となる制度の設計や運用に経営資源を投入しても水泡に帰してしまう」と指摘し，考え抜いた制度設計の重要性を説く。

▷ベイザーマン＝テンブランセル（Bazerman, M. H. & Tenbrunsel, A. E.）両名とも企業倫理の課題に行動意思決定論（Behavioral Decision Making）の成果を持ち込んで，「行動ビジネス倫理（Behavioral Business Ethics）」を体系化した研究者で，意図せぬ不正に走る企業人の心理現象と心理プロセスを系統立てて説明した。共著の代表作（翻訳）は，池村千秋訳『倫理の死角―なぜ人と企業は判断を誤るのか―』（NTT出版，2013年）である。

③ 良心に勝る商魂？

「商人と屏風は曲らねば世に立たず」という故事ことわざは，相手との駆け引きが求められる商人には，自分の意思を曲げてでもお客様の言い分を飲まなければやっていけない，という意味で用いられてきている。現代のビジネスにおいても，企業人の商魂が良心に勝る場面も多々見受けられる。それはそれで否定できない現実なのかもしれない。しかし，社会のルールの範囲内で収益を上げることが企業人に求められているのもまた否定せざる現実である。

日本企業の多くは，コンプライアンスの基本方針を策定し，コンプライアンス推進体制を構築している。それはそれで有効に機能してきているはずである。しかし運用の実態は果たしてどうなっているのであろうか。「仏作って魂入れず」と評されるように，「外形要件だけを満たしていれば，それでいい」という時代はもはや過去のものになりつつあるのではないか。次いで，かつての日本的経営を特徴づけていた終身雇用制がほころびを見せ始め，社員に占める非正規雇用の比率も年々増加している。さらにいえば，インターネットに繋がる端末を誰もが手にしている今，社内・職場不正とその証拠類をいとも簡単に掲示板等に書き込むことができるようになっている。こうした状況が続くというのであれば，今後もおそらくいたちごっこが続くのではないだろうか。

コラム-6

ＣＳＶ：共通価値創造

◯戦略コンセプト：ＣＳＶ

ハーバード・ビジネス・スクールのマイケル・ポーターとマーク・クラマーが2011年に提唱した「共通価値創造（Creating Shared Value：略称CSV）」は，「社会価値」と「事業価値」の共通部分にスポットライトを当てた戦略コンセプトで，CSRに代わる新たな事業スキームとして注目を集めた。CSVは，社会・地域コミュニティに固有の課題を解決しながら，自社の収益力強化とコスト削減を図り，ひいては「企業価値の向上」「株主価値の最大化」を実現することを意図している。いうなれば両得（Win-Win）の戦略で，双方の当事者が便益や恩恵を受ける領域に照準を絞った「好いとこ取り」の打ち手だといえる。また，企業を取り巻く多種多様なステークホルダーとの良好な関係を構築・維持しながら，「企業価値の向上」「株主価値の最大化」を追及している点で，マイケル・C・ジェンセンが2011年に打ち出した「長期的な視野に立つ企業価値の最大化」「賢明なステークホルダー理論」との親和性も高い。

◯ネスレ本社の内部ガバナンス：ＣＳＶ諮問委員会

世界最大規模の総合食品飲料企業「ネスレ」のスイス本社が世界各地の国や地域で展開する「ネスレCSV」（Nestlé CSV）は，「社会にとってよいこと」（Good for Society）は「ネスレにとってもよい」（Good for Business）を軸に据える。一般にはあまり知られていないが，ネスレCSVは，共通価値戦略（SV戦略：Shared Value Strategy）のフレームワーク（＝①ビジョンの明確化，②戦略策定，③プロセス設計，④パフォーマンス測定）と，共通価値測定（SV測定：Shared Value Measurement）のフレームワーク（＝①社会課題の特定，②事業分析，③進捗状況のトラッキング，④パフォーマンス測定とフィードバック）を具現化したモデルだといえる。

ネスレ本社は，CSV諮問委員会（Creating Shared Value Council）を取締役会の下に設置し，世界各地の国や地域で展開するCSVイニシアティブを統括している。同委員会は，グループ全体の意思決定の質の向上やステークホルダー相互の合意形成を図るために設置され，ネスレの事業ドメインについて高度な

専門性を有する社外の有識者や学識経験者から構成されている。このことから，同委員会は，マルチステークホルダー・プロセス（MSPs）の理念を具現化したケースだといえる。なお，同委員会の議長には，同社の広報（PA）部門のトップで，「国際統合報告〈IR〉のフレームワーク」を公表したIIRC（国際統合報告評議会）の評議員も務める人物を据えている。次いで，同委員会の構成メンバー（計12名）のうち1名は同本社取締役を兼任し，その他11名は，「企業の社会的責任」「戦略」「サステナビリティ」「栄養問題」「水問題」「農業・地域開発」に関して高度な専門性を有する社外の有識者や大学教授が就任している。CSVを体系化したマイケル・ポーターもそのうちの一人である。

　○善いことをして「企業価値の向上」と「株主価値の最大化」を図る

　ネスレCSVの特徴の第一として，「社会にとってよいこと」と「企業にとってよいこと」とが合致する部分を明示して，社会課題解決型の全社戦略が巡り巡って自社の収益力強化とコスト削減効果を生み，ひいては「企業価値の向上」「株主価値の最大化」につながることを見える化している。具体的には，ネスレとしてビジネス化を推進する領域―「栄養問題」「農業・地域開発」「水問題（水資源）」―に「サステナビリティ」「コンプライアンス」を加えた計5項目の重要課題（Material Issues）について，同本社が，2020年を目途に全39項目から成るコミットメント（必達目標）と，コミットメント達成のカギとなるKPIsを策定するとともに，年度ごとの達成状況や全体の進捗状況等を定期的に集計し社外に向けて広く公表している。特徴の第二として，CSV戦略（共通価値創造の戦略）を確実に実行しながら「企業価値の向上」「株主価値の最大化」を実現している。具体的には，ネスレCSVを提唱し実行に移したピーター・ブラベックが同社取締役会議長兼CEOに就任した2006年以降，同社は安定配当を続けるとともに，2005年から2020年にかけて総額670億スイスフラン規模の自社株買いを実施するなどして，株価の安定化を図っている。2017年3月時点で，同社の時価総額は約2498億スイスフラン（2018年7月27日時点）で，世界第16位をマークしている。

コーポレート・ガバナンスと事業の繁栄

1 株主利害の多様性と持続可能な企業価値の向上

　企業は私的に所有され，所有者への利潤の提供を目的として活動する。これは「会社は株主のものだ」とする利害一元的企業観に立った企業の定義となる。こうした企業観の正当性は資本主義の下での私有財産制度に基本的に依拠する。私有財産制度は，所有権をもつものに私的に所有された財産の使用権，収益権，処分権を与え，これを法律で保証している。しかし，株式会社では，全社員有限責任制度の下，その規模の拡大とともに所有と経営は分離し，所有者ならざる経営者が経営を行う可能性と必要性が生まれてくる。こうした一元的企業観に依拠すれば，経営者は株主受託者責任を踏まえて経営を行い，株主総会で選任される取締役会等の会社機関を通して監督・チェックされることになる。ここでのコーポレート・ガバナンス問題は，株主利害に立脚した経営が経営者によって行われるかどうか，そのための監視・監督ということになる。

　しかし，株式会社がその規模を拡大し，その株式が上場されるようになると株式の流動化（資本の動化）は一気に進むことになる。株式はいつでも市場で売却でき，換金できる。しかも，株主は間接有限責任社員として自己の出資額（株式取得額）しか会社債務には責任をもたない。債権者への会社債務の弁済は会社財産をもって充てられる。株式は金融商品の一つとして売買の対象となり，様々な要求・利害を有する投資家が株主として登場する。個人投資家と機関投資家，安定株主と流動株主，大株主と少数株主，**ESG 投資**を行う機関投資家と**ヘッジファンド**と呼ばれる投機家，現在の株主と「未来」の株主等の間では利害は異なっている。こうした多様な株主に通底する「一般株主」の利害とは「事業の繁栄（中長期の企業価値の創造）」にある。一元的企業観に立つ株主重視経営の意思決定や行動がしばしばショートターミズム（短期主義），株主利益至上主義に陥り，却って事業の繁栄を脅かす恐れもある。

　さらには株式会社が営む経済事業もその規模の拡大とともに「社会性」を高めてくる。会社は私的存在でありながら，社会的存在でもある。この経済事業は，顧客，従業員，債権者，労働組合，地域社会など多様なステークホルダーの支持と信頼を獲得できなければ持続可能性をもたない。とはいえ，こうした利害関係者の利害も多様であり，しばしば対立する。この点で，経営者は，株主だけではなく，株主利害をも含む，多様なステークホルダーの利害の調整を

▶ESG 投資
⇨ 第 XXIII 章「コーポレート・ガバナンスと ESG 投資」

▶ヘッジファンド
富裕層や大口投資家からお金を集め，投機的な売買を繰り返して高収益を狙う私的な投資組合を指す。株式だけではなく，為替や債券など様々な金融商品に先物やオプションなど複雑な方法を駆使して投資するといわれている。⇨ XXI-2「機関投資家の運用手法」も参照。

▶社会受託者責任（social stewardship）
会社機関構成員（取締役・

図り，「**社会受託者責任**」を果たし，持続可能な事業の繁栄を目指すことが何よりも求められている。これが多元的企業観に基づく利害多元的コーポレート・ガバナンスの視点となる。

2 制度としての「多元的コーポレート・ガバナンス」構築への展望

　現代の巨大株式会社の経営者は，経済的責任を果たしつつ，企業が社会の中で果たす社会的役割や社会的影響力を自覚しながら，各種ステークホルダーのしばしば対立する諸利害を調整し，経営のあらゆる意思決定や行動に反映させるとともに，こうした意思決定や行動の結果について**説明責任**を果たす必要がある。その点で，企業の持続可能な成長のためには社会性を組み込んだ経済性の実現が求められている。また社会の健全な発展に貢献することでしか，企業の持続可能な成長は実現できない。こうした企業の社会的責任（CSR）を実践する上で，経営者の良心・良識に期待するだけではなく，これを制度化する仕組みが必要となる。

　利害多元的なコーポレート・ガバナンスを実現する上で経営者の行動や意思決定を監視・チェックする監督機関が必要となる。この点で，ドイツのコーポレート・ガバナンスは大きな手掛かりを与えてくれる。

　ドイツの**共同決定**の仕組みは，第Ⅱ章でも触れたように，長い歴史をもち，戦後の（当時）西ドイツにおいて法律によって制度化されてきた。巨大株式会社では，業務執行責任を有する経営者の任免権を握る監督機関に株主代表と同数の労働者代表が参加している。モンタン（石炭・鉄鋼）産業の企業では，さらに社会的利害を代表する中立代表が加わると同時に，人事・労務担当執行役は労働側が承認しなければ任命できない。ここで注意しなければならないことは，こうした利害代表の意思決定への参加は，それぞれの個別利害ではなく，全体利害，すなわち「企業の利益（事業の繁栄）」に拘束される。2002年に策定された，ドイツの「コーポレートガバナンス・コード」でも監査役会と執行役会という機関構成員は「企業の利益」に拘束されることが規定されている。こうした共同決定が労使の協調・良好なコミュニケーションを支え，企業の競争力を生み出す一つの要因となっている。多元的コーポレート・ガバナンスでは，これを拡張し，事業の繁栄を支える多元的利害代表，すなわち，株主代表，労働者（管理職・従業員・労働組合）代表，債権者代表だけでなく，地域社会代表や学識経験者といった「社会」の代表を経営者の監督・監視機関の社外役員として参加させる制度的仕組みが必要となる。これが「企業の利益（事業の繁栄）」を「社会の利益（健全な発展）」と調和させるためにも必要となる。

　同時にこうしたコーポレート・ガバナンスの確立のためには，経営の透明性を高め，各種利害関係者との開かれた対話を担保する体制を構築する，**企業倫理**の制度化と一体となって展開される必要がある。

監査役）の伝統的責任概念は株主からの「信託」に依拠して「株主受託者責任」として捉えられるが，会社を「社会の公器」ないし「社会的制度」として理解する観点からすれば，株主をも含む，社会からの「信託」に依拠した「社会受託者責任」として理解することができる。米国でも33州ではすでに「利害関係者制定法（constituency statutes）」が制定されており，株主利益だけではなく幅広い利害関係者の利益を取締役の「受託者義務」に含めている。

▶ **説明責任**（accountability）
⇒ Ⅱ-2「日本の巨大株式会社と会社機関(1)：監査役会設置会社」，ⅩⅦ-1「コーポレート・ガバナンスとCSRの概念的関連性」

▶ **共同決定**
⇒ Ⅱ-5「ドイツの巨大株式会社と会社機関」

▶ **企業倫理**（business ethics）
企業倫理とは社会の健全な機能が維持され，さらに発展する上で必要とされる（公正・誠実・公平・尊厳・共生などの）各種価値理念の実現に適合するような企業行動様式を生み出すことであり，これを現実に保証する仕組みは企業倫理の制度化と呼ばれる。1980年代以降，米国を中心として頻発する企業不祥事の発生とともに経営学だけはなく，様々な学問分野で大きな関心と議論を集めている。⇒ ⅩⅡ-2「1990年代の状況」も参照。

さくいん
(＊は人名)

あ行

アーサーアンダーセン監査法人 102
ROIC →投下資本利益率
ROE →株主資本利益率
ROA →総資産利益率
IR活動 174
ISO（国際標準化機構）69, 202
ISO9000 202
ISO14000 202
IT企業 97
IPO →新規株式公開
アクティブ運用 186
アジア通貨危機 136
圧縮成長 141, 146
アドバイザリー・ボード 148
アニュアルレポート 210
アベノミクス成長戦略 211
アングロサクソン型資本主義 182
安定株主 62, 90, 95
EVA（経済的付加価値）156, 164
ESOP（従業員による株式所有計画）91
ESG（環境・社会・企業統治）120, 205, 206, 208
ESGコミュニケーション 210
ESG統合 207
ESG投資 19, 119, 189, 190, 203, 210, 230
EC指令 201
イケア 125
一元的企業（観）概念 34, 49, 78, 109, 115
一層型（One-Tier）システム 126
　アングロ・サクソン型の―― 126
一帯一路 140
意図せぬ不正 227
委任状 92
イノベーション 96
医療法人 218
＊岩崎弥太郎 201
インカムゲイン 13
インサイダー型ガバナンス 63
インセンティブ・システム 40

Industrie4.0 16
インテグリティ 51
上からの工業化 11
ウォーターゲート事件 101
ウォールストリート・ルール 33, 34, 37, 115
売上原価 153, 157
売上高営業利益率 160
営業利益 153, 157
エイボンレター 106
エージェンシー・コスト 132
エージェンシー関係 38, 104, 185
エージェンシー問題 38, 131
エージェンシー理論 35, 42
A.P.スミス社裁判 199
エクイティ・カルチャー 132
エクイティ・ファイナンス 14, 19, 156
SRI →社会的責任投資
SEC →米国証券取引委員会
SPE（特別目的事業体）70
NHS 117, 122
NGO（非政府組織）69, 74, 79
NPO 74, 79
NPO法 214
NPV（正味現在価値）164
FTSE 116, 119, 120
M&A（合併・買収）176
MBO 15, 169, 179
エリサ法 36, 106
LTIP 40
LBO 181
エンゲージメント 207
エンロン社 70, 102, 119
黄金株 15
欧州会社（SE）26, 114
欧州基本権憲章 201
OECD（経済協力開発機構）69, 84, 137, 144
大株主 93
OJT 58
お手盛り 82
オフバランス化 157
親子上場 169

オルタナティブ運用 186
温情主義 200

か行

海外現地法人 192
改革・開放 140, 146
会計監査 76
会計参与 20
会社 10
会社機関 14, 18
会社協議会 127
回収期間法 163
「ガイドライン（第4版）」 47
格付け 158
格付会社 158
確定利付債 36
稼ぐ力 211
KapAEG 112
合併 177
ガバナンス・リスク 208
ガバナンスのグローバル化 192
ガバナンスの欠如 208, 220
ガバナンス課題 209
株価重視経営 2
株式会社 24, 26, 143, 230
株式会社いろどり 213
株式会社革命論 31
株式公開買付け（TOB）35, 71, 180
株式合資会社 26
株式集中（金融機関への）32
株式上場規則 76
株式譲渡の自由 12
株式所有の分散 29, 197
株式相互持合 156, 174, 183
株式持合い 62, 67, 90
株主価値 3
株主還元 172
株主権 12
株主行動主義 2, 19, 37, 106, 137
株主資本コスト 154
株主資本等変動計算書 152
株主資本利益率（ROE）2, 157, 164, 171, 173

さくいん

株主重視経営 143
株主主権 67
株主受託者責任 197
株主総会 18, 24
株主対ステークホルダー 45
株主の権利 28
株主反革命 100
株主優待 174
株主利益至上主義 49
カルパース 101, 105
監査委員会 22, 39, 75, 76
監査等委員 23
監査等委員会設置会社 20, 23, 75
監査法人 76
監査役会 26, 108-112, 114
監査役会設置会社 20, 22
監事会 143
監視コスト 39
カンパニー制 52
関連型多角化 37
機会主義的行動 38
機関志向的企業統治 109
機関投資家 36, 77, 87, 156, 184, 186
企業家精神 8
企業共同決定 114
企業グループ 52, 147
企業群 176
企業系列 60
企業支配権市場 71, 94
企業支配構造 132
企業支配の手段 130
企業集団 60
企業情報開示制度 74
企業統治改革 67
企業と社会 203
企業内プロフェッショナル 222
企業の社会的責任 →CSR
企業は誰のものか 71
企業不祥事 64, 74
企業倫理 66, 231
議決権 28, 176
擬制資本 12
帰属意識 59
期待収益率 154
寄託議決権 108, 111
規模の経済 178
基本報酬 40, 80
キャッシュフロー 164

キャッシュフロー計算書 164
キャドバリー報告書 118
キャピタルゲイン 13
QCサークル 57
共益権 12
業界自主ルール 223
業績連動（型）報酬 85
協調融資（シンジケート・ローン） 158
共同規制 223
協同組合 213
共同決定（制度） 108, 114, 115, 231
共同決定法 109
業務監査 76
業務執行責任者 104
金庫株（制度） 172
金銭交付型報酬 81
金融支配（論） 32, 111
クオータ制 115
クラウンジュエル 181
グラミン銀行 212
グリーンペーパー 201
グループ・ガバナンス 53
クレジット・ユニオン 213
クローバック 43
経営会議，執行役員会議 23
経営規律づけ 132
経営者革命 31
経営者支配（論） 30, 62, 90
経営者報酬（制度） 40, 80, 87
経営のお目付け役 221
経営の監督と執行 221
経営理念 95
経済学 45
経済同友会 65
経済の金融化 36
経済命数 163
経団連 65
契約の束 38
系列 4
KPI（重要業績評価指標） 85
権益 44
現実資本 12
権力格差 134
公益法人 214
公益法人改革 216
公害 64
公開会社 20, 116
公開性と透明性 129

合資会社 9, 18
合同会社（日本版LCC) 9
高度経済成長 56, 64
工販分離 93
神戸製鋼所 221
広報（PA) 51
合名会社 9, 18
ゴーイング・プライベート 15
*ゴードン，R. A. 33
コーポレート・ガバナンス（市場型） 105
コーポレート・ガバナンス原則 84, 144
コーポレート・ガバナンスの推奨 128
コーポレート・ガバナンス白書 209
コーポレートガバナンス・コード 2, 118, 209, 211
コーポレートガバナンス・コード（東証） 77, 84, 119
ゴールデン・パラシュート 101, 181
子会社 52
国際統合報告評議会 204
国際統合報告フレームワーク 204
国進民退 142
国退民進 142
国民皆保険 218
国有資産監督管理委員会 142
国連グローバル・コンパクト 196
個人投資家 187
護送船団方式 3, 147
*コッツ，D. M. 32
固定長期適合率 152
固定比率 152
コモンウェルス 182
顧問や相談役 79
コングロマリット 37
KonTraG 111
コンプライアンス 67, 199, 225
コンプライアンス経営 83
Comply or Explain →遵守するか，さもなくば説明せよ

さ行

最高経営責任者（CEO) 25
最高執行責任者（COO) 25
財団 91
財団資本主義 131

233

財団法人　214	指名委員会等設置会社　20, 75	職員と工具　59
CYBERDYNE株式会社　209	諮問機関　48	職場不正　224
財務担当役員　25	シャーマン法　183	ジョブ・ローテーション　58
財務レバレッジ　159	シャーリア・コンプライアンス	書面投票制度　18
サステナビリティ　48	190	所有経営者　92
産業革命　116	社会医療法人　219	所有者支配論　32
三綱五常　135	社会主義的市場経済体制　140, 146	所有と経営の分離　29, 72, 90, 92
30%クラブ　121	社会受託者責任　197, 231	所有と支配の分離　13
3分の1参加法　109	社会的課題　199	新規株式公開（IPO）　14, 89, 113,
三本の矢　2	社会的企業　213	168
残余損失　39	社会的企業家　212	シンジケート・ローン　→協調融資
GRI　47, 69	社会的責任投資（SRI）　19, 189, 190,	新制度派経済学　38, 42, 43
GRI-G4ガイドライン　50	203	数量景気　56
CSR（企業の社会的責任）　65, 68	社会的排除　69	スタトイル　125, 127
CSR元年　201	社外独立取締役　87	スチュワードシップ・コード　2,
CSV（共通価値創造）　228	社外取締役　63, 75, 105	119, 191
CFA協会　205	社外の「独立役員」　21	スチュワードシップ・コード（日本
GP　122	社外のエキスパート　50	版）　171, 188, 209
GPIF　203	社会の公器　95	ステークホルダー　44, 65, 72-74,
シェアホルダー・アプローチ　35	社会福祉事業法（現社会福祉法）	115, 230
JPX日経400　174	216	ステークホルダー・アプローチ　35
自益権　13	社債　154	ステークホルダー・エンゲージメン
ジェネラル・スタンダード　15, 26	社団　8	ト　47
*ジェンセン, M. C.　49, 228	社団法人　214	ステークホルダー・ダイアログ　46
時価総額　164, 184	ジャパン・アズ・ナンバーワン　66	ステークホルダー・ミーティング
事業投資　160	従業員代表　126	46
事業の繁栄　5, 231	従業員持株会　91, 168	ステークホルダー総合　48
自己監査　83	*習近平　140	ストックオプション（制度）　4, 35,
自己資本比率　173	集合知　50	40, 70, 82, 87, 103, 168, 172
資産総額　139	終身雇用　58	SMART　51
資産の流動化　157	集団主義　59	セイ・オン・ペイ（Say on pay）
自社株買い　172	儒教思想　135	107, 206
市場志向的企業統治　109	授権資本制度　169	成果主義　58
慈善原則　199	受託者責任　19, 21, 25, 196	政策保有株　2, 19
持続可能な開発　202	種類株　15, 18, 91, 170	生産性運動　57
執行役員制度　21, 22	循環型投資構造　133	製造原価報告書　152
執行役会　26	遵守するか，さもなくば説明せよ	世界の工場　141, 146
私的所有権　196	2, 118, 129, 130, 144, 180	世界の市場　141
支配権　28	準則主義　11	「責任ある機関投資家の諸原則」　2,
支配的株主　124	春闘　57	211
四半期決算　106	証券化　161	責任投資原則（PRI）　189, 204
*渋沢栄一　11, 201	証券取引所　14	石油危機　64
資本効率重視経営　2	証券取引所（中国）　144	セグメント情報　160
資本コスト　3, 154, 166	上場　89	説明責任　21, 196, 231
資本生産性　167	上場規則　144	攻めのガバナンス　2
資本の空洞化　180	少数株主　132	攻めの経営　211
資本のねじれ　169	情報開示　82, 84	善管注意義務　21, 149
事務所組織法　109	情報の非対称性　180, 185	専門経営者　5, 13, 29, 80, 92
指名委員会　22, 39, 75	ショートターミズム　3, 82, 230	戦略経営　3

さくいん

総還元性向 166, 172
創業者利益（利潤・利得） 15, 89, 168
総経理 143
総合病院 122
総資産回転率 160, 161
総資産利益率（ROA） 160, 164, 171
総使用資本コスト額 155
ソーシャル・ファーム 213
SOX法 76, 103, 105, 107, 137
SOX法（日本版） 73
ソフトロー 73, 105, 128
損益計算書 156

第一次産業革命 17
大会社 14, 20
第三次産業革命 17
第三の道 122
第二次産業革命 17
ダイバーシティ 114
代表取締役 22
第四次産業革命 16
大量解雇指令（集団解雇指令） 201
対話 2
タカタ 222
多元的企業（観）概念 34, 49, 78, 86
脱法行為 224
他人資本コスト 154
短期固定型 80
短期主義経営 86
地方企業 142
チャリティー 212
中央企業 142
中国共産党 141
中国製造2025 140
中国4大銀行 145
忠実義務 21, 149
中長期インセンティブ 40
中長期型報酬 80, 81
超高速取引（HFT） 13
長寿企業 94
積み重ねのイノベーション 4
D/Eレシオ 158, 165
TOB →株式公開買付け
TNECによる調査 32
定款 9, 18, 217
定款自治 20

定時株主総会 18
デイトレーダー 13
敵対的買収 89
　　──の防衛策 169
デット・ファイナンス 14
デファクトスタンダード 177
デフレーション 56
デュアル・クラス株式 130
デラウェア州会社法 11, 107
デリバティブ 36
電子投票制度 18
＊テンブランセル, A. E. 227
ドイツ企業統治規範 113
同意権 26
投下資本 157
投下資本利益率（ROIC） 167
投機 160
投機的取引 89
登記取締役 138
東京商工リサーチ 94
統合規範 118
統合的な思考 205
統合報告書 190
韜光養晦 146
当座比率 152
董事会 143
投資信託 184
董事長 143
東芝 220
東証白書 23
同族企業 88
同族経営 216
透明性 82, 84
特需 56
特定非営利活動促進法 →NPO法
独任制 21
特別決議 88
特別目的事業体 102
毒薬条項 →ポイズン・ピル
独立社外取締役 2
独立性 129
独立取締役 139
独立取締役の会 79
独立役員 21
トヨタ自動車 93
TransPuG 112
トリクルダウン 3
取締役 41, 75, 138
取締役会 62, 75

取締役会（米国の） 104
トリプル・ボトム・ライン 196

な行

ナービュ委員会報告書 128
内部者支配枠組み 132
内部統制（システム） 73, 76, 77, 137
内部利益率法 163
NISA（少額投資非課税制度） 175
ニクソン・ショック 64
二元的企業（観）概念 78, 109, 110, 114
二元二層二会制 143
日本的経営 3, 4, 81
日本株式会社 4
日本コーポレート・ガバナンスネットワーク 79
日本再興戦略 2
ニューディール政策 36
米国S&P500社の調査 25
ネガティブ・スクリーニング 189
年功序列 58, 63
年次インセンティブ 40
ノボ ノルディスク 125
暖簾 95

は行

＊ハーシュマン, A. O. 186
ハードロー 73, 105
＊バーナム, J. 31
＊バーリ, A. 30
バーリ＝ドッド論争 200
買収 176
買収防衛策 181
配当 13
配当性向 172
配当利回り 171
ハインリッヒの法則 224
生え抜き 221
パクス・ブリタニカ 116
パタゴニア 24
パックマンディフェンス 181
パッシブ運用 186
バブル経済 66
販管費 153, 157
反企業感情 133
反財閥大企業 133
PRI →責任投資原則
PEファンド 179
PBR（株価純資産倍率） 179

235

東インド会社　10
非公開化（ゴーイング・プライベート）　181
一人っ子政策　141
ファンデーション　124
フィランソロピー　67, 199
フェアトレード　74
フォーチュン・グローバル500　134
フォルクスワーゲン　94
不況　56
複数議決権（株式）　24, 206
不作為の暴走　220
不正リスク要因　226
普通株　15, 170
部品内製化率　60
プライム・スタンダード　15, 26
＊ブランバーグ, P. I.　33, 34
フリーキャッシュフロー（FCF）　164-166, 171
＊フリードマン, M.　196
プリンシパル＝エージェント理論　72
プレミアム　178
文化大革命　141
分割　177
文書担当役員　25
米国証券取引委員会（SEC）　34, 100
米国模範事業会社法　139
＊ベイザーマン, M. H.　227
ヘッジファンド　43, 187, 230
ベネフィットコーポレーション　24
ペンセントラル社　100
ポイズン・ピル　101, 181, 206
報酬委員会　22, 39, 75, 85
法人格　9
法人資本主義　131
法人成り　9
＊ボーエン, H. R.　200
ポートフォリオ理論　187

北欧　124
ポジティブ・スクリーニング　191
保証コスト　39
＊ホフステッド, H.　134
ホワイトナイト　181

ま行

マテリアリティ・アセスメント　50
マネーロンダリング　117
マネジメント・バイ・アウト　→MBO
守りのガバナンス　2, 222
マルチステークホルダー・プロセス　45
＊ミーンズ, G.　30
ミッション　214
三菱自動車工業リコール隠蔽　68
ミューチュアル・ファンド　36, 43, 100
無機能資本家　72
無限責任社員　18
ムシ型とカビ型　225
メインバンク　4, 60, 63, 183
メインバンク・ガバナンス　67
メガ・コンペティッション　4
メセナ　67
メソジズム　190
免許主義　11
持株会社　53
持ち分（持株比率）　88
モニタリング・システム　41
もの言う株主　4, 88, 90
もの言わぬ株主　4
モラル・ハザード　185
モンタン共同決定法　109

や行

役員報酬　106
有価証券報告書　152
有限会社　9
有限責任　28, 230
有限責任会社（LLC）　24

ら行

優先株　170
ユニバーサル・バンク・システム　108, 111
ユビキタス　16
四大公害病　201
ライブドア　71
ラッセル3000指数　105
リーク　225
リーマン・ショック　70
利害関係者　→ステークホルダー
利害のない取締役　139
利害の不一致　185
リスク　38, 162
リスク・マネー　8, 11
リスボン・サミット（2000年）での宣言　201
離脱・発言・忠誠　4, 15, 186
流動比率　152
良心　226
倫理規程　223
ルイスの転換点　141
累積投票制度　206
レイオフ　58
レゴ　125
劣後株　170
連結会計　160
労使関係　56
労使共同決定（制度）　27, 108-110
労働組合　59
六大企業集団　4

わ行

ワールドコム社　102
WACC（加重平均資本コスト）　157

執筆者紹介（氏名／よみがな／執筆担当／現職／主著／コーポレート・ガバナンスを学ぶ読者へのメッセージ）＊執筆順

風間信隆（かざま のぶたか）**編者** prologue, I, II, epilogue, コラム2

明治大学商学部教授
『ドイツ的生産モデルとフレキシビリティ』（中央経済社）
『実践に学ぶ経営学』（共編著, 文眞堂）
コーポレート・ガバナンスは企業の持続可能な成長にとって不可欠です。事業の繁栄と社会の繁栄の相即的発展を目指すコーポレート・ガバナンスが本書のテーマです。

鈴村美代子（すずむら みよこ）III, IV, XI

明治大学商学部助教
「実践としてのコーポレート・ガバナンスの研究パースペクティブ」『経営行動研究年報』26
「組織論に基づくコーポレート・ガバナンス論の意義と課題」『工業経営研究』30(2)
本書は, コーポレート・ガバナンスの基本的な概念や考え方について幅広く紹介しています。読者の皆様に, 興味関心を持っていただくきっかけとなれば嬉しいです。

水村典弘（みずむら のりひろ）V, XXIII, XXV, コラム6

埼玉大学大学院人文社会科学研究科経済系教授
『経営のルネサンス』（共著, 文眞堂）
「経営における正しい選択とビジネス倫理の視座」『経営学史学会年報』23
コーポレート・ガバナンスは, 学べば学ぶほどに深みが出てくるテーマです。御自身の興味・関心に応じて様々な角度から深掘りしてみることを薦めます。

山口尚美（やまぐち なおみ）VI, VII, X

香川大学経済学部講師
「会社法における株式会社観の日独比較：私的所有物か公共物か」『経営学史学会年報』25
『コーポレート・ガバナンス改革の国際比較』（共著, ミネルヴァ書房）
コーポレート・ガバナンスは現代の大企業のあり方に関わる重要なテーマです。本書で様々なトピックとの関連を学び, ぜひ現代社会への洞察を深めてください。

松田 健（まつだ たけし）VIII, XII, コラム3

駒澤大学経済学部教授
『実践に学ぶ経営学』（共編著, 文眞堂）
「ドイツにおける企業統治改革の動向：監査役会とクオータ法」『商学論究』64(2)
企業統治の問題は, 株式会社というしくみの誕生期から問われてきた, 言うなれば「古くて新しい」問題です。本書を通じて是非深く学んでいただければと思います。

小島大徳（こじま ひろとく）IX, XVI

神奈川大学経営学部准教授
『市民社会とコーポレート・ガバナンス』（文眞堂）
『企業経営原論』（税務経理協会）
時として企業は, 私たちの生命や財産に多大な影響を与えます。私たちの生活や人生に大きく関わる企業を, いかにして制御しつつも利用すべきかを学んでほしいと思います。

小島 愛（こじま めぐみ）XIII, XXIV

立命館大学経営学部教授
『医療システムとコーポレート・ガバナンス』（文眞堂）
「女性役員と企業のパフォーマンスとの関係：UK FTSE 350を用いた探索的研究」『立命館経営学』57(1,2)
コーポレート・ガバナンス問題は国内外の公的セクターと非営利セクターでも整備の必要性が高まっています。この新たな展開に興味・関心を持ってください。

円城寺敬浩（えんじょうじ たかひろ）XIV, コラム5

東京富士大学経営学部・大学院経営学研究科教授, 明治大学商学部兼任講師
『組織と戦略』（共著, 文眞堂）
『コーポレート・ガバナンスの国際比較』（共著, 中央経済社）
本書を通じてガバナンスの多様性を学ぶとともに, ガバナンスの議論が株主のみならず様々な視点から議論される必要があることも理解できれば良いと考えています。

文 載皓（むん ちぇほー）XV, コラム4

常葉大学経営学部准教授
『コーポレート・ガバナンス改革の国際比較』（共著, ミネルヴァ書房）
『産学官連携の実践と展望』（共著, 和泉出版）
もう時代はグローバル化の時代ですね。「コーポレート・ガバナンス」というキーワードは国を問わず生じる様々な課題の一つでしょう。この本はそういった意味で私たちが立ち向かうべき重要なポイントを示してくれるでしょう。

森谷智子（もりや ともこ）XVII, XVIII, XIX

嘉悦大学経営経済学部教授
「欧州におけるSTS securitisationが市場に及ぼす影響」『経営論集（明治大学）』6(1)
"The possibility of New Entrants in Credit Rating Agencies", Sakamoto, T. and Shouda, S., ed., *Global, Innvative and Environmental Management*, MARUZEN PLANET
昨今, ガバナンスに関するテーマが注目されています。機関投資家や企業の考え方の乖離も見られますが,「稼ぐ力」をつけることだけは共通しているかと思います。

執筆者紹介（氏名／よみがな／執筆担当／現職／主著／コーポレート・ガバナンスを学ぶ読者へのメッセージ）＊執筆順

清水一之（しみず　かずゆき）XX，XXI，コラム1
明治大学経営学部准教授
「持続可能性と自動車のロボット化：IoTとIndustrie 4.0による自動車ナビゲーションシステムの展開比較」『日本情報経営学会誌』37(4)
"Technological Development in Automotive Industry and Transformation in Corporate Governance System", *Journal of Governance & Regulation*, Virtus Interpress, 6(3)
「コーポレート・ガバナンス」は、何に役立つでしょうか？　企業が持続的に成長するためのアクセルとブレーキ両者をうまく使えるように勉強しましょう。

鈴木貴大（すずき　たかひろ）XXII
日本大学法学部助教
「個人に焦点を当てた経営倫理研究の意義：徳倫理と従来の規範倫理学アプローチとの比較を中心に」『日本経営倫理学会誌』25
「アメリカにおける企業倫理制度の特質：ファイザーの企業倫理制度を事例として」『比較経営研究』41
私たちが日常的に触れることの多い「企業」という存在の意義を「コーポレート・ガバナンス」の視点から見つめ直す機会になれば幸いです。

やわらかアカデミズム・〈わかる〉シリーズ
よくわかるコーポレート・ガバナンス

2019年1月25日　初版第1刷発行　　〈検印省略〉
2019年4月10日　初版第2刷発行

定価はカバーに
表示しています

編著者　風間信隆
発行者　杉田啓三
印刷者　藤森英夫

発行所　株式会社　ミネルヴァ書房
607-8494　京都市山科区日ノ岡堤谷町1
電話代表（075）581-5191
振替口座 01020-0-8076

©風間信隆ほか，2019　　亜細亜印刷・新生製本

ISBN978-4-623-08399-2
Printed in Japan

やわらかアカデミズム・〈わかる〉シリーズ

よくわかる現代経営	「よくわかる現代経営」編集委員会編	本体	2700円
よくわかる経営戦略論	井上善海・佐久間信夫編	本体	2500円
よくわかる経営管理	高橋伸夫編	本体	2800円
よくわかる現代の労務管理	伊藤健市著	本体	2600円
よくわかる企業論	佐久間信夫編	本体	2600円
よくわかる組織論	田尾雅夫編	本体	2800円
よくわかる看護組織論	久保真人・米本倉基・勝山貴美子・志田京子編	本体	2800円
よくわかる現代マーケティング	陶山計介・鈴木雅也・後藤こず恵編	本体	2200円
よくわかる社会政策	石畑良太郎・牧野富夫編	本体	2600円
よくわかる産業・組織心理学	中澤潤編	本体	2500円
よくわかる女性と福祉	森田明美編	本体	2500円
よくわかる労働法	小畑史子著	本体	2500円
よくわかる会社法	永井和之編	本体	2500円
よくわかる社会保障	坂口正之・岡田忠克編	本体	2500円
よくわかる社会福祉	山縣文治・岡田忠克編	本体	2400円
よくわかる子ども家庭福祉	山縣文治編	本体	2400円
よくわかる障害者福祉	小澤温編	本体	2200円
よくわかる家庭福祉	畠中宗一編	本体	2200円
よくわかる地域福祉	上野・松端・山縣編	本体	2200円

———— ミネルヴァ書房 ————
http://www.minervashobo.co.jp/